敬宗合族

克器群綜合研究

○ 韋心瀅 著

上海古籍出版社

圖書在版編目(CIP)數據

敬宗合族：克器群綜合研究／韋心瀅著．—上海：
上海古籍出版社，2023.7
ISBN 978-7-5732-0749-4

Ⅰ.①敬… Ⅱ.①韋… Ⅲ.①青銅器(考古)—研究—
中國—西周時代 Ⅳ.①K876.414

中國國家版本館 CIP 數據核字(2023)第 118922 號

敬宗合族：克器群綜合研究

韋心瀅　著

上海古籍出版社出版發行

(上海市閔行區號景路 159 弄 1-5 號 A 座 5F　郵政編碼 201101)

(1) 網址：www.guji.com.cn
(2) E-mail：guji1@guji.com.cn
(3) 易文網網址：www.ewen.co

上海惠敦印務科技有限公司印刷

開本 787×1092　1/16　印張 23　插頁 6　字數 342,000
2023 年 7 月第 1 版　2023 年 7 月第 1 次印刷
ISBN 978-7-5732-0749-4
K·3398　定價：128.00 元
如有質量問題，請與承印公司聯繫

大克鼎

克鐘

仲義父鼎

仲義父作新客鼎

仲義父罍

善夫梁其簋

伯梁其盨

梁其鐘

目　　錄

第一章　克器群早期相關著錄與現存情況 …………………… 1
第一節　1884 年（前）任家村窖藏出土銅器群 …………………… 2
第二節　1940 年任家村窖藏出土銅器群 …………………………… 58
第三節　1972 年北橋村窖藏出土銅器群 …………………………… 74
第四節　小結 ………………………………………………………… 77

第二章　克器群銅器風格研究與時序探討
　　　　——兼論西周晚期鼎的主要形制與風格流變 ………… 79
第一節　克器群銅器形制與組合分析 ……………………………… 79
第二節　克鼎形垂腹鼎與半球形腹鼎之風格流變與溯源 ………… 101
第三節　克器群銅器紋飾研究 ……………………………………… 113

第三章　克器群與同時期銅器窖藏出土器群比較研究 ……… 147
第一節　周原地區銅器窖藏內涵與相關禮法制度問題 …………… 147
第二節　豐鎬地區銅器窖藏內涵與相關禮法制度問題 …………… 178
第三節　窖藏銅器銘文所見器用比較研究 ………………………… 195
第四節　克器群窖藏與其他銅器窖藏設置情況比較與分析 ……… 209

第四章　克器群銘文與相關器銘綜合研究
　　　　——論西周晚期貴族家族形態與土田、命服制度的變化 … 219
第一節　克家族之結構與其發展狀況 ……………………………… 219

第二節　大克鼎銘中所載克與井氏之關係
　　　　——兼論畿內井氏家族發展 …………………………… 238
第三節　畿內世家貴族居址與其佔有土田之關係 ……………… 248
第四節　大克鼎銘所見土田制度考
　　　　——西周土地制度器銘綜論 …………………………… 257
第五節　克器銘中所見命服
　　　　——兼論西周命服制度 ………………………………… 268

第五章　克器群銘文格式及相關問題研究 ………………… 292
第一節　大克鼎與相關銘文之文體 ……………………………… 292
第二節　家族銘文書寫格式探究 ………………………………… 306
第三節　同銘器銘文書寫研究 …………………………………… 326
第四節　銘文帶界格現象研究 …………………………………… 342

第六章　結語 ………………………………………………… 358

後記 ……………………………………………………………… 363

第一章　克器群早期相關著錄與現存情況

　　克器群是指西周貴族克本人及其家族成員所作器物，其主要器物組成包括三批窖藏出土青銅器：1884年（前）陝西扶風法門鎮任家村窖藏集中出土一批有關"克"與"仲義父"青銅器。時隔約半世紀後，1940年任家村又一次出土有關"梁其"與"善夫吉父"青銅器。其後，1972年距任家村窖藏四五公里的北橋村（圖一），又出土了三件"伯吉父"青銅器。① 在如此小的範圍內分三處埋藏成組青銅器多套，在私家禮器不宜放置他人宅地的情況下，這些埋藏點應

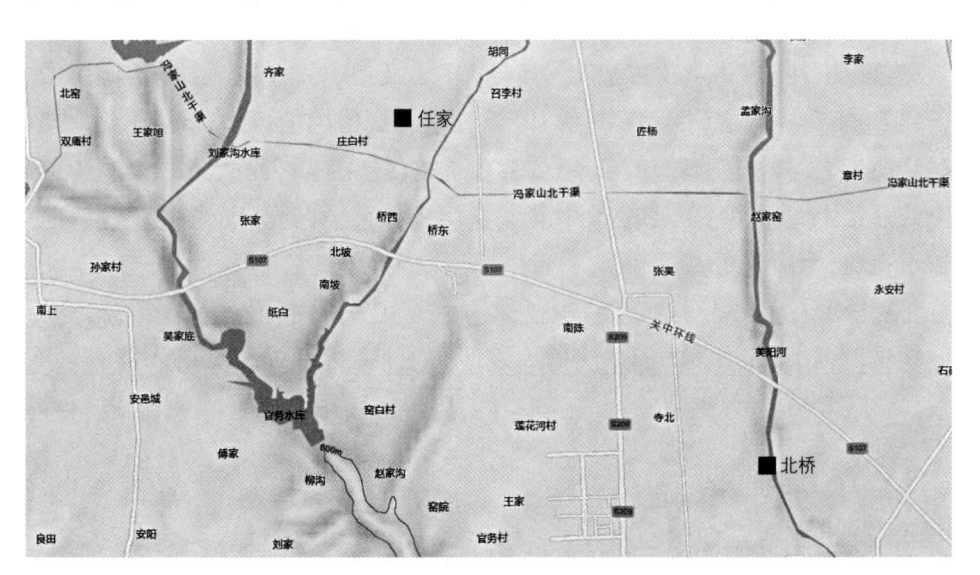

圖一　陝西扶風縣任家村與北橋村地理位置圖

---

① 出土情況見羅西章：《陝西扶風縣北橋出土一批西周青銅器》，《文物》1974年第11期。

在器主領地內（或爲其居址宗廟所在地周邊），①器主彼此之間亦應具某種親緣關係（詳見第四章第一節）。

第一節　1884年（前）任家村窖藏出土銅器群

　　清末任家村窖藏因非科學發掘，出土時間又早，此前窖藏出土確切青銅器件數、出土年代，莫衷一是。內中由於有名器大克鼎之故，留下較多拓片版本著錄與文人觀摩題跋，給予後人追尋復原當時出土情況的綫索。近幾年潘祖蔭日記的整理以及新材料的出現，學界已將出土時間從過去認爲的光緒十六年（1890年）修正爲光緒十四年夏（1888年），②然出土時間、銅器數量、類別、流轉情況等其實仍未十分明朗。

　　《陝西金石志》卷一〇大克鼎條："光緒十六年秋，扶風任村任致遠掘土得之，由蘇子貞運歸潘文勤公，此鼎發現之處若土室然，共得鐘、鼎、尊彝等器七十餘。"③

　　羅振玉在《貞松堂集古遺文》小克鼎中言及："吾友王國維據華陽王文濤言，謂出寶雞縣南之渭水南岸。……予近以詢廠估趙信臣，言此器實出岐山縣法門寺之任村任姓家。……趙君嘗爲潘文勤公親至任村購諸器，言當時出土凡百二十餘器，克鐘、克鼎及中義父鼎均出一窖中，於時則光緒十六年也。器出寶雞，殆傳聞之譌。"④

　　陳夢家在《西周銅器斷代》中提到："中義父夫婦所作器1888年，出土於今扶風縣西北（七里橋之北、法門寺之西）的任家村。"並云克所作器有以下各類：克鐘七器、大克鼎一器、克盨一具、小克鼎七器。⑤

---

① 據考古發現周原青銅器窖藏附近多有建築遺存。見朱鳳瀚：《商周家族形態研究（增訂本）》，天津：天津古籍出版社，2004年，第375—376頁。
② 相關研究見姜鳴：《重考大克鼎的出土時間》，《文匯報》2001年12月4日。周亞：《關於大克鼎的幾個問題》，《青銅器與金文》第1輯，上海：上海古籍出版社，2017年，第306—308頁。葛亮：《大克鼎的出土地、出土時間及相關問題》，《西泠藝叢》2019年第4期（總第52期）。
③ 武善樹、郭毓璋：《陝西金石志》卷一〇大克鼎條《續修陝西通志考》卷一三五，1935年。
④ 羅振玉：《貞松堂集古遺文》卷三·三十四、三十五小克鼎，1930年。
⑤ 陳夢家：《西周銅器斷代》上冊中義父組、克鐘，北京：中華書局，2004年，第247、260頁。

由上可知，據口耳流傳，1888年任家村窖藏出土銅器件數，多可達百二十餘件、少亦有七十餘器，兩者差別近五十件器。故盡可能蒐羅釐清出土銅器種類與件數，是重新認識任家村窖藏的首要工作。

以下就任家村窖藏出土銅器，分成"克器組"與"仲義父器組"，說明現存情況並溯源梳理早期相關著錄。①

一、克器組

從早期著錄記載或銘文相關內容顯示爲克所鑄造器物，即視作克器組。爲求克器組完整組合，銘文內容表示作器者爲克，但非任家村窖藏出土者亦錄於下。此處不出器型，克器群器型論析詳見第二章第一、二節。

1. 大克鼎(高93.1 cm)　上海博物館藏

愙齋5.1.1－5.4.1、綴遺4.25.1－29、奇觚2.28－34、周金2.12－13、小校3.32.1－33.2、大系錄110－111、三代4.40.1－41.2、斷代185、上海47、彙編2.9、綜覽‧鼎297、總集1327、集成2836、銘文選1.297、青全5.31－33、夏商周299、銘圖2513

（1）早期著錄

A. 吳大澂《愙齋集古錄》

《奇觚》選用的拓本早於《愙齋》，因《奇觚》本中有許多字尚未清剔出來，但在《愙齋》本中已見拓出（圖二）。如《奇觚》本的"且師華父勴克王"中"勴克"是模糊一片，難以得見筆畫，但在《愙齋》本中"勴克"兩字清晰可見，且末字"王"的上半部筆畫十分清晰。另"王才(在)宗周"此句，《奇觚》本"王"字全然不可見，"宗"只有下半部部分筆畫，但《愙齋》本"王"與"宗"字清晰可見。由此判斷吳大澂使用的大克鼎拓片版本應晚於《奇觚》本，但早於《周金》本，屬於"半剔本"。

---

① 早期著錄的梳理表述原則以1945年以前出版、錄有拓本且留有鈐印者，筆者釋讀印文並留拓影。若僅有拓本無鈐印，拓本與最早或其他已示著錄無別，便不重出。金文著錄採用摹文者一概不收，如《希古》《綴遺》等，但若書中提及重要相關綫索者，僅存信息不錄圖片。又若最早著錄無1945年前者，則依個別器物特殊情況敘述之。

B. 劉心源《奇觚室吉金文述》

拓本爲劉佛青(嶽雲)贈予劉心源,①或爲出版裝訂之故改成剪貼本。拓本最後鈐有"己丑"(白文)、"鄭盦藏鼎"(白文)、"幼丹審釋金文"(朱文)。

"己丑"和"鄭盦藏鼎"爲潘祖蔭閒章,光緒十五年(1889年)爲己丑年,應是潘祖蔭贈予劉佛青拓本之年。"幼丹審釋金文"爲劉心源閒章,幼丹乃劉心源。此拓片爲潘氏未清洗除鏽前的拓本,屬"未剔本",流傳數量極少。

C. 鄒安《周金文存》

未述拓本來源。此書所收拓本的字大多都能清楚辨識,顯示其應爲剔後本。

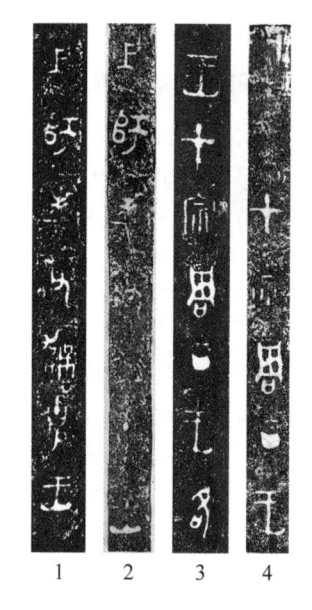

圖二 《愙齋》拓本和《奇觚》拓本比較圖

1.《愙齋》"且師華父勴克王"
2.《奇觚》"且師華父勴克王"
3.《愙齋》"王在宗周旦王各"
4.《奇觚》"方王在宗周旦"

拓本上分別鈐印"吉金珍貦"(朱文)、"適廬鄒安"(朱文)、"畫塵齋鑒賞章"(白文)、"畫塵齋審定金石拓本"(白文)、"吉金手拓"(朱文)、"旭和湯吉金攷藏秦漢六朝金石文字印"(朱文)、"梅桓"(白文)、"吉金金石"(朱文)、"吉金手拓"(朱文)。

D. 劉體智《小校經閣金石文字》

劉氏在《小校·例》中說明"拓本不計新舊,祇擇其精者存之,果新拓勝於舊拓,即用新拓"。故大克鼎《小校》本爲剔後本。

E.《陳乾藏吉金文字》

光緒辛卯(1891年)七月陳寅生②跋潘祖蔭所得克鼎云:"潘文勤公博求鐘鼎古器,收藏甚富,戊子歲獲得周克鼎一器,由關中運以至京。"③

---

① 劉心源(1848—1915),湖北嘉魚人。字幼丹、亞甫,號冰若,自號夔叟,晚號龍江先生。
② 《清稗類鈔》:"陳寅生,名麟炳。工篆刻,以手鐫銅墨水匣著名於同、光間。……寅生從潘文勤、李竹朋游,諸人所得古器,輒由寅生爲之物色。"可證陳寅生與潘祖蔭爲同道好友,往來文交。
③ 鄧愚在《吳縣潘家與盂鼎克鼎》一文中提及,亦見於陳佩芬:《大盂鼎和大克鼎的第二次出土》,《陳佩芬青銅器論集》,上海:中西書局,2016年,第91頁。張光遠:《西周七件長銘的銅器》,《故宫季刊》第9卷第1期,1974年,第52頁。

表一　大克鼎"未剔本"與"剔後本"一覽表

藏本	未 剔 本	藏本	半 剔 本
奇觚		愙齋	

續表

藏本	剔後本
周金	

第一章 克器群早期相關著錄與現存情況 · 7 ·

續表

藏本	拓本	別
小校		

陳寅生的題跋記載了潘祖蔭於光緒戊子年(1888年)獲得大克鼎並從關中運到京城。

(2) 早期全形拓與款識題跋

A. 潘志萬藏拓本卷軸　　蘇州博物館藏

拓本銘文多殘泐，知其爲少有的未剔本。軸上有吳大澂題跋，①原爲潘志萬舊藏(圖三)，②潘志萬爲潘祖蔭族侄。原文如下：

> 是鼎出關中鳳翔府，爲潘伯寅師所得，文多爲銅鏽所掩，未盡剔出。碩庭世大兄屬爲攷釋，僅就其可辨者錄其文於下。……克所作器尚有二小鼎，伯寅師已續約之。吳大澂

拓本上鈐有"奠盦所藏吉金"(朱文)、"志萬印信"(白文)、"碩庭珍藏"(朱文)、"志萬之印"(白文)，皆爲潘祖蔭與潘志萬之印。題記上鈐印"窓齋"(朱文)、"吳大澂印"(白文)、"二十八將軍印齋"(白文)，皆爲吳大澂之印。

從題記內容來看，知悉除了大克鼎外，尚有克所作兩小鼎亦爲潘氏所收，應和大克鼎一同入藏潘家。

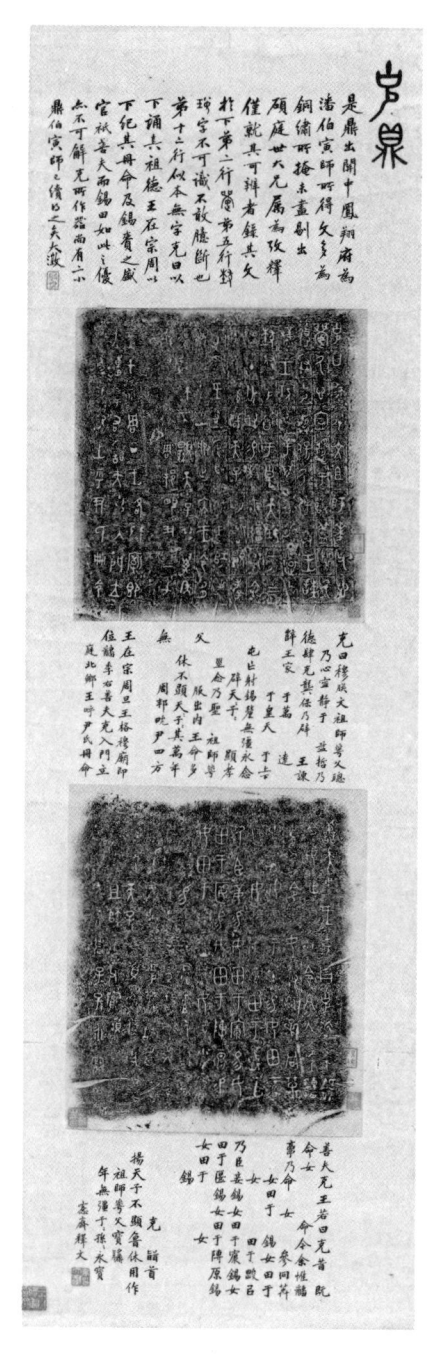

圖三　潘志萬藏大克鼎拓本卷軸

---

① 吳大澂(1835—1902)，江蘇吳縣人(今蘇州)。初名大淳，字止敬，又字清卿，號恒軒，晚號窓齋。
② 潘志萬(1848—1899)，江蘇吳縣人(今蘇州)。字碩庭，號笏盦、㝌盦，齋室名還硯堂。

第一章　克器群早期相關著錄與現存情況 · 9 ·

B. 周慶雲藏全形拓卷軸　　上海圖書館藏
（館藏號 Z1437）

拓本部分漫漶不清，爲未剔本，上有王蘊章題跋，①知拓本爲周慶雲所藏。② 題跋原文如下：

　　善夫克鼎，吳縣潘文勤所藏。夢坡吟長得精拓本，屬爲篆額。西神王蘊章

C. 四家題記全形拓卷軸　　私人收藏

此軸由銘文拓本與全形拓合裝（圖四）。拓本下有四家題記，分別是李文田、黃士陵、馬衡、陳治。③

　　鄭盦太保得周克鼎，命文田讀之，今以意屬讀而已，經義荒落，知無當也。光緒十五年五月順德李文田識（鈐印"文田之印"）

　　此鼎初入潘文勤公家時，字多爲綠鏽所掩，後經剔，字漸多。此最後拓本，較李若農宗伯釋文時，猶多數字。第四行家字、惠字、民字甚明。第七行於百字及哲上明字。第八行申字更完整，又第三行辟下龏字亦可辨識，餘字不全不敢強讀。（鈐印"穆父"）

圖四　四家題記大克鼎全形拓卷軸

① 王蘊章(1884—1942)，江蘇金匱人(今無錫)。字蒓農，號西神，別號窈九生、紅鵝生，別署二泉亭長、鵲腦詞人、西神殘客等，室名菊影樓、篁冷軒、秋雲平室。
② 周慶雲(1866—1934)，浙江吳興人。字景星，號湘齡，別號夢坡。
③ 李文田(1834—1895)，廣東順德人。字畬光、仲約，號芍農、若農。黃士陵(1849—1908)，安徽黟縣人。字牧甫，又作穆甫、穆父，號倦叟，別號黟山人、黟山病叟、倦叟、倦遊窠主，齋號爲蝸篆居、延清芬室等。馬衡(1881—1955)，浙江鄞縣人。字叔平，別署鋗廬、無咎，齋號爲凡將齋。陳治，浙江紹興人。字伯平，號上方山人。

克鼎出寶雞縣渭水南岸，大小與盂鼎相若，二器並爲潘伯寅滂喜齋所藏，而此尤晚出。此本李芍農釋文，乃未剔時稿，墨本則較清晰，蓋同爲光緒十五年事，釋在先而拓在後耳。此銘分兩截，其一在側，其一在腹，尤爲僅見。涵礎先生得此見示，爲識數語歸之。馬衡（鈐印"馬衡之印"）

　　民國二年歲在昭陽赤奮若嘉平。紹興陳治觀敬識（鈐印"陳治之印"）

　　此軸 2001 年由姜鳴於北京琉璃廠文化遺產書店發現，①由其上李文田的題記，確定了光緒十五年（1889 年）五月大克鼎便已落户京城潘氏。② 2017 年嘉德春拍圖録中將此軸上的拓本定作"極初拓本"即"未剔本"，③然仔細觀察拓本發現字體筆畫清晰乾净，應非"未剔本"，而是"剔後本"。且馬衡的題記亦表明李文田釋文是未剔時稿，而墨本則較清晰，顯然釋文所本與此軸拓本非一。

　　D. 吳昌碩藏拓本卷軸　　上海圖書館藏（館藏號 Z2049）

　　此拓本爲剔後本。原爲吳昌碩舊藏，④後由徐乃昌收藏。⑤ 拓片左側有吳昌碩題記，原文如下：

---

① 姜鳴：《天公不語對枯棋——晚清的政局和人物》，北京：三聯書店，2015 年，第 301、304 頁。
② 參考《潘祖蔭日記》光緒十五年："正月二十日，招仲約、吉人、小宇、鞠常、再同、廉生、佛卿、夢華、可莊、仲弢、莆卿、柳門、沈子培、子封、鶴巢、張子與、礎臣、子原、辭者伯熙、劉幼丹、小源、連聰、文沖辭。未刻散。""（六月）二十五日，招柳門、廉生、心懷、鞠常、建霞，酉刻三分散。"江標《笘誃日記》："回寓後，適鄭盦尚書招飲，即至米市胡同，兩席已坐滿，王廉生懿榮、張叔憲度、劉佛青嶽雲、王莆卿頌蔚、黃仲弢紹箕、王再同國瑾、沈子佩曾植、沈子封曾桐、許鶴巢玉瑑、芍農師、可莊師、菊常師、郎丈、許□□，尚有四人不知何姓名矣。見孟鼎及新出土大、小克鼎及中師父鼎諸匋器。"葉昌熾《緣督廬日記》："六月初二日得鄭盦師書，以克鼎拓本一紙見貽，屬爲釋文。甫展函，建霞來傳述廉生書，述師意甚急，不應命以覆，取索拓本皆將謝絶。遂招西蠡來同釋。""六月廿五日，午後先赴建霞處，坐談並晁郎師，待至申刻共赴黃酒館，屺懷、廉生旋來。鄭盦師以克鼎諸家釋文見示。"潘祖年所編《潘文勤公年譜》光緒十五年己丑六十歲："是年得善夫克鼎，大幾於孟鼎塙。銘二十九行行二十字。兄囑李仲約侍郎文田及門下士之同好者皆爲釋文。"轉引自潘佳：《潘祖蔭研究》，復旦大學中國古典文獻學博士學位論文，2013 年，第 250、253 頁。潘祖年：《潘文勤公年譜》，光緒間刻本，第 62 頁。
③ 《吉金留影：青銅器全形摹拓捃存》，上海：上海書畫出版社，2014 年，第 30 頁。上海崇源 2002 年拍賣圖録。北京泰和嘉成 2013 年拍賣圖録。《嘉德通訊》2017 年第 3 期。
④ 吳昌碩（1844—1927），浙江湖州安吉人。初名俊，又名俊卿，字昌碩，又署倉石、蒼石，多别號，常見者有倉碩、老蒼、老缶、苦鐵、大聾、缶道人、石尊者等。
⑤ 徐乃昌（1869—1943），安徽南陵人。字積餘，晚號隨庵老人。

克鼎,是鼎出關中鳳翔府,爲潘鄭盦宮保所得。文多銅鏽所掩,未盡剔出,茲就其可辨者錄其文於下。……光緒三十一年,歲在乙巳,四月維夏,安吉吳俊卿釋於癖斯堂。

從所記內容可知至遲於光緒乙巳年(1905年)四月,即已歸藏吳昌碩。拓片上鈐有"徐乃昌印""企瑗所得金石文字"。

E. 褚德彝舊藏全形拓卷軸　　上海圖書館藏(館藏號 Z2135)

拓本清晰,爲剔後本。原爲褚德彝舊藏,①丁亥(1947年)夏歸吳仲坰,②上有褚德彝釋文與題記,王福庵題跋,③吳仲坰題卷軸外題簽。鈐有"褚禮堂""松窗""千籀棄""仲坰得來""師李齋"等印。各題記、題跋、題簽分錄如下:

乙丑秋九月十六日,小雨新霽坐江樓,因書釋文於拓本之上下方,有不可釋者,仍作篆文書之。德彝記

克鼎,仲坰先生有道金石家命題。丁亥九月福庵王禔

善夫克鼎舊拓精本,褚禮堂先生舊藏本,丁亥夏得於滬上,重裝並記。仲坰

從褚氏題記來看,乙丑年(1925年)秋前已收藏此本。後,1947年夏由吳仲坰在上海獲藏。

F. 黃葆戉藏全形拓卷軸　　國家圖書館藏(館藏號 裱軸1128)

此軸由銘文拓本與全形拓合裝,從銘文的清晰程度判斷爲"剔後本"(圖五)。拓片旁有黃葆戉④題首並記如下:

克鼎。己巳三月,長樂黃葆戉(鈐印"葆戉之印""青山農")

---

① 褚德彝(1871—1942),浙江餘杭人。字松窗、守隅等,號禮堂,又作裏堂,別號漢威、舟枕山民等。
② 吳仲坰(1897—1971),江蘇揚州人。字載和、在和,別署仲珺、仲軍,齋名爲餐霞合、師李齋、山樓等。
③ 王福庵(1880—1960),浙江杭州人。原名禔、壽祺,字維季,號福庵,以號行,別號印奴、印傭,別署屈瓠、羅刹江民。七十歲後稱持默老人,齋名麋研齋。
④ 黃葆戉(1880—1969),福建長樂人。字藹農,號鄰谷,小名破缽,別號青山農。

拓片上鈐有"庚寅""伯寅父審釋彝器款識""平生有三代文字之好""伯寅持贈",皆爲潘氏之印。結合題跋與拓片上的鈐印來看,此本應是潘氏庚寅年(1890年)拓本,最早受贈者已不可知,後至遲在己巳年(1929年)三月歸藏於黃氏。

G. 陳介祺舊藏拓本卷軸　　私人收藏

此拓本爲未剔本,陳介祺、陳邦懷、鍾天鐸遞藏(圖六)。拓本上鈐有"墨迻"(朱文)、"邦裏"(朱文)、"陳邦福"(白文)、"天鐸收藏金石文字"(朱文)、"陳墨迻"(白文)、"嗣樸齋"(白文)、"陳墨迻藏拓本"(白文)、"受齋"(朱文)、"復堪"(白文)、"簠齋"(白文)。

"簠齋"乃陳介祺。① "裏""保之""嗣樸齋"印主爲陳邦懷。② "墨迻"印主爲陳邦福。③

鍾天鐸題簽"初搨善夫克鼎。陳簠齋舊搨本,甲戌年冬月得,受齋識"。鈐

圖五　黃葆戊藏大克鼎全形拓卷軸

印"天鐸"(朱文)。④

陳邦懷題跋爲:

　　善夫克鼎。此初出土之拓本,有簠齋白文印章,尤可珍貴。歸吳縣潘氏攀古樓後,款字既剔,神味稍殊。今日求潘氏拓已不易得,況最初拓

---

① 陳介祺(1813—1884),山東濰坊人。字壽卿,號簠齋、晚號海濱病史、齊東陶父,室名碑畫軒、十鐘山房、寶簠齋等。
② 陳邦懷(1897—1986),江蘇鎮江人。字保之,室名嗣樸齋。
③ 陳邦福(1892—1982),江蘇鎮江人。號墨迻。
④ 鍾天鐸(1943—　),浙江吳興人。原名恩惠、恩蔚,曾用名洪、漢筱,號受齋、塗客、二可居士。

圖六　陳介祺舊藏大克鼎拓本卷軸

本耶！寄贈墨迻大兄珍賞，歲次辛卯五月幾望，弟邦懷記于天津寓所。①
［鈐印"裹"（白文）、"保之"（朱文）］

據"中研院"史語所人物傳記資料庫載陳介祺氏卒於 1884 年，目前所知潘氏最早得鼎時間爲 1888 年夏，爲首先收藏大克鼎之人。然陳介祺藏未剔本拓片時間不應在 1888 年後，故大克鼎出土時間或在 1884 年以前。

2. 小克鼎

目前依據早期著錄所見小克鼎有 8 件，以下按器物尺寸大小稱作小克鼎 A、小克鼎 B 等依序分述之。

◆小克鼎 A（高 56.5 cm）　上海博物館藏

愙齋 5.5.2，周金 2.17.2，小校 3.37.2、3.38.1，大系錄 115.1，三代 4.29.1，斷代 186，上海 48，彙編 3.89，綜覽·鼎 299，總集 1293，集成 2796，銘文選 1.306，夏商周 300，中銅展 69 頁，銘圖 2454，陝金 4.378

（1）早期著錄

A. 吳大澂《愙齋集古錄》

吳大澂藏品。此拓本應已經過清剔處理，整體比《周金》拓本清晰很多，應屬剔後本。

---

① 西泠印社 2020 年春季拍賣會，《古籍善本·金石碑帖專場》，杭州 2020 年 8 月 7 日。

早期拓本	《小校》3.38.1 《周金》 《愙齋》 《小校》3.37.2
上博拓本	

B. 鄒安《周金文存》

拓本上無鈐印，不知版別，但從拓片上諸多文字殘泐來看，應屬局部清鏽的版本。

C. 劉體智《小校經閣金石文字》

此器《小校》收了兩個拓版：一是清鏽前的拓本；一是鈐印"翰卿手拓"版本。① 徐翰卿被吳大澂視作文物鑒藏之知音，② 此爲兩人文交之例證。

此鼎爲吳大澂舊藏，20世紀50年代上海博物館向吳湖帆購藏。

(2) 早期全形拓與款識題跋

● 吳大澂藏全形拓卷軸　北京大學圖書館藏

此軸爲銘文拓本與全形拓合裝，上有吳大澂題跋與鈐印（圖七）。原文如下：

克鼎，是鼎出陝西鳳翔府，尚有一大者，與盂鼎相埒，爲潘文勤公所藏。上係善夫克所作器，又見一簋，拓多至八九十字，器極大而文至精，名同而年月不盡同，是簋尚在關中，余僅得此一鼎耳。大澂

圖七　吳大澂藏小克鼎全形拓卷軸

題跋鈐有"愙齋金石文字"與"吳大澂印"，另有"北京大學圖書館"藏印。

---

① 徐熙，江蘇吳縣人。字翰卿，號鬥廬、鬥廬子。
② 吳大澂：《吳大澂手札》，上海：上海書畫出版社，2007年。

◆小克鼎 B(高 51.5 cm)　　黑川古文化研究所藏

鬱華閣 67.1,陶續 1.25,周金 2.14.1,小校 3.35.1,大系録 114.2,三代 4.28.2,黑川名品展 1-7,彙編 90,總集 1292,集成 2797,銘圖 2455,陝金 4.379

(1) 早期著録

A. 盛昱《鬱華閣金文》

盛昱《鬱華閣金文》所收拓片爲盛昱收集北方諸家所藏衆青銅器拓片,① 但未正式刊行,後手稿歸羅振玉所得,歸於大雲書庫,現藏北京大學圖書館,故拓本上多鈐有"羅振玉印"。此本亦鈐有"羅振玉印",但器非其所藏。

B. 端方《陶齋吉金續録》

拓本雖無鈐印,但收入《陶續》即爲端方的青銅器收藏。

C. 鄒安《周金文存》

拓本上鈐有"鄭盦藏鼎",説明此鼎原藏潘祖蔭。

D. 劉體智《小校經閣金石文字》

拓本鈐印"戊子""鄭盦藏鼎"。戊子年爲 1888 年,即潘祖蔭得鼎之年,也意味著此爲最初拓本。

(2) 早期全形拓與款識題跋

● 小克鼎卷軸　國家圖書館藏

(館藏號: 裱軸 716)

此軸無題跋與鈐印(圖八),僅有題簽"本　己未長至前二日裝"。② 己

圖八　國家圖書館藏小克鼎全形拓卷軸

---

① 盛昱(1850—1900),鑲白旗人。字伯熙、伯義、伯希,號韻蒔,室名鬱華閣、意園。
② 筆者疑此本爲如壽峯所有,題簽書裝裱時間與克鎛全形拓卷軸同,皆爲"己未長至前二日裝",實際應是乙未年(1895 年)誤寫成己未(1919 年)。

早期拓本

《陶續》

《小校》

《鬱華閣》

《周金》

《集成》掃文閣拓本

未是1919年,長至即夏至,此軸裝裱於1919年夏至前兩天。

此鼎爲潘祖蔭舊藏,從鈐印"戊子"來看,應即潘志萬藏拓本卷軸中吴大澂題記言及"克所作器尚有二小鼎,伯寅師已續約"之鼎,同在1888年與大克鼎一起入藏潘家。至遲1909年歸於端方,後流散日本由黑川幸七收藏。

◆ 小克鼎 C(高 35.4 cm)　　故宫博物院藏

鬱華閣 70.1,陶齋 1.38,周金 2.14.2,小校 3.38.2,大系録 114.1,三代 4.28.1,總集 1291,集成 2798,故銅 185,銘圖 2456,陝金 4.381

(1) 早期著録

A. 盛昱《鬱華閣金文》

此本雖鈐有"羅振玉印",但器非其所藏。

B. 端方《陶齋吉金録》

收入《陶齋》即爲端方收藏。

C. 鄒安《周金文存》

拓本上鈐有"奠盦所藏吉金"與"鄭盦藏鼎",知此鼎亦爲潘祖蔭所藏。

D. 劉體智《小校經閣金石文字》

拓本上亦鈐有"奠盦所藏吉金"與"鄭盦藏鼎",但兩印文所在位置與《周金》本不同。

(2) 早期全形拓與款識題跋

● 馮公度藏小克鼎卷軸　　國家圖書館藏(館藏號:銅器 21—46)

此軸由銘文拓本與全形拓合装(圖九)。無題跋,題簽爲"克鼎"。拓片上鈐印"希丁手拓";全形拓上鈐有"希丁手拓金石文字"。卷軸上有"公度藏三代器"與"北京圖書館藏"印。

由印文可知銘文與器型拓片皆是

圖九　馮公度藏小克鼎全形拓卷軸

早期拓本

《陶齋》

《小校》

《鬱華閣》

《周金》

《集成》考古研究所拓本

周希丁爲馮公度製作,①此軸完成於馮公度藏小克鼎期間。

此鼎應爲1888年與大克鼎同時入藏潘家的二小鼎之一,至遲1908年歸端方收藏,1933年以前轉由馮公度收藏,1955年馮公度家屬捐贈故宮博物院。②

◆**小克鼎 D**(高35.2 cm)　藤井齊成會有鄰館藏

周金2.16.2,貞松3.34.1,希古2.34,小校3.36.1(小校3.37.1重出),大系録113.1,三代4.30.1,銅玉13頁圖14,日精華4.311,彙編88,總集1295,集成2799,綜覽·鼎298,有鄰館精華圖版三,國史金2262,銘圖2457,陝金4.377

早期著録

A. 羅振玉《貞松堂集古遺文》

《貞松》提及此器歸海東某氏藏。

B. 劉體智《小校經閣金石文字》

拓本上鈐有"陶齋藏鼎",印主爲丁樹楨。③

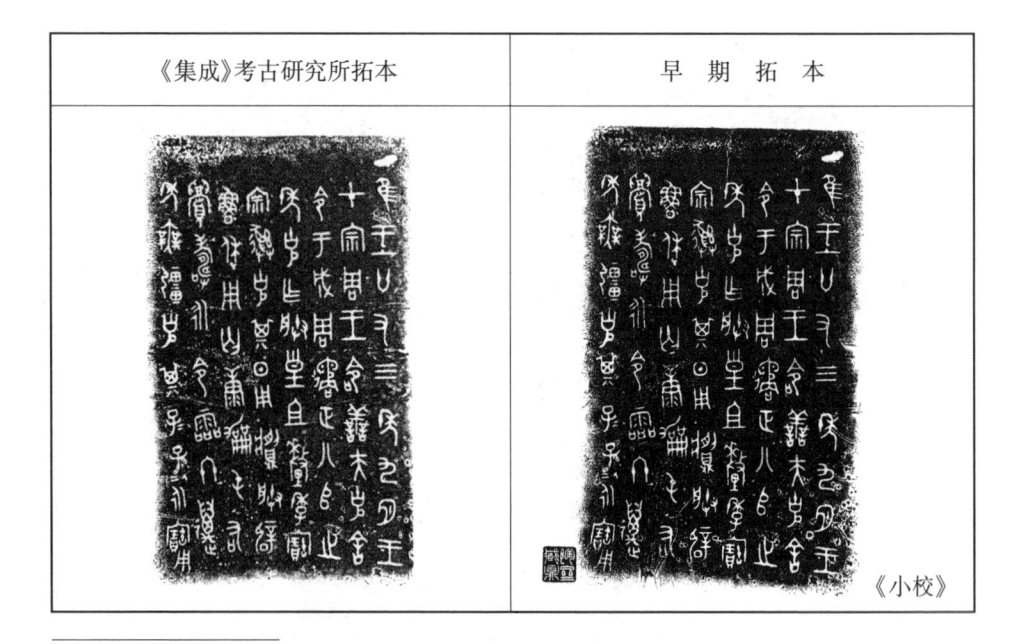

《集成》考古研究所拓本	早　期　拓　本
	《小校》

---

① 周希丁(1891—1961),江西臨川人。原名家瑞,又名康元,號墨盦,齋號石言館。
② 馮公度(1867—1948),浙江慈溪人。名恕,號華農,齋號自得園主人。
③ 丁樹楨(1861—1915),山東黃縣人。字幹圃,號陶齋,館名海隅山館。

此鼎爲丁樹楨舊藏，《貞松》所載之海東某氏不知是否即爲丁氏。在 20 世紀 50 年代以前流入日本，先後由太田孝太郎、藤井善助遞藏。

◆小克鼎 E (高 35.1 cm)　　天津博物院藏

㮣林 7，周金 2.17.1，希古 2.33，小校 3.39.1(小校 3.39.2 重出)，大系録 113.2，三代 4.29.2，彙編 91，集成 2800，銘圖 2458，陝金 2.82

早期著録

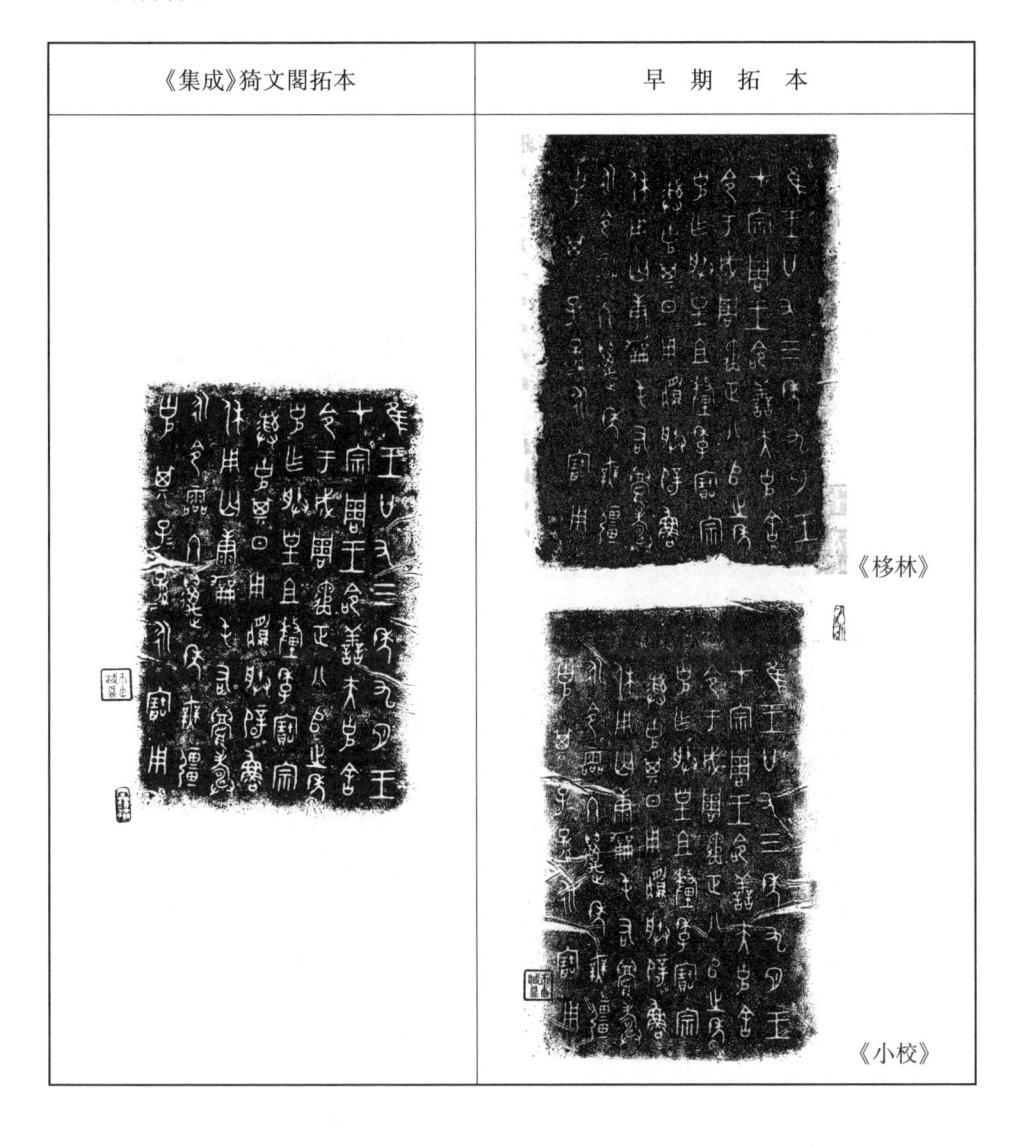

《集成》猗文閣拓本	早　期　拓　本
	《㮣林》
	《小校》

A. 丁麟年《栯林館吉金圖識》

《栯林》爲丁麟年家藏吉金印本，每器有全形拓縮印與拓本。此鼎全形拓上鈐有"市臣藏鼎""丁麟年有三代文字之好"印文。

B. 劉體智《小校經閣金石文字》

拓本上有"市臣藏鼎"鈐印。此鼎原爲丁麟年舊藏。

◆小克鼎 F（高 29.5 cm）　日本書道博物館藏

綴遺 4.32，鬱華閣 68.1，陶齋 1.36，周金 2.15.1，小校 3.40.2，大系錄 115.1，三代 4.31.1，書道（平凡）60，彙編 87，總集 1297，集成 2801，銘圖 2459，陝金 4.380

早期著錄

《集成》猗文閣拓本	早　期　拓　本
	《鬱華閣》
	《陶齋》

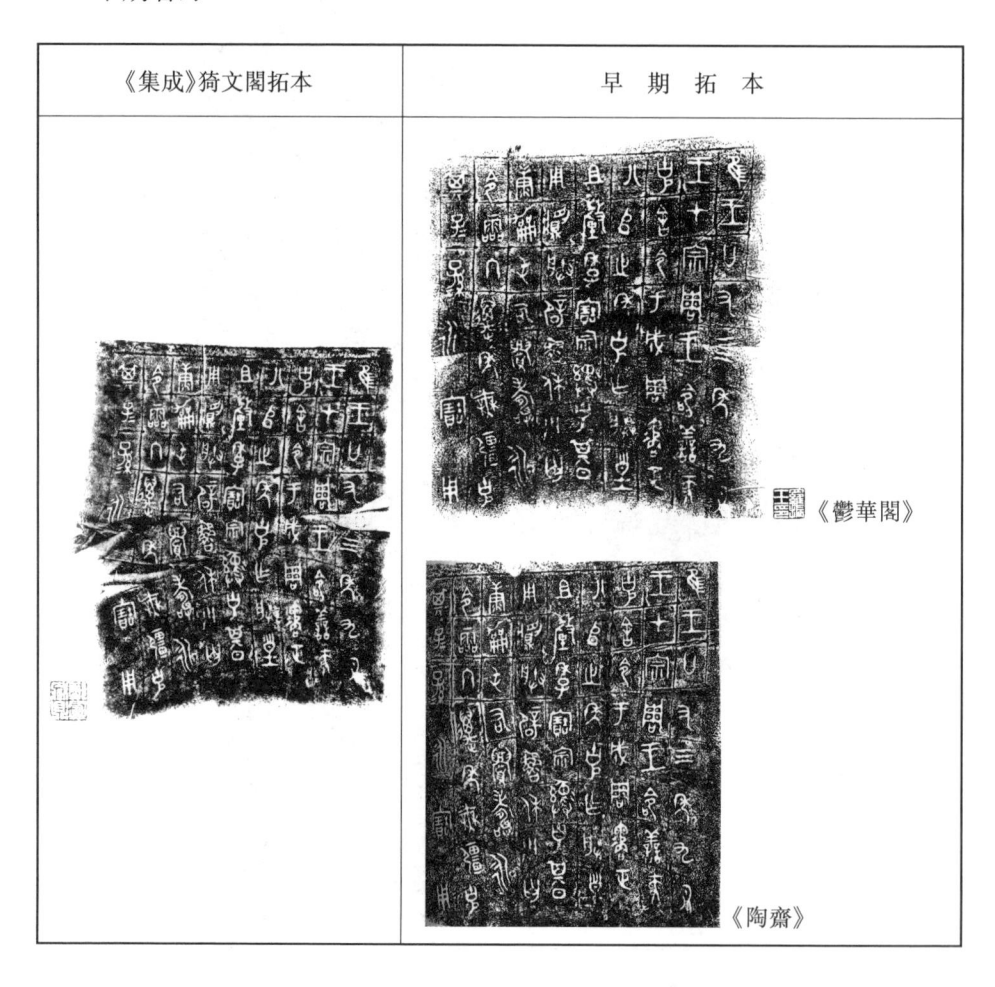

A. 盛昱《鬱華閣金文》

此版本清晰,鈐有"羅振玉印",但器非其所藏。

B. 端方《陶齋吉金錄》

收入《陶齋》,爲端方收藏。

由《集成》猗文閣拓本上鈐有"鄭盦藏鼎"得知,此器原爲潘祖蔭舊藏,1908年以前轉藏端方,端方故去後流入日本中村不折處。

◆小克鼎 G(高 28.5 cm)　南京大學博物館藏

綴遺 4.33,鬱華閣 69.1,陶齋 1.34,周金 2.15.2,小校 3.40.1,大系錄 115.2,三代 4.30.2,總集 1296,集成 2802,南大文物 24,銘圖 2460,陝金 4.383

早期著錄

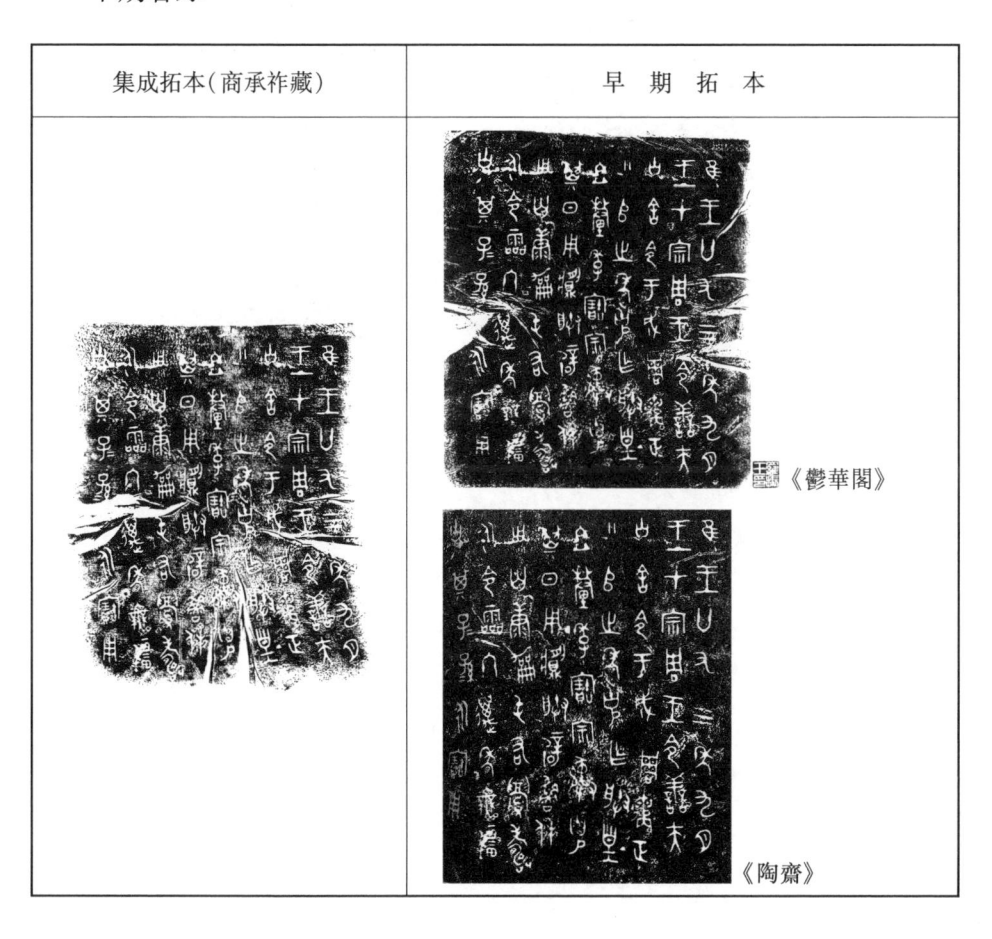

集成拓本(商承祚藏)	早　期　拓　本
	《鬱華閣》 《陶齋》

圖十　端方藏小克鼎全形拓　　　　圖十一　端方藏小克鼎拓片

A. 盛昱《鬱華閣金文》

此版本清晰,鈐有"羅振玉印",但器非其所藏。

B. 端方《陶齋吉金錄》

收入《陶齋》,爲端方收藏。

光緒廿七年(1901年)端方任陝西巡撫,此鼎應於此時收歸端方。端方過世後,此鼎轉手於美籍收藏家福開森(John Calvin Ferguson),福開森離華前於1935年將其捐贈金陵大學,即今南京大學。

◆小克鼎 H　　藏所不明

西泠印社2018年秋季拍賣小克鼎全形拓卷軸,爲銘文拓片與全形拓合裝(圖十)。軸右上鈐有朱文"匋齋"、右下鈐有白文"端方所藏",可知其爲端方舊藏。2020年王雙強先生再次刊佈時,軸上增加朱關田題跋:"匋齋舊藏小克鼎全形搨。己亥仲冬,朱關田。"①

仔細觀察拓片發現,此銘似有界格,且行款布白與目前所見小克鼎銘皆不相同,顯示此爲首次著録之小克鼎(圖十一)。

3. 克簋

目前未見實物,或皆散佚。但從早期全形拓與銘文拓本猶可追溯出部分出土件數與樣貌。

◆ 克簋 A　　藏所不明

周金 3.24.2

《周金》録有一拓片,銘文内容、行款與善夫克盨無別,但仔細觀察字體的寫法有細微的差異,如第四行第二個字"人",克盨蓋銘寫作"![]",器銘寫作"![]",克簋寫作"![]";"降克多福"的"福",克盨蓋銘寫作"![]",器銘寫作"![]",克簋寫作"![]"。第五行"用作旅殷"亦與善夫克盨的"用作旅盨"不同。第八行"數彙"的"彙",下爲"泉",此處寫成"貝"(圖十二)。《周金》曰"銘經加刻,殊乏自然之致",筆者認爲或許是剔鏽時傷及字口,導致筆畫顯得僵硬。②

又《周金》載"此敦先歸湖州陸氏,壬子在適廬,三月",此處"敦"實爲"簋",湖州陸氏所指應是陸心源,1912年由鄒安收藏。

◆ 克簋 B　　藏所不明

此器見於《善齋藏器全形拓本》,③爲全形拓與銘文拓本合裝(圖十三)。銘文行款與善夫克盨同,但器型不同,顯非一器。上有鈐印"善齋所得彝器"(朱文),④證明其爲劉體智藏品。

從早期著録得知,至少曾有兩件克簋傳世,惟今不知去向。

---

① 王雙強:《同宗異域,風月同天——見匋齋舊藏小克鼎全形拓有感》,《錢江晚報》2020年9月27日。
② 當然不排除銘文爲偽的可能性。
③ 劉體智藏、王秀仁拓:《善齋藏器全形拓本》,1931年手拓本。
④ "中研院"史語所藏青銅器拓片資料庫,登録號187715-306。

图十二 《周金》所收克簋拓片　　图十三 《善齋藏器全形拓本》所收克簋

4. 善夫克甗　芝加哥美術館藏

愙齋15.18(器,誤爲簋),周金3.153.1-2,歐精華2.122(蓋),小校9.42.1(蓋,誤爲簋),小校9.41.2(器,誤爲簋,9.42.2重出),大系錄112,三代10.44.2(器),三代10.45.1(蓋),柏景寒154頁,美集R403a.b,斷代821頁187,彙編40,總集3086,集成4465,綜覽・甗12,銘文選305,賽克勒(1990)750頁128.1,青全5.79,國史金1740(器,誤爲簋),銘圖5678,陝金4.393

早期著錄

● 吳大澂《愙齋集古錄》

只錄器內拓片,未見器蓋。拓片鈐有"愙齋"。

王獻唐《國史金石志稿》載丁麟年舊藏,後流散至日本,1933年收歸柏景寒(Lucy Maud Buckingham)。王獻唐先生云曾爲丁麟年收藏,依據不知爲何,暫存待考。

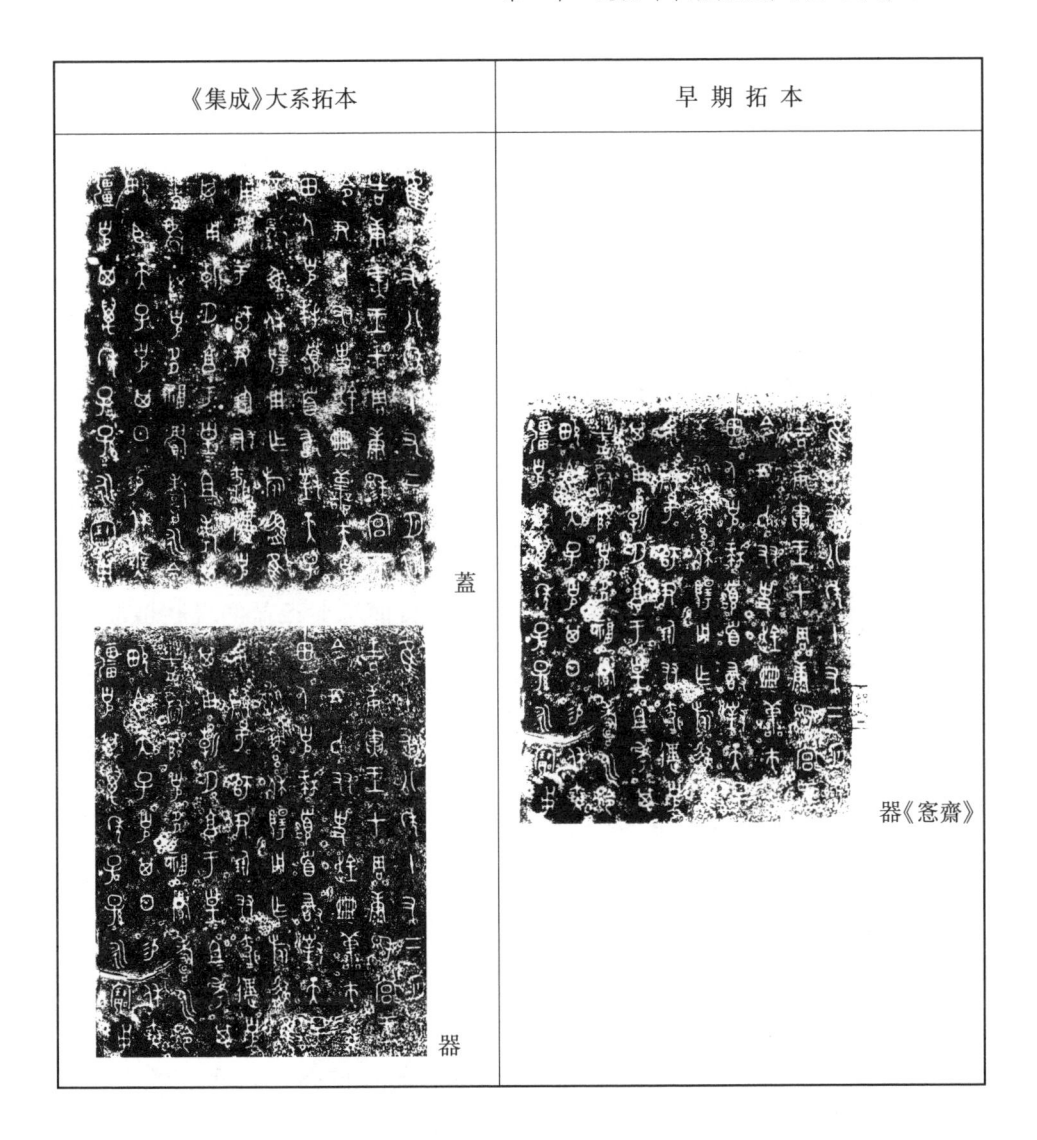

《集成》大系拓本	早期拓本
蓋 器	器《愙齋》

5. 師克盨

師克盨目前所見爲同形器 2 件、蓋 3 件。據尺寸大小，依所見著錄分別稱名如下。

◆ **師克盨 A 蓋**(蓋長 27.4 cm 寬 18.8 cm)　聖路易市私人收藏

◆ **師克盨 B 器**(器長 27.45 cm 寬 19.1 cm)　聖路易市私人收藏

考古 1994 年 1 期圖版柒，近出 507，新收 1907，銘圖 5681

器、蓋早先未見著録，最早見於蘇富比行 1985 年 4 月紐約拍場，①後見於 1994 年楊曉能一文介紹。② 蓋器同銘，但蓋尺寸小於器，説明蓋器不合。

◆師克盨 C 蓋(蓋長 27 cm 寬 19.5 cm)　故宫博物院藏
◆師克盨 D 器(器長 27.4 cm 寬 19.5 cm)　故宫博物院藏

文物 1959 年 3 期 64 頁(器)，文物 1962 年 6 期封裏上、下，斷代 856 頁 210，總集 3089，集成 4467，銘文選 307，故銅 194，銘圖 5680，陝金 4.390

羅福頤先生於 1959 年首先介紹故宫藏有師克盨，③郭沫若先生目驗實物後於 1962 年提出此盨器與蓋不相合，蓋小器大。④

◆師克盨 E 蓋(長 27.7 cm 寬 19.9 cm 高 8.5 cm)　中國國家博物館藏

陝圖 102，文物 1962 年 6 期 8 頁圖 3，總集 3088，集成 4468，銘圖 5682，陝金 4.392

此蓋爲熊步龍舊藏，⑤1957 年其孫熊本周捐贈陝西歷史博物館，現藏中國國家博物館。

郭氏、楊氏所提蓋、器尺寸不合的綫索，與目前二器三蓋的現狀推測，師克盨原應爲 4 件一組。

6. 克鎛　天津博物館藏

周金 1.22，貞松 1.11，希古 1.10，小校 1.61.1，大系録 97，三代 1.24.1，文物 1972 年 6 期 15 頁，總集 7204，集成 209，銘文選 295，美全 4.228，青全 5.189，銘圖 15814，陝金 4.389

(1) 早期著録(見下頁圖表)

A. 鄒安《周金文存》

文字殘泐不清，拓片上鈐有"羅振玉印"。

B. 羅振玉《貞松堂集古遺文》

羅氏提到此器由侍郎張燕謀藏。⑥ 張燕謀始任侍郎時間爲光緒廿七年(1901 年)，⑦則克鎛約在 1901 年(後)入藏張氏。

_____

① Fine Chinese Ceramics and Works of Art, Sotheby 1985 June 4, New York.
② 楊曉能：《美國聖路易斯市私藏師克盨的再考察》，《考古》1994 年第 1 期。
③ 羅福頤：《克盨》，《文物》1959 年第 3 期。
④ 郭沫若：《師克盨銘考釋》，《文物》1962 年第 6 期。
⑤ 熊步龍，湖北人。光緒年間曾任職於三原味經書院。
⑥ 張翼，生卒年不詳，北京通州人。字燕謀、彦謨。
⑦ 錢儀吉、繆荃孫、閔爾昌、汪兆鏞：《清朝碑傳全集》第 5 册，臺北：大化書局，1985 年，第 4016 頁。

	早期拓本	《周金》
陳邦懷拓本①		

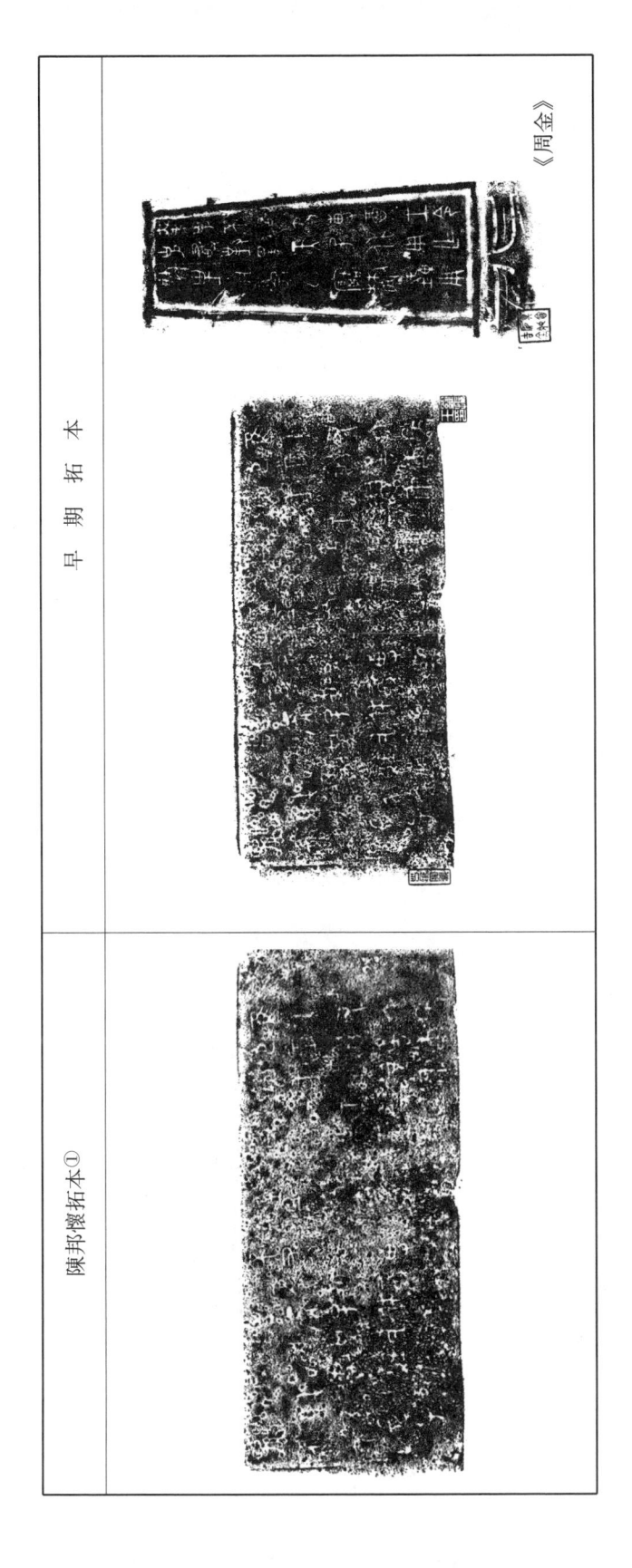

① 陳邦懷：《克鎛簡介》，《文物》1972年第6期，第15頁。

（2）早期全形拓與款識題跋

A. 克鎛全形拓卷軸　　私人收藏

拓片上未見任何印文,亦無題跋。題簽曰:

"周鎛鐘拓本,㊣乙未長至前二日裝,壽峯屬丁三拓。此器光緒癸巳甲午間如壽峯得于青門,贈盛伯熙,後不知所歸。"(圖十四)

從題簽內容知克鎛出土後,1893年(癸巳)至1894年(甲午)間由佛門中人如壽峯收藏,並請丁三製作全形拓。原寫己未,在"己"處畫圈改符號,又寫了"乙",故實爲乙未(1895年)夏至前二天裝裱完成,後將此器贈予盛昱。再結合《貞松》所載,盛昱卒後其器於1901年轉由張燕謀收藏,1981年其子張叔誠捐贈天津博物館。

圖十四　如壽峰藏全形拓卷軸　　圖十五　袁勵準跋克鎛全形拓卷軸

B. 袁勵準跋克鎛全形拓卷軸　　私人收藏

全形拓左上有袁勵準題跋,①鈐有"風遂樓人"。② 跋語如下：

"三代法物流傳後葉,其觥觚大器足以左右。樂府紀述功績者,宜莫鐘。若惟商周以來,形制不一,旋蟲之良窊、舞銑之距離,皆足資好古家之考證。苻庵出示鬱華閣藏鐘拓本,不特體魄閎肅,銘文古茂,即鐘鈕之形制,飛揚軒鬻,矯若蛟螭,亦殊怪偉,惜爵華宿草,不得一睹原器為憾也。乙卯清明袁勵準。"

此卷軸為袁勵準 1915 年清明時節所題(圖十五),寫僅睹全形拓本,未見原器之憾。

7. 克鐘

目前所見克鐘同形而大小相次者 5 件,據尺寸大小與銘文順序,依次稱作克鐘 A、克鐘 B 等。

◆克鐘 A　　故宮博物院藏

周金 1.26,貞松 1.9.2,希古 1.8,小校 1.62.2,大系錄 93－94,三代 1.21.2,三代 1.22.1,彙編 170,總集 7041,集成 0204,國史金 33,銘圖 15292,陝金 4.384

早期著錄

A. 鄒安《周金文存》

拓片上鈐有"陶齋藏鐘",此"陶齋"所指為丁樹楨。

B. 羅振玉《貞松堂集古遺文》

羅氏提及"此器為黃縣丁氏匋齋藏"。

此鐘為丁樹楨舊藏,不知何時流入日本,由寧樂美術館收藏,後約在 2007 年輾轉歸藏北京故宮博物院。

◆克鐘 B(高 55 cm)　　藤井齊成会有鄰館藏

綴遺 1.7,陶續 1.10,周金 1.23,周金 1.24,小校 1.63.2,小校 1.64.1,大系錄 94－95,三代 1.23.2,總集 7044,集成 205,綜覽‧鐘 41,有鄰館 5,銘圖 15293,陝金 4.385

---

① 袁勵準(1876—1935),順天府宛平縣(今北京)人。字珏生,號中舟,室名恐高寒齋。
② 2012 年 9 月北京弘藝國際拍賣有限公司拍賣。

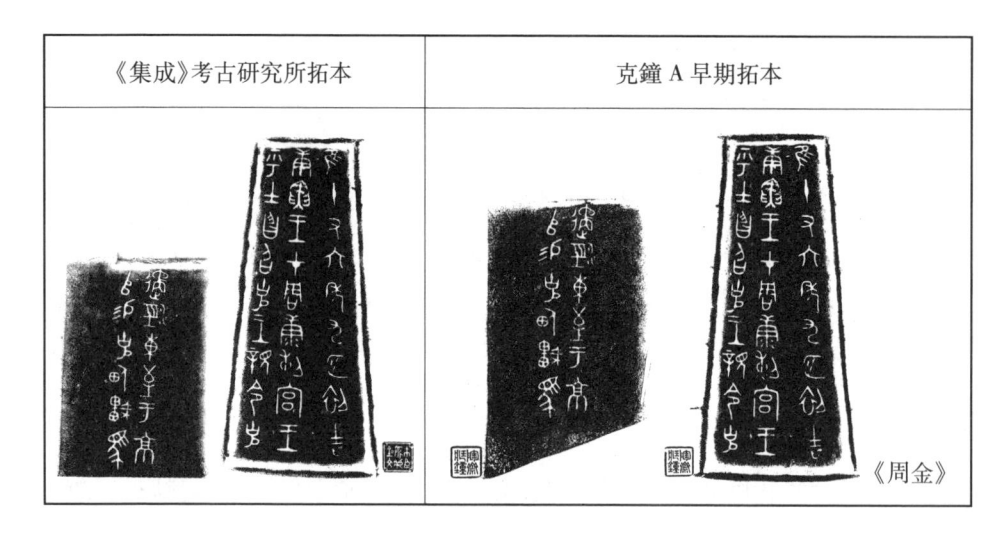

《集成》考古研究所拓本	克鐘 A 早期拓本
	《周金》

早期著錄

A. 端方《陶齋吉金續錄》

爲端方收藏。

B. 鄒安《周金文存》

拓本上鈐有"奠盦所藏吉金",知此器爲潘祖蔭所藏。

C. 劉體智《小校經閣金石文字》

拓本上鈐有"奠盦所藏吉金"。

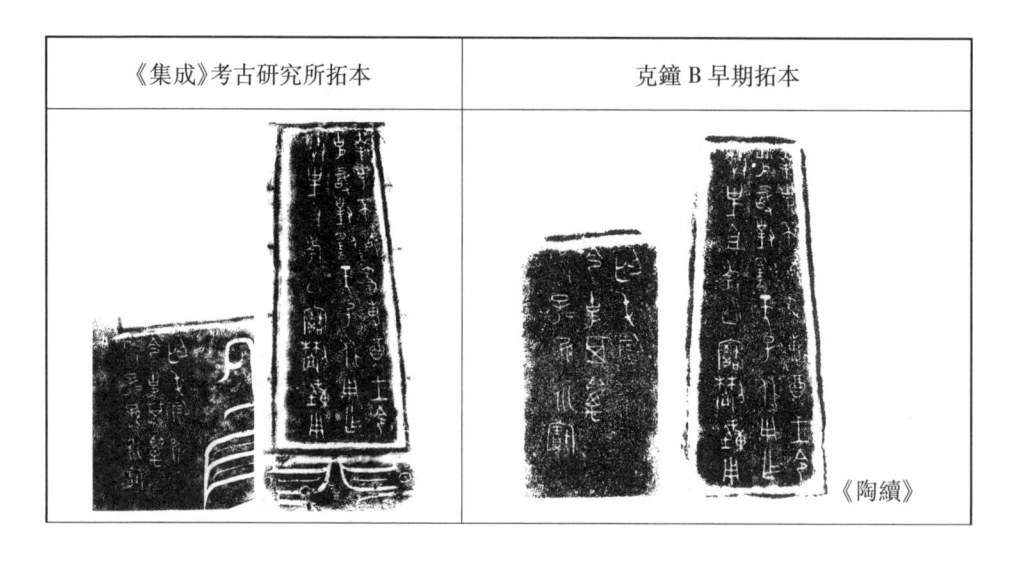

《集成》考古研究所拓本	克鐘 B 早期拓本
	《陶續》

續　表

《集成》考古研究所拓本	克鐘 B 早期拓本
	《周金》 《小校》

　　此鐘爲潘祖蔭舊藏,1909 年以前轉由端方藏,不知何時流入日本,由藤井善助收藏,現藏於有鄰館。

◆克鐘 C(高 54 cm)　上海博物館藏

綴遺 1.6,奇觚 9.13 - 14,陶續 1.8,周金 1.25,小校 1.61.2 - 1.62.1,大系錄 95 - 96,三代 1.20.2,三代 1.21.1,總集 7040,集成 206,銘文選 294,夏商周 357,銘圖 15294,陝金 4.386

早期著録

A. 劉心源《奇觚室吉金文述》

所録拓片上鈐有"劉心原""心原所收金文""伯庚所得金文"等,此器拓片爲劉心源1902年以前的收藏。

B. 端方《陶齋吉金續録》

收入《陶續》爲端方的藏品。

C. 鄒安《周金文存》

拓本上鈐有"兩敦蓋宧"與"奠盫所藏吉金"。"兩敦蓋宧"印主爲鄒安。

此鐘爲潘祖蔭舊藏,1909年以前轉由端方藏,後由李蔭軒收藏,1979年由夫人邱輝捐贈上海博物館。

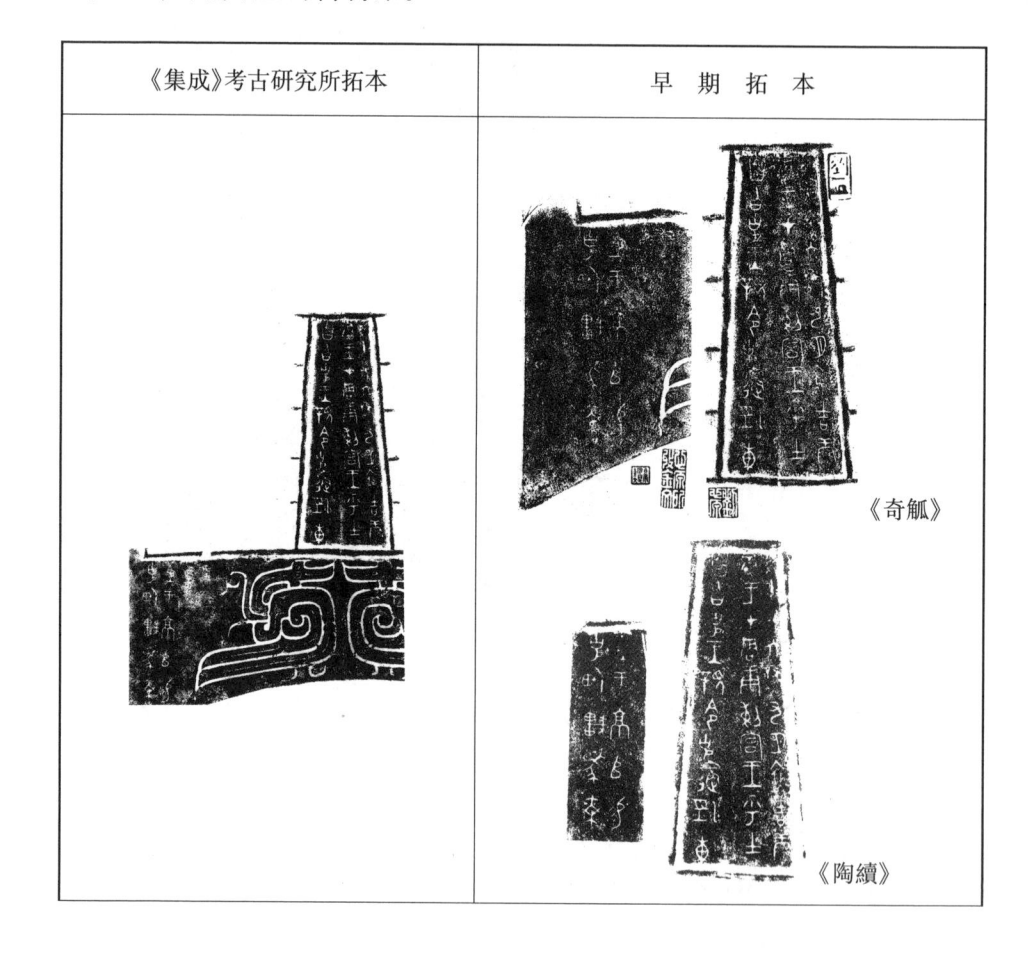

《集成》考古研究所拓本	早　期　拓　本
	《奇觚》
	《陶續》

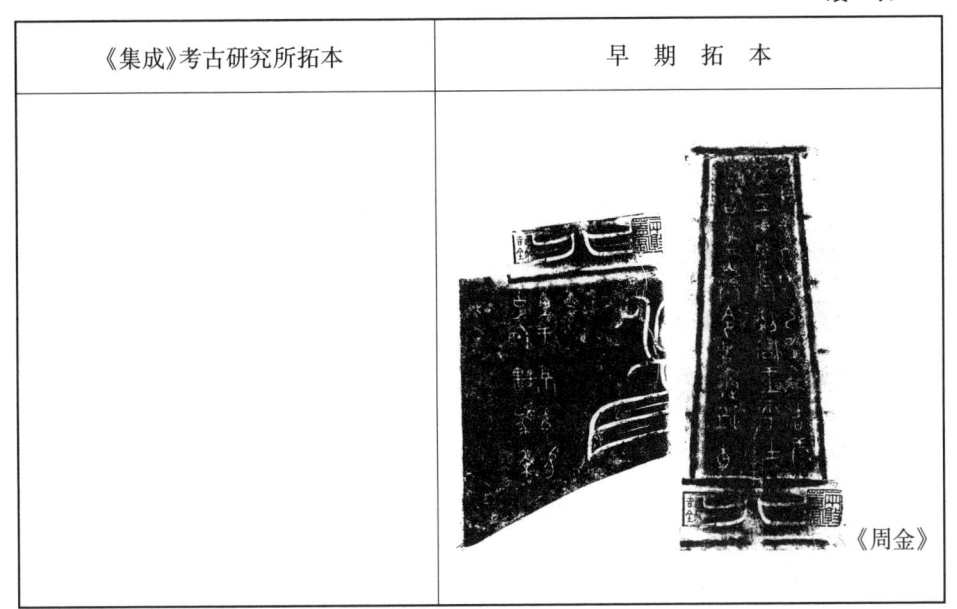

續　表

《集成》考古研究所拓本	早　期　拓　本
	《周金》

◆克鐘 D（高 50.6 cm）　　天津博物院藏

周金 1.27，貞松 1.10，希古 1.9，小校 1.64.2，大系錄 96，三代 1.23.1，斷代 818 頁 184.2，總集 7043，集成 207，銘文選 294 乙，銘圖 15295，陝金 4.387

（1）早期著錄

《小校》收錄的拓片與《周金》完全相同，銑部裁剪樣式一致可證，兩者皆無鈐印。

《集成》收錄的考古研究所藏拓本上鈐有"于省吾印""契齋所得墨本"。① 王國維《三代金文著錄表》載此器藏於丁麟年。②

（2）早期全形拓與款識題跋

● 沽上繆氏藏克鐘拓本　　國家圖書館藏（館藏號：銅器 16－1）

克鐘鉦、鼓部拓片，其上有朱光燾題跋，③跋語如下：

---

① 商承祚（1902—1991），廣東番禺人。字錫永，號駑剛，契齋、蠖公。
② 王國維、羅福頤：《三代秦漢兩宋金文著錄表》，北京：北京圖書館出版社，2003 年，第 32 頁。
③ 朱光燾（1886—1960），浙江杭州人。字謀先。

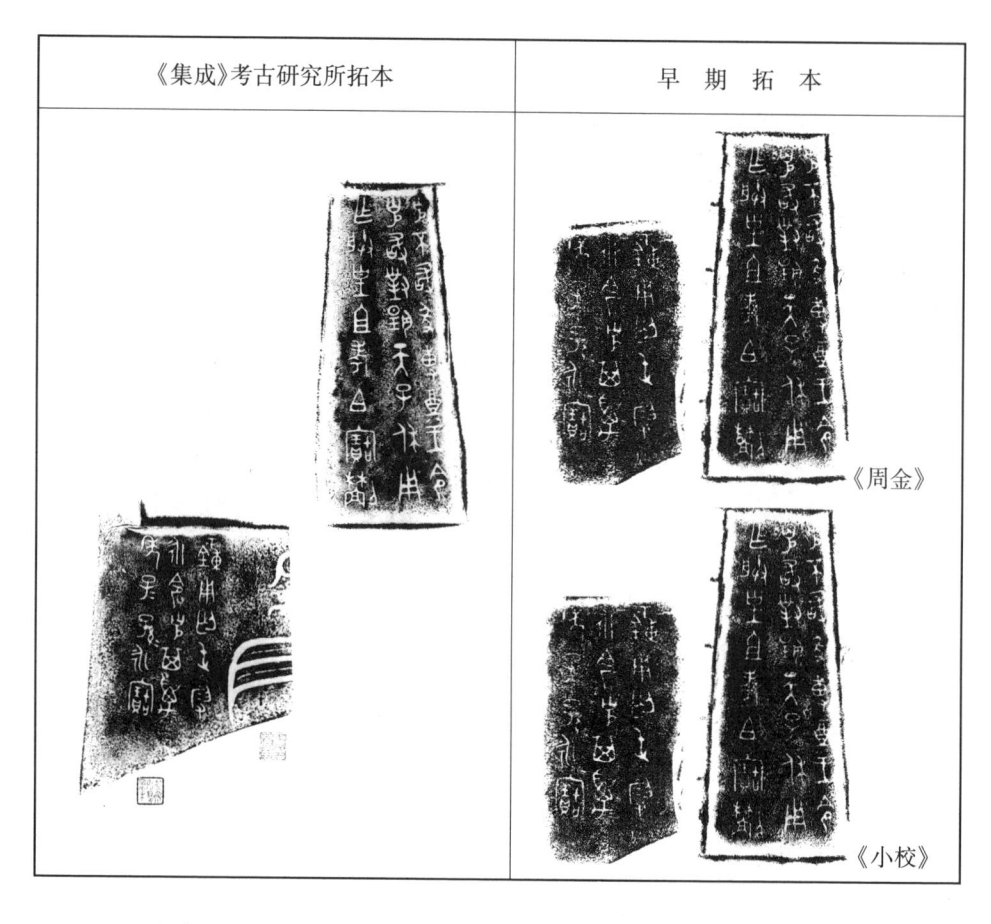

《集成》考古研究所拓本	早 期 拓 本
	《周金》 《小校》

古彝器以金爲重品，獎功追饗無不鑄器記實，故鼎尊諸物得延歲最固，緣此物用畢即襲藏掩置，後人多因掘鋤岡阜獲之，此其旨也。是鐘抑爲獎功之品，惜匆匆未暇詳稽，俟諸它日可也。無擇朱光熹題

拓片上鈐有"繆氏吉金"，題簽爲"周克劑鐘，沽上繆氏收藏"，後有"繆"鈐印。此鐘爲丁麟年舊藏，後歸繆繼珊，[①] 終由天津博物院收藏。

◆ 克鐘 E (高 38.3 cm)　　上海博物館藏

愙齋 1.18.1，鬱華閣 40，周金 1.28.1-2，小校 1.63.1，大系錄 97，三代 1.22.2，總集 7042，集成 208，音樂大系(上海江蘇卷) 1.2.7ab，夏商周 357.2，銘圖 15296，陝金 4.388

---

① 　繆繼珊，天津人。室名鐵如意齋。

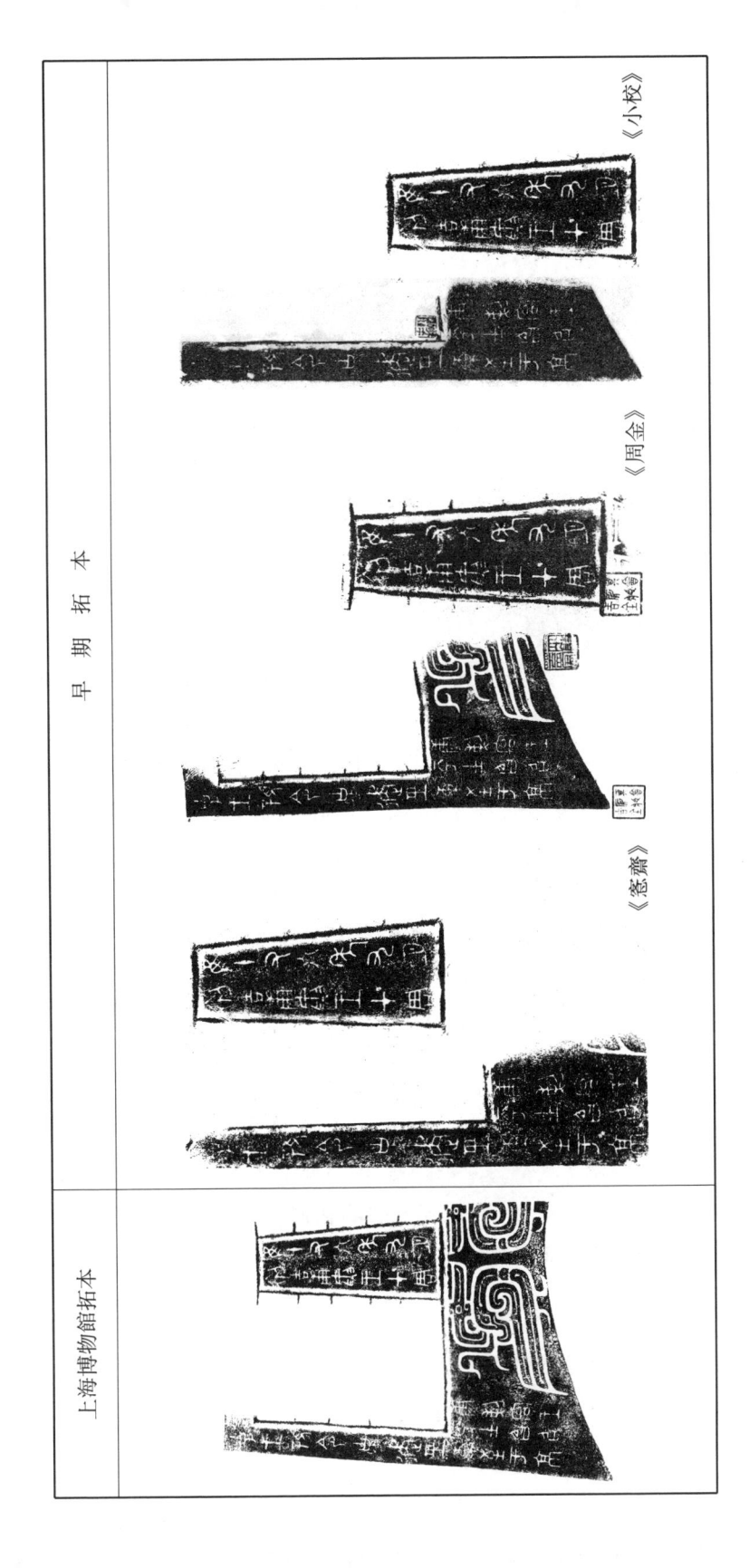

早期拓本	《小校》《周金》《愙齋》
上海博物館拓本	

早期著錄

A. 鄒安《周金文存》

拓本上鈐有"兩敦蓋宧""奠盦所藏吉金"。

B. 吳大澂《愙齋集古錄》

書中載"愙齋自藏",拓本上無鈐印。

C. 劉體智《小校經閣金石文字》

拓本上鈐有"翰卿手拓",證明此本爲吳大澂收藏時期所拓。

此器爲潘祖蔭舊藏,後由吳大澂藏,上海博物館於 1952 年購自其嗣孫吳湖帆。

按銘文前後承續,克鐘 A+克鐘 B、克鐘 C+克鐘 D 可合成全銘,克鐘 E 銘文未完,西周中期偏晚開始編鐘規制多爲八件一套,[①]則其後應尚有 3 鐘。

8. 伯克壺　藏所不明

考古圖 4.57,博古 6.33,薛氏 103,嘯堂 25.3,大系錄 93.1,斷代 855 頁 209,總集 5795,集成 9725,銘文選 298,銘圖 12440,陝金 2.146

《考古圖》載"此器得於岐山","睢陽王氏"藏,即王仲至藏品。[②] 又《愙齋》題記曰"黃縣丁氏海隅山館舊藏",即丁樹楨舊藏,並附有銘文拓本(圖十六)。[③]

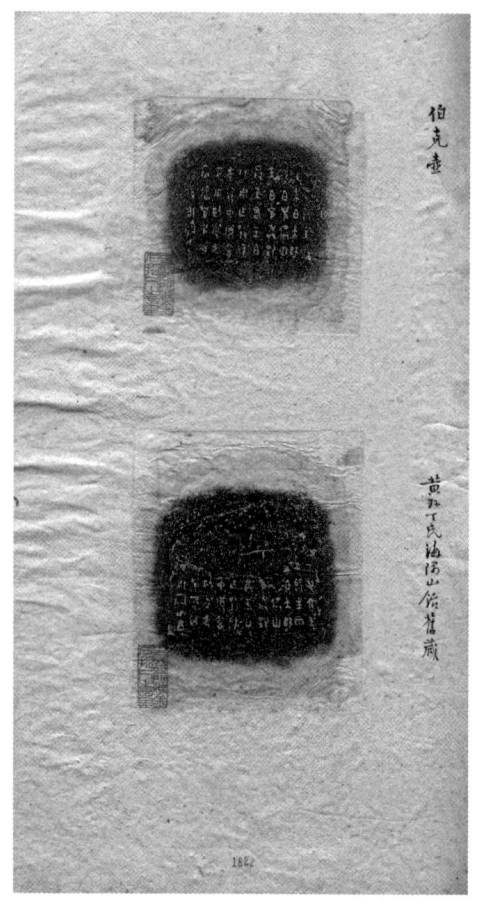

圖十六　《愙齋》所載伯克壺拓本

---

① 朱鳳瀚:《中國青銅器綜論》,上海:上海古籍出版社,2009 年,第 355—356 頁。
② 潘建國:《日本尊經閣文庫藏宋本世說新語考辨》,《中國典籍與文化》2012 年第 1 期。
③ "中研院"史語所藏青銅器拓片資料庫,登錄號 187760－1822。

綜上，經著錄1884年（前）任家村窖藏出土銅器有大克鼎1件、小克鼎8件（1件藏所不明），克簋2件（1件未見原器，1件藏所不明），克盨1件、師克盨2器3蓋，克鎛1件、克鐘5件。

宋代出土有伯克壺1件，藏所不明。

二、仲義父器組

《貞松》與《斷代》提到仲義父所作器出土於今扶風任家村，與克鐘、克鼎出於一窖中。同時爲求仲義父器組的完整，若出土時間、地點非任家村窖藏者，亦納入下列敘述。

1. 仲義父鼎

目前所見仲義父鼎5件形同而大小相次，以下據尺寸大小，依次稱作仲義父鼎A、仲義父鼎B等討論之。

◆仲義父鼎A（高49.8 cm）　故宮博物院藏

周金2補，小校2.40.4，癡盦1.1，總集779，集成2209，國史金2089，銘圖1634，陝金4.365

早期著錄

A. 鄒安《周金文存》

拓片上鈐有"夢坡秘玩"（白文），此印爲周慶雲鑒藏印。

B. 李泰棻《癡盦藏金》

收入《癡盦》，爲李泰棻之收藏。①

C. 柯昌泗《謐齋金文拓本》

柯氏手寫並粘拓本，②題記有"楊原李革癡學使癡庵藏器"。③

此鼎爲周慶雲、李泰棻舊藏，後歸藏故宮博物院。

◆仲義父鼎B（高45.5 cm）　上海博物館藏

貞松2.32.2，三代3.4.7，斷代797頁176.1.2，總集778，集成2207，銘圖1632，陝金4.362

---

① 李泰棻（1896—1972），河北陽原人。字革癡，號癡庵。
② 柯昌泗（1899—1952），山東膠縣人。字燕齡，號謐齋。《謐齋金文拓本》爲民國三十年間（1931—1941）柯昌泗手寫黏貼拓本。
③ "中研院"史語所藏青銅器拓片資料庫，登錄號187733-0182。

《集成》考古研究所拓本	仲義父鼎 A 早期拓本	
	《周金》	《謐齋》

《貞松》爲最早著錄,僅載據舊拓本入錄,與克鼎同出。《謐齋》藏拓本鈐"燕畲",並題:"市賈云此鼎高英尺十八寸五分、口徑十七寸三分、重三十五公斤。"①上海博物館於古玩市場購入此鼎。

◆**仲義父鼎 C**(高 39.6 cm)　　上海博物館藏

小校 2.40.5,總集 780,集成 2211,北圖拓 54,銘圖 1636,陝金 4.366

《小校》拓本鈐印不全,難以辨識。《謐齋》題記曰:"新安程齡孫都護源銓邃吾廬舊藏。"②程齡孫即程霖生,此鼎爲其舊藏,③後流散至古玩市場,現藏於上海博物館。

上博拓本	早期拓本
	《小校》

---

① "中研院"史語所藏青銅器拓片資料庫,登錄號 187733-0183。
② "中研院"史語所藏青銅器拓片資料庫,登錄號 187733-0184。
③ 程霖生(1888—1943),安徽歙縣人。又名齡孫、源銓。

◆**仲義父鼎 D**(高 39.3 cm)　　上海博物館藏

集成 2208，銘圖 1633

此鼎與仲義父鼎 B、C 由上海博物館一同購於古玩市場，此前流轉經過不詳。

◆**仲義父鼎 E**(高 35.6 cm)　　故宮博物院藏

集成 2210，北圖拓 53，銘圖 1635

無早期著錄。

2. 仲義父作新客鼎

目前所見仲義父作新客鼎 5 件，據尺寸大小依次稱作仲義父作新客鼎 A、仲義父作新客鼎 B 等討論如下。

◆**仲義父作新客鼎 A**(高 38.9 cm)　　上海博物館藏

貞松 3.9.1，希古 2.17.2，小校 2.72.3，三代 3.38.1，總集 1080，集成 2541，銘圖 2113，陝金 4.367

早期著錄

A. 羅振玉《貞松堂集古遺文》

內中提及此器爲"丹徒劉氏食舊堂所藏"，即劉鶚藏器。①

B. 柯昌泗《謚齋金文拓本》

題記有"新安程氏邃吾廬舊藏"。鈐印有"芝閣寶臧"（朱文）、②"陳器之拓"（朱文）、"市臣經眼"（半朱半白）。③

上　博　拓　本	早　期　拓　本
	《小校》

---

① 劉鶚(1857—1909)，江蘇丹徒人。原名孟鵬，後更名鶚，字鐵雲、鐵翁、公約，號老殘。
② 龐澤鑾(1866—1916)，河北河間人。字芝閣，號薛齋、味道腴齋主人。
③ "中研院"史語所藏青銅器拓片資料庫，登錄號 187733－0186。

此器爲劉鶚、龐澤鑾、程霖生舊藏,後流散古玩市場,終歸上海博物館。

◆仲義父作新客鼎 B（高 38.4 cm）　　上海博物館藏

周金 2 補,貞松 3.9.3,小校 2.71.3,三代 3.38.4,總集 1084,集成 2542,銘圖 2114,陝金 4.368

（1）早期著錄

A. 鄒安《周金文存》

拓片上鈐有"夢坡秘玩"（白文）,此印爲周慶雲鑒藏印。

B. 柯昌泗《謚齋金文拓本》

內中題記："新安程氏邃吾盧舊藏。"①

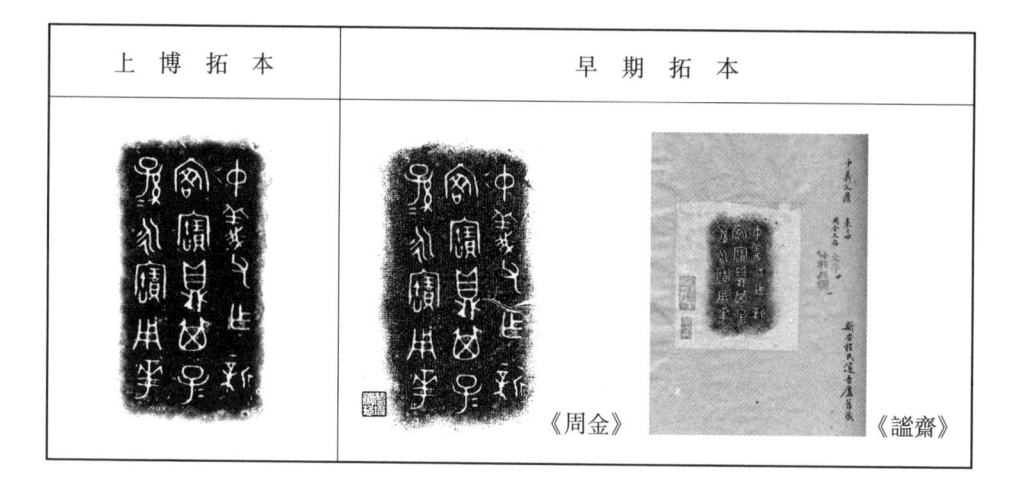

上博拓本	早期拓本
	《周金》　　　　　　　　　　《謚齋》

（2）早期全形拓與款識題跋

羅復堪、②丁佛言、③壽石工④三家題記仲義父作新客鼎全形拓（圖十七）,見於 2021 年 6 月保利春季拍賣圖錄,⑤三家跋皆提及此爲"海隅山館"藏器。

---

① "中研院"史語所藏青銅器拓片資料庫,登錄號 187733－0188。
② 羅復堪（1872—1955）,廣東順德人。名惇曧,字孝穀、子燮、季孺,號照岩、敷庵,別署悉檀居士、羯蒙老人、鳳嶺詩人,室號三山簃。
③ 丁佛言（1878—1931）,山東黃縣人。原名世嶧,初字桐生、息齋、芙緣,號邁鈍,別號黃人、松遊庵主、還倉室主。
④ 壽石工（1885—1950）,浙江紹興人。名璽,字務熹,號印丐,珏庵、悲風、園丁,別署石公、碩公,齋名蝶蕪齋、鑄夢廬、辟支堂、綠天精舍、玄尚靜廬。
⑤ 保利春季拍賣圖錄,2021 年 6 月 6 日第 2511 號。

此鼎爲丁樹楨舊藏，周慶雲、程霖生輾轉得之，後又流散於古玩市場，最終歸藏上海博物館。

◆仲義父作新客鼎 C（高 31.8 cm）　故宮博物院藏

貞松 3.9.2，希古 2.17.1，小校 2.72.5，貞圖上 22，三代 3.38.2，斷代 796 頁 176.1.1，總集 1081，集成 2543，國史金 2180，銘圖 2115，陝金 4.369

早期著錄

A. 羅振玉《貞松堂集古遺文》《貞松堂吉金圖》

《貞松》提及此器曾爲予齋所藏。另收入《貞圖》，知後歸爲羅振玉。

B. 柯昌泗《謐齋金文拓本》

內中載有題記曰："黃縣丁氏海隅山館舊藏。""海隅山館拓本爲未剔本，嘗見又一拓本亦海隅山館拓者，字較此爲清晰，題字之，再加洗剔當更精湛。""上虞羅氏貞松堂藏器。"

鈐印有"昌泗所讀""丁樹楨"。①

考古研究所藏拓本鈐印"商氏吉金""錫永手拓""于省吾印"。此器爲丁樹楨、予齋、羅振玉舊藏，後歸故宮博物院。

圖十七　羅復堪、丁佛言、壽石工三家題記全形拓（仲義父作新客鼎 B）

◆仲義父作新客鼎 D（高 31.2 cm）　紐約哈羅德·魏格（Harold Wacker）舊藏

陶齋 1.30，周金 2.49.1，小校 2.72.4，三代 3.39.1，美集 R415、A89，彙編 335，總集 1083，集成 2544，綜覽·鼎 308，銘圖 2116，陝金 4.370

---

① "中研院"史語所藏青銅器拓片資料庫，登錄號 187733－0187。

《集成》考古研究所拓本	仲義父作新客鼎 C 早期拓本
	《貞圖》　　　《謚齋》

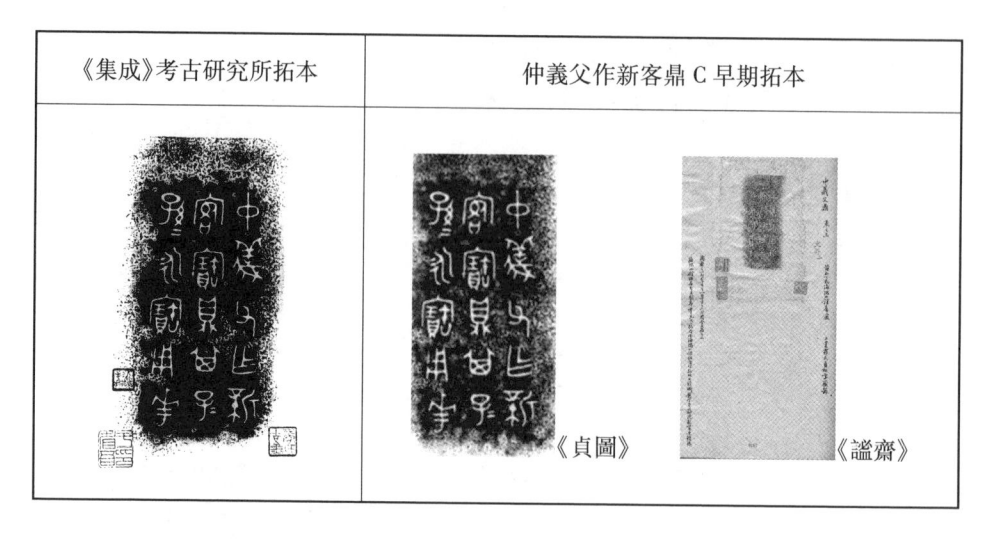

早期著録

A. 端方《陶齋吉金録》

收入《陶齋》,爲端方收藏。

B. 柯昌泗《謚齋金文拓本》

《謚齋》題記曰"吴縣潘氏攀古樓舊藏",① 顯示此器爲潘祖蔭舊藏。

《集成》考古研究所拓本	仲義父作新客鼎 D 早期拓本
	《陶齋》　　　《謚齋》

---

① "中研院"史語所藏青銅器拓片資料庫,登録號 187733－0185。

《美集》爲陳夢家1940年代赴美訪學期間考察銅器成果,内中載端方逝後此器至遲已在1923年轉至日本山中商會,繼由荷蘭古董商傑·利開普(Jan W. A. Kleijkamp)收入,此後又曾藏於紐約中國畫廊秘書長魏格氏(Harold Wacker),今不知藏所。①

◆仲義父作新客鼎 E　　藏所不明

希古 2.16.3,善齋 2.64,小校 2.72.2,三代 3.38.3,總集 1082,集成 2545,銘圖 2117,陝金 4.371

早期著録

A. 劉體智《善齋吉金録》

收入《善齋》,爲劉體智藏器。然所著録器型顯然與其他仲義父作新客鼎有別,且腹部紋飾作獸面紋,非西周晚期特徵。容庚便對此提出質疑,認爲此鼎爲僞造之作。

B. 劉體智《小校經閣金石文字》

拓片上鈐有"善齋所得彝器"。

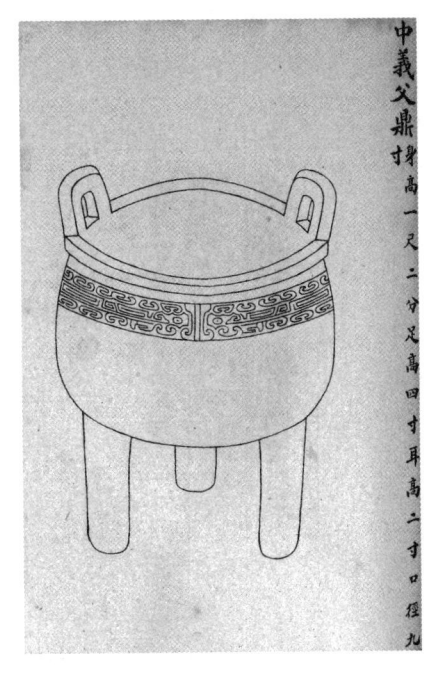

圖十八　《善齋》載仲義父作新客鼎器型

《集成》考古研究所拓本	早　期　拓　本	
	《善齋》	《小校》

---

① Sotheby's, "Important Chinese Art", New York, 2021.9.21－22, pp.68－71.

此器爲劉體智舊藏,從全形拓所得器型來看,①此物應僞。

3. 仲義父盨

按照早期著録,仲義父盨共 2 件,以下分別稱作仲義父盨 A、仲義父盨 B。

◆仲義父盨 A　　藏所不明

周金 3.163.3(蓋),貞松 6.35.1(誤爲簋),希古 4.11.2－4,小校 9.26.3－4(誤爲簋),三代 10.29.1－2,斷代 798 頁 174.2,總集 3012,集成 4386,銘圖 5552,陝金 4.372

早期著録

A. 羅振玉《貞松堂集古遺文》

内中載此器爲"吳縣吳氏愙齋藏",即吳大澂藏品。

B. 劉體智《小校經閣金石文字》

拓片上鈐有"徐熙""翰卿手拓"。

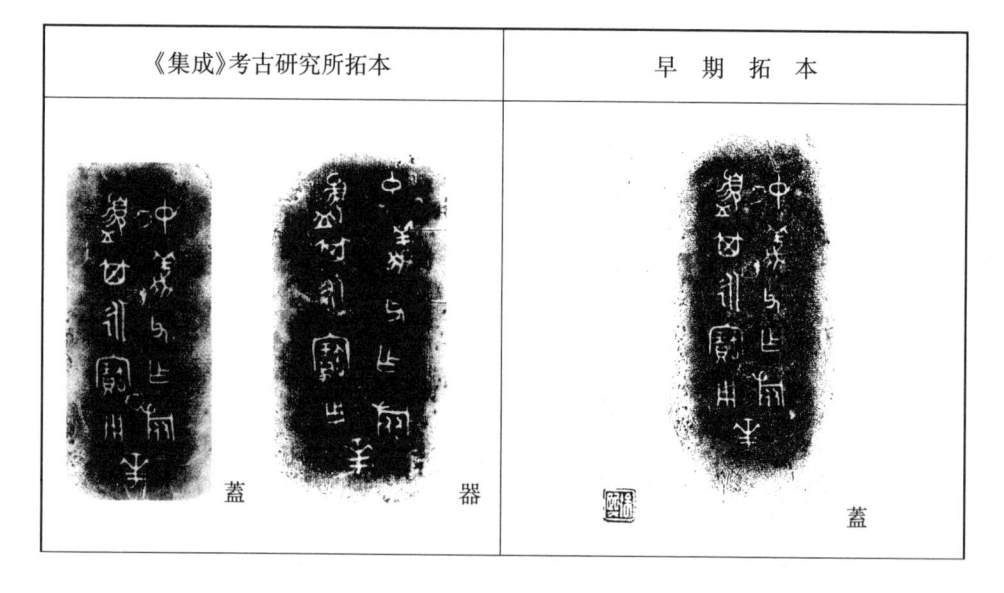

《集成》考古研究所拓本		早　期　拓　本
蓋	器	蓋

---

① "中研院"史語所藏青銅器拓片資料庫,登録號 186804 與 188058－03。

《集成》考古研究所拓本	早 期 拓 本
	器《小校》

◆ 仲義父盨 B　藏所不明

貞松 6.35.2（誤爲簋），希古 4.12.1（器），小校 9.26.1－2（誤爲簋），三代 10.29.3－4，總集 3013，集成 4387，國史金 1768（器），銘圖 5553，陝金 4.373

（1）早期著録

● 劉體智《小校經閣金石文字》

拓片上鈐有"盛昱"（朱文）、"君錫搨"（白文）、"伯羲得來"（白文）、"鬱華閣金石文字記"（朱文）。從印文内容得知，此器爲盛昱舊藏。

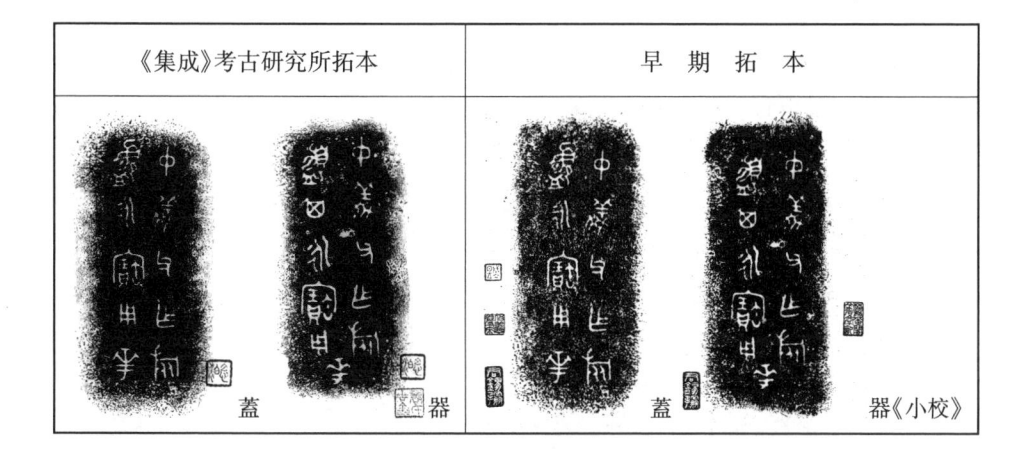

《集成》考古研究所拓本	早 期 拓 本
蓋　　器	蓋　　器《小校》

（2）早期全形拓與款識題跋

● 彝器蛇景屏八幅之五　　國家圖書館藏（館藏號：裱軸604）

全形拓與銘文拓片合裝，上有韓惠洵題首與跋語，內容如下：

> 中義父簠,右蓋銘十一字,器銘十字。光緒戊子夏,岐山扶風之交,農人取土得銅器甚夥。余見鬲四簠二,銘末皆有芓字,或是作者姓名,如今人之花押。按吳尊蓋作𦰩,毛公鼎作𦰩,疑皆華字古文,從艸從𦰩,𦰩即華字,石鼓作𦰩。積古齋有中義彝,或是一人之器。

鈐印有"惠洵"（朱文）、"宜官内（納）財"（白文）。

從韓古琴的題跋可知,至遲在光緒十四年（1888年）夏在岐山扶風交界地之任家村窖藏中出土的仲義父器組簠二實爲盨二,鬲四或指仲姞鬲。

4. 仲義父鑘

目前所見仲義父鑘共2件,以下分别稱作仲義父鑘A、仲義父鑘B討論之。

◆仲義父鑘A（高44.2 cm）　　上海博物館藏

綴遺26.15.1－2,鬱華閣396,周金5.29.1－2,貞松11.6.2,小校9.100.4－5,三代18.16.1－3,總集5813,集成9965,美全4.229,青全5.183右,夏商周353.2,銘圖14000

早期著録

A. 鄒安《周金文存》

拓本上鈐印有"奠盦所藏吉金"。

B. 劉體智《小校經閣金石文字》

拓本上鈐有"奠盦所藏吉金""日利"。

C. 柯昌泗《謐齋金文拓本》

拓本上鈐有"盨廚臧（藏）古酉（酒）器",印主爲潘祖蔭。①

此器爲潘祖蔭舊藏,由潘達于女士1955年捐贈上海博物館。

---

① "中研院"史語所藏青銅器拓片資料庫,登録號187758－1703。

早期拓本

盖《周金》
《愙斋》

肩
盖《小校》

肩

肩
盖

《集成》考古研究所拓本

肩
盖

◆仲義父鑐 B（高 44 cm）　上海博物館藏

欎華閣 395，周金 5.28.1，貞松 11.6.1，小校 9.100.6，三代 18.15.5－7，斷代 799 頁 176.3，彙編 370，總集 5812，集成 9964，綜覽·罍 294，賽克勒（1990）304 頁 22，青全 5.183 左，夏商周 353.1，銘圖 13999

早期著録（見 51 頁圖表）

A. 鄒安《周金文存》

拓本上鈐印有"奠盦所臧吉金""鑐"。

B. 劉體智《小校經閣金石文字》

拓本上鈐有"奠盦所臧吉金""日利"。

此器爲潘祖蔭舊藏，由潘達于女士 1955 年捐贈上海博物館。

三、仲姞器組

銘末署有"華"，與克器群銅器同坑共出，顯示其與克有親屬關係。目前所見早期著録與實物有 15 件，爲方便討論以下分别稱作仲姞鬲 A、仲姞鬲 B 等。

◆仲姞鬲 A（高 11.3 cm 口徑 15.9 cm）　泉屋博古館藏

泉屋 7，貞松 4.4.4，海外吉 8，彙編 657，集成 558，綜覽·鬲 61，泉博 9，銘圖 2746

1919 年以前此鬲便已流入日本成爲住友吉左衛門的收藏，《貞松》曰"此器光緒間出土"，應是認爲與仲義父鼎同出一窖。

◆仲姞鬲 B（高 11.3 cm 口徑 14.9 cm）　上海博物館藏

陶齋 2.59，周金 2.85.2，貞松 4.4.2，善齋 3.18，小校 3.58.3（小校 3.58.4 重出），三代 5.16.5，總集 1391，集成 550，銘圖 2749，陝金 4.395

（1）早期著録

A. 端方《陶齋吉金録》

收入《陶齋》，爲端方的藏品。

B. 劉體智《小校經閣金石文字》

拓本上鈐有"善齋藏器"（朱文）、"善齋所得彝器"（朱文），爲劉體智藏品。

仲義父甗 B 早期拓本

肩《小校》

蓋《周金》

肩

上海博物館拓本

肩

蓋

《集成》考古研究所拓本	仲姞鬲 B 早期拓本
	《小校》

(2) 早期全形拓與款識題跋

● 仲姞鬲全形拓善本卷軸　"中研院"史語所藏①

全形拓與銘文拓片合裝（圖十九），左下鈐有"善齋所得彝器"（朱文）、右上有"史語所藏金石拓片之章"（朱文）。從印文內容顯示，此器為劉體智舊藏。

端方得此鬲於 1909 年以前，端方逝後轉由劉體智藏，上海博物館於 1963 年購於古玩市場。

◆仲姞鬲 C（高 11.3 cm 口徑 14.9 cm）　上海博物館藏

貞松 4.4.6，希古 3.3.5，三代 5.16.7，總集 1390，集成 557，銘圖 2758，陝金 4.397

《希古》云："此器光緒間出土，平生墨

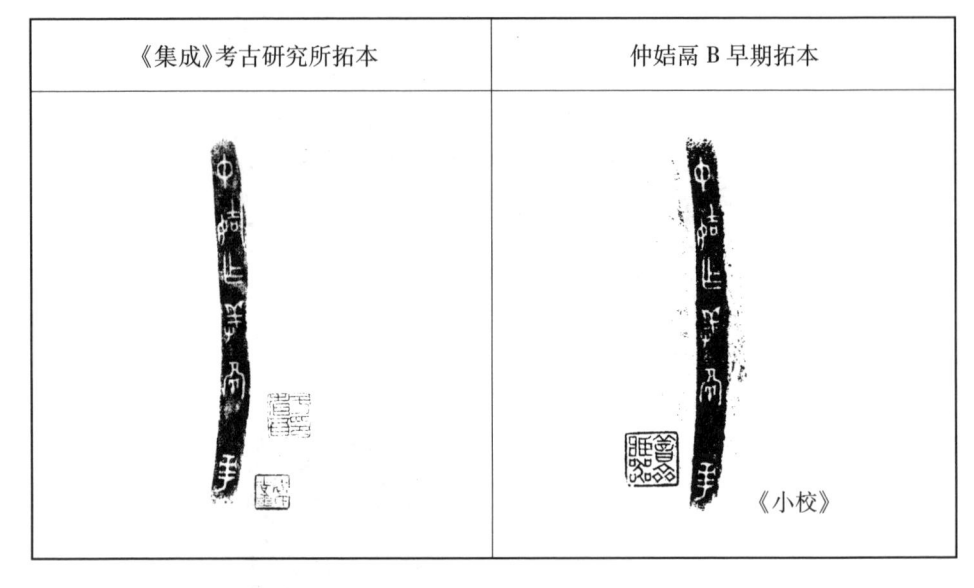

圖十九　仲姞鬲全形拓善本卷軸

① "中研院"史語所藏青銅器拓片資料庫，登錄號 186814。

本所見凡九器,著錄者才二器耳。"原收藏者已不可考,1963年由李蔭軒捐贈上海博物館。①

◆仲姞鬲 D(高 11.2 cm 口徑 15 cm)　藏所不明

貞松 4.4.3,希古 3.2.4,三代 5.16.67,總集 1392,集成 547,陝金 4.405,銘圖 2747

《貞松》載"黃縣丁氏匋齋藏",即丁樹楨舊藏。

◆仲姞鬲 E(高 11.1 cm 口徑 15 cm)　波士頓美術館藏

貞松 4.4.5,希古 3.3.4,歐精華 2.96 下,小校 3.58.2,三代 5.17.3,斷代 800 頁 176.4,美集 R414,三代補 414,彙編 656,總集 1395,集成 553,銘圖 2750,陝金 4.398

早期著錄

● 劉體智《小校經閣金石文字》

拓本上鈐有"伯羲得來"(朱文),其爲盛昱藏器。

《集成》猗文閣拓本	早　期　拓　本
	《小校》

盛昱過世後,此器或流散至美國,現藏於波士頓美術館。

◆仲姞鬲 F(高 11.1 cm 口徑 14.9 cm)　上海博物館藏

周金 2.84.3,希古 3.3.2,小校 3.58.1,三代 5.17.4,總集 1396,集成 554,銘圖 2748,陝金 4.396

---

① 李蔭軒(1911—1972),上海人。字國森,號選青,李鴻章侄孫。

早期著録

A. 鄒安《周金文存》

拓本上鈐有"鬲"（朱文）、"盦廚臧（藏）古酉（酒）器"（白文），此印印主爲潘祖蔭。

B. 劉體智《小校經閣金石文字》

題記有"右周中姞鬲器通高今尺一尺二寸，口圍廣二尺八寸，腹深八寸，足中空長四寸。銅質極薄，通體翠如瓜皮，重今庫平六十四兩"。拓本上鈐有"鬲"（朱文）、"張未"（白文）。

由印文來看，此器應爲張廷濟收藏。①

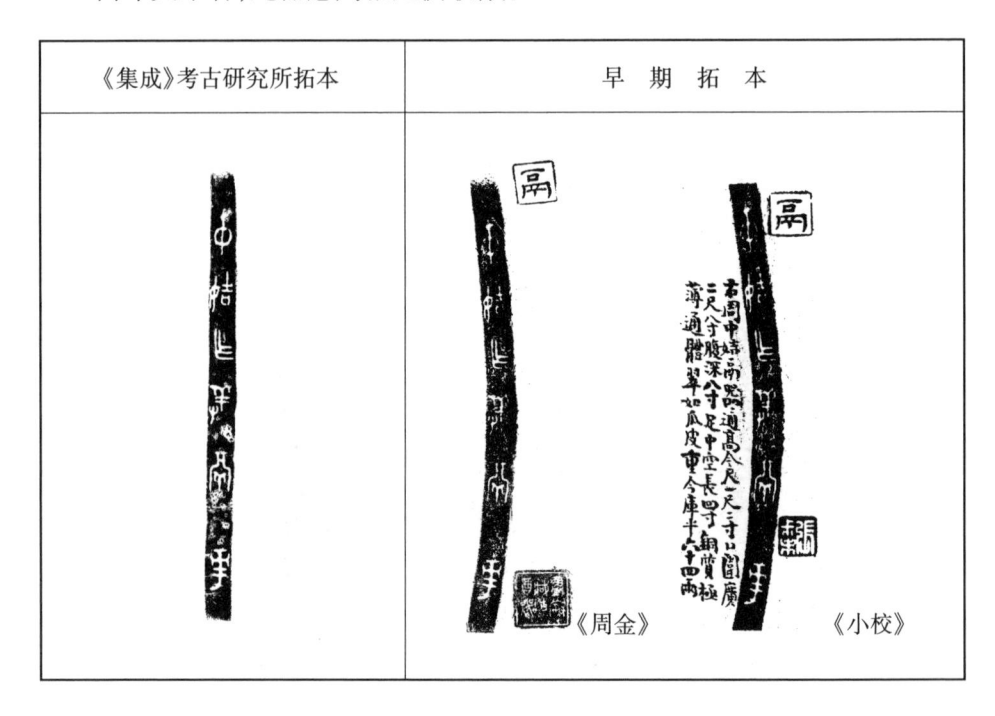

《集成》考古研究所拓本	早　期　拓　本
	《周金》　　　　《小校》

從早期拓本著録發現，若以張廷濟卒於 1848 年來看，此器出土時間應早於張氏卒年，後由潘祖蔭收藏。1963 年與仲姞鬲 C 一同由李蔭軒捐贈上海博物館。

---

① 張廷濟（1768—1848），浙江嘉興人。原名汝林、汝霖，字叔未、玳未、説舟、作田，號順安、竹田、眉壽老人等。

◆仲姞鬲 G（高 11 cm 口徑 15 cm）　開封市博物館藏

銘圖 2752

此器爲開封市博物館於 1962 年 7 月購自開封市文物商店。①

◆仲姞鬲 H　藏所不明

周金 2 補 26.2，希古 3.3.1，小校 3.59.1，三代 5.17.5，古文字 10 輯 262 頁圖 8，總集 1397，集成 555，陝金 4.404，銘圖 2751

早期著録

● 柯昌泗《謐齋金文拓本》

拓本上鈐有"簠齋"（朱文）、"白（伯）寅吉金文字"（朱文）。②

此器雖經《周金》《希古》《小校》早期著録，但拓本上皆無與此三書編纂者有關的鈐印。據《謐齋》所載印文内容，"簠齋"印主爲陳介祺，其卒年爲 1884 年，則此器出土年代應在 1884 年前。

目前所見著録皆載現藏湖南博物院，經查未有入藏記録，③故此器現藏所不明。

◆仲姞鬲 I—L　故宫博物院藏

周金 2 補 27.2，集成 548，銘圖 2753

周金 2 補 27.1，集成 549，銘圖 2754

周金 2.85.1，貞松 4.4.1，希古 3.2.5，小校 3.57.3，三代 5.17.1，總集 1393，集成 551，銘圖 2755，陝金 4.401

希古 3.3.3，三代 5.17.2，總集 1394，集成 552，銘圖 2756，陝金 4.399

故宫博物院藏 4 件仲姞鬲，雖有早期著録，但都未能透露出流轉收藏的有效信息。

◆仲姞鬲 M　藏所不明

奇觚 8.1.1，小校 3.57.4，三代 5.16.4，總集 1389，集成 556，銘圖 2757，陝金 4.406

---

① 趙龍、葛奇峰、黃錦前：《開封市博物館收藏的幾件商周有銘青銅器》，《中原文物》2011 年第 5 期，第 60—61 頁。
② "中研院"史語所藏青銅器拓片資料庫，登録號 187743－0814。
③ 感謝湖南博物院吴小燕女史協助提供查找記録。

《三代》拓本	早期拓本
	《奇觚》

早期著錄

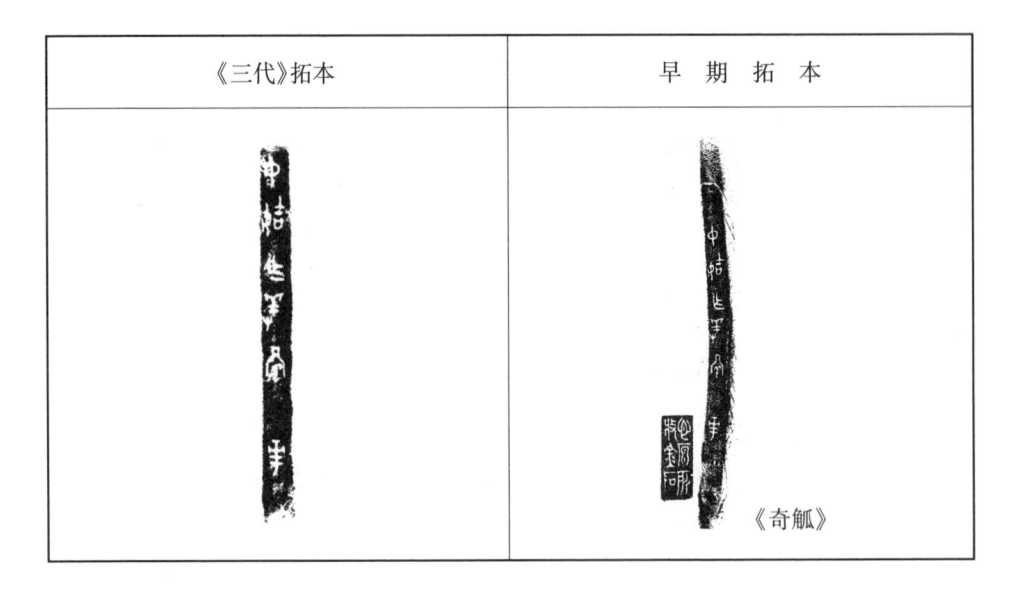

● 劉心源《奇觚室吉金文述》

《奇觚》云"盛伯羲器銘",知此器爲盛昱舊藏,拓本上鈐有"心原所收金石"(白文)。

此器現已不知去向,僅餘早期拓本。

◆仲姞鬲 N　藏所不明

《謐齋》題記曰"著錄諸器姞字左從女旁,此獨在右",①可知此器與前所著錄非一(圖廿)。

◆仲姞鬲 O　藏所不明

《謐齋》所錄拓本上鈐有"市臣經眼"(半白半朱)、"芝閣寶藏"(朱文),此器爲龐澤鑾收藏(圖廿一)。②

從梳理早期著錄得知,仲姞鬲 15 件,今不知去向者 5 件。仲姞鬲 F 的出土時間早於 1884 年前任家村窖藏,估計在 1848 年前曾有一次出土記録。

---

① "中研院"史語所藏青銅器拓片資料庫,登録號 187743 - 0812。
② "中研院"史語所藏青銅器拓片資料庫,登録號 187743 - 0815。

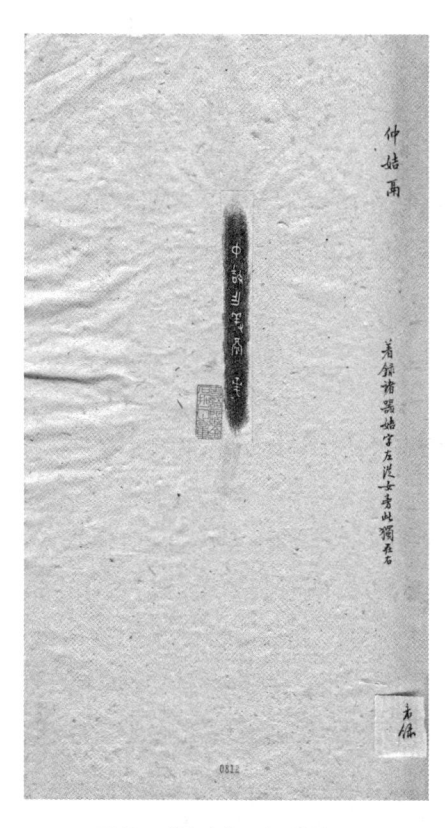

圖廿　《謐齋》所錄仲姞鬲　　圖廿一　《謐齋》所錄龐澤鑾藏仲姞鬲

綜上述，仲義父與仲姞器組共計28件。包括仲義父鼎5件，仲義父作新客鼎4件（1件藏所不明），仲義父盨2件（皆不知所蹤），仲義父鑪2件，共計13件皆任家村窖藏出土。仲姞鬲15件（其中仲姞鬲D、H、M、N、O今不知去向），仲姞鬲F確知出土時間應在1848年前，其他數鬲從韓惠洵的題跋來看可能為1884年前任家村窖藏出土。

四、小結

歸納早期著錄與卷軸題跋、鈐印等相關信息得知，克器組、仲義父器組與仲姞器組約分三次出土：

（1）宋代零星發現，出土地點不詳，器物有伯克壺。

（2）1848年前出土：出土地點與經過皆不詳，器物有上海博物館藏仲姞鬲。

（3）1884年前任家村窖藏：排除（1）、（2）器物之外的克器組、仲義父器組與仲姞鬲等屬之。

陳介祺鈐印大克鼎未剔本拓片與仲姞鬲 H 拓本鈐有"簠齋"印，此二證據將大克鼎出土時間由1888年夏提前至1884年（前），換句話說清末任家村窖藏發現時間應修正爲1884年（前）。

第二節　1940年任家村窖藏出土銅器群

1940年3月（農曆二月初一）陝西省扶風縣任家村農民任玉、任登肖、任登銀於村西南取土時，土崖崩塌，發現一處窖穴，內有整齊疊放大大小小的青銅器，粗估約有一百多件。其中有銅目錄版一具，上載有窖藏器物名稱，惜出土後即被農民摔碎。任玉曾請好友譚德雲幫忙照看這批銅器，譚德雲將其中128件（可能將蓋、器分算兩件）密藏至岐山縣賀家村賀應瑞家中。此後，土匪得知此處挖出青銅器，聞訊前來搶劫，村裏民衆受累或死或傷，導致當地流傳"窮人挖寶遭禍災，土匪搶寶發橫財"的民諺。1942年事態平静後，藏在賀應瑞家中的銅器，經由傅鴻德、王有超等人之手賣出。①

此次任家村窖藏出土的青銅器便是梁其與善夫吉父器群，而因非科學考古發掘，又經過土匪打劫、多人分器販賣的坎坷過程，導致出土銅器數量、品項等情況不甚明確。爲全面掌握1940年任家村窖藏相關信息，盡可能蒐羅釐清出土銅器種類與件數，是深度認識任家村窖藏的首要工作。

以下就任家村窖藏出土銅器，分成"梁其器組"與"善夫吉父器組"，說明現存情況並梳理相關著錄。

---

① 段紹嘉：《介紹陝西省博物館的幾件青銅器》，《文物》1963年第3期，第44頁。羅西章：《扶風出土的青銅器》，《考古與文物》1980年第4期。吴鎮烽、李娟：《扶風任家村西周遺寶離合記》，《文博》2010年第1期，第24頁。

一、梁其器組

從相關著録記載或銘文相關内容顯示作器者爲梁其之器物，即視作梁其器組。

1. 梁其鼎

目前所見梁其鼎共 3 件，以下按器物尺寸大小稱作梁其鼎 A、梁其鼎 B 等，依序分述之。

◆**梁其鼎 A**(高 44 cm)　陝西歷史博物館藏

斷代 827 頁 191.3，陝圖 69，三代補 808，總集 1268，集成 2768，綜覽·鼎 306，銘文選 399，銘圖 2414，陝金 4.409

此器出土後被岐山縣傅鴻德購藏，1949 年初上交岐山縣政府，轉存縣文化館，1954 年調撥陝西省博物館，①現存於陝西歷史博物館。

◆**梁其鼎 B**(高 31 cm)　陝西歷史博物館藏

集成 2769，銘圖 2415，陝金 4.410

出土後藏家不詳，1955 年由中蘇友好協會移交陝西省博物館，現藏陝西歷史博物館。

◆**梁其鼎 C**　藏所不明

録遺 96，總集 1269，集成 2770，銘圖 2416，陝金 4.411

出土後下落不明，今未能得見原器。

2. 善夫梁其簋

善夫梁其簋共有 7 件，以下按器物尺寸大小稱作善夫梁其簋 A、善夫梁其簋 B 等，依序分述之。

◆**善夫梁其簋 A**(高 25.7 cm)　中國國家博物館藏

斷代 828 頁 191.4B，集成 4148，銘文選 1.398，銘圖 5164，陝金 4.415

中國國家博物館於 1959 年購自振寰閣。②

---

① 龐懷靖：《對西周銅器梁其鼎及虢匜王年的推斷》，《考古與文物》2002 年第 5 期，第 49 頁。
② 中國國家博物館編：《中國國家博物館館藏文物研究叢書青銅器卷·西周》，上海：上海古籍出版社，2020 年，第 263 頁。

◆**善夫梁其簋 B**(高 25.6 cm)　上海博物館藏

集成 4150,銘文選 398,夏商周 388.1,銘圖 5161

此器出土後不知何時被李蔭軒收藏,1979 年 6 月由李蔭軒夫人邱輝女士捐贈上海博物館。

◆**善夫梁其簋 C**(高 25 cm)　華盛頓弗利爾美術館藏

弗利爾(1967)429 頁,彙編 173,總集 2692,集成 4149,銘圖 5162,陝金 4.413

1960 年弗利爾美術館購藏,出土後 1940—1960 年間的著錄闕如。

◆**善夫梁其簋 D**(高 17.9 cm 失蓋)　上海博物館藏

集成 4151,夏商周 388.2,銘圖 5165

陳夢家《斷代》載:"徐森玉見貽拓本。"[1]1960 年徐森玉任上海博物館館長,此器 1963 年由上海博物館收購自益新盛,推測陳氏所言即此。

◆**善夫梁其簋 E**　澳大利亞觀寶氏藏

錄遺 164(器),斷代 828 頁 191.4A,彙編 172,總集 2691,集成 4147,銘圖 5163,陝金 4.414

1942 年 2 月 19 日王獻唐寄贈董作賓臨本,注云:"孫氏藏,底蓋對銘,器文鏽蝕不可拓,此爲蓋銘。"[2]後流散至臺北,爲私人收藏,1974 年轉歸國華堂,再南渡澳大利亞,今藏於觀寶氏(Miklos Grunberg)。[3]

◆**善夫梁其簋 F**　藏所不明

密歇根大學圖書館藏拓片乙紙,不知是蓋銘或器銘(圖一·1)。從銘文字體、神韻,與其他同銘簋相比有不逮之處,[4]然未見原器,不好妄論真僞,暫且存之待考。

◆**善夫梁其簋 G**　藏所不明

出土後由山東某氏收藏,銘文拓本爲方詩銘提供,未見其它著錄(圖一·2、3),[5]今原器不得見。

---

① 陳夢家:《西周銅器斷代》,北京:中華書局,2004 年,第 277 頁。
② 董作賓:《梁其壺》,《中國文字》第 1 期,第 79 頁。陳夢家:《西周銅器斷代》,北京:中華書局,2004 年,第 277 頁。
③ 張光裕:《善夫梁其簋及其他關係諸器》,《雪齋學術論文集》,臺北:藝文印書館,1989 年,第 163—164 頁。
④ 張光裕:《善夫梁其簋及其他關係諸器》,《雪齋學術論文集》,臺北:藝文印書館,1989 年,第 164 頁。
⑤ 張光裕:《善夫梁其簋及其他關係諸器》,《雪齋學術論文集》,臺北:藝文印書館,1989 年,第 165 頁。

圖一　善夫梁其簋銘文拓片①

1. 密西根大學圖書館藏器銘拓片　2. 方詩銘藏善夫梁其簋 G 蓋銘拓片
3. 方詩銘藏善夫梁其簋 G 器銘拓片

3. 伯梁其盨

目前所見伯梁其盨有 3 件，以下按器物尺寸大小稱作伯梁其盨 A、伯梁其盨 B 等，依序分述之。

◆伯梁其盨 A（高 19 cm 口橫 22.6 cm 口縱 15.6 cm）　上海博物館藏

錄遺 180.1-2，斷代 829 頁 191.5，彙編 212，總集 3075，集成 4446，銘文選 400，青全 5.81，夏商周 400.2，銘圖 5651，陝金 4.417

陳夢家《斷代》載"于省吾全形拓本有'松石硯齋藏器'圖記"。1979 年 6 月李蔭軒夫人邱輝將其捐贈上海博物館。

◆伯梁其盨 B（高 19 cm 口橫 22.8 cm 口縱 15.9 cm）　上海博物館藏

彙編 4.213，總集 3076，集成 4447，綜覽・盨 16，銘文選 1.400，夏商周 400.1，銘圖 5652，陝金 4.418

---

① 圖片皆採引自張光裕：《善夫梁其簋及其他關係諸器》，《雪齋學術論文集》，臺北：藝文印書館，1989 年，第 176—177 頁。

1960 年 9 月上海博物館收購自潘景華。

◆伯梁其盨 C（高 19.5 口橫 22.8 口縱 15.5 cm）　中國文字博物館藏

銘圖 5653

此器爲程潛舊藏，1938—1940 年其任天水行營主任駐扎西安時所獲，後攜之回湖南老家。文革期間，暫存湖南省博物館，後歸還原主家屬。2005 年中國文物信息諮詢中心徵集後，移交中國文字博物館收藏。①

4. 梁其壺

目前所見梁其壺共 2 件，按器物尺寸大小稱作梁其壺 A、梁其壺 B 等，依序分述之。

◆梁其壺 A（高 53.3 cm）　舊金山亞洲藝術博物館藏

斷代 830 頁 191.6，美集 R485、A699，布倫戴奇（1977）圖 59，彙編 177，三代補 485，總集 5788，集成 9717，賽克勒（1990）613 頁 95.6，銘圖 12421，陝金 4.421

出土後由盧芹齋轉賣布倫戴奇（Avery Brundage），1948 年即在美，後捐贈舊金山亞洲藝術博物館。

◆梁其壺 B（高 52.8 cm）　陝西歷史博物館藏

陝圖 70，彙編 178，總集 5787，集成 9716，銘文選 401，青全 5.148，銘圖 12420，陝金 4.420

出土後流入私人手中，1961 年由陝西歷史博物館徵集。

5. 梁其鐘

目前所見梁其鐘一組 6 件，按尺寸大小與銘文順讀稱作梁其鐘 A、梁其鐘 B 等，依序分述之。

◆梁其鐘 A　藏所不明

錄遺 3.1－4，彙編 75，總集 7123，集成 187，銘文選 397 甲，銘圖 15522，陝金 4.422

出土後流散至臺北，與善夫梁其簋 E 同人收藏，後轉賣至日本，②今不知所蹤。銘文未完，接續梁其鐘 B。

---

① 吳鎮烽、李娟：《扶風任家村西周遺寶離合記》，《文博》2010 年第 1 期，第 24 頁。
② 張光裕：《善夫梁其簋及其他關係諸器》，《雪齋學術論文集》，臺北：藝文印書館，1989 年，第 165 頁。

◆梁其鐘 B（高 55.4 cm）　上海博物館藏

集成 188，銘文選 397 乙，青全 5.187，音樂大系（上海江蘇卷）25 頁 2，夏商周 431.1，銘圖 15523，陝金 4.423

出土後收藏記錄闕如，上海博物館 1980 年 6 月購自郭炳章。銘文上接梁其鐘 A。

◆梁其鐘 C（高 53.5 cm）　上海博物館藏

斷代 825 頁 191.1，彙編 74，三代補 883，總集 7122，集成 189，綜覽·鐘 37，美全 4.227，夏商周 431.2，國史金 27，銘圖 15524，陝金 4.424

此器出土後輾轉流落至上海冶煉廠，1959 年經由上海市文管會在廢銅中揀出，①後歸上海博物館藏。銘文下接梁其鐘 D。

◆梁其鐘 D（高 51 cm）　巴黎集美博物館藏

斷代 826 頁 191.2，彙編 143（彙編 295 重出），總集 7007，集成 190，歐遺 114，銘圖 15525，陝金 4.425

出土後由西安古玩商販至上海盧吳公司（C. T. Loo），後由法國盧芹齋轉賣巴黎集美博物館。②1950 年陳夢家即著錄此器藏於集美博物館。銘文上承梁其鐘 C。

◆梁其鐘 E（高 38.1 cm）　上海博物館藏

集成 191，音樂大系（上海江蘇卷）27 頁 1.2.2e，夏商周 431.3，銘圖 15526，陝金 4.427

上海博物館 1960 年 9 月購自潘景華。銘文未完，知其後至少尚缺一鐘。

◆梁其鐘 F（高 35.1 cm）　南京市博物館藏

集成 192，銘圖 15527，陝金 4.426

銘文順序異於前四鐘，銘文未完，估計其後至少尚有一鐘，今未得見，則梁其鐘至少應爲一組 8 件之編鐘。

綜上，已著錄的梁其器組共計 21 件，皆是 1940 年任家村窖藏出土。包括梁其鼎 3 件（1 件藏所不明），善夫梁其簋 7 件（2 件未見原器），伯梁其盨 3 件，梁其壺 2 件，梁其鐘一組 6 件（1 件未見原器）。

---

① 吳樸：《廢銅中發現兩件西周銅器》，《文物》1959 年第 5 期，第 73 頁。
② 羅宏才：《民國西安古玩市場的調查與研究》，《陝西師範大學學報（哲學社會科學版）》2010 年第 4 期，第 187 頁。

二、善夫吉父器組

從相關著録記載、銘文相關内容顯示作器者爲善夫吉父或吉父之器物，即視作善夫吉父器組。

1. 善夫吉父鼎（高32.2 cm）　西安博物院藏
近出 322，西安文物 9，新收 658，銘圖 2078，陝金 4.441

出土後由西安市文物商店收購，①1979 年 6 月移交西安市文物保護考古所，後歸西安博物院藏。

2. 吉父鼎（高23.4 cm）　上海博物館藏
考古與文物 1980 年 4 期 13 頁圖 8.3，集成 2512，銘圖 2054，陝金 4.442

1942 年王振江從任肖銀處購得此鼎，轉手賣給西安洋行，洋行又將之賣往上海。②　上海博物館 1957 年 7 月購自北京振寰閣上海收購站。

3. 善夫吉父鬲
目前所見善夫吉父鬲共 11 件，按尺寸大小稱作善夫吉父鬲 A、善夫吉父鬲 B 等，依序分述之。

◆**善夫吉父鬲 A**（高 13 cm 口徑 17.1 cm）　陝西歷史博物館藏
陝圖 87，集成 702，銘圖 2967，陝金 4.428

1951 年由陝西歷史博物館徵集而得。

◆**善夫吉父鬲 B**（高 12.5 cm 口徑 17.1 cm）　普林斯頓大學美術館藏
録遺 111，彙編 337，總集 1507，集成 703，賽克勒（1990）333 頁圖 30，銘圖 2973，陝金 4.435

此器出土後隨即流至美國，爲卡特氏（C. D. Carter）舊藏，後轉由賽克勒氏（Arthur M. Sackler）收藏，終捐贈普林斯頓大學美術館收藏。

◆**善夫吉父鬲 C**（高 12.4 cm 口徑 17 cm）　河南博物院藏
總集 1508，集成 700，銘圖 2969，陝金 4.431

---

① 王長啓：《西安市文物中心收藏的商周青銅器》，《考古與文物》1990 年第 5 期，第 39 頁。
② 羅西章：《扶風出土的青銅器》，《考古與文物》1980 年第 4 期，第 13—14 頁。

1952 年河南省農業廳王守則捐獻河南博物院。①

◆善夫吉父鬲 D（高 12 cm 口徑 17.3 cm）　四川博物院藏

陝金 4.436，銘續 259

20 世紀 50 年代入藏四川博物院。②

◆善夫吉父鬲 E（高 12 cm 口徑 17 cm）　陝西歷史博物館藏

銘圖 2966，陝金 4.429

與善夫吉父鬲 A 同時入藏陝西歷史博物館。

◆善夫吉父鬲 F（高 12 cm 口徑 16.8 cm）　濟南市博物館藏

集成 701，綜覽·鬲 55，近出 145，山東成 231，銘圖 2968

出土後，不知如何流至濟南，後歸藏於濟南市博物館。③

◆善夫吉父鬲 G—I（高 12 cm 口徑 16.8 cm，高 12 cm 口徑 16.7 cm，高 11.3 cm 口徑 16.7 cm）

中國文字博物館藏

銘圖 2972，陝金 4.434

銘圖 2971，陝金 4.433

銘圖 2970，陝金 4.432

與伯梁其盨 C 同爲程潛舊藏。

◆善夫吉父鬲 J　藏所不明

集成 704，銘圖 2974，陝金 4.437

今僅見商承祚藏傳大卣銘文手拓本，原器未見。

◆善夫吉父鬲 K　藏所不明

張氏《善夫梁其簋及其他關係諸器》一文中提及未見著錄，原爲蔣鼎文舊藏，現存臺北故宮博物院。④ 然查找臺北故宮博物院典藏品目錄未有此件器物，現藏地不詳，但查詢蔣鼎文生平從 1937 年至 1941 年皆任西安軍事長官，⑤與 1940 年任家村窖藏有地緣關係，故暫將此綫索保留待考。

---

① 新來、周到：《河南省博物館所藏幾件青銅器》，《考古》1966 年第 4 期。
② 郭軍濤、張麗華、李媛：《四川博物院收藏的幾件商周銅器》，《文物》2014 年第 2 期，第 77、79 頁。
③ 于中航：《濟南市博物館藏商周青銅器選粹》，《海岱考古》第 1 輯，濟南：山東大學出版社，1989 年，第 321—322 頁。
④ 張光裕：《善夫梁其簋及其他關係諸器》，《雪齋學術論文集》，臺北：藝文印書館，1989 年，第 169 頁。
⑤ 蔣鼎文（1893—1974），浙江諸暨人。

4. 善夫吉父簠　藏所不明

錄遺 173，彙編 432，總集 2904，集成 4530，銘圖 5823，陝金 4.438

與梁其簠 E、梁其鐘 A 同藏臺北私人，①現不知所蹤。

5. 善夫吉父鑰

目前所見善夫吉父鑰2 件，依尺寸大小稱作善夫吉父鑰A、善夫吉父鑰B，以下分別敘述之。

◆**善夫吉父鑰 A**(高 37.8 cm)　　中國文字博物館藏

集成 9962，銘圖 13994，陝金 4.439

與伯梁其盨 C、善夫吉父鬲 G—I 同爲程潛舊藏。②

◆**善夫吉父鑰 B**(高 37.2 cm)　　中國文字博物館藏

銘圖 13995，陝金 4.440

與善夫吉父鑰A 等同爲程潛舊藏。

6. 善夫吉父盂(高 20 cm 口徑 35.1 cm)　　陝西歷史博物館

考古 1959 年 11 期 634 頁圖 2，總集 6904，集成 10315，銘圖 6223，陝金 4.443

1949 年後由孫光裕捐贈岐山文化館，③1961 年轉歸陝西歷史博物館。

綜上，經著錄的善夫吉父器群共計 17 件。包括善夫吉父鼎 1 件，吉父鼎 1 件，善夫吉父鬲 11 件(2 件未見原器)，善夫吉父簠 1 件(藏所不詳)，善夫吉父鑰2 件，善夫吉父盂 1 件。

三、其他同出器組

1940 年任家村窖藏除出土梁其器組與善夫吉父器組外，尚見其他人所作器，爲同窖共出器物。

---

① 張光裕：《善夫梁其簠及其他關係諸器》，《雪齋學術論文集》，臺北：藝文印書館，1989 年，第 168 頁。
② 周世榮：《湖南出土戰國以前青銅器銘文考》，《古文字研究》第 10 輯，北京：中華書局，1983 年，第 245 頁。
③ 趙學謙：《記岐山發現的三件青銅器》，《考古》1959 年第 11 期。

（一）盧器組

根據柯莘農之子柯仲溶敘述師盧簋出土於 1940 年 2 月任家村窖藏中。1941 年某天夜裏，岐山一位董姓農民帶了兩件銅器拜訪柯莘農，欲委託轉賣宋哲元。柯莘農愛寶心切，賣了數件古董收藏與一院房子，將兩件師盧簋留在身邊。後因故出售其一，去世前將師盧簋與其他收藏轉移至美國好友芭芭拉夫婦處，此爲證據一。另程潛任職天水行轅期間除收藏伯梁其盨、善夫吉父甗、善夫吉父鬲外，亦收藏有一件師盧簋，這批青銅器未經清洗，仍保留較多出土原貌，其鏽色與柯氏舊藏一致，知應爲一坑同出，[1] 此爲證據二。

師盧器組中部分器物有清代著錄，顯示有過二次出土記錄，爲呈現完整的師盧器組，非 1940 年出土的器物亦納入下列。

1. 師盧簋

目前所見師盧簋共 4 件，依尺寸大小稱作師盧簋 A、師盧簋 B 等，以下分別敘述之。

◆**師盧簋 A**（高 20.7 cm）　故宮博物院藏

集成 4251，銘文選 1.388，故銅 160，銘圖 5280，陝金 4.445

《頣明樓金文考說》內中收錄此器銘文拓本，其上鈐有"大室之福""莘農""莘農手拓金石磚瓦"，[2]顯示其爲柯莘農舊藏。[3] 後在西安出售，經國家文物局購得，轉撥故宮博物院收藏。

◆**師盧簋 B**（高 19 cm）　私人收藏

銘圖 5283，陝金 4.448

柯莘農舊藏，逝世前轉移至美國友人芭芭拉夫婦處。2008 年崇源拍賣從美購回舉辦"半圓遺珍"專場，[4]現由私人收藏。

◆**師盧簋 C**（高 18.7 cm）　上海博物館藏

斷代 735 頁 137，彙編 95，三代補 881，總集 2767，集成 4252，綜覽・簋 319，銘文選 388，青全 5.67，夏商周 377，銘圖 5281，陝金 4.446

---

[1] 吳鎮烽、李娟：《扶風任家村西周遺寶離合記》，《文博》2010 年第 1 期，第 25 頁。
[2] 宗鳴安：《頣明樓金文考說》，西安：陝西人民美術出版社，2002 年，第 72 頁。
[3] 柯莘農（1883—1945），山東膠縣人。原名士衡，以字行，號逸園、葉語草堂主人、小權山房主人。
[4] 上海崇源拍賣公司《半圓遺珍》拍賣圖錄，拍品 650，2008 年 12 月 23 日。

1958 年 12 月上海市文化局撥交上海博物館。

◆**師盧簋 D**（高 18.7 cm）　中國文字博物館藏

銘圖 5282，陝金 4.447

程潛舊藏。2005 年中國文物信息諮詢中心徵集後，移交中國文字博物館收藏。①

2. **師盧豆**　藏所不明

筠清 3.1、古文審 8.10、攈古 2.49.6、綴遺 25.3、奇觚 18.20.1、周金 3.165.1、小校 9.94.6、三代 10.47.5、總集 3111、集成 4692、銘文選 389、銘圖 6158

《筠清》載"筠清館藏器"，爲吳榮光舊藏。②《攈古》注南海吳氏筠清館藏，由此知師盧豆早在 1843 年之前即已出土。

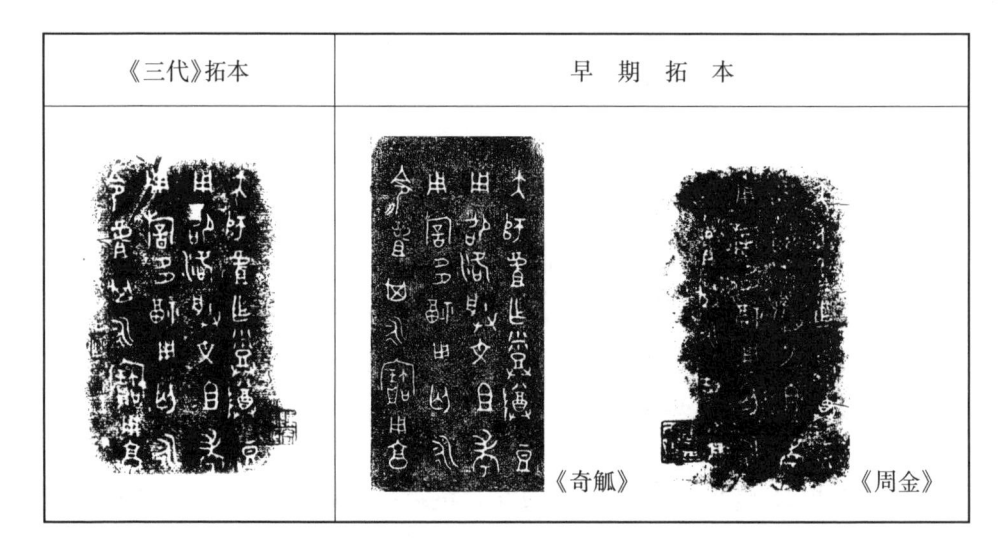

《三代》拓本	早　期　拓　本	
	《奇觚》	《周金》

3. **盧鐘**

目前所見盧所作鐘有 8 件。包括盧鐘甲一組 5 件以及盧鐘乙 1 件、盧鐘丙 1 件、盧鐘丁 1 件。

---

① 謝小銓：《盛世藏珍——國家珍貴文物徵集成果展》，《收藏家》2006 年第 7 期，第 4 頁。
② 吳榮光（1773—1843），廣東南海人。原名燎光，字殿垣、伯榮，號荷屋、可庵，別署拜經老人、石雲山人，室名平帖齋、絳玉舫、筠清館、賜玉福堂、綠迦南館、念初思滿齋。

（1）虘鐘甲

形制相同，尺寸大小相次，依據銘文順序與尺寸，分別稱作虘鐘甲 A、虘鐘甲 B 等。

◆**虘鐘甲 A**(高 44.9 cm)　泉屋博古館藏

愙齋 2.10，綴遺 1.24，奇觚 9.11，周金 1.57，簠齋 1 鐘 2，十鐘（1922）2，海外吉 135，小校 1.28.1，三代 1.17.1，山東存紀 4.1，彙編 194，總集 7021，集成 88，銘文選 390 甲，泉博（2002）144，山東成 1，銘圖 15269

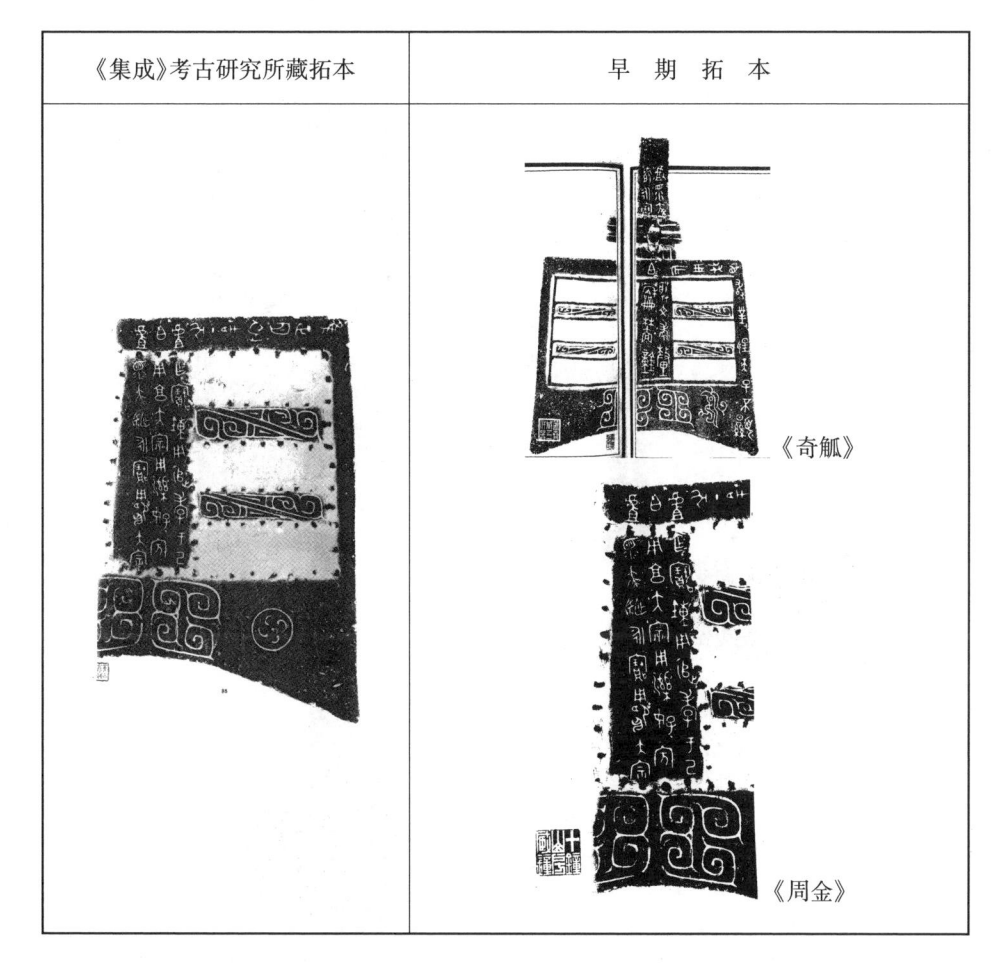

《集成》考古研究所藏拓本	早　期　拓　本
	《奇觚》
	《周金》

《奇觚》載"陳壽卿器"；《周金》拓片上鈐印"十鐘山房藏鐘"；國家圖書館藏"虘乍己白鐘"全形拓，鈐有"秦鐵權齋"（白文）、"十鐘山房藏鐘"（白

文),①顯示此器爲陳介祺舊藏。1914 年以前即流至東瀛住友吉左衛門,後歸藏於泉屋博古館。

◆盧鐘甲 B(高 35.9 cm)　故宮博物院藏

貞松 1.8.2－9.1,希古 1.6,小校 1.28.2,尊古 1.2,三代 1.17.2,山東存紀 3.1,總集 7022,集成 89,銘文選 390 乙,故銅 176,國史金 31,山東成 3,銘圖 15270

1930 年《貞松》載"十年前見之都市,今不知在何許矣"。今藏於故宮博物院。

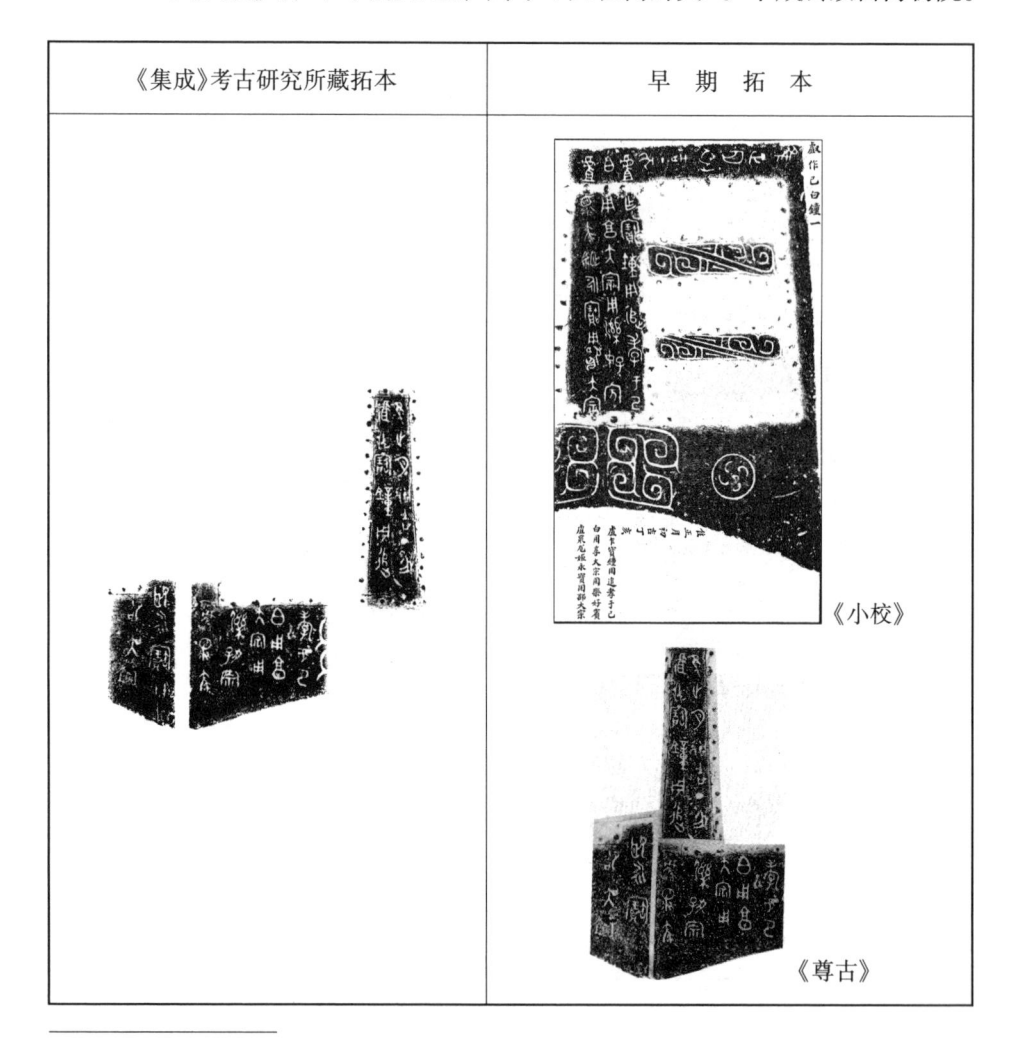

《集成》考古研究所藏拓本	早　期　拓　本
	《小校》
	《尊古》

---

① 國家圖書館館藏號: 銅器 16－11。國家圖書館編:《國家圖書館藏青銅器全形拓集成》卷六,上海:上海書畫出版社,2019 年,第 1536—1537 頁。

◆ 虡鐘甲 C　藏所不明

據《謐齋》記載,得知此器為山東日照丁馮翊藏,但今已不見原器。

◆ 虡鐘甲 D（高30.8 cm）　北京大學賽克勒考古與藝術博物館藏

周金1補,貞補上1.2,三代1.18.2,山東存紀5.1,總集7024,集成90,燕園聚珍69,國史金9,山東成7,銘圖15271

《謐齋》載有一全形拓,柯昌泗題記"虡鐘,此鐘與日照丁馮翊師器連文。癸亥二月昌泗記"。鈐印"魯學齋",印主為柯昌泗。①

吳鎮烽在《金文通鑒系統》中提到陝西歷史博物館藏丁輔仁全形拓卷軸,②上有"金輔廷印",拓片中甬部旋幹俱在,與現存模樣不同。金輔廷為清道光、咸豐年間之人,③故本器應在道咸年間出土。另柯氏落款年份癸亥二月為1923年,《謐齋》中虡鐘的甬部已與現在相同,顯示1923年時甬部就已損壞並修改成今日模樣。

◆ 虡鐘甲 E　藏所不明

捃林1,周金1.59.2,希古1.1,小校1.4.1,三代1.18.3,山東存紀5.2,總集7025,集成91,山東成8,銘圖15272

收入《捃林》為丁麐年的收藏,④又《三代金文著錄表》中另提及延鴻閣藏,《銘圖》與《殷周金文暨青銅器資料庫》皆稱其即溥倫。國家圖書館藏全形拓上鈐有"延鴻閣"（朱文）、"金陵周康元所拓吉金文字印"（朱文）,⑤從印文內容得知此版為周希丁所拓,且周氏活動範圍多在北京來看,"延鴻閣"所指當是溥倫。⑥

此鐘銘文上承虡鐘甲 D,與甲 A 完整銘文相比,其後尚缺4字銘文,後應尚有一鐘,整套虡鐘甲至少為6件。

(2) 虡鐘乙（高25.1 cm）　泉屋博古館藏

據古2.45,愙齋2.11,綴遺1.25,奇觚9.10.2-11.1,周金1.59.1,簠齋1鐘3,十鐘(1922)10,海外吉136,小校1.23.2,三代1.18.1,山東存紀4.2,彙編256,總集7023,集成92,銘文選391,泉

---

① "中研院"史語所藏青銅器拓片資料庫,登錄號187731-0064。
② 丁輔仁,活動於清末民國年間。字友堂、友唐。關中地區著名拓手,善全形拓。
③ 金輔廷,活動於清道光、咸豐間,金山（今上海）人。字漱仙,一作瘦僊。
④ 丁麐年(1870—1930),山東日照人。
⑤ 國家圖書館藏號：銅器16-6。國家圖書編：《國家圖書館藏青銅器全形拓集成》卷六,上海：上海書畫出版社,2019年,第1530—1531頁。
⑥ 溥倫(1874—1927),滿洲鑲紅旗人。字彝庵,時稱倫貝子。

博(2002)145,山東成 5,銘圖 15273

盧鐘乙形制與銘文皆和盧鐘甲不同,爲另一組編鐘。

《攗古》載"山東長山袁理堂藏",《奇觚》載"虡鐘,陳壽卿器",此器先後由袁理堂、陳介祺遞藏。1914 年應與盧鐘甲 A 同時流至日本住友吉左衛門,後藏於泉屋博古館。

《簠齋積古金文》收有其拓片,上鈐有"頌孫"(朱文)、"玄白"(朱文)、"富陽李宗侗印"(白文)。① 從印文內容得知,其拓片經吳式芬過眼,則此鐘出土時間至晚在 1856 年前(吳氏卒年)。②

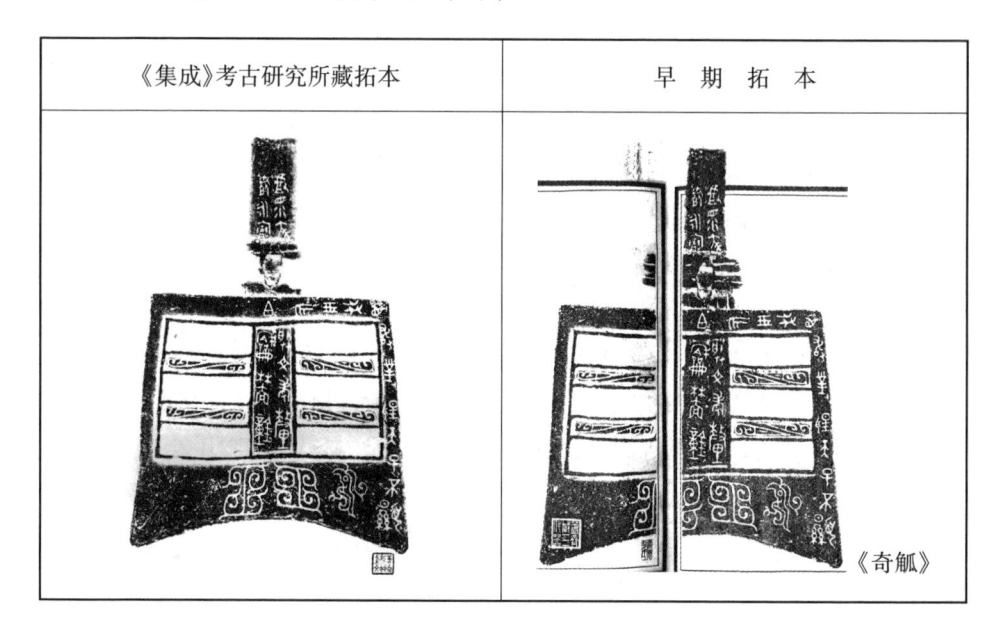

《集成》考古研究所藏拓本	早 期 拓 本
	《奇觚》

銘文前缺,顯示前尚有他鐘。

(3) 盧鐘丙(高 23 cm) 北京虎泉齋藏

銘圖 15274

形制紋飾與盧鐘乙相同,但銘文內容不同。銘文前缺,說明前尚有他鐘。《銘圖》載此鐘爲 1940 年任家村窖藏出土,③2007 年 7 月私人收藏家在北京

---

① "中研院"史語所藏青銅器拓片資料庫,登錄號 187835-064。
② 吳式芬(1796—1856),山東海豐人(今山東無棣)。字子苾,號誦孫,室名雙虞壺齋、陶嘉書屋。
③ 不知依據爲何,暫且存之。

報國寺古玩市場從西安藏家手中購得。

（4）虘鐘丁　藏所不明

此鐘爲鈕鐘，僅見於《善齋金文拓片餘存》中，拓片上鈐有"適廬所藏"（朱文），①顯示此器曾由鄒安收藏，今已不得見。

鈕鐘流行於春秋時期，雖西周晚期已見，但此鐘形制特徵已屬春秋時期流行樣式，疑爲僞。

綜上，經著錄的虘器組共 13 件。包括師虘簋 4 件，師虘豆 1 件（藏所不明），虘鐘甲一組 5 件（2 件未見原器），虘鐘乙 1 件，虘鐘丙 1 件，虘鐘丁 1 件（疑僞，不知所蹤）。

（二）媵鼎（高 93.8 cm 口徑 64 cm）　陝西歷史博物館藏

陝圖 71，總集 881，集成 2578，綜覽·鼎 166，青全 4.12，銘圖 2101，陝金 4.407

段紹嘉曾著文介紹此鼎"抗戰前在岐、扶之間的任家村出土，同時發現的還有梁其各器等"，②1952 年陝西歷史博物館徵集入藏。

（三）新邑鼎（高 20.7 cm）　陝西歷史博物館藏

斷代 608 頁 35，總集 1193，集成 2682，綜覽·禹鼎 101，銘圖 2268，陝金 4.408

解放前扶風任家村銅器窖藏出土，葛寶華舊藏，1961 年歸陝西歷史博物館。③

（四）禹鼎（高 53 cm 口徑 47 cm）　中國國家博物館藏

錄遺 99，考古學報 1959 年 3 期圖版貳，斷代 824 頁 190，陝圖 78，總集 1324，集成 2833，綜覽·鼎 301，銘文選 407，美全 4.226，賽克勒（1990）298 頁 21.7，銘圖 2498，甲金粹 229 頁，陝金 4.450

此鼎 1940 年 2 月與梁其器群同出於任家村窖藏，1942 年後由西安徐氏所得，1951 年徐氏捐贈陝西省人民政府，後歸陝西省博物館，1959 年調撥中國國家博物館。

---

① "中研院"史語所藏青銅器拓片資料庫，登錄號 187721－004。
② 段紹嘉：《商媵鼎介紹》，《人文雜誌》1958 年第 2 期，第 108 頁。段紹嘉：《對師克盨蓋和媵鼎銘文鑒別的商榷》，《文物》1960 年第 8、9 期，第 80 頁。
③ 段紹嘉：《介紹陝西省博物館的幾件青銅器》，《文物》1963 年第 3 期，第 44 頁。

與此鼎形制、銘文相同者尚有宋代傳陝西華陰出土的禹鼎一件,原器今未得見。

四、小結

1940年3月任家村窖藏出土銅器經過搜尋查找相關著録,目前所知有46件。其中梁其器組21件;吉父器組17件;虘器組5件;其他媿鼎、新邑鼎、禹鼎各1件。

已著録的虘器組銅器分成四次出土:

1. 第一次約在清道光咸豐年間:出土有師虘豆(1843年前)、北京大學賽克勒考古與藝術博物館藏虘鐘甲、虘鐘乙(1856年前)。

2. 第二次約在1884年(前):出土有泉屋博古館藏虘鐘甲。

3. 第三次約在1930年代前:出土有丁馮翊藏虘鐘甲、故宫博物院藏虘鐘甲和溥倫藏虘鐘甲。

4. 第四次1940年任家村窖藏:出土有師虘簋4件與虘鐘丙。

第三節 1972年北橋村窖藏出土銅器群

1972年12月陝西省扶風縣建和鄉北橋村村民喬新發在村北東邊土崖挖出9件青銅器,爲一窖藏所出。此窖藏埋在西周時期的大灰坑内,灰坑呈半圓形,深約2米,直徑達4米多,窖藏位於灰坑底部偏北的位置,因喬氏已將窖藏上半部挖掉,無法確知窖藏是挖築在灰坑中,還是灰坑位於窖藏上(圖一),[①]以下説明現存情況並梳理相關著録。

圖一 1972年北橋村窖藏出土銅器情況

---

① 羅西章:《陝西扶風縣北橋出土一批西周青銅器》,《文物》1974年第11期。本文所述器物皆從此文出者,便不再出注。羅西章、羅紅俠:《周原尋寳記》,西安:三秦出版社,2005年,第124—129頁。

一、伯吉父器組

銘文中伯吉父爲作器者，即視作伯吉父器組。爲完整呈現伯吉父器組，非 1972 年北橋村窖藏出土者，亦列入敘述之。

1. 伯吉父鼎（高 31.8 cm）　扶風縣博物館藏

陝銅 3.99，總集 1161，集成 2656，綜覽・鼎 276，銘圖 2250，陝金 5.519

通體留有黑色較厚煙熏痕跡（圖二・1）。

1　　　　　　　　　　　2

圖二　1972 年北橋村窖藏出土有銘食器

1. 伯吉父鼎　2. 伯吉父簋

2. 伯吉父簋（高 24 cm，圖二・2）　扶風縣博物館藏

陝銅 3.100，總集 2603，集成 4035，綜覽・簋 382，賽克勒（1990）444 頁 56.7，銘圖 4999，陝金 5.520

3. 伯吉父匜　藏所不明

錄遺 500，總集 6843，集成 10226，銘圖 14930，陝金 4.451

目前所見此器最早的著錄爲 1957 年《錄遺》，可知其非 1972 年北橋村窖藏散失之物。

二、無銘文器物

與伯吉父器組同窖出土,尚見同時代無銘文青銅器 4 件,以下分述之。

1. 雙重環紋簋(高 21 cm,圖三·1)　扶風縣博物館藏

2. 重環紋簋(高 17 cm)　扶風縣博物館藏
形制與紋飾與伯吉父簋相同,大小相次,失蓋(圖三·2)。

圖三　1972 年北橋村窖藏出土無銘食器

1. 雙重環紋簋　2. 重環紋簋

3. 竊曲紋盤(高 15 cm 口徑 41.7 cm,圖四·1)　扶風縣博物館藏

4. 三足有流盤(高 11 cm 口徑 38 cm,圖四·2)　扶風縣博物館藏

圖四　1972 年北橋村窖藏出土無銘水器

1. 竊曲紋盤　2. 三足有流盤

三、其他

同窖出土，與伯吉父器組非同一時代者。

1. 🅇罍（高 45 cm）　扶風縣博物館藏

陝銅 3.96，總集 5520，集成 9757，銘圖 13732，陝金 5.521

從器型判斷其年代爲西周早期，有一字銘文"🅇"。

2. 甬鐘甲（高 43 cm）　扶風縣博物館藏

甬鐘甲與甬鐘乙形制相同，大小相次，應爲同套編鐘。篆間飾圓圈紋和雲紋，鉦部無明顯邊框，其時代約屬西周中期晚段至西周晚期早段。

3. 甬鐘乙（高 39 cm）　扶風縣博物館藏

甬鐘乙與甬鐘甲形制相同，紋飾全作陰紋，篆間飾雲紋。

1972 年北橋村銅器窖藏共出土 9 件青銅器，帶銘文者 3 件，其中 6 件器物時代屬西周晚期晚段，2 件甬鐘屬西周中期晚段至西周晚期早段，1 件罍爲西周早期，皆留在當地扶風縣博物館。伯吉父器組中之伯吉父匜出土時、地不詳，不屬於北橋村窖藏銅器。

第四節　小　　結

經由早期著錄歸納分析後，得出克器群核心器物是由三批窖藏出土青銅器構成，依據作器者分成"克器組""仲義父器組""梁其器組""善夫吉父器組""伯吉父器組"以及"其他同出器組"，並以此進一步繫聯相關傳世銅器，得出重要結論如下：

一、克器群共經歷 7 次出土（以下所計數量皆源於已有各種著錄，不見著錄者未予計算）：

1. 宋代零星出土：伯克壺得於岐山。

2. 清道光咸豐年間(1848 年前)出土：有上海博物館藏仲姑鬲、師虘豆(藏所不明)與北京大學賽克勒考古與藝術博物館藏虘鐘甲 1 枚。

3. 清末 1856 年前：泉屋博古館藏虘鐘乙 1 枚。

4. 清末 1884 年(前)任家村窖藏出土：

（1）克器組 23 件：大克鼎 1 件、小克鼎一式 8 件(1 件藏所不明)，克簋 2 件(1 件未見原器，1 件藏所不明)，克盨 1 件、師克盨 2 器 3 蓋，克鎛 1 件、克鐘 5 件。

（2）仲義父器組 13 件：仲義父鼎 5 件，仲義父作新客鼎 4 件(1 件藏所不明)，仲義父盨 2 件(皆藏所不明)，仲義父罍 2 件。

（3）仲姑組 14 件：仲姑鬲 14 件(5 件不知去向)。

（4）虘器組：泉屋博古館藏虘鐘甲 1 枚。

5. 1930 年前：故宮博物院與丁馮翊、溥倫舊藏虘鐘甲各 1 枚。

6. 1940 年任家村窖藏出土：梁其器組 21 件(1 件藏所不明、3 件未見原器)；善夫吉父器組 17 件(1 件不知所蹤，2 件未見原器)；虘器組 5 件(師虘簋 4 件和虘鐘丙 1 件)；其他有銘器 3 件。共計 46 件。

7. 1972 年北橋村窖藏出土：伯吉父器組 2 件；其他有銘器 1 件；無銘文器 6 件。共計 9 件。

二、伯吉父匜屬"伯吉父器組"，目前所見最早著錄爲 1957 年《錄遺》，或爲 1940 年任家村窖藏出土。

三、陳介祺鈐印大克鼎未剔本拓片與仲姑鬲 H，皆可見鈐有"簠齋"，清末 1888 年夏任家村窖藏出土時間應修正爲 1884 年(前)。

第二章　克器群銅器風格研究與時序探討

——兼論西周晚期鼎的主要形制與風格流變

　　中國青銅器是古代社會貴族爲了祭祀先祖、宴饗親友,展現政治權力、社會地位等目的而刻意設計出的器物。因此,青銅器的造型、紋飾皆是製作者、委託者有意識的安排。而此種"創造性思維"因受時代環境、社會風氣的影響,自然而然會形成一種内在統一性,即"時代風格"。當然,"時代風格"並非是由一件器物構成,而是由一系列許許多多的器物共建而成,正如同羅伯特·貝格利(Robert Bagley)所言"風格不是在孤立的考量下單件物品的一個屬性,它是討論一件物品與其他物品之關係的一種方式"。① 故透過類型排比推測器物演變的邏輯,即分析古人的設計思維,可從中歸納得出青銅器風格的流變與時序。

　　本章藉由"視覺語言結構分析"的概念,將克器群銅器抽離文獻背景,如銘文内容、作器者、歷史事件等,僅根據物質形式,即形制、紋飾的組合、佈局進行科學化視覺語言的風格結構與形式内涵分析,並進一步討論西周晚期鼎的主要形制及其風格的嬗變。

第一節　克器群銅器形制與組合分析

　　克器組與仲義父、仲姞器組同窖出土;"梁其器組"與"善夫吉父器組"爲

---

① 羅伯特·貝格利著,王海城譯:《羅越與中國青銅器研究》,杭州:浙江大學出版社,2019年,第141頁。

1940 年任家村窖藏所出;"伯吉父器組"爲 1972 年北橋村窖藏所出。上述窖藏出土青銅器屬克器群,本節不考慮異窖因素,將食器、酒器、樂器中的同類器進行歸納排序後,①再和同時代其他同型器類比,以分析其在同類同型器文本脈絡中的位置。

一、食器

(一) 鼎

依據腹部的形制,可分成垂腹鼎、圓鼓腹鼎與半球形腹鼎三類,分述如下:

1. 垂腹鼎:方唇折沿,腹部微垂,較深腹、腹壁近直,近底部圓轉內收成平圜底,雙立耳。依據足部的變化可再分成二型如下:

A 型　粗蹄足,足根飾獸面,從根部至跟部曲伏近 S 形,跟部呈扇形。

標本一　大克鼎,通高 93.1 釐米。腹部以凸弦紋分成上、下兩部分,上部周飾竊曲紋,並有六道扉棱,下部飾波曲紋(圖一·1)。

標本二　小克鼎 A,通高 56.5 釐米。紋飾同上(圖一·2)。

標本三　小克鼎 B,通高 51.5 釐米(圖一·3)。

標本四　小克鼎 C,通高 35.4 釐米(圖一·4)。

標本五　小克鼎 D,通高 35.1 釐米(圖一·5)。

標本六　小克鼎 E,通高 35 釐米(圖一·6)。

標本七　小克鼎 F,通高 33.7 釐米(圖一·7)。

標本八　小克鼎 G,通高 28.5 釐米(圖一·8)。

標本九　小克鼎 H,尺寸不詳(圖一·9)*②。

上述九件標本同型。標本一大克鼎爲特大型鼎,當有獨特用途,而同型的其

---

① 因藏所不明或未見器型者不在本文之列,故納入類比排列器數會少於第一章克器群與仲義父、仲姞器群統計數字。
② 小克鼎 H 僅見拓本,未見實物,尺寸不詳,此處編號 H,僅爲權宜之舉,故加注 * 號表示,雖排在最後,尺寸未必最小。但據目前所見其他七件小克鼎尺寸相次的規律,可以認爲小克鼎 H 亦能安插其中,形成八件按照大小排列的一組鼎。

他八件鼎,即標本二至標本九大小相次,應屬一組"列鼎"。①

"列鼎"一詞最早由郭寶鈞提出,即"一組銅鼎的形狀、花紋相似,只是尺寸大小,依次遞減";②後林澐提出"列鼎的首要標準是形制相若,而並不一定非得逐件大小相次"。③此種同類同型、由大到小或相同的列鼎規制,是"禮制改革"後的結果,④西周中期已見雛形,⑤西周晚期普遍成爲貴族間認同與遵循的範式。八件小克鼎所呈現的列鼎規制屬發展十分成熟的用鼎制度,可知其時代應在西周晚期。⑥

與其形制以及用鼎規制相近同的例子還有眉縣楊家村窖藏出土卌二年逨鼎與卌三年逨鼎。⑦

卌二年逨鼎、卌三年逨鼎與大克鼎、小克鼎形制、紋飾相同。按尺寸大小分述如下:

標本十　　卌三年逨鼎 A,通高 58 釐米(圖一·10)。

標本十一　卌二年逨鼎 A,通高 57.8 釐米(圖一·11)。

標本十二　卌三年逨鼎 B,通高 53.6 釐米(圖一·12)。

標本十三　卌二年逨鼎 B,通高 51 釐米(圖一·13)。

標本十四　卌三年逨鼎 C,通高 49 釐米(圖一·14)。

標本十五　卌三年逨鼎 D,通高 45.6 釐米(圖一·15)。

標本十六　卌三年逨鼎 E,通高 36 釐米(圖一·16)。

標本十七　卌三年逨鼎 F,通高 32.6 釐米(圖一·17)。

標本十八　卌三年逨鼎 G,通高 27.4 釐米(圖一·18)。

---

① "列鼎"原意爲"列鼎而食",現將此視作特定名詞,專指形同大小相次的鼎。
② 郭寶鈞:《山彪鎮與琉璃閣》,北京:科學出版社,1959 年,第 11—12 頁。
③ 林澐:《周代用鼎制度商榷》,《林澐學術文集》,北京:中國大百科全書出版社,1998 年,第 195 頁。
④ 英國學者傑西卡·羅森首次提出西周"禮制革命"在公元前九世紀發生一說,其後受到美國學者的認同。Jessica Rawson, Late Western Zhou: A Break in the Shang Bronze Tradition, *Early China*, 11 - 12 (1985 - 1987): 289 - 295.
⑤ 寶雞茹家莊 M1 甲出土五件鼎(M1 甲:1—5)形制相同,大小相次,此墓年代約在穆共時期。參見寶雞茹家莊西周墓發掘隊:《陝西省寶雞市茹家莊西周墓發掘簡報》,《文物》1976 年第 4 期,第 37 頁。
⑥ 宋健分析西周用鼎制度,將墓葬出土的組合分成甲、乙、丙類,丙類即形制相同、大小遞減之組合,西周晚期僅出現丙類。參見宋健:《關於西周時期的用鼎問題》,《考古與文物》1983 年第 1 期。
⑦ 陝西省考古研究所、寶雞市考古工作隊、眉縣文化館聯合考古隊:《陝西眉縣楊家村西周青銅器窖藏》,《考古與文物》2003 年第 3 期。

圖一 垂腹鼎 A 型

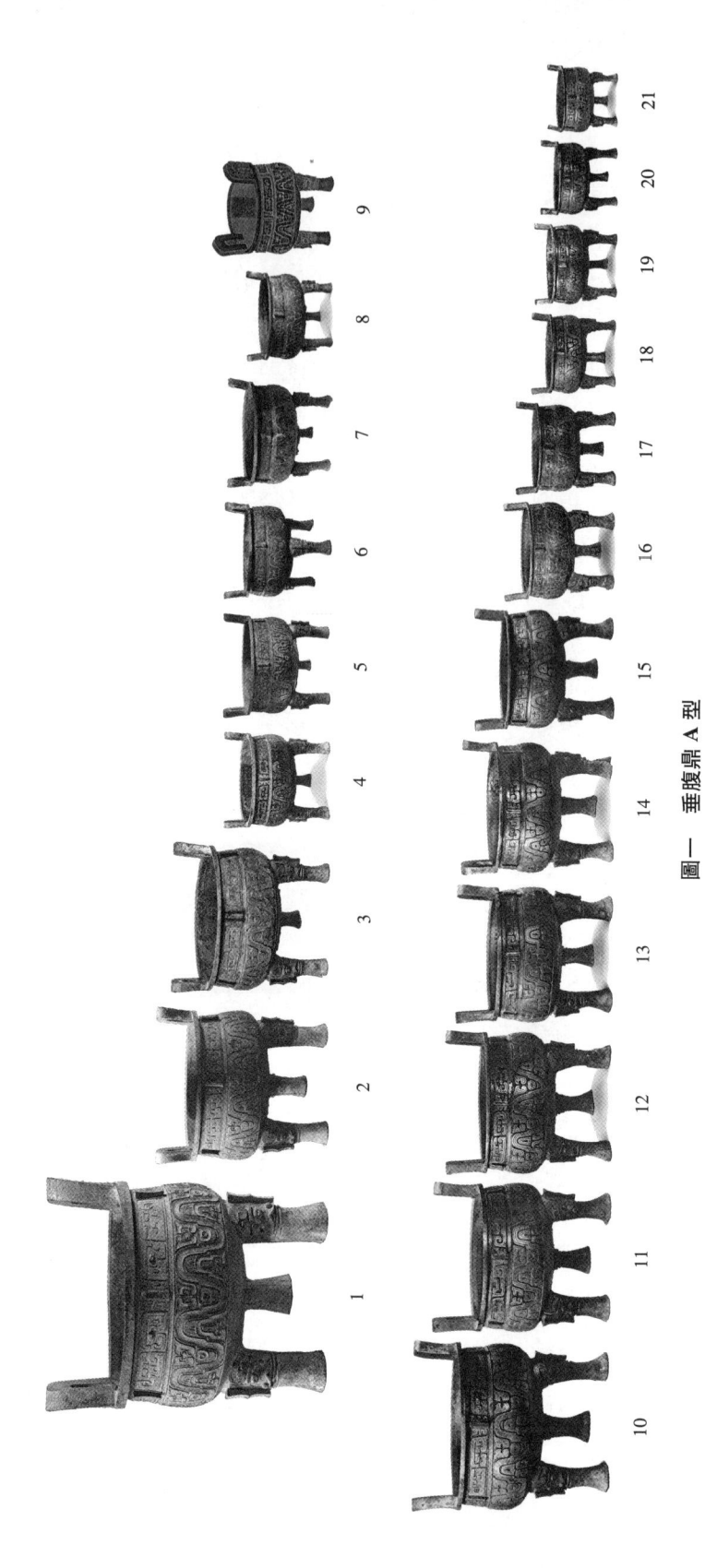

1. 大克鼎 2. 小克鼎 A 3. 小克鼎 B 4. 小克鼎 C 5. 小克鼎 D 6. 小克鼎 E 7. 小克鼎 F 8. 小克鼎 G 9. 小克鼎 H 10. 卌三年逨鼎 A 11. 卌二年逨鼎 A 12. 卌三年逨鼎 B 13. 卌二年逨鼎 B 14. 卌三年逨鼎 C 15. 卌三年逨鼎 D 16. 卌三年逨鼎 E 17. 卌三年逨鼎 F 18. 卌三年逨鼎 G 19. 卌三年逨鼎 H 20. 卌三年逨鼎 I 21. 卌三年逨鼎 J

標本十九　卌三年逨鼎 H，通高 27 釐米(圖一·19)。

標本廿　卌三年逨鼎 I，通高 24.4 釐米(圖一·20)。

標本廿一　卌三年逨鼎 J，通高 22.6 釐米(圖一·21)。

　　卌二年逨鼎、卌三年逨鼎與克鼎整體形式、紋飾佈局幾乎無別，且採用同類同型組合爲列鼎的規制，顯示兩者爲同時代產物。目前此種形制之鼎僅見於窖藏，墓葬隨葬品中未見。值得注意的是，兩套逨鼎若忽略銘文內容，單以尺寸按序排列，可以構成一套大小相次的"列鼎"。

B 型　粗蹄足，足根未飾獸面，根部至跟部曲伏近 S 形，跟部呈扇形。

標本一　伯吉父鼎，高 31.8 釐米。腹部以凸弦紋分成上、下兩部分，上部周飾竊曲紋，下部素面(圖二·1)。

1　　　　　　　　2

圖二　垂腹鼎 B 型

1. 伯吉父鼎　2. 1964 年張家坡村東北出土的鼎(6)

　　與其腹部形制相近者有 1964 年張家坡村東北墓葬出土的鼎(6)，①其時代屬西周晚期晚段(圖二·2)。② 標本一與其相較，腹部相對較淺，蹄足上部的根部與足跟更爲膨大粗壯，顯示其時代略晚於張家坡墓葬出土之鼎，下限可至兩周之際。

---

① 中國科學院考古研究所灃西考古隊：《陝西長安張家坡西周墓清理簡報》，《考古》1965 年第 9 期。
② 此鼎朱鳳瀚先生列入青銅器第五期，即宣幽時期。參見朱鳳瀚：《中國青銅器綜論》，上海：上海古籍出版社，2009 年，第 1309 頁。

2. 圓鼓腹鼎：雙立耳，斂口鼓腹、口沿平折，腹較淺、最大徑在中部，以此特徵與半球形腹鼎(腹最大徑在口部)區別，下收呈圜底。

標本一　吉父鼎，高 22.8 釐米。三蹄足較粗壯、足內側凹入。口沿下飾大小相間的重環紋與一周凸弦紋(圖三·1)。

與其形制相似者有董家村窖藏出土宣王時期的善夫伯辛父鼎(圖三·2)和陝西永壽好時河村出土西周晚期晚段的善夫山鼎(圖三·3)。①

圖三　圓鼓腹鼎

1. 吉父鼎　2. 善夫伯辛父鼎　3. 善夫山鼎

3. 半球形腹鼎：深腹、圜底，腹部近半球形。

標本一　仲義父鼎 A，通高 49.8 釐米。雙立耳，方唇折沿，三蹄足，足內側有凹槽，斷面作半圓形。口沿下飾一周重環紋與一道凸弦紋(圖四·1)。

標本二　仲義父鼎 B，通高 45.5 釐米。形制、紋飾同上(圖四·2)。

標本三　仲義父鼎 C，通高 39.6 釐米。形制、紋飾同上(圖四·3)。

標本四　仲義父鼎 D，通高 39.3 釐米。形制、紋飾同上(圖四·4)。

標本五　仲義父作新客鼎 A，通高 38.9 釐米。形制、紋飾同上(圖四·5)。

---

① 岐山縣文化館龐懷清，陝西省文管會鎮烽、忠如、志儒：《陝西省岐山縣董家村西周銅器窖穴發掘簡報》，《文物》1976 年第 5 期，第 30 頁。陝西省博物館：《陝西省博物館新近徵集的幾件西周銅器》，《文物》1965 年第 7 期，圖版肆、第 18 頁。

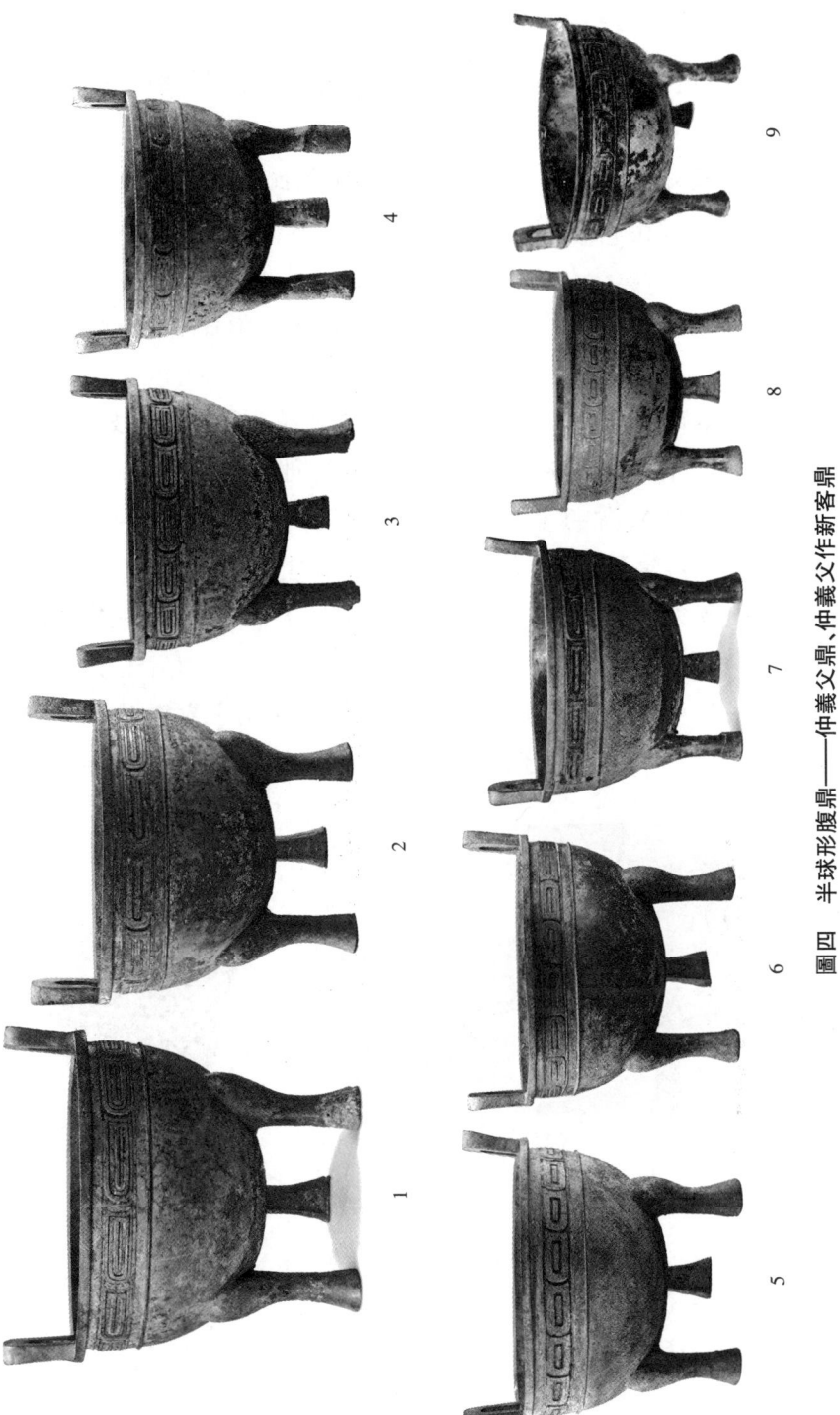

圖四 半球形腹鼎——仲義父鼎、仲義父作新客鼎

1. 仲義父鼎 A 2. 仲義父鼎 B 3. 仲義父鼎 C 4. 仲義父鼎 D 5. 仲義父作新客鼎 A 6. 仲義父作新客鼎 B
7. 仲義父鼎 E 8. 仲義父作新客鼎 C 9. 仲義父作新客鼎 D

標本六　仲義父作新客鼎 B，通高 38.4 釐米。形制、紋飾同上（圖四·6）。

標本七　仲義父鼎 E，通高 35.6 釐米。形制、紋飾同上（圖四·7）。

標本八　仲義父作新客鼎 C，通高 31.8 釐米。形制、紋飾同上（圖四·8）。

標本九　仲義父作新客鼎 D，通高 31.2 釐米。形制、紋飾同上（圖四·9）。

以上 9 件標本爲同人所作、同類同型之兩組列鼎。若忽略銘文内容，純以形式排列，則可將兩組合併成爲大小相次的一套列鼎。①

標本十　梁其鼎 A，高 44 釐米。形制、紋飾同仲義父鼎（圖五·1）。

標本十一　梁其鼎 B，高 31 釐米。形制、紋飾同上（圖五·2）。

標本十二　善夫吉父鼎，高 32.2 釐米。形制同上，口沿下飾一周大小相間的重環紋與一道凸弦紋（圖五·3）。

墓葬中亦可見半球形腹鼎隨葬，如張家坡 M374 出土青銅鼎（M374：1），其時代屬宣幽時期。② 前已述此種成熟的用鼎制度與鼎型，普遍出現在

圖五　半球形腹鼎——梁其鼎、善夫吉父鼎

1. 梁其鼎 A　2. 梁其鼎 B　3. 善夫吉父鼎

---

① 此種有趣現象，筆者將另文進行專門討論。
② 中國社會科學院考古研究所：《張家坡西周墓地》，北京：中國大百科全書出版社，1999 年，第 142、362、368 頁。

西周晚期。半球形腹鼎爲西周晚期流行的主要鼎型之一,不僅見於窖藏亦在墓葬中出土。①

(二) 盨

盨整體作圓角長方形,腹兩側接半環耳,器底有長橢方形圈足,其上有"⌒"或"∏"形缺口。可依據蓋鈕的形制分成曲尺形與雲朵形,以下分成二型分述如下。

A 型　曲尺形蓋鈕盨。器身依據雙半環耳形制變化,又分爲二亞型:

Aa 型　無犄角獸首耳。

標本一　師克盨 A 蓋,長 27.4 釐米、寬 18.8 釐米。蓋鈕中間飾變形夔龍組成的竊曲紋,口沿下飾竊曲紋一周,餘飾瓦紋(圖六·1)。

標本二　師克盨 B 器,長 27.5 釐米、寬 19.1 釐米。圈足長邊有"⌒"形缺口。口沿下飾一周竊曲紋,其下飾瓦紋(圖六·1)。

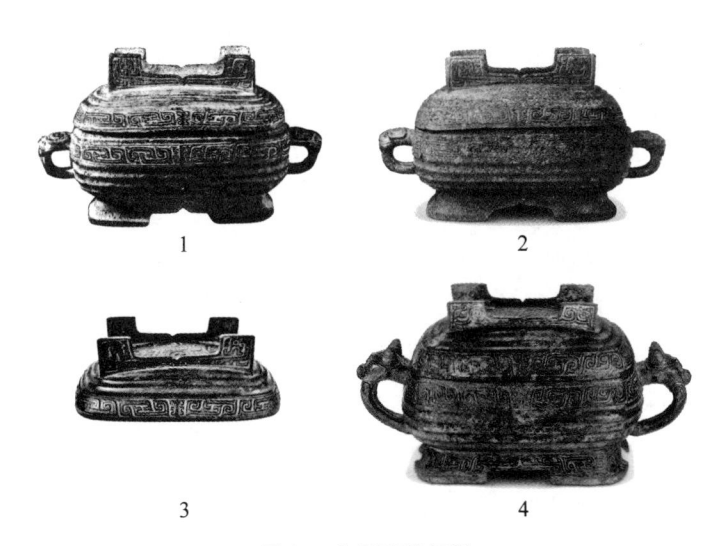

圖六　曲尺形蓋鈕盨

1. 師克盨 A 蓋、B 器　2. 師克盨 C 蓋、D 器　3. 師克盨 E 蓋　4. 善夫克盨

---

① 但在墓葬中僅見單件半球形腹鼎隨葬,未見列鼎。

标本三　师克盨 C 盖，长 27 釐米、宽 19.5 釐米，形制、纹饰同上（图六·2）。

标本四　师克盨 D 器，长 27.4 釐米、宽 19.5 釐米，形制、纹饰同上（图六·2）。

标本五　师克盨 E 盖，长 27.6 釐米、宽 19.8 釐米，形制、纹饰同上（图六·3）。

Ab 型　犄角兽首耳。

标本六　善夫克盨，口宽 21.3 釐米。盖钮围构区域饰双首共身顾龙纹，器、盖口沿、圈足周饰窃曲纹，餘饰瓦纹。圈足四边有"⌒"形缺口（图六·4）。

上述 Aa 型标本一至标本五，实爲 5 件器物，目前器盖合爲一器者皆非原配（详见第一章第一节）。从目前存留的 3 盖 2 器来看，其形制纹饰无别，大小有些微的差异，应是同一组盨。与其形制相同者有扶风云塘一号窖藏出土 4 件西周晚期伯多父盨。①

B 型　云朵形盖钮盨。

标本一　仲义父盨 A。体呈椭方形，犄角兽首半环形耳，上承圆角长方形盖，器下接长椭方形圈足、四边有"⌒"形缺口。盖、器口沿周饰变形夔龙 S 形纹，餘饰瓦纹（图七·1）。

标本二　仲义父盨 B。形制、纹饰同上，惟圈足四边作"⌒"形缺口，且圈足上饰与口沿相同之纹饰（图七·2）。

标本三　伯梁其盨 A，高 19 釐米、口横 22.6 釐米、口纵 15.6 釐米。盖沿、口沿下与圈足周饰窃曲纹，餘饰瓦纹，圈足两长边有"⌒"形缺口（图七·3）。

标本四　伯梁其盨 B，高 19 釐米、口横 22.8 釐米、口纵 15.9 釐米。形制、纹饰同上（图七·4）。

标本五　伯梁其盨 C，高 19.5 釐米、口横 22.8 釐米、口纵 15.5 釐米。形制、纹饰同上（图七·5）。

---

① 陕西周原考古队：《陕西扶风县云塘、庄白二号西周铜器窖藏》，《文物》1978 年第 11 期。

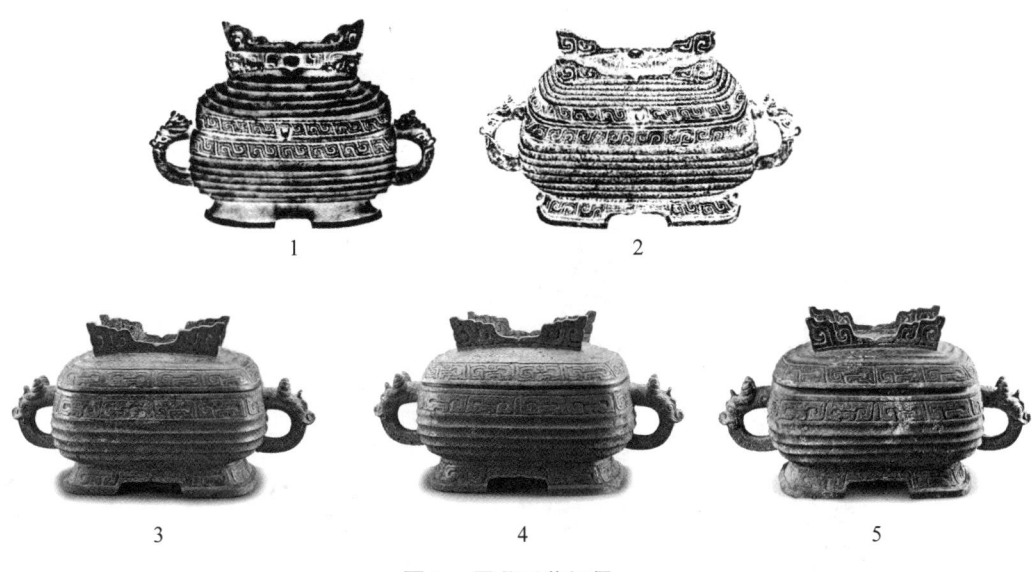

第二章　克器群銅器風格研究與時序探討・89・

圖七　雲朵形蓋鈕簋
1. 仲義父簋 A　2. 仲義父簋 B　3. 伯梁其簋 A　4. 伯梁其簋 B　5. 伯梁其簋 C

標本一與標本二基本形制、紋飾大致相同，僅在圈足的缺口形式與紋飾上有微小的差異。然此 2 件爲同人所作，銘文内容亦同，爲 2 件一套之組器。與其形制接近者爲 1940 年任家村窖藏出土的伯梁其簋，即標本三至標本五。

（三）鬲

任家村窖藏出土仲姞鬲以及善夫吉父鬲，形制皆作聯襠鬲，口沿寬而外折，短直束頸、溜肩、蹄形足、與三足對應的腹部各有一扉棱。藏所不明與未見實物圖像者，不列入下述比較，其他分述如下：

標本一　仲姞鬲 A，高 11.3 釐米、口徑 15.9 釐米。腹部中段有一凹帶，上下各飾直綫紋（圖八・1）。

標本二　仲姞鬲 B，高 11.3 釐米、口徑 14.9 釐米。形制、紋飾同上（圖八・2）。

標本三　仲姞鬲 C，高 11.3 釐米、口徑 14.9 釐米。形制、紋飾同上（圖八・3）。

图八 聯襠鬲

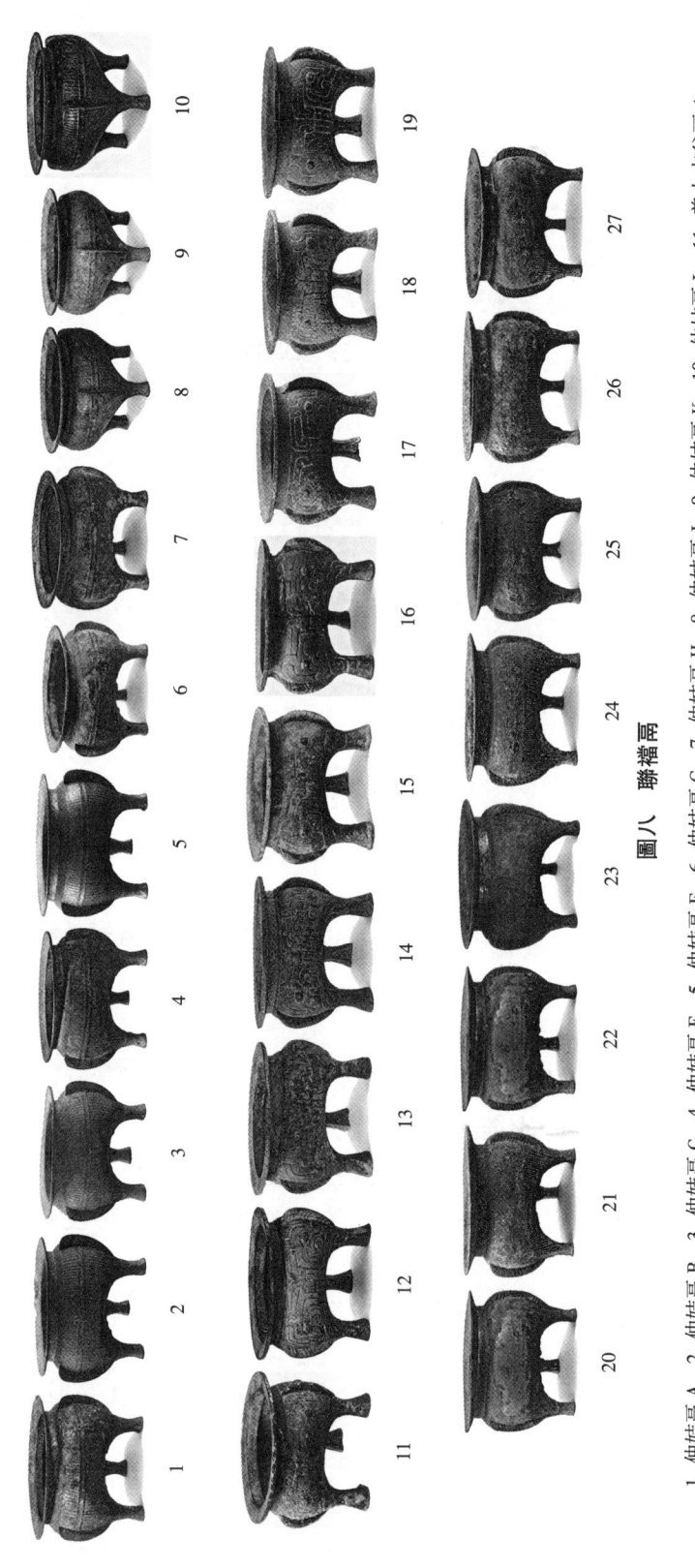

1. 仲姑鬲 A 2. 仲姑鬲 B 3. 仲姑鬲 C 4. 仲姑鬲 E 5. 仲姑鬲 F 6. 仲姑鬲 G 7. 仲姑鬲 H 8. 仲姑鬲 J 9. 仲姑鬲 K 10. 仲姑鬲 L 11. 善夫吉父鬲 A
12. 善夫吉父鬲 B 13. 善夫吉父鬲 C 14. 善夫吉父鬲 D 15. 善夫吉父鬲 E 16. 善夫吉父鬲 F 17. 善夫吉父鬲 G 18. 善夫吉父鬲 H 19. 善夫吉父鬲 I 20~27. 伯䈂父鬲

標本四　仲姞鬲 E,高 11.1 釐米、口徑 15 釐米。形制、紋飾同上(圖八·4)。

標本五　仲姞鬲 F,高 11.1 釐米、口徑 14.9 釐米。形制、紋飾同上(圖八·5)。

標本六　仲姞鬲 G,高 11 釐米、口徑 15 釐米。形制、紋飾同上(圖八·6)。

標本七　仲姞鬲 H,尺寸不詳。形制、紋飾同上(圖八·7)。

標本八　仲姞鬲 J,高 11.3 釐米、口徑 14.9 釐米。[①] 形制、紋飾同上(圖八·8)。

標本九　仲姞鬲 K,高 11.2 釐米、口徑 14.9 釐米。形制、紋飾同上(圖八·9)。

標本十　仲姞鬲 L,尺寸不詳。形制、紋飾同上(圖八·10)。

標本十一　善夫吉父鬲 A,高 13 釐米、口徑 17.1 釐米。腹部以扉棱爲中界,兩側各飾對稱卷唇龍紋(圖八·11)。

標本十二　善夫吉父鬲 B,高 12.5 釐米、口徑 17.1 釐米。形制、紋飾同上(圖八·12)。

標本十三　善夫吉父鬲 C,高 12.4 釐米、口徑 17 釐米。形制、紋飾同上(圖八·13)。

標本十四　善夫吉父鬲 D,高 12 釐米、口徑 17.3 釐米。形制、紋飾同上(圖八·14)。

標本十五　善夫吉父鬲 E,高 12 釐米、口徑 17 釐米。形制、紋飾同上(圖八·15)。

標本十六　善夫吉父鬲 F,高 12 釐米、口徑 16.8 釐米。形制、紋飾同上(圖八·16)。

標本十七　善夫吉父鬲 G,高 12 釐米、口徑 16.8 釐米。形制、紋飾同上(圖八·17)。

標本十八　善夫吉父鬲 H,高 12 釐米、口徑 16.7 釐米。形制、紋飾同上(圖八·18)。

標本十九　善夫吉父鬲 I,高 11.3 釐米、口徑 16.7 釐米。形制、紋飾同上

---

① 標本八、標本九尺寸由故宫博物院徐婉玲女史提供,特此感謝。

（圖八·19）。

與標本一至十形制、紋飾相似者有張家坡窖藏出土西周中期晚段至西周晚期早段伯㝬父鬲 8 件（圖八·20~27），①然伯㝬父鬲近似柱足，仲姞鬲蹄足足底較寬大，説明仲姞鬲時代略晚於伯㝬父鬲，故仲姞鬲約應屬西周晚期晚段。標本十一至十九與河南新鄭唐户村 3 號墓出土的王鬲（M3∶2）形制相似。②

（四）簋

1940 年任家村窖藏出土 7 件善夫梁其簋（詳見第一章第二節），其中 2 件不知下落。1972 年北橋村窖藏出土 3 件簋，1 件爲伯吉父簋、2 件無銘。善夫梁其簋、伯吉父簋與無銘簋，皆作鼓腹有蓋簋。現依據蓋的形制，分成緩坡與折沿兩型，分述如下：

A 型　緩坡形蓋簋。蓋面作緩坡狀，斂口鼓腹，捉手作圈足狀，腹兩側接犄角獸首半環形耳、耳下有方形小珥，圈足外撇、下接三獸面扁足。

標本一　善夫梁其簋 A，高 25.7 釐米。蓋、器口沿飾中目竊曲紋，圈足飾上下相間⊂⊃形竊曲紋，腹部飾瓦紋（圖九·1）。

標本二　善夫梁其簋 B，高 25 釐米。形制、紋飾同上（圖九·2）。

標本三　善夫梁其簋 C，高 25 釐米。形制、紋飾同上（圖九·3）。

標本四　善夫梁其簋 D，高 17.9 釐米（無蓋的尺寸）。形制、紋飾同上（圖九·4）。

標本五　善夫梁其簋 E，尺寸不詳。形制、紋飾同上（圖九·5）。

標本六　伯吉父簋，高 24 釐米。形制同上，蓋、器口沿飾大小相間的重環紋，圈足飾等大的重環紋，腹部飾瓦紋（圖九·6）。

標本七　重環紋簋，高 17 釐米（圖九·7）。形制、紋飾同伯吉父簋。

標本一~五形制、紋飾、銘文皆同，大小尺寸相仿，爲一組簋。與其形制

---

① 中國科學院考古研究所：《長安張家坡西周銅器群》，北京：文物出版社，1965 年，第 15 頁。朱鳳瀚：《中國青銅器綜論》，上海：上海古籍出版社，2009 年，第 115 頁。
② 開封地區文管會、新鄭縣文管會、鄭州大學歷史系考古專業：《河南省新鄭縣唐户兩周墓葬發掘簡報》，《文物資料叢刊》第 2 輯，北京：文物出版社，1978 年，第 40、48 頁。

圖九 鼓腹有蓋簋

1. 善夫梁其簋 A　2. 善夫梁其簋 B　3. 善夫梁其簋 C　4. 善夫梁其簋 D　5. 善夫梁其簋 E
6. 伯吉父簋　7. 重環紋簋　8. 曾伯文簋　9. 雙列重環紋簋

近似的有宣王時期史頌簋;與標本六、七形制、紋飾相類的有西周晚期曾伯文簋(《銘圖》5025,圖九·8)。①

B型　折沿形蓋簋。蓋面近口部下折呈直角,腹兩側接獸首半環形耳,下有方形小珥,形制其他方面同A型。

標本一　雙列重環紋簋,高21釐米(圖九·9)。蓋沿與口沿下皆飾雙列重環紋,圈足飾重環紋,腹部飾瓦紋,時代屬西周晚期。

二、酒器

目前存有著録1884年任家村窖藏出土仲義父罍2件;1940年任家村窖藏出土善夫吉父罍2件、梁其壺2件。分析其形制變化如下:

(一) 罍

盛酒器。短頸侈口,高體寬肩,肩上有耳,腹部向下收斂成平底。形制近似罍,自銘爲罍,流行於西周晚期至春秋時期。按肩部形制可分爲二型:

A型　圓肩。

標本一　仲義父罍A,高44.2釐米。口沿下有4小環鈕,肩上有二犄角卷龍耳,腹部下收,假圈足。上承蓋,蓋頂接繩紋環鈕。蓋沿、肩部與圈足飾重環紋,頸部飾竊曲紋,腹部飾垂鱗紋(圖十·1)。

標本二　仲義父罍B,高44釐米。形制、紋飾同上(圖十·2)。

與其形制紋飾相似者有西周晚期的鄭義伯罍(圖十·3)。②

B型　折肩。

標本一　善夫吉父罍A,高37.8釐米。肩上有二犄角卷龍耳,口沿下前後有二小環。口上承蓋,蓋面呈圓弧狀隆起,有圈足狀捉手。頸部飾波帶紋,蓋口沿、肩部飾竊曲紋,餘飾垂鱗紋(圖十一·1)。

標本二　善夫吉父罍B,高37.2釐米。形制、紋飾同上(圖十一·2)。

此罍雖與仲義父罍形制相近,但其折肩的特徵已屬較晚的形式,顯示善

---

① 鄂兵:《湖北隨縣發現曾國銅器》,《文物》1973年第5期。
② 李米佳:《故宫藏鄭義伯罍及相關問題》,《文物》2004年第7期。

图十 A 型罍

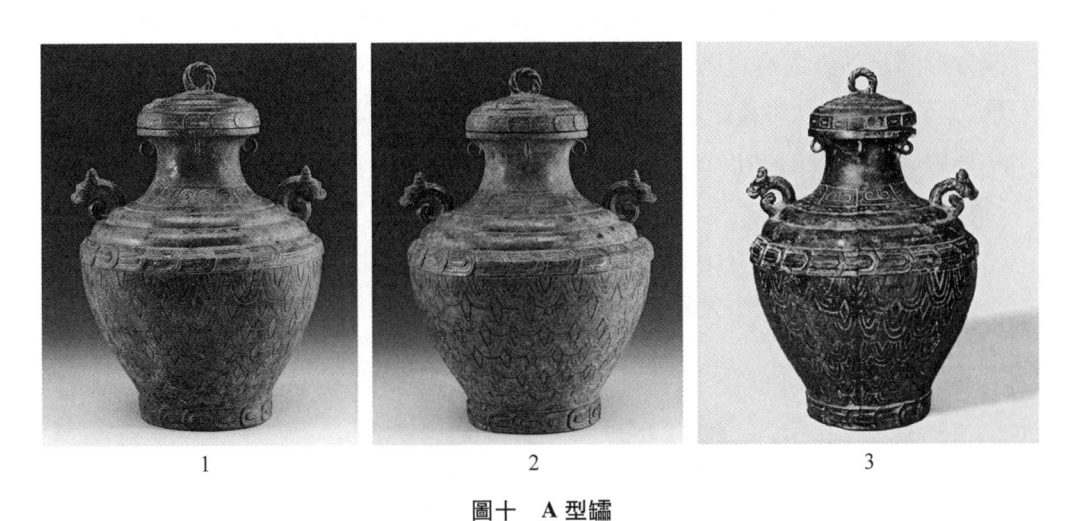

1. 仲義父罍A 2. 仲義父罍B 3. 鄭義伯罍

图十一 B 型罍

1. 善夫吉父罍A 2. 善夫吉父罍B

夫吉父罍的時代晚於仲義父罍,已至西周晚期晚段。

(二) 壺

1940 年任家村窖藏出土 2 件壺,形制爲橢方腹壺,分述如下:

标本一　梁其壶A,高53.3釐米。长颈鼓腹,颈两侧有象鼻兽首衔环耳,椭方形圈足外撇底有直阶,上承盖、作子母插口,盖顶作镂空波带形饰件,俗称"莲瓣",圆雕卧牛盖钮。腹部饰络带纹,络带交叉处有菱形突起,盖口沿、颈部与腹部络带区间内饰中目窃曲纹,颈部口沿下饰三角纹,圈足饰弦纹(图十二·1)。

标本二　梁其壶B,高52.8釐米。形制、纹饰同上(图十二·2)。

梁其壶盖顶形制十分具有特色,与其近似者有西周晚期中叶的晋侯䵼壶

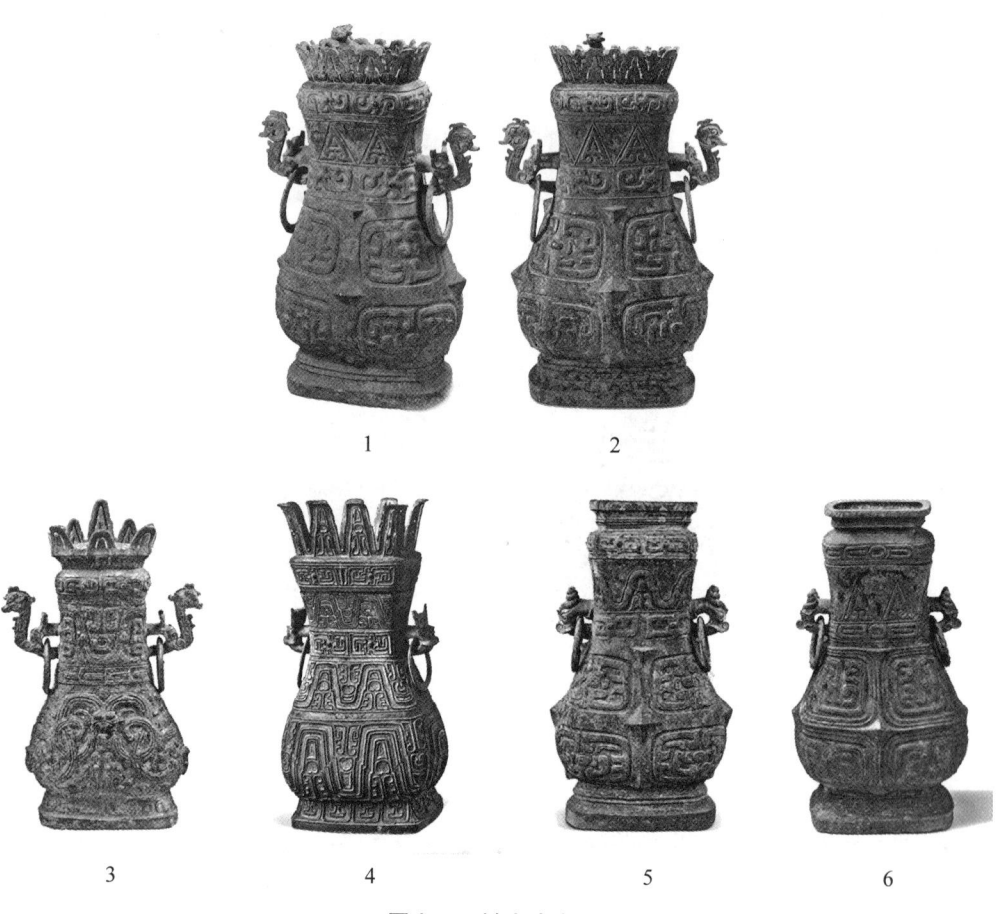

图十二　椭方腹壶

1. 梁其壶A　2. 梁其壶B　3. 晋侯䵼壶(M8∶25)　4. 曾仲斿父壶　5. 㝬车父壶　6. 射壶

(M8∶25,圖十二·3)①與春秋早期偏早的曾仲斿父壺(圖十二·4),②蓋頂亦以透雕的波帶裝飾。壺身形制相似者有西周晚期㝬車父壺(圖十二·5)與射壺(圖十二·6)。③

三、水器

盂

1940年任家村窖藏出土1件盂。盂爲水器,横截面爲圓形。

標本一　善夫吉父盂,高20釐米、口徑35.1釐米。敞口束頸圓肩,腹壁近直,向下收斂成平底,肩腹之間有二獸首半環耳。頸部飾大小相間的重環紋,肩部飾雙弦紋(圖十三)。

四、樂器

目前存有著錄1884年(前)任家村窖藏出土克鎛1件、克鐘5件;1940年任家村窖藏出土梁其鐘5件。形制分析如下:

圖十三　善夫吉父盂

(一)鎛

平口、無突出的銑棱,器身横截面作扁橢圓形,鈕部多有堆垛的獸形紋飾,無枚或有扁圓及其他形式的枚。

標本一　克鎛,高63釐米。横截面作橢圓形,鉦部正中與兩側以鏤空交纏夔龍形成扉棱,兩側並延長至舞部堆垛成懸鈕。鉦部正中飾對稱卷鼻龍紋,上下寬帶上各飾4個菱形枚(圖十四·1)。

目前西周晚期所見鎛數量較少,與標本一形制相近者有寶鷄太公廟出土春

---

① 北京大學考古系、山西省考古研究所:《天馬—曲村遺址北趙晉侯墓地第二次發掘》,《文物》1994年第1期,第17—18頁。朱鳳瀚:《中國青銅器綜論》,上海:上海古籍出版社,2009年,第1449頁。
② 湖北省博物館:《湖北京山發現曾國銅器》,《文物》1972年第1期,第75頁。朱鳳瀚:《中國青銅器綜論》,上海:上海古籍出版社,2009年,第1727頁。
③ 臨潼縣文化館:《陝西臨潼發現武王征商簋》,《文物》1977年第8期,第1—2、4頁。朱鳳瀚:《射壺銘文考釋》,《古文字研究》第28輯,北京:中華書局,2010年,第224頁。

图十四　鎛形制比較

1. 克鎛　2. 一號秦公鎛

秋早期秦公鎛(圖十四·2)。① 然時代較晚的鎛體腔中部外鼓,鼓部向下收斂。

(二) 甬鐘

標本一　克鐘B,高55釐米。甬上幹、旋俱全,枚作長圓臺形,鉦、篆、枚間有微凸的界格。舞部飾對稱龍紋,幹飾重環紋,篆間飾S形竊曲紋,鼓部飾相背夔鳳紋。(圖十五·1)。

標本二　克鐘C,高54釐米。形制、紋飾同上,鼓右部以立鳥紋標識發音處(圖十五·2)。

標本三　克鐘D,高50.6釐米。形制、紋飾同上(圖十五·3)。

標本四　克鐘E,高38.3釐米。形制、紋飾同上(圖十五·4)。

上雖僅列4件標本,然克鐘的件數應不僅如此,可參見眉縣楊家村窖藏出土的逨鐘,②目前所見7件(圖十五·5~11),但從銘文連讀得知原組合應是8件一套。其形制、紋飾與克鐘接近,知同屬西周晚期晚段,故克鐘應亦是8件的編鐘組合。

---

① 盧連成、楊滿倉:《陝西寶雞縣太公廟村發現秦公鐘、秦公鎛》,《文物》1978年第11期。
② 劉懷君:《眉縣出土一批西周窖藏青銅樂器》,《文博》1987年第2期。

圖十五　甬鐘——克鐘與逨鐘

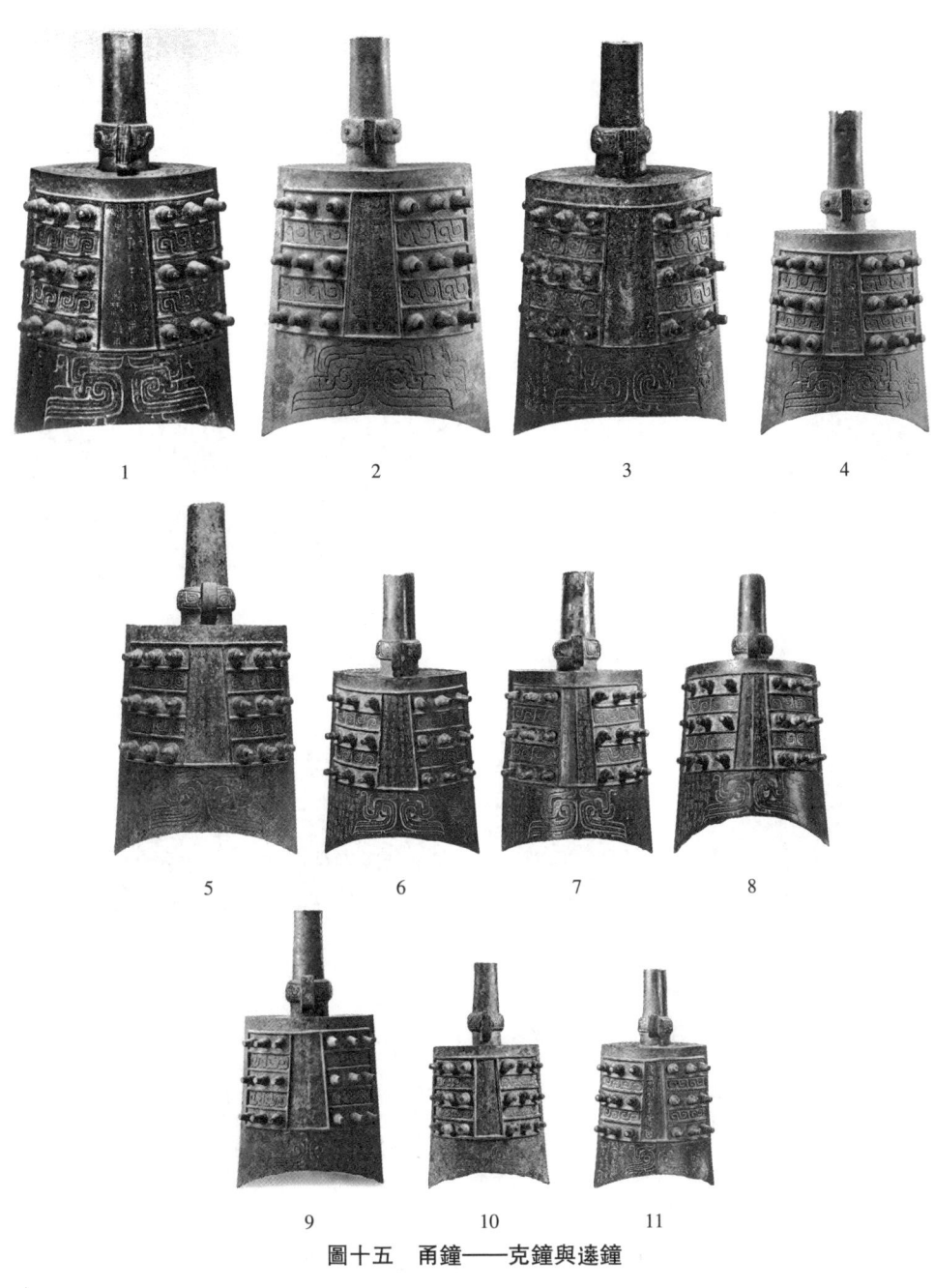

1. 克鐘B　2. 克鐘C　3. 克鐘D　4. 克鐘E　5. 逨鐘一　6. 逨鐘二
7. 逨鐘三　8. 逨鐘四　9. 逨鐘六　10. 逨鐘七　11. 逨鐘八

標本五　梁其鐘B,高55.4釐米。形制與克鐘近似,幹飾中目竊曲紋,篆間飾S形顧首龍紋,舞部飾相背卷唇龍紋。(圖十六·1)

　　標本六　梁其鐘C,高53.5釐米。形制、紋飾同上,鼓右部以立鳥紋標識

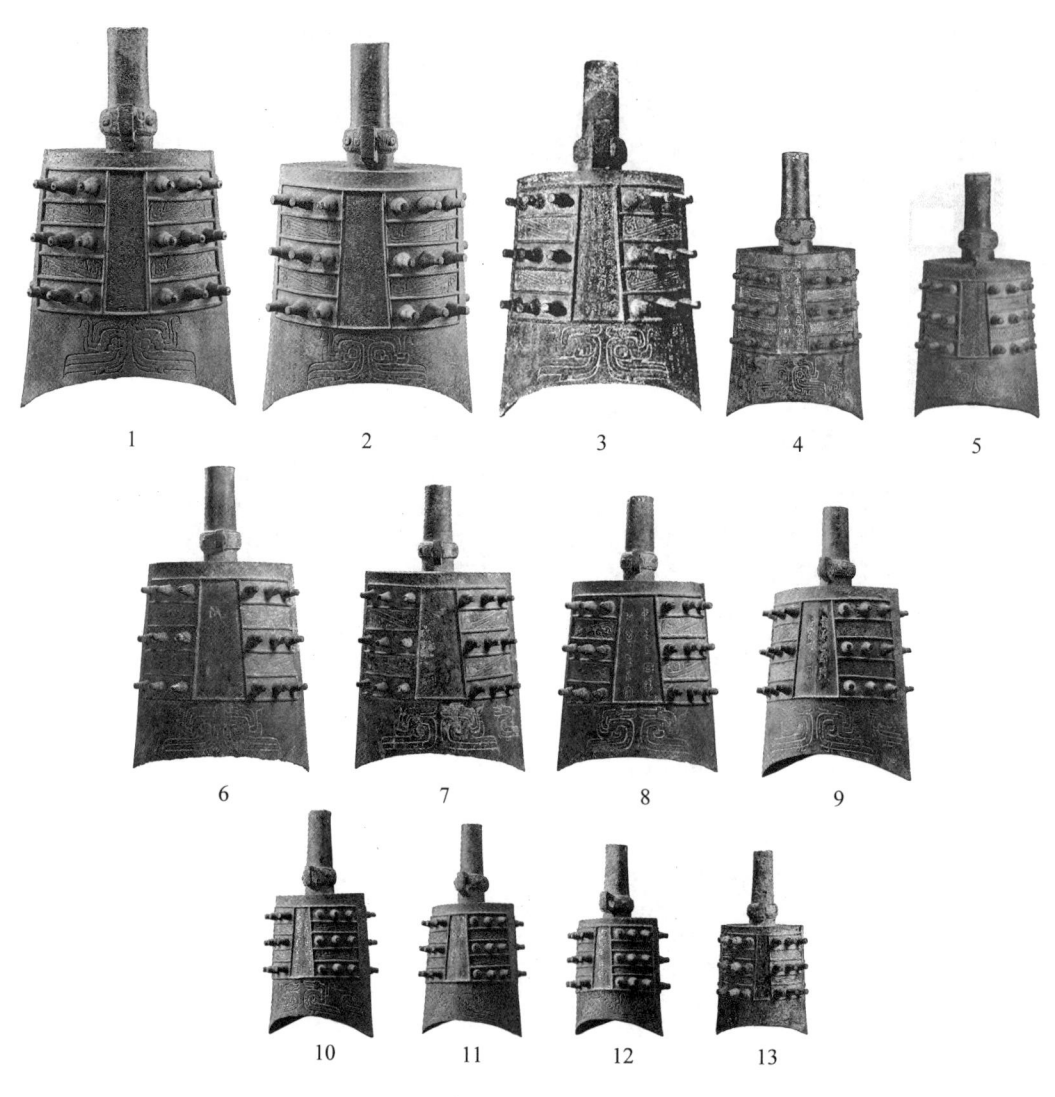

　　　　　　1　　　　　　　2　　　　　　　3　　　　　4　　　　5

　　　　　　6　　　　　　　7　　　　　　　8　　　　　　9

　　　　　　　10　　　　11　　　　12　　　　13

圖十六　甬鐘——梁其鐘與中義鐘

1. 梁其鐘B　2. 梁其鐘C　3. 梁其鐘D　4. 梁其鐘E　5. 梁其鐘F　6. 中義鐘甲　7. 中義鐘乙
8. 中義鐘丙　9. 中義鐘丁　10. 中義鐘戊　11. 中義鐘己　12. 中義鐘庚　13. 中義鐘辛

發音處(圖十六・2)。

標本七　梁其鐘 D,高 51 釐米。形制、紋飾同上(圖十六・3)。

標本八　梁其鐘 E,高 38.1 釐米。形制、紋飾同上(圖十六・4)。

標本九　梁其鐘 F,高 35.1 釐米。形制、紋飾同上(圖十六・5)。

西周晚期編鐘數量已由早期的 3 件增至 8 件,如依常見的 8 件編制來看,則佚失件數爲 3 件。與梁其鐘形制相似者有齊家村窖藏出土西周晚期的中義鐘一組 8 件(圖十六・6~13),①由此可證梁其鐘總數亦應是 8 件。

上述對克器組、仲義父器組、仲姞器組、梁其器組、善夫吉父器組與伯吉父器組形制分析得知,大部分器類流行時間較長者,皆屬西周晚期銅器特徵,但難以藉由形制的特徵再細緻劃分早段、中段、晚段。惟鑐流行時間短,在較短的時間段產生形制的變化,故從仲義父鑐和善夫吉父鑐分屬不同型得知,克的主要活動年代爲西周晚期晚段,而梁其可晚至兩周之際。

第二節　克鼎形垂腹鼎與半球形腹鼎之風格流變與溯源

西周晚期流行的鼎形有兩種,皆爲圓鼎、蹄足。一是以大克鼎、小克鼎爲代表的垂腹鼎,二是以仲義父鼎、梁其鼎爲代表的半球形腹鼎,這兩種鼎形之分別主要體現在器腹。本節主要討論這兩種鼎型是如何發展成西周晚期的主流形式,並追溯其形制變化的源流。

一、克鼎形垂腹鼎的源流演變

"克鼎形垂腹鼎"其形制爲腹部略微傾垂,腹壁近直,近底部圓轉內收成平圜底,雙立耳,折沿方唇,三蹄足、足跟多飾獸面。典型代表爲大克鼎(《銘圖》2513)、小克鼎(《銘圖》2454)、卅二年遱鼎(《銘圖》2501)、卅三年遱鼎(《銘圖》2503)、史頌鼎(《銘圖》2443)、禹鼎(《銘圖》2498)等。

目前所見"克鼎形垂腹鼎"形制的鼎皆屬於西周晚期,但從腹部略垂的

---

① 陝西省博物館、陝西省文物管理委員會:《扶風齊家村青銅器群》,北京:文物出版社,1963 年,第 9—10 頁。

特徵推知，其應來源於西周早期偏晚至中期流行的垂腹鼎。

源起於西周早期偏晚的垂腹鼎，可依足部變化分成柱足、柱足向蹄足過渡與蹄足三大類型，以下分述並圖示如表一。

（一）柱足

柱足垂腹鼎是西周早期晚段出現之新形態的鼎，盛行於西周中期。西周早期晚段至西周中期早段多爲柱足形式。柱足的特徵爲内外兩側平直、呈上粗下細狀。

標本一　寶雞竹園溝 M1 出土銅鼎（M1∶2，表一·1）。① 折沿桃形口，三柱足較高，根部有扉棱，口沿下周飾獸面紋，時代約屬西周早期。

標本二　長安張家坡 M183 出土孟員鼎（M183∶4，表一·2）。② 立耳略外撇，窄沿桃形口，頸部飾二道弦紋，時代約屬西周早期晚段。③

標本三　長安張家坡 M145 出土銅鼎（M145∶1，表一·3）。索狀立耳，窄沿圓唇，素面無紋，時代約屬昭穆時期。④

標本四　岐山董家村窖藏出土九祀衛鼎（《銘圖》2496，表一·4）。立耳略外撇，窄沿方唇，上腹部飾一周竊曲紋，時代約屬西周中期晚段懿王時期。

（二）柱足向蹄足過渡

西周早期偏晚開始有少部分垂腹鼎的足部出現柱足往蹄足過渡發展的趨勢，其特徵即足根部微微鼓起，跟部仍作柱狀或稍微膨大，足部内側或外側呈現少許流綫彎曲。

標本一　憲鼎（《銘圖》2386，表一·5）。索狀立耳，窄沿圓唇，三足根部較粗，足内側呈現微微内凹弧形，使得上下較粗、中段較細。口沿下飾一道弦紋，時代約屬昭王。⑤

---

① 寶雞市博物館、渭濱區文化館：《寶雞竹園溝等地西周墓》，《考古》1978 年第 5 期。
② 中國社會科學院考古研究所：《張家坡西周墓地》，北京：中國大百科全書出版社，1999 年，第 135 頁。
③ 朱鳳瀚：《中國青銅器綜論》，上海：上海古籍出版社，2009 年，第 1268 頁。
④ 中國社會科學院考古研究所：《張家坡西周墓地》，北京：中國大百科全書出版社，1999 年，第 135、368 頁。
⑤ 朱鳳瀚：《中國青銅器綜論》，上海：上海古籍出版社，2009 年，第 1270 頁。

標本二　長安普渡村長由墓出土銅鼎（表一・6）。① 窄沿方唇,足根部稍鼓,足底跟未膨大似柱足。口沿下飾獸面紋,時代約屬西周中期偏早。②

標本三　甘肅靈臺西嶺 M1 出土銅鼎（M1：1,表一・7）。③ 折沿斂口,足根部稍鼓,足底稍微膨出。口沿下飾二道弦紋,時代約在西周中期早段。

標本四　扶風強家一號墓出土銅鼎（81FQM1：13,表一・8）。平沿外折,足根微膨。上腹部飾竊曲紋一周,其下飾一道弦紋,時代約屬西周中期晚段。④

標本五　絳縣橫水 M2055 出土銅鼎（M2055：22,表一・9）。雙立耳略外撇,折沿方唇,足根略膨大,足底跟似柱足。腹部飾二道弦紋,時代約屬西周中期晚段。⑤

（三）蹄足

垂腹鼎在西周早期晚段產生柱足向蹄足過渡形態後不久,在西周中期偏晚便發展出蹄足樣式的垂腹鼎,其特徵爲足的根部與跟部變得膨大,足部外側曲綫明顯。依據腹部深淺,可再分成兩型如下：

A 型　深腹蹄足垂腹鼎

標本一　扶風強家村窖藏出土師𩛥鼎（《銘圖》2495,表一・10）。通高 85 釐米,體量巨大。折沿方唇,三足根部稍鼓,足底跟膨大呈半圓形。口沿下飾二道弦紋,時代約屬西周中期。⑥

標本二　洛陽北窯 M410 出土史哽鼎（M410：3,表一・11）。雙立耳略外撇,窄沿方唇,足根十分膨大、跟部微微突出。腹部飾二道弦紋,時代約屬

---

① 陝西省文物管理委員會：《長安普渡村西周墓的發掘》,《考古學報》1957 年第 1 期,第 81 頁。
② 朱鳳瀚：《中國青銅器綜論》,上海：上海古籍出版社,2009 年,第 1284 頁。
③ 甘肅省博物館文物隊、靈台縣文化館：《甘肅靈台縣兩周墓葬》,《考古》1976 年第 1 期,第 43 頁。
④ 周原扶風文管所：《陝西扶風強家一號西周墓》,《文博》1987 年第 4 期。曹瑋：《周原出土青銅器》,成都：巴蜀書社,2005 年,第 1735 頁。
⑤ 山西省考古研究院、山西大學北方考古研究中心、運城市文物保護中心、絳縣文物局：《山西絳縣橫水西周墓地 M2055 發掘簡報》,《江漢考古》2022 年第 2 期。
⑥ 李學勤先生認爲師𩛥鼎爲共王標準器,朱鳳瀚先生則將之劃分與穆共時期。李學勤：《西周中期青銅器的重要標尺——周原莊白、強家兩處青銅器窖藏的綜合研究》,《新出青銅器研究》,北京：人民美術出版社,2016 年,第 77 頁。朱鳳瀚：《中國青銅器綜論》,上海：上海古籍出版社,2009 年,第 1300—1301 頁。

表一　垂腹鼎形制變化表

時期	柱足	柱足向蹄足過渡	蹄足	
	上粗下細	足根微鼓,足跟作柱狀或稍微膨大,足部內或外側呈現少許彎曲	深腹垂腹鼎	淺腹垂腹鼎
西周早期晚段	1 2	5		
西周中期早段	3	6 7	10	
西周中期晚段	4	8 9	11	12

第二章　克器群銅器風格研究與時序探討 · 105 ·

續　表

時期	柱　足	柱足向蹄足過渡	蹄　足	
	上粗下細	足根微鼓,足跟作柱狀或稍微膨大,足部內或外側呈現少許彎曲	深腹垂腹鼎	淺腹垂腹鼎
西周晚期早段				13
西周晚期晚段				14
春秋早期				15

1. 竹園溝 M1 出土銅鼎(M1∶2)　2. 孟員鼎(M183∶4)　3. 張家坡 M145 出土銅鼎(M145∶1)　4. 九祀衛鼎　5. 憲鼎　6. 普渡村長由墓出土銅鼎(補)　7. 甘肅靈台西嶺 M1 出土銅鼎(M1∶1)　8. 扶風強家一號墓出土銅鼎(81FQM1∶13)　9. 絳縣橫水 M2055 出土銅鼎(M2055∶22)　10. 師𫖮鼎　11. 史㠱鼎　12. 師湯父鼎　13. 師望鼎　14. 小克鼎　15. 華孟子鼎

穆共時期。①

　　B 型　淺腹蹄足垂腹鼎

　　標本一　師湯父鼎(《銘圖》2431,表一·12)。最大徑在下腹,足根飾獸

---

① 洛陽博物館:《洛陽龐家溝五座西周墓的清理》,《文物》1972 年第 10 期。朱鳳瀚:《中國青銅器綜論》,上海:上海古籍出版社,2009 年,第 1286 頁。

面、足底跟膨大成半圓形。腹部上半飾長尾鳳鳥紋,下半部飾垂冠卷尾大鳥紋,時代約在西周中期晚段。①

標本二　師望鼎(《銘圖》2477,表一·13)。平沿方唇,最大徑從下腹稍上提,內收成平圜底。頸部飾竊曲紋一周,並有6條短扉棱,時代約在西周晚期早段。②

標本三　小克鼎(《銘圖》2454,表一·14)形制同上。頸部有6條短扉棱,各以一扉棱爲中界,左右飾展開對稱竊曲紋,腹部飾波帶紋。時代約在西周晚期晚段。

標本四　沂水紀王崮墓出土華孟子鼎(《銘續》207,表一·15)。③ 雙立耳微向外撇,口微斂,上承蓋,蓋上有橋形鈕。腹部上下皆飾卷軀夔紋,時代約在春秋早期。④

以上所分析的垂腹鼎形制變化趨勢,可接表一所示再做如下歸納：從西周早期晚段開始,鼎腹產生了新的變化,即最大徑在下腹,形成下腹垂鼓的趨勢。同時從西周中期早段始,少數柱足根部變得稍粗,足底雖仍維持柱形,但從根部至跟部所萌發微曲綫條的變化,已漸現較多向蹄足發展的過渡形式。西周中期偏晚,腹部傾垂達到極致,蹄足底膨大成爲半圓形,足部外側曲綫明顯。西周晚期早段,腹部傾垂程度一改前期,腹部最大徑稍微上提,形成一種有別於西周中期晚段的改良式垂腹鼎樣式。此種垂腹形式與獸面蹄足結合,即是"克鼎形垂腹鼎"樣式,成爲西周晚期主要流行的鼎型之一。

二、半球形腹鼎的源流演變

半球形腹鼎最大的特徵即腹部如球形或橢圓形對剖,下接三蹄足,多數足內側凹入。目前所見半球形腹鼎分成立耳與附耳兩類,所屬時代皆在西周晚期至春秋中期,部分可延至春秋晚期。以下依耳部形式分爲立耳、附耳兩類,並將各類形制變化分述如下,並圖示如表二。

---

① 朱鳳瀚:《中國青銅器綜論》,上海：上海古籍出版社,2009年,第1308—1309頁。
② 朱鳳瀚:《中國青銅器綜論》,上海：上海古籍出版社,2009年,第1309頁。
③ 山東省文物考古研究所、臨沂市文化廣電新聞出版局、沂水縣文化廣電新聞出版局:《沂水紀王崮春秋墓出土文物集萃》,北京：文物出版社,2016年。
④ 林澐:《華孟子鼎等兩器部分銘文重釋》,《林澐文集·文字卷》,上海：上海古籍出版社,2019年,第282頁。

（一）立耳

立耳半球形腹鼎可依腹部的深淺，分成三型如下：

A 型　深球形腹（腹深超過球形 1/2）

標本一　大鼎（《銘圖》2465，表二·1）。平沿方唇，口沿下飾兩道弦紋。時代約在西周晚期早段厲王時期。①

標本二　仲義父鼎（《銘圖》1632，表二·2）。形制同上，口沿下飾重環紋一周，其下飾一道弦紋，時代約在西周晚期晚段宣王時期。

B 型　半球形腹（腹深相當球形 1/2）

標本一　康鼎（《銘圖》2440，表二·3）。窄沿方唇，口沿下周飾變體獸面組成的竊曲紋和一道弦紋，時代約在西周晚期早段厲王時期。②

標本二　梁其鼎（《銘圖》2415，表二·4）。折沿方唇，口沿下飾排列整齊的重環紋，其下飾一道弦紋，時代約屬西周晚期晚段幽王時期。③

標本三　三門峽 M2012 出土垂鱗紋鼎（M2012∶33，表二·5）。④ 形制同上，腹部以弦紋分成上下兩部分，上部飾無目竊曲紋，下部飾垂鱗紋，時代約在春秋早期早段。

標本四　三門峽 M2011 出土重環紋鼎（M2011∶87，表二·6）。⑤ 雙立耳略外撇，折沿方唇，口沿下飾大小相間的重環紋，下飾一道弦紋，時代約屬春秋早期。

標本五　洛陽紗廠路 JM32 出土銅鼎（JM32∶5，表二·7）。⑥ 形制同標

---

① 夏商周斷代工程專家組：《夏商周斷代工程 1996—2000 年階段成果報告》，北京：世界圖書出版公司，2000 年，第 33 頁。朱鳳瀚：《中國青銅器綜論》，上海：上海古籍出版社，2009 年，第 1320 頁。
② 陳夢家先生將康鼎年代定在孝王，白川静先生定在夷王。馬承源與彭裕商先生認爲在厲王時期，筆者同意其看法。參見陳夢家：《西周銅器斷代》，北京：中華書局，2004 年，第 220—221 頁。白川静：《金文通釋》卷三上，京都：白鶴美術館，1969 年，第 304—314 頁。馬承源：《商周青銅器銘文選三》，北京：文物出版社，1986 年，第 288 頁。彭裕商：《西周青銅器年代綜合研究》，重慶：巴蜀社，2003 年，第 434—435 頁。韋心瀅：《畿内井氏家族世系補議》，《青銅器與金文》第 3 輯，上海：上海古籍出版社，2019 年，第 280 頁。
③ 朱鳳瀚：《中國青銅器綜論》，上海：上海古籍出版社，2009 年，第 1325 頁。
④ 河南省文物考古所、三門峽市文物工作隊：《三門峽虢國墓》，北京：文物出版社，1999 年，第 242、247 頁、圖版八八。
⑤ 河南省文物考古所、三門峽市文物工作隊：《三門峽虢國墓》，北京：文物出版社，1999 年，第 327 頁、圖版一二〇。
⑥ 洛陽市第二文物工作隊：《洛陽市紗廠路東周墓（JM32）發掘簡報》，《文物》2002 年第 11 期。

表二 半球形腹鼎形制變化表

時期	立 耳			附 耳		
	A 型 深球形腹 （超過球形 1/2）	B 型 半球形腹 （球形 1/2）	C 型 淺半球形腹 （小於球形 1/2）	A 型 深球形腹 （超過球形 1/2）	B 型 半球形腹 （球形 1/2）	C 型 淺半球形腹 （小於球形 1/2）
西周晚期早段	1	3		13	15	
西周晚期晚段	2	4			16	
春秋早期		5 6	9			18

续表

时期	立耳			附耳		
	A型 深球形腹（超过球形1/2）	B型 半球形腹（球形1/2）	C型 浅半球形腹（小于球形1/2）	A型 深球形腹（超过球形1/2）	B型 半球形腹（球形1/2）	C型 浅半球形腹（小于球形1/2）
春秋中期			10	14	17	
春秋晚期		7 8	11 12			19

立耳：1. 大鼎 2. 仲义父鼎 3. 康鼎 4. 梁其鼎 5. 三门峡 M2012 出土铜鼎（M2012：33） 6. 三门峡 M2011 出土铜鼎（M2011：87） 7. 洛阳纱厂路 JM32 出土铜鼎（JM32：5） 8. 辉县琉璃阁乙墓出土铜鼎（乙-1：1） 9. 临沂中洽沟出土铜鼎 10. 洛阳中州路 M2415 出土鼎（M2415：4） 11. 沂水刘家店 M1 出土无盖鼎（M1：14） 12. 辉县琉璃阁乙墓出土铜鼎（乙-2）

附耳：13. 大鼎 14. 洛阳中州路 M4 出土铜鼎（M4：40） 15. 管侯对鼎（M92：9） 16. 曲沃北赵晋侯墓地 M8 出土晋侯稣鼎（M8：28） 17. 洛阳中州路 M6 出土铜鼎（M6：22） 18. 虢季鼎（三门峡 M2001：72） 19. 上郭村 1989 年 12 号墓出土蟠曲纹鼎（M12：1）

本四,腹部飾一道弦紋,時代約屬春秋中期偏晚至春秋晚期偏早。①

標本六　輝縣琉璃閣乙墓出土銅鼎(乙-1∶1,表二·8)。② 雙立耳外撇,折沿方唇,腹部飾二道絢紋,腹中部飾蟠螭紋、上下飾三角紋,時代約屬春秋晚期。

C 型　淺半球形腹(腹深小於球形 1/2)

標本一　臨沂中洽溝出土銅鼎(表二·9)。③ 雙立耳略外撇,折沿方唇,足跟膨大呈扇形。口沿下飾竊曲紋及一道弦紋,時代約屬春秋早期。④

標本二　洛陽中州路 M2415 出土銅鼎(M2415∶4,表二·10)。⑤ 立耳明顯外撇,腹部斜曲內收較標本一和緩。口沿下飾竊曲紋,時代約屬春秋中期早段。

標本三　沂水劉家店 M1 出土無蓋鼎(M1∶14,表二·11)。⑥ 立耳略外撇,腹部曲率同上,足根部飾獸面。口沿下飾竊曲紋,時代約屬春秋中期偏晚。⑦

標本四　輝縣琉璃閣乙墓出土銅鼎(乙-2,表二·12)。⑧ 雙立耳外撇,窄折沿,蹄足較短。腹部飾一道弦紋,時代約屬春秋晚期。

(二) 附耳

附耳半球形腹鼎亦可依腹部的深淺,分成深球形腹(腹深超過球形 1/2)、半球形腹(腹深相當球形 1/2)與淺半球形腹(腹深小於球形 1/2)三型。

A 型　深球形腹

標本一　大鼎(《銘圖》2466,表二·13)。附耳高超出器口,敞口寬沿。

---

① 朱鳳瀚:《中國青銅器綜論》,上海:上海古籍出版社,2009 年,第 1618 頁。
② 河南博物院、臺北歷史博物館:《輝縣琉璃閣甲乙二墓》,鄭州:大象出版社,2003 年,第 198 頁。
③ 臨沂市博物館:《山東臨沂中洽溝發現三座周墓》,《考古》1987 年第 8 期。
④ 朱鳳瀚:《中國青銅器綜論》,上海:上海古籍出版社,2009 年,第 1703 頁。
⑤ 中國科學院考古研究所:《洛陽中州路(西工段)》,北京:科學出版社,1959 年,圖版肆伍。
⑥ 山東省文物考古研究所、沂水縣文物管理站:《山東沂水劉家店子春秋墓發掘簡報》,《文物》1984 年第 9 期。
⑦ 朱鳳瀚:《中國青銅器綜論》,上海:上海古籍出版社,2009 年,第 1704 頁。
⑧ 河南博物院、臺北歷史博物館:《輝縣琉璃閣甲乙二墓》,鄭州:大象出版社,2003 年,第 202 頁。

口沿下飾二道弦紋,時代約屬西周晚期早段厲王時期。

標本二 洛陽中州路 M4 出土銅鼎(M4:40,表二·14)。① 有蓋,附耳略外撇,足根部飾獸面,足跟形塑出獸趾。上腹部飾蟠螭紋,時代約屬春秋中期偏晚至春秋晚期偏早。②

B 型 半球形腹

標本一 晉侯對鼎(M92:9,表二·15)。③ 附耳高超出器口,耳上有小横梁與口沿相接,折沿微斂口。口沿下飾重環紋一周與一道弦紋,時代約屬西周晚期早段。④

標本二 晉侯穌鼎(《銘圖》1991,表二·16)。形制與標本一近同,腹部以一道弦紋爲界,上部飾大小相間的重環紋,時代約屬西周晚期晚段宣王時期。⑤

標本三 洛陽中州路 M6 出土銅鼎(M6:22,表二·17)。⑥ 窄折沿,蹄跟膨大呈扇形。上腹部飾蟠螭紋,時代約屬春秋中期偏晚。⑦

C 型 淺半球形腹

標本一 虢季鼎(M2001:72,表二·18)。寬沿方唇,耳上有小横梁與口沿相連,足根與足跟極度膨大。口沿下飾竊曲紋,腹部飾垂鱗紋,時代約屬春秋早期早段。⑧

標本二 上郭村1989年 M12 出土竊曲紋鼎(M12:1,表二·19)。⑨ 形制同上,口沿下飾雲雷紋一周,其下飾一道弦紋,時代約屬春秋中期。⑩

---

① 中國科學院考古研究所:《洛陽中州路(西工段)》,北京:科學出版社,1959年,圖版伍貳。
② 朱鳳瀚:《中國青銅器綜論》,上海:上海古籍出版社,2009年,第94頁。
③ 北京大學考古學系、山西省考古研究所:《天馬—曲村遺址北趙晉侯墓地第五次發掘》,《文物》1995年第7期,第16頁。
④ 朱鳳瀚:《中國青銅器綜論》,上海:上海古籍出版社,2009年,第1447—1448頁。
⑤ 周亞:《館藏晉侯青銅器概論》,《上海博物館集刊》第7輯,上海:上海書畫出版社,1996年,第39—41頁。朱鳳瀚:《中國青銅器綜論》,上海:上海古籍出版社,2009年,第1448頁。北京大學考古學系、山西省考古研究所:《天馬—曲村遺址北趙晉侯墓地第二次發掘》,《文物》1994年第1期,第14頁。
⑥ 中國科學院考古研究所:《洛陽中州路(西工段)》,北京:科學出版社,1959年,圖版伍拾。
⑦ 朱鳳瀚:《中國青銅器綜論》,上海:上海古籍出版社,2009年,第94頁。
⑧ 朱鳳瀚:《中國青銅器綜論》,上海:上海古籍出版社,2009年,第1546頁。
⑨ 山西省考古研究所:《聞喜縣上郭村1989年發掘簡報》,《三晉考古》第1輯,太原:山西人民出版社,1994年。
⑩ 朱鳳瀚:《中國青銅器綜論》,上海:上海古籍出版社,2009年,第1578頁。

半球形腹鼎是西周晚期才出现的一种新形態鼎，出現伊始便同時存在立耳與附耳兩類，西周中期基本上未見類似的形式。

立耳半球形腹鼎自西周晚期延續至春秋晚期，其發展趨勢爲由深腹逐漸變成淺腹。春秋早期半球形腹、淺半球形腹兩型共存，同時發展。春秋中期後淺半球形腹因腹部斜曲內收曲率愈變愈和緩，形制逐漸接近半扁圓的盆鼎，而慢慢失去半球形腹鼎的特徵。

附耳半球形腹鼎發展趨勢與立耳半球形腹鼎相同，即由深腹逐漸變成淺腹。但春秋中期深球形腹鼎發展成上加蓋的新形制，而成爲春秋中晚期常見的鼎型之一。半球形腹鼎與淺半球形腹鼎至春秋中期後便漸漸退出流行的舞臺。

總體而言，無論是立耳還是附耳半球形腹鼎，其紋飾的布局有二種，一是質樸的二道弦紋；二是口沿下飾竊曲紋或重環紋，其下飾一道弦紋，進入春秋時期以後，則形成腹部上、下二層紋飾的趨勢，如腹部上半飾竊曲紋，下半部飾垂鱗紋、卷龍紋、波帶紋等。

半球形腹鼎在西周中期、早期皆未見類似的形制。而商晚期的圓曲內收腹鼎，如安陽小屯 M5 出土的銅鼎（M5：1173，圖一），①若將片狀足換成蹄足、不計紋飾之時代特徵的話，其實與半球形腹鼎形制十分近似。西周晚期銅器製作中出現一股復古風潮，半球形腹鼎的出現或因此風尚而誕生。

西周晚期鼎的兩種主要流行樣式爲"克鼎形垂腹鼎"與"半球形腹鼎"。兩者雖同時在西周晚期達到發展鼎盛階段，然"克鼎形垂腹鼎"卻在進入春秋早期後衰頹，而"半球形腹鼎"則在進入春秋時期後持續發展。爲何同爲西周晚期鼎的兩種主要代表形式，結

圖一　安陽小屯 M5 出土的銅鼎（M5：1173）

---

① 中國社會科學院考古研究所：《殷墟青銅器》，北京：文物出版社，1985年，圖版134。

局卻大不相同。此或許應溯其源頭來思考,"克鼎形垂腹鼎"是從西周早期晚段萌生的垂腹鼎發展變化而來,就形式生命週期理論推知,[①]其已屬發展成熟末期,故在西周晚期晚段達到巔峰延續至春秋早期後隨即便步入衰亡。而"半球形腹鼎"是西周晚期溯源復古才興起的形式,在西周晚期晚段達到發展高峰,進入春秋早期進一步產生變化,至春秋晚期後衰頹。

第三節　克器群銅器紋飾研究

西周早期青銅器紋飾承繼殷商幻想仿生的華麗繁縟風格;西周中期開始逐漸擺脫殷商傳統,朝向抽象幾何紋發展,企圖形塑周人自我風格;西周晚期新紋樣的普及與流行,證明周文化此時已對全新的質樸青銅文化模式充滿自信。

"克器群"銅器的時間跨度經厲、宣、幽三王世,即跨西周晚期大部分時段,大致可以代表西周晚期青銅器紋飾之特徵。

"克器群"爲西周晚期王畿地區擔任王官的貴族家族所製造,其所選擇鑄造的青銅器樣式與紋飾,在一定程度上反映了當時貴族階層審美流行之趨勢。本節分析"克器群"銅器主要採用的紋飾及其佈局,旨在歸納其所象徵代表的時代風格。

一、主要流行紋飾種類與佈局方式

以下歸納"克器群"銅器所使用的各類紋飾,以進行型式分類的探討。

(一) 竊曲紋

《呂氏春秋·適威》"周鼎有竊曲,狀甚長,上下皆曲",與現名"竊曲紋"展現細長而卷曲的綫條特徵相似,故命之。

---

① 瓦薩里(Giorgio Vasari)在《藝苑名人傳》中以人的生命過程來理解藝術風格的發展。此處借用此種藝術理論觀點,藉以詮釋西周晚期兩種主要鼎型的發展。

容庚先生將竊曲紋分成 15 種類型：（1）拳曲若兩環，其一中有目形；（2）兩曲綫相鉤而成一環；（3）兩端向內彎；（4）如前紋，復有一端向內彎，一端作獸首者；（5）狀長，兩端皆曲，中復填以曲綫；（6）兩端一上一下如 S 狀，中有目形，乃象形之蛻變者；（7）如前狀兩端相接如環；（8）如（6）狀，填以竊曲紋及雷紋；（9）如（6）狀而中無目形；（10）如（6）狀，兩端牽引甚長，中有三目形；（11）鉤連甚長，填以雷紋；（12）曲綫相鉤連，下作葉形竊曲紋；（13）如（6）狀，兩端作獸首；（14）如（6）狀，上下夾以獸紋，上作蕉葉形獸紋；（15）如（6）狀，四竊曲紋相重。通行於西周，春秋戰國仍沿用。[1] 後容庚與張維持兩先生將之縮減成 3 類，即（1）兩端一上一下如 S 狀，中有目形，地文填以雷紋；（2）狀長，兩端皆曲，中有三目形；（3）如（1）狀，兩端上下鉤曲，中有目形。並稱其從動物紋形象變化而來，爲西周後期的主要紋樣，春秋戰國時期仍沿用。[2]

馬承源先生將竊曲紋分成獸目交連紋、獸體卷曲紋（卷體式、分體變形式、攀連式、交疊式）、變形獸面紋（解體式）三大類，其中獸目交連紋盛行於西周中晚期到春秋早期，獸體卷曲紋中的卷體式盛行於西周中晚期至春秋早期，分體變形式流行於西周中晚期，攀連式流行於西周晚期至春秋早期，交疊式盛行於西周晚期，並認爲竊曲紋母題屬於動物紋。[3]

陳芳妹先生認爲竊曲紋是裝飾化的鳥紋及回首夔紋幾何化，減輕其動物性，強化綫條趣味，可以説是幾何化的動物花紋。分成常見的五類型，流行時間爲西周中、晚期至春秋早期，春秋早期之後便少見了。[4]

王世民、陳公柔、張長壽先生認爲竊曲紋爲動物紋的省變，將之分成有、無獸目兩型，其下又各分成 5 式。[5]

朱鳳瀚先生將竊曲紋分成 S 形、⊂⊃形、S⊂⊃結合形、L 形、分解形五大類，始見於西周中期之初，自此一直盛行至春秋早期，春秋中期仍有所見。[6]

---

[1] 容希白：《商周彝器通考》，臺北：大通書局，1941 年，第 132—135 頁。
[2] 容庚、張維持：《殷周青銅器通論》，北京：文物出版社，1984 年，第 115 頁。
[3] 馬承源：《商周青銅器紋飾》，北京：文物出版社，1984 年，第 92—94、261—268、271—278、280—283 頁。
[4] 陳芳妹：《商周青銅粢盛器特展圖錄》，臺北：故宫博物院，1985 年，第 52 頁。
[5] 王世民、陳公柔、張長壽：《西周青銅器分期斷代研究》，北京：文物出版社，1999 年，第 185—190 頁。
[6] 朱鳳瀚：《中國青銅器綜論》，上海：上海古籍出版社，2009 年，第 579—580 頁。

彭裕商先生將竊曲紋分爲有目、無目兩種,有目下分甲類——獸目與其他綫條分離;乙類——獸目在綫條之中或與綫條相連,甲類是由饕餮紋變化而來,乙類是由象鼻龍紋變化而來,使用年代在西周中期至春秋時期。①

張德良先生認爲竊曲紋的構成要素是羽紋和目紋。②

筆者根據前輩諸家的研究基礎,將竊曲紋分成獸面竊曲紋、有目竊曲紋、無目竊曲紋三類,各類下再分型式敘述之。

(一)獸面竊曲紋

獸面由"冂"+"獸目"+"凵"組成"⊡"形,即角、眉、目的簡化與變形。其下又可分成二型:

A 型　獸面

標本一　眉縣李村窖藏出土盠方彝(《銘圖》11814,表一·1)。紋飾在蓋頂、頸部和圈足上,時代約屬西周中期早段。

標本二　河南洛陽老城北窯墓地出土季姬方尊(《銘圖》11811,表一·2)。③紋飾在圈足上,時代約屬穆王時期。④

B 型　獸面與軀幹分離

有明顯的獸目與角、眉所構成的獸面與身軀,左右對稱。依軀幹的形式,分成二式:

I 式　獸面+減省化軀幹

標本一　現藏法國賽爾努奇博物館的戈鼎(《銘圖》1290,表一·3)。紋飾在口沿下,時代約屬西周中期。

標本二　陝西岐山董家村窖藏出土亞鼎(《銘圖》83,表一·4)。紋飾在口沿下,⑤屬西周中期晚段。

標本三　陝西扶風任家村窖藏出土小克鼎(《銘圖》2454,表一·5)。紋

---

① 彭裕商:《西周青銅器竊曲紋研究》,《考古學報》2002 年第 4 期。
② 張德良:《青銅器竊曲紋的來源及分型》,《文物》2009 年第 4 期。
③ 蔡運章、張應橋:《季姬方尊銘文及其重要價值》,《文物》2003 年第 9 期。
④ 韋心瀅:《季姬方尊再探》,《中原文物》2010 年第 3 期。
⑤ 岐山縣文化館龐懷清,陝西省文管會鎮烽、忠如、志儒:《陝西省岐山縣董家村西周銅器窖穴發掘簡報》,《文物》1976 年第 5 期。

飾在口沿下,屬西周晚期晚段宣王時期。

Ⅱ式　獸面+抽象化軀幹

標本一　上海博物館藏八八六八鼎(《銘圖》1300,表一·6)。口沿下紋飾軀幹更加簡化,成爲如雲紋般地卷曲,並有歧出的小爪,屬西周中期晚段。

標本二　陝西岐山董家村窖藏出土公臣簋(《銘圖》5183,表一·7)。紋飾在口沿下,獸面稍作變形,身軀變得更爲抽象。屬西周晚期早段。

C型　獸面與軀幹結合

獸面與軀幹組合,並進一步簡化軀幹的元素,紋樣或作左右對稱,或僅呈現單邊。依獸面的變化分成二式:

Ⅰ式　獸面拉長或圖案化,突出獸目

標本一　㝬鼎(《銘圖》1738,表一·8)。紋飾在口沿下,屬西周中期晚段。

標本二　張家坡窖藏出土筍侯盤(《銘圖》14419,表一·9)。紋飾在腹壁、圈足上,屬西周晚期早段。

Ⅱ式　二對稱獸面共用一目

標本一　陝西扶風任家村窖藏出土梁其壺(《銘圖》12420,表一·10)。紋飾在腹部,屬西周晚期晚段即幽王世。

標本二　杞伯每亡壺(《銘圖》12379,表一·11)。紋飾在腹部絡帶紋內,屬春秋早期。

(二) 有目竊曲紋

獸面消失,獸目簡化成橢方形凸點,軀幹簡化成"∽"形或"⊂⊃"形。依獸目的位置可分成二型:

A型　中目竊曲紋

獸目置於紋飾中央部位,依軀幹宛曲樣式分成三亞型:

Aa型　軀幹向兩側伸展宛曲呈"∽"形

標本一　長安斗門鎮普渡村西周墓出土長由盉(004,表一·12)。紋飾在蓋沿與頸部,中目兩側連接Ac型紋飾,時代約屬西周中期早段。

標本二　董家村窖藏出土九年衛鼎(《銘圖》2496,表一·13)。紋飾在口沿下,時代約屬西周中期偏晚,即懿王時期。

Ab 型　軀幹向兩側伸展宛曲呈"⊂⊃"形,尾端通常内卷

標本一　董家村窖藏出土廿七年衛簠(《銘圖》5293,表一·14)。紋飾在口沿下,時代約屬西周中期偏晚,即共王時期。

標本二　莊白一號窖藏出土竊曲紋鼎(76FZH1：34,表一·15)。紋飾在口沿下,屬西周中期晚段。

標本三　陝西永壽縣好畤河村出土琱生鬲(《銘圖》3013,表一·16)。紋飾在頸部,①屬西周晚期早段,即厲王時期。

Ac 型　從中目歧出兩條對稱小爪,軀幹左右伸展,尾部通常卷曲分叉如魚尾

標本一　筆簠(《銘圖》4734,表一·17)。紋飾在口沿下,屬西周中期晚段。

標本二　陝西扶風任家村窖藏出土善夫梁其簠(《銘圖》5161,表一·18)。紋飾在蓋沿與口沿下,屬西周晚期晚段,即幽王時期。

標本三　陝西韓城梁帶村 26 號墓出土圈足匜(M26：138,表一·19)。紋飾在腹部,②屬春秋早期。

B 型　側目竊曲紋

獸目置於紋飾一邊,軀幹蜿曲呈"⊂⊃"形,並有歧出的小爪。

標本一　1960 年召陳村窖藏出土散車父簠蓋(《銘圖》4842,表一·20)紋飾在蓋沿,屬西周晚期早段。

標本二　陝西任家村窖藏出土伯梁其盨(《銘圖》5651,表一·21)。紋飾在蓋沿,屬西周晚期晚段,即幽王時期。

標本三　臺北故宮博物院藏芮公鼎(《銘圖》1880,表一·22)。紋飾在腹部上端,屬春秋早期。

(三) 無目竊曲紋

僅餘軀幹,依蜿曲形式可分成二型：

---

① 陝西省博物館：《陝西省博物館新近徵集的幾件西周銅器》,《文物》1965 年第 7 期。
② 孫秉君、蔡慶良：《芮國金玉選粹——陝西韓城春秋寶藏》,西安：三秦出版社,2007 年,第 244—245 頁。

A 型　身軀蜿曲成"⌒"形,或有歧出的肢體

標本一　陝西扶風齊鎮 3 號墓出土的不栺鼎(《銘圖》2361,表一·23)。紋飾在腹部上端,①其與獸面竊曲紋的身軀形式相同,屬西周中期早段。

標本二　莊白一號窖藏出土竊曲紋鼎(76FZH1∶34,表一·24)。紋飾在腹部下部,屬西周中期晚段。

標本三　北京故宮博物院藏遣叔鼎(《銘圖》1598,表一·25)。紋飾在腹部上端,由上、下"⌒"形構成,屬西周晚期。

標本四　上海博物館藏仲義父罍(《銘圖》14000,表一·26)。紋飾在頸肩之際。

標本五　師克盨(《銘圖》5680,表一·27)。紋飾在蓋沿與口沿下。標本四與標本五皆屬西周晚期晚段,即宣王世。

標本六　隨縣熊家老灣出土的黃季鼎(《銘圖》2088,表一·28)。紋飾在腹部上端,②屬春秋早期。

B 型　軀幹蜿曲呈"∽"形,並有歧出的小爪

標本一　莊白一號窖藏出土牆盤(《銘圖》14541,表一·29)。紋飾在圈足上,屬共、懿王世。③

標本二　宰獸簋(《銘圖》5376,表一·30)。紋飾在蓋沿,屬西周中期晚段。④

標本三　師望鼎(《銘圖》2477,表一·31)。紋飾在腹部,時代約屬西周晚期早段。⑤

―――――――――

① 周文:《新出土的幾件銅器》,《文物》1972 年第 7 期。
② 鄂兵:《湖北隨縣發現曾國銅器》,《文物》1973 年第 5 期。
③ 朱鳳瀚:《中國青銅器綜論》,上海:上海古籍出版社,2009 年,第 1301 頁。
④ 羅西章先生認爲宰獸簋屬夷王時期,見羅西章:《宰獸簋銘略考》,《文物》1998 年第 8 期。吳鎮烽先生認爲宰獸簋當屬懿王,最遲不晚於孝王。見吳鎮烽:《宰獸簋小議》,《陝西歷史博物館館刊》第 7 輯,西安:三秦出版社,2000 年。劉啟益先生認爲應在共王,參見劉啟益:《六年宰獸簋的時代與西周紀年》,《古文字研究》第 22 輯,北京:中華書局,2000 年。
⑤ 李學勤先生認爲師望爲懿孝時人,見李學勤:《西周中期青銅器的重要標尺》,《新出青銅器研究》,北京:人民美術出版社,2016 年,第 74 頁。朱鳳瀚師認爲師望鼎時代在孝夷屬,參閱朱鳳瀚:《中國青銅器綜論》,上海:上海古籍出版社,2009 年,第 1309 頁。彭裕商先生認爲師望所作器的年代不早於厲王時期,見彭裕商:《西周青銅器年代綜合研究》,成都:巴蜀書社,2003 年,第 425 頁。

表一 窃曲纹型式表

类	型	亚型/式	西周中期早段	西周中期晚段	西周晚期早段	西周晚期晚段	春秋早期
兽面窃曲纹	A	I	1, 2				
		II	3	4		5	
	B	I		6	7		
		II		8	9		
	C					10	11
有目窃曲纹	A	Aa	12	13			
		Ab		14, 15	16		

續　表

類	型	亞型/式	西周中期早段	西周中期晚段	西周晚期早段	西周晚期晚段	春秋早期
有目竊曲紋	A	Ac		17			19
	B				20	18　21	22
無目竊曲紋	A		23	24	25	26　27	28
	B			29　30	31　32	33	34

1. 盠方彝　2. 季姬方尊　3. 戈鼎　4. 亞鼎　5. 小克鼎　6. 八八六八鼎　7. 公臣簋　8. 斁鼎　9. 曾侯盤　10. 梁其壺　11. 杞伯每亡壺　12. 長由盉　13. 九年衛鼎　(76FZH1：34)　14. 廿七年衛簋　15. 莊白一號窖藏出土竊曲紋鼎　16. 蚠生甫　17. 童簋　18. 善夫梁其簋　19. 韓城梁帶村 26 號墓出土圈足匜 (M26：138)　20. 伯梁其簋　21. 伯望鼎　22. 旂公鼎　23. 禾指鼎　24. 莊白一號窖藏出土竊曲紋簋　25. 遣叔鼎　26. 仲義父壘　27. 師克盨　28. 黄季鼎　29. 牆盤　30. 辛獸簋　31. 師望鼎　32. 王盉蓋　33. 仲義父盨　34. 陝西韓城梁帶村 26 號墓出土芮太子兩 (M26：147)

標本四　陝西扶風溝原村出土的王簠蓋（《銘圖》4121，表一·32）。紋飾在蓋沿，①屬西周晚期早段。

標本五　上海博物館藏仲義父盨（《銘圖》5552，表一·33）。紋飾在蓋沿與口沿，已簡化成如雲紋般的∽形，屬西周晚期晚段，即宣王世。

標本六　陝西韓城梁帶村 26 號墓出土芮太子鬲（M26：147，表一·34）。紋飾在頸部，②屬春秋早期。

竊曲紋在西周中期早段出現，獸面竊曲紋類因有獨立的簡化獸面，故應從獸面紋發展而來；有目與無目竊曲紋，兩者獸面消失，並強調身軀的蜿曲，且有歧出的肢體或小爪，顯示其應由龍紋變化而來。

竊曲紋作爲青銅器的紋飾，通常作爲主紋飾施於食器如鼎的口沿下、鬲的腹部或頸部；水器如盤的腹壁，盉的頸部與腹部，匜的口沿下。除此之外，亦常與波帶紋、重環紋、垂鱗紋、瓦紋等組合，作爲輔助紋飾施於食器如鼎、簠器與蓋、甗、盂的口沿下，鬲的頸部，盨器與蓋的口沿或蓋頂捉手合圍處，簋蓋頂、口沿、圈足，豆的口沿等；酒器如尊的圈足，方彝的圈足或口沿，壺的蓋沿與圈足或頸部、腹部，罍的頸部；水器如盤的圈足；樂器如鐘的篆間。

表二　竊曲紋在青銅器中作爲主、輔紋飾的位置

器　類	器　物	位　　置	主紋飾	輔助紋飾
食器	鼎	口沿下	√	√
	鬲	腹部	√	
		頸部	√	√
	甗	甑部口沿		√
	簠	蓋沿		√
		口沿下		√

---

① 羅西章：《扶風溝原發現叔趙父禹》，《考古與文物》1982 年第 4 期。
② 孫秉君、蔡慶良：《芮國金玉選粹——陝西韓城春秋寶藏》，西安：三秦出版社，2007 年，第 224—225 頁。

續 表

器　類	器　物	位　　置	主紋飾	輔助紋飾
食器	盨	蓋沿、口沿		√
		蓋頂捉手合圍處		√
	簠	蓋沿、口沿		√
		圈足		√
	豆	口沿		√
	盂	口沿		√
酒器	尊	圈足		√
	方彝	口沿		√
		圈足		√
	壺	蓋沿		√
		圈足		√
		頸部		√
		腹部		√
	罍	頸部		√
水器	盤	腹壁	√	
		圈足		√
	盉	頸部	√	
		腹部	√	
	匜	口沿	√	
樂器	鐘	篆間		√

（二）波帶紋

其狀如起伏的波浪，多裝飾於器物的腹部，周匝圍繞，故名之，又或稱"波曲紋""環帶紋""山紋""嶂紋"等。

容庚先生將波帶紋稱作"環帶紋"，分成七類：（1）波紋之帶上下填以竊曲紋；（2）上下填以竊曲紋及環紋若合字；（3）前紋中填以雷紋；（4）波紋之帶上下填以兩環；（5）上下環略異，復填以雷紋；（6）環形上爲竊曲，下爲獸首；（7）上下環帶兩重。通行於西周後期。① 後容庚與張維持先生又將"環帶紋"改稱"波紋"，認爲是把三角紋拉長後，使交互角改爲弧形，依照一定的距離連續組成，並重新分成二類：（1）兩條並行的波綫紋，上下填以眉形與口形紋樣；（2）上下波紋兩重，每重波紋由幾條波綫組成，其中綴以其他模樣，通行於西周晚期。②

馬承源先生認爲"波曲紋"源自獸體變形紋類，波曲的中腰常有一獸目或近似獸頭形的突出物，波峰中間填以兩頭龍紋、鳥紋、鱗片紋或其他簡單綫條，盛行於西周至春秋早期。③

王世民、陳公柔、張長壽先生則稱作"波浪紋"，未作專門敘述。④

朱鳳瀚先生認爲波帶紋屬於減省或變形動物紋，可分成五式：（1）單首雙身龍紋去其首後的圖像，波狀紋如龍之軀幹，中間不起折，波峰空隙夾以心狀或口狀紋，或以雲雷紋鋪地，或無地紋，見於西周中期；（2）波帶紋不起折，中間或夾以數條平行的條紋，波峰較高，空隙間夾有眉、口狀紋，始見於西周中期偏晚，至西周晚期仍可見；（3）每一峰間左右對稱起兩折，中間或夾以並列的條紋，眉、口狀紋或在每一空隙皆有，或僅上（下）部一半空隙有，盛行於西周晚期至春秋早期；（4）峰頂與峰底平齊，有的峰頂較峰底爲長，始見於春秋早期，延續至春秋晚期；（5）波峰豎直聳起，頂部平齊，波峰間紋飾以雷紋襯底，流行於春秋中、晚期至戰國早期。⑤

李零先生認爲波曲紋、波帶紋等應正名爲"山紋"，應歸入幾何紋大類

---

① 容希白：《商周彝器通考》，臺北：大通書局，1941年，第131—132頁。
② 容庚、張維持：《殷周青銅器通論》，北京：文物出版社，1984年，第108頁。
③ 馬承源：《商周青銅器紋飾》，北京：文物出版社，1984年，第257、286—293頁。
④ 王世民、陳公柔、張長壽：《西周青銅器分期斷代研究》，北京：文物出版社，1999年，第191頁。
⑤ 朱鳳瀚：《中國青銅器綜論》，上海：上海古籍出版社，2009年，第581頁。

中,山紋包含三大要素:一是波形帶,二是鱗紋,三是竊曲紋。①

　　筆者根據前輩諸家的研究基礎,仍稱此種紋飾爲"波帶紋",波帶紋變化發展主要體現在波帶曲折的樣態。分成 A、B 二型,以下分別敘述之。

　　A 型　　波帶光滑不起折,峰、谷中間飾心紋、口紋、眉紋、火紋等

　　標本一　　啟卣(《銘圖》13321,表三·1)。紋飾在蓋沿與頸部,②波谷中飾心紋,時代屬西周早期晚段。

　　標本二　　上海博物館藏伯康簋(《銘圖》5168,表三·2)。頸部紋飾,波谷中飾口紋,時代屬西周中期。

　　標本三　　上海博物館藏陳侯簋(《銘圖》4827,表三·3)。紋飾在腹部,波谷中飾心紋與眉紋,屬西周中期晚段。

　　標本四　　陝西岐山京當鄉喬家村出土的環帶紋鬲(總 12,表三·4)。紋飾在腹部,③波谷中飾心紋與火紋,時代屬西周晚期。

　　B 型　　波帶起折

　　依波峰、波谷内所飾紋樣分成二亞型:

　　Ba 型　　峰、谷内飾心紋、口紋、眉紋、火紋等

　　依據峰、谷的形狀可分成峰、谷呈弧狀與平齊狀二式。

　　I 式　　波峰、波谷呈弧狀、綫條圓滑

　　標本一　　莊白一號窖藏出土的三年𤼈壺(《銘圖》12441,表三·5—6)。紋飾在頸部與腹部,波谷内填以眉紋、皇紋,波帶内有小爪歧出,屬西周晚期早段,即屬王世。

　　標本二　　上海博物館藏虎簋(《銘圖》3556,表三·7)。紋飾在腹部,波谷内填以眉紋、心紋與火紋。

　　標本三　　上海博物館藏叔碩父甗(《銘圖》3327,表三·8)。紋飾在甑腹,波谷内所飾紋樣與標本二同,皆屬西周晚期。

　　標本四　　陝西扶風任家村窖藏小克鼎(《銘圖》2454,表三·9)。紋飾在

---

① 李零:《山紋考——説環帶紋、波紋、波曲紋、波浪紋應正名爲山紋》,《中國國家博物館館刊》2019 年第 1 期。
② 齊文濤:《概述近年來山東出土的商周青銅器》,《文物》1972 年第 5 期。
③ 曹瑋:《周原出土青銅器》,成都:巴蜀書社,2005 年,第 2109 頁。

表三 波带纹型式表

型	亚型	式	西周早期晚段	西周中期	西周中期晚段	西周晚期	春秋早期	春秋中期	春秋晚期
A			1						
B	Ba	I		2	3	4, 5, 6, 7			
		II				8, 9			
	Bb	I				13, 14	10		11, 12
		II						15	

1. 敔卣盖沿、颈部纹饰 2. 伯康簠颈部纹饰 3. 陈侯簠腹部纹饰 4. 岐山京当乡乔家村出土环带纹鬲腹部纹饰 5. 三年瘭壶颈部纹饰 6. 三年瘭壶腹部纹饰 7. 虎簋腹部纹饰 8. 叔硕父甗腹部纹饰 9. 小克鼎腹部纹饰 10. 郜嬰鼎腹下部纹饰 11. 齐侯壶器身纹饰 12. 上海博物馆藏簠盖首纹饰 13. 扶风法门镇齐家村窖藏出土几父壶器身纹饰 14. 上海博物馆藏波曲鸟纹鼎腹部纹饰 15. 洛阳体育场 M8830 出土方壶（M8830:11）颈部纹饰

腹部,波谷内填以眉紋、心紋與口紋,波帶中有小爪歧出,屬西周晚期晚段宣王時期。

Ⅱ式　波峰、波谷呈平齊狀

標本一　上海博物館藏䣄嬰鼎(《銘圖》2283,表三·10)。紋飾在腹部下端,波谷内填以眉紋與心紋,屬春秋早期。

標本二　上海博物館藏齊侯壺(《銘圖》12449,表三·11)。紋飾在器身,波谷内填以眉紋與火紋,屬春秋晚期。

標本三　上海博物館藏簠蓋(表三·12)。波帶變得細密,不止一條的波帶相互絞結,約屬春秋晚期。

Bb型　峰、谷中間飾具象的動物紋,如鳥紋、龍紋等

依據峰、谷的形狀可分成弧狀與平齊狀二式。

Ⅰ式　波峰、波谷呈弧狀、綫條圓滑

標本一　陝西扶風法門鎮1960年齊家村窖藏出土的幾父壺(《銘圖》12438,表三·13)。紋飾在壺身,①谷内飾龍紋,屬西周晚期早段,約夷厲王世。

標本二　上海博物館藏波曲鳥紋鼎(表三·14)。紋飾在腹部,谷内飾鳥紋、心紋與口紋,屬西周晚期。

Ⅱ式　波峰、波谷呈平齊狀

標本一　洛陽體育場M8830出土的方壺(M8830︰11,表三·15)。紋飾在頸部,②波谷間飾對龍紋,屬春秋中期。

綜合表三得知,A型始見於西周早期晚段,流行於西周中期至晚期。B型盛行於西周晚期,延續至春秋晚期。

波帶紋作爲青銅器的紋飾,通常作爲主紋飾施於食器如鼎、鬲、簋、盂的腹部,甗的甑腹,簠的蓋面與腹部或方座;酒器如罍的腹部;水器如鑒、盤的腹壁,盉的肩部。除此之外,亦常與竊曲紋、重環紋、垂鱗紋、瓦紋等組合,作爲輔助紋飾施於食器如鼎、簋、甗的口沿下,盨、豆的圈足

---

① 陝西省博物館、陝西省文物管理委員會:《扶風齊家村青銅器群》,北京:文物出版社,1963年,圖三。
② 洛陽市文物工作隊:《洛陽體育場路東周墓(M8830)發掘簡報》,《文物》2011年第8期,第8頁。

等；酒器如尊、壺、卣、罍的頸部；水器如盉的肩部，盤的圈足；樂器如鐘的篆間或甬部。

表四　波帶紋在青銅器中作爲主、輔紋飾的位置

器　類	器　物	位　　置	主紋飾	輔助紋飾
食器	鼎	口沿下	√	√
		腹部	√	
	鬲	口沿下		√
		腹部	√	
	甗	甑腹	√	
		甑部口沿		√
	簋	蓋面	√	
		腹部	√	
	方座		√	
	盨	圈足		√
	簠	腹壁	√	
	豆	圈足		√
	盂	腹部	√	
酒器	尊	頸部		√
	壺	頸部		√
		腹部		√
	卣	頸部		√
	罍	腹部	√	
		頸部		√

续表

器　類	器　物	位　　置	主　紋　飾	輔助紋飾
水器	鋻	腹壁	√	
	盉	肩部	√	√
	盤	腹壁	√	
		圈足		√
	匜	口沿	√	
樂器	鐘	篆間		√
		甬部		√

（三）重環紋

"重環紋"一詞出自容庚《商周彝器通考》一書。其基本特徵是長環和圓環間隔排列，組成帶狀圖案。此種紋飾應是從龍蛇軀幹的鱗片演化而來，但與青銅器紋飾中的"鱗紋"有別。

容庚先生將重環紋分成四類：（1）長方形之環，一端圓、一端有角；（2）如前紋而兩列相重；（3）環形作三層；（4）一大環一小環相銜接，通行於西周時期。① 後容庚與張維持先生又將重環紋視爲幾何紋中長方形的變化如環狀，保留了原分類的前三類，删去了第四類，認爲通行於西周後期。②

馬承源先生將重環紋視爲鱗帶紋的變形，即圓的和長的環形條紋相間隔排列的帶狀圖案。分成三類：（1）單行；（2）雙行；（3）大小相間。③

陳芳妹先生依其排列方式分爲（1）單列；（2）雙列；（3）大環、小環分別相間排列，爲西周中、晚期到春秋時期作爲簋常見的副體花紋。④

彭裕商先生認爲鱗紋是龍蛇一類動物軀幹鱗片的象形，傳統稱爲重環

---

① 容希白：《商周彝器通考》，臺北：大通書局，1941年，第130—131頁。
② 容庚、張維持：《殷周青銅器通論》，北京：文物出版社，1984年，第108頁。
③ 馬承源：《商周青銅器紋飾》，北京：文物出版社，1984年，第26、294—297頁。
④ 陳芳妹：《商周青銅粢盛器特展圖錄》，臺北：故宫博物院，1985年，第52頁。

紋,分成橫鱗紋與垂鱗紋兩大類,其中橫鱗紋代表的紋飾即重環紋,垂鱗紋非此處討論的紋飾,略而不述。橫鱗紋中分成二式:(1)單一的長鱗片;(2)長鱗片與圓形鱗片相間,皆流行於西周晚期,但後者未見早到厲王時之例。①

朱鳳瀚先生亦認爲重環紋是從青銅器紋飾中龍蛇之類鱗的圖像演化而來,故可將之歸屬爲減省動物紋,惟其形狀與"鱗紋"略有差别,仍可沿用"重環紋"以區别"鱗紋"。按圍成環形的綫條層數可分成兩重、三重、四重,排列形式亦分單列與雙列與兩環形間夾以一近於耳形的短環形式,盛行於西周晚期至春秋早期。②

筆者根據諸家前輩的研究基礎,依據環的形狀與排列方式分成:重環單列、重環雙列、三環單列與異環單列四類,以下分述之。

A 型　重環單列

可依據環的形狀再分成三亞型。

Aa 型　一邊爲内凹弧綫,另端爲圓,呈現"⟅"形,以"⟅"作爲主紋飾連續排列

標本一　莊白一號窖藏出土瘋簋(《銘圖》5189,表五·1)。紋飾在蓋沿與口沿上,屬西周中期晚段至西周晚期早段,即夷、厲王世。

標本二　上海博物館藏叔向父簋(《銘圖》4792,表五·2)。紋飾在蓋沿與口沿上,屬西周晚期晚段。

Ab 型　一邊爲平,另端爲圓,呈現"⊐"形,以"⊐"作爲主紋飾連續排列

標本一　宁戈鼎(《銘圖》625,表五·3)。紋飾在口沿上,屬西周晚期。

標本二　山西天馬—曲村 M1 出土銅鑣(M1:9,表五·4)。紋飾因雙排紋飾中間有一綫區隔,故視作單列,③屬西周晚期中葉。

Ac 型　一邊不合口,另端爲圓,呈現"⟅"形,以"⟅"作爲主紋飾

---

① 彭裕商:《西周青銅器年代綜合研究》,成都:巴蜀書社,2003年,第544—545頁。
② 朱鳳瀚:《中國青銅器綜論》,上海:上海古籍出版社,2009年,第577頁。
③ 北京大學考古系、山西省考古研究所:《1992年春天天馬—曲村遺址墓葬發掘報告》,《文物》1993年第3期,第17頁。

連續排列

標本一　上海博物館藏鱗紋鼎（表五・5）。紋飾在口沿上，屬西周晚期。

標本二　陝西扶風任家村窖藏出土仲義父鑵（《銘圖》13999，表五・6—8）。紋飾在腹部上端、圈足與蓋沿，屬西周晚期晚段宣王世。

表五　重環紋型式表

型	亞型	西周中期晚段	西周晚期	春秋早期
A	Aa	1	2	
	Ab		3 4	
	Ac		5 6 7 8	
B			9	
C				10
D		11	12	13

1. 瘐簋蓋沿紋飾　2. 叔向父簋蓋沿與口沿紋飾　3. 宁戈鼎口沿紋飾　4. 天馬—曲村M1出土銅鑵（M1：9）　5. 上博藏鱗紋鼎口沿紋飾　6. 仲義父鑵腹部上端紋飾　7. 仲義父鑵圈足紋飾　8. 仲義父鑵蓋沿紋飾　9. 叔向父禹簋口沿紋飾　10. 上博藏鱗紋鼎紋飾　11. 師西簋口沿下紋飾　12. 吉父鼎口沿下紋飾　13. 曾伯從寵鼎腹口沿下紋飾

B 型　重環雙列，以"⊃"雙排並列構成主紋飾

標本一　上海博物館藏叔向父禹簋(《銘圖》5273，表五・9)。紋飾在口沿上，屬西周晚期晚段。

C 型　三環單列，以三重"⊃"排列組成主紋飾

標本一　上海博物館藏鱗紋鼎(表五・10)。紋飾在口沿上，屬春秋早期。

D 型　異環單列，以"⊃"和心紋相間排列構成主紋飾

標本一　師酉簋(《銘圖》5346，表五・11)紋飾在口沿下，屬西周中期晚段。

標本二　陝西扶風任家村窖藏出土吉父鼎(《銘圖》2054，表五・12)。紋飾在口沿下，屬西周晚期晚段。

標本三　武漢市博物館藏曾伯從寵鼎(《銘圖》2060，表五・13)。紋飾在口沿下，屬春秋早期。

重環紋作爲器物的主紋飾從西周中期晚段出現，流行於西周晚期，並延續至春秋早期，之後雖仍可見，卻不再作爲器物的主紋飾出現。

重環紋作爲青銅器的紋飾，通常作爲主紋飾施於食器如鼎的口沿下，鬲的肩部或頸部，豆的腹壁；酒器如爵的腹部；水器如盤的腹壁。除此之外，亦常與竊曲紋、波帶紋、垂鱗紋、瓦紋等組合，作爲輔助紋飾施於食器如鼎耳、鼎蓋沿、鼎口沿、鬲的頸部、肩部、甗的口沿下、耳部、簋、盨、簠蓋沿、口沿、圈足，豆的蓋沿、盂的頸部等；酒器如尊的肩部，壺的腹部、頸部、蓋沿，罍的肩部與圈足；水器如盤的口沿與圈足、耳部，盉的腹部，匜的口沿、錍；樂器如鐘的幹部、篆間、甬部、旋部。

表六　重環紋在青銅器中作爲主、輔紋飾的位置

器類	器物	位置	主紋飾	輔助紋飾
食器	鼎	口沿下	√	√
		蓋沿		√
		耳部		√

續　表

器　類	器　物	位　置	主紋飾	輔助紋飾
食器	鬲	肩部	√	√
		頸部	√	√
	甋	甋部口沿		√
		耳部		√
	簋	蓋沿		√
		口沿		√
		圈足		√
	盨	蓋沿		√
		口沿		√
		圈足		√
	簠	蓋沿		√
		口沿		√
		圈足		√
	豆	蓋沿		√
		腹壁	√	
	盂	頸部		√
酒器	爵	腹部	√	
	尊	肩部		√
	壺	蓋沿		√
		頸部		√
		腹部		√

續表

器類	器物	位置	主紋飾	輔助紋飾
酒器	罍	肩部		√
		圈足		√
水器	盂	腹部		√
	盤	腹壁	√	
		口沿		√
		圈足		√
		耳部		√
	匜	口沿		√
		鋬		√
樂器	鐘	篆間		√
		甬部		√
		幹部		√
		旋部		√

（四）瓦紋

　　器物表面平行的溝槽，好似排排的仰瓦，故名之。容庚先生認爲瓦紋始於商代，通行於西周後期與春秋時期。① 有些學者認爲瓦紋並非屬於青銅器紋飾的範圍，如馬承源先生在《商周青銅器紋飾》一書中便未列入討論，朱鳳瀚先生雖然亦認爲瓦紋實際上並非紋樣，而是器物造型上的一種修飾形式，但仍在《中國青銅器綜論·青銅器紋飾》一節中進行說明，殷代瓦紋即出現，

---

① 容希白：《商周彝器通考》，臺北：大通書局，1941年，第130頁。

但甚少見,直至西周中期後方流行,尤盛行於西周晚期至春秋早期。①

基於諸家前輩的研究基礎,筆者歸納、分析瓦紋折棱凸起的形狀,將瓦紋分成圓緩與鋭利兩型。

A 型　突起的折綫較爲圓緩,凹陷的溝槽曲率較小

標本一　山西曲沃縣天馬—曲村 M6231 出土的瓦紋簋(M6231∶26,表七·1)。西周早期晚段。②

標本二　遹簋(《銘圖》5237,表七·2)。瓦紋在腹部,③西周中期。

標本三　1960 年扶風法門鎮召陳村銅器窖藏出土散車父簋(《銘圖》4769,表七·3)。瓦紋在蓋上與腹部,西周中期晚段至西周晚期早段。

標本四　1972 年長安豐鎬遺址銅器窖藏出土大師小子斉簋(《銘圖》5123,表七·4)。瓦紋在蓋上與腹部,西周晚期早段。

標本五　山西曲沃縣天馬—曲村 M7070 出土的孟得簋(M7070∶1,表七·5)。瓦紋滿佈器身與蓋上。④

標本六　陝西岐山京當鄉董家村一號窖藏出土此簋(《銘圖》5354,表七·6)。瓦紋在蓋上與器腹。

標本七　陝西扶風任家村窖藏出土的伯梁其盨(《銘圖》5651,表七·7)。瓦紋在器腹與蓋上。上述標本五至七時代皆屬西周晚期晚段。

標本八　山西曲沃縣天馬—曲村 M102 出土的銅匜(M102∶13,表七·8)。瓦紋在器腹下端,⑤屬春秋早期。

B 型　突起的折綫較爲鋭利,凹陷的溝槽曲率較大

標本一　上海博物館藏季餒簋(《銘圖》4595,表七·9)。瓦紋在腹部,西周中期。

標本二　上海博物館藏師虎簋(《銘圖》5371,表七·10)通體飾瓦紋,屬

---

① 朱鳳瀚:《中國青銅器綜論》,上海:上海古籍出版社,2009 年,第 600 頁。
② 北京大學考古學系商周組、山西省考古研究所:《天馬—曲村(1980—1989)》第四册,北京:科學出版社,2000 年,圖版玖壹。朱鳳瀚:《中國青銅器綜論》,上海:上海古籍出版社,2009 年,第 1475 頁。
③ 陳芳妹:《商周青銅粢盛器特展圖録》,臺北:故宫博物院,1985 年,第 300—301 頁。
④ 北京大學考古學系商周組、山西省考古研究所:《天馬—曲村(1980—1989)》第二册,北京:科學出版社,2000 年,第 555 頁。
⑤ 北京大學考古系、山西省考古研究所:《天馬—曲村遺址北趙晉侯墓地第五次》,《文物》1995 年第 6 期,第 29 頁。

表七 瓦紋分型表

型	西周早期晚段	西周中期早段	西周中期晚段	西周晚期早段	西周晚期晚段	春秋早期
A	1		2	3、4	5、6、7	8
B		9	10、11			12

1. 天馬—曲村 M6231 出土瓦紋簋（M6231：26） 2. 遹簋 3. 1960 年扶風法門鎮召陳村出土散車父簋 4. 1972 年長安豐鎬遺址銅器窖藏出土大師小子師父簋 5. 天馬—曲村 M7070 出土的孟得簋（M7070：1） 6. 岐山京當鄉董家村窖藏出土一號簋 7. 任家村窖藏出土伯梁其盨 8. 天馬—曲村出土伯簋 9. 上海博物館藏李季簋 10. 師虎簋 11. 岐山青化鎮丁童村出土矢叔簋 12. 齊侯匜

西周中期晚段。

标本三　陕西岐山青化镇丁童村出土的矢叔簋(《铭图》4231，表七·11)。瓦纹满佈器身，[①]属西周中期晚段。

标本四　上海博物馆藏齐侯匜整身细密瓦纹(表七·12)，属春秋早期。

综合表七得知，瓦纹於西周早、中期之交出现，经常作爲簋、盨、匜等盖、器的主纹饰，西周中期晚段甚至流行通体饰瓦纹的簋。主要以折曲圆缓的 A 型瓦纹爲流行主调，折曲锐利的 B 型虽亦同时存在，但较少见。

瓦纹作爲青铜器的纹饰，通常作爲主纹饰施於食器如簋盖和器身。除此之外，亦常与窃曲纹、波带纹、垂鳞纹、重环纹等组合，作爲辅助纹饰施於食器如簋、盨的盖和器腹，豆的盖顶；酒器如壶、罍的肩部和腹部；水器如盘、匜的腹下部。

表八　瓦纹在青铜器中作爲主、辅纹饰的位置

器类	器物	位置	主纹饰	辅助纹饰
食器	簋	盖面	√	√
		腹部	√	√
	盨	盖面		√
		腹部		√
	豆	盖顶		√
酒器	壶	肩部		√
		腹部		√
	罍	肩部		√
		腹部		√

---

① 岐山县博物馆庞文龙、崔玟英：《陕西岐山近年出土的青铜器》，《考古与文物》1990 年第 1 期。

續 表

器 類	器 物	位 置	主紋飾	輔助紋飾
水器	盤	腹壁下部		√
	匜	腹壁下部		√

（五）卷脣龍紋

相背呈軸對稱的龍紋，脣向上卷曲，因向上卷曲的脣形如同象鼻，曾稱作"象首紋"等。

容庚先生將"象首紋"分成二類：（1）其狀似兩象首相背；（2）首似象而身似鳥，施於鐘上，通行於春秋戰國。① 馬承源先生將此紋飾分在花冠龍紋中，頭上無角而代以鳳鳥式的花冠，在西周早期已有發現，盛行於西周中期。② 朱鳳瀚先生稱此種紋飾爲"長卷脣龍紋"，上脣特長上卷前伸再垂下，身軀側向後平伸，歧尾上揚，盛行於春秋早期。③

根據諸家前輩的研究基礎，筆者歸納分析"卷脣龍紋"可依尾部下卷或上卷分成二型。

A 型　尾部下卷

可依脣部上卷程度分成二式。

I 式　上脣卷曲未超過頭部

標本一　陝西永壽好畤河村仲枏父鬲（《銘圖》3026，表九·1）。紋飾在腹部，④足跟膨大程度明顯，屬西周晚期晚段。⑤

標本二　上海博物館藏虢仲鬲（《銘圖》2956，表九·2）。紋飾在腹部，⑥屬春秋早期。

---

① 容希白：《商周彝器通考》，臺北：大通書局，1941 年，第 145—146 頁。
② 馬承源：《商周青銅器紋飾》，北京：文物出版社，1984 年，第 8、120—122 頁。
③ 朱鳳瀚：《中國青銅器綜論》，上海：上海古籍出版社，2009 年，第 556 頁。
④ 吴鎮烽、朱捷元、尚志儒：《陝西永壽、藍田出土西周青銅器》，《考古》1979 年第 2 期。
⑤ 陳佩芬先生認爲時代約屬共王時期。陳佩芬：《新獲兩周青銅器》，《上海博物館集刊》第 8 期，上海：上海書畫出版社，2000 年，第 126—128 頁。
⑥ 王光永：《介紹新出土的兩件虢器》，《古文字研究》第 7 輯，北京：中華書局，1982 年。

標本三　上海博物館藏魯伯愈父匜(《銘圖》2901,表九·3)。腹部紋飾,屬春秋早期。

Ⅱ式　上唇卷曲超過頭部

標本一　山東黃縣南埠村出土匜(表九·4)。腹部紋飾,①屬春秋早期。

標本二　淅川下寺 M1 出土㵒叔盉匜(M1：42,表九·5)。腹部紋飾,②屬春秋晚期。

B 型　尾部上卷

可依唇部上卷程度分成二式。

Ⅰ式　上唇卷曲未超過頭部

標本一　上海博物館藏芮公匜(《銘圖》2988,表九·6)。紋飾在腹部,西周晚期晚段。

標本二　棗陽郭家廟曾國墓地 M1 出土衛伯須鼎(M1：1,表九·7)。紋飾在腹下部,春秋早期。③

標本三　光山寶相寺黃君孟夫婦墓出土黃子匜(G2：A5,表九·8)。紋飾在腹部,春秋中期。④

Ⅱ式　上唇卷曲超過頭部

標本一　上海博物館藏虢叔簠蓋(《銘圖》5789,表九·9)。紋飾在四壁,屬西周晚期晚段。⑤

標本二　魯伯愈父簠(《銘圖》5860,表九·10)。紋飾在腹壁。

標本三　郜公諴簠(《銘圖》5942,表九·11)。紋飾在腹壁。

標本四　鑄子叔黑臣簠(《銘圖》5882,表九·12)。紋飾在蓋四壁。

---

① 林巳奈夫:《商周青銅器紋樣の研究——殷周青銅器綜覽二》,東京:吉川弘文館,1986 年,圖 5—162,第 185 頁。

② 河南省文物研究所、河南省丹江庫區考古發掘隊、淅川縣博物館:《淅川下寺春秋楚墓》,北京:文物出版社,1991 年,第 63 頁。

③ 襄樊市考古隊、湖北省文物考古研究所、湖北孝襄高速公路考古隊:《棗陽郭家廟曾國墓地》,北京:科學出版社,2005 年,第 236—237、312 頁。

④ 河南信陽地區文管會、光山縣文管會:《春秋早期黃君孟夫婦墓發掘報告》,《考古》1984 年第 4 期,第 317 頁。

⑤ 虢叔簠蓋爲斜直壁,時代約在西周晚期。從銘文"虢叔作殷毅隣臣(簠)",可知另有一件虢叔匜爲同人所做,匜足跟部近似柱足,形制近似仲姞匜,綜合判斷虢叔簠應在西周晚期晚段。

表九 卷唇龍紋型式表

型	式	西周晚期晚段	春秋早期	春秋中期	春秋晚期
A	I	1	2, 3		
A	II		4		5
B	I	6	7	8	
B	II	9	10, 11, 12, 13		

1. 仲柟父匜腹部紋飾　2. 虢仲匜腹部紋飾　3. 魯伯愈父匜腹部紋飾　4. 山東黃縣南埠村出土匜腹部紋飾　5. 淅川下寺 M1 出土邧叔盉匜 (M1:42) 腹部紋飾　6. 上海博物館藏芮公匜腹部紋飾　7. 襄陽郭家廟曾國墓地 M1 出土衛伯須鼎下腹部紋飾　8. 光山寶相寺黃君孟夫婦墓出土黃子匜　9. 上海博物館藏虢叔簠蓋四壁紋飾　10. 魯伯愈父簠腹部紋飾　11. 郜公誠簠腹部紋飾　12. 鑄子叔黑臣簠蓋四壁紋飾　13. 由伯簠肩部紋飾

标本五　甶伯鑐（表九·13）纹饰在肩部。① 标本二至标本五皆属春秋早期。

综合表九得知,卷唇龙纹盛行于春秋早期,A型Ⅰ式与B型最早出现在西周晚期晚段,其中B型Ⅰ式延续至春秋中期,A型Ⅱ式流行于春秋早期,延续至春秋晚期。

卷唇龙纹作为青铜器的纹饰,通常作为主纹饰施于食器如鬲的腹部、簋的盖四壁与器腹。除此之外,亦常与窃曲纹、波带纹、重环纹等组合,作为辅助纹饰施于食器如鼎的下腹部;酒器如壶的腹部;乐器的鼓部等。

表十　卷唇龙纹在青铜器中作为主、辅纹饰的位置

器　类	器　物	位　置	主纹饰	辅助纹饰
食器	鼎	下腹部		√
	鬲	腹部	√	
	簋	盖、腹四壁	√	
酒器	壶	器腹		√
乐器	钟	鼓部		√

二、"克器群"铜器采用纹饰与其象征的时代风格

"克器群"铜器中采用窃曲纹者有大克鼎、小克鼎、师克盨、善夫克盨、克钟、仲义父盨、仲义父鑐、善夫梁其簋、伯梁其盨、梁其壶、伯吉父鼎,示如表十一。

大克鼎与小克鼎口沿下施用纹饰属于兽面窃曲纹B型Ⅰ式;梁其壶腹部纹饰属于兽面窃曲纹C型Ⅱ式;善夫梁其簋口沿、伯梁其盨盖顶捉手内、梁其壶颈部纹饰属于有目窃曲纹Ac型;伯梁其盨口沿下纹饰属于有目窃曲纹B型;师克盨、善夫克盨口沿下,善夫梁其簋、伯梁其盨圈足,仲义父鑐颈部纹

---

① 陈佩芬：《夏商周青铜器研究》东周篇上,上海：上海古籍出版社,2004年,第76—77页。

表十一　"克器群"銅器上所飾竊曲紋圖

食器	大克鼎	1
	小克鼎	2
	師克盨	3
	善夫克盨	4
	仲義父盨	5
		6
	善夫梁其簋	7
		8
	伯梁其盨	9
		10, 11
	伯吉父鼎	12

續　表

酒器	仲義父鑸	（圖）13
	梁其壺	（圖）14　（圖）15
樂器	克鐘	（圖）16

1. 大克鼎口沿下　2. 小克鼎口沿下　3. 師克盨口沿　4. 善夫克盨口沿　5. 仲義父盨口沿　6. 仲義父盨蓋沿　7. 善夫梁其簠口沿　8. 善夫梁其簠圈足　9. 伯梁其盨口沿　10. 伯梁其盨圈足　11. 伯梁其盨蓋捉手内　12. 伯吉父鼎口沿下　13. 仲義父鑸頸部　14. 梁其壺頸部　15. 梁其壺腹部　16. 克鐘篆間

飾屬於無目竊曲紋 A 型；克鐘篆間，仲義父盨、伯吉父鼎口沿下的竊曲紋屬於無目竊曲紋 B 型。

"克器群"銅器中採用波帶紋者有大克鼎、小克鼎、梁其壺、善夫吉父鑸，示如表十二。

表十二　"克器群"銅器上所飾波帶紋圖

食器	大克鼎	（圖）1
	小克鼎	（圖）2

續　表

酒器	梁其壺	
		3
	善夫吉父鑑	
		4

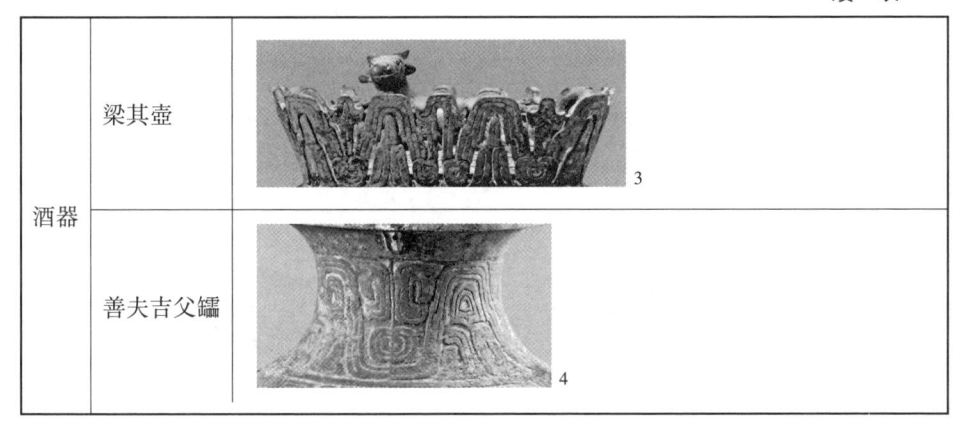

1. 大克鼎腹部　2. 小克鼎腹部　3. 梁其壺蓋頂捉手　4. 善夫吉父鑑頸部

　　大克鼎與小克鼎腹部,梁其壺蓋頂捉手施用的波帶紋屬於 Ba 型 I 式,善夫吉父鑑頸部波帶紋雖亦屬於 Ba 型,但峰、谷略顯平直,已有 BaII 式的趨向,顯示善夫吉父鑑的年代下限或許可以到春秋早期早段。

　　"克器群"銅器中採用重環紋者有仲義父鼎、仲義父作新客鼎、仲義父鑑、梁其鼎、梁其壺、善夫吉父鼎、伯吉父簋、善夫吉父鑑、善夫吉父盂,示如表十三。

表十三　"克器群"銅器上所飾重環紋圖

食器	仲義父鼎	
		1
	仲義父作新客鼎	
		2
	梁其鼎	
		3

續　表

食器	善夫吉父鼎		4
	伯吉父簋		5
酒器	仲義父罍		6
	梁其壺		7
	善夫吉父罍		8
水器	善夫吉父盂		9

1. 仲義父鼎口沿　2. 仲義父作新客鼎口沿　3. 梁其鼎口沿　4. 善夫吉父鼎口沿　5. 伯吉父簋蓋沿
6. 仲義父罍肩部　7. 梁其壺蓋　8. 善夫吉父罍蓋沿　9. 善夫吉父盂肩部

仲義父鼎、仲義父作新客鼎、梁其鼎口沿、梁其壺蓋,善夫吉父鑰蓋沿施用的重環紋屬於 Aa 型;仲義父鑰肩部施用的重環紋屬於 Ac 型;善夫吉父鼎口沿,伯吉父簋蓋沿,善夫吉父盂肩部施用的重環紋屬於 D 型。D 型重環紋多見於西周晚期至春秋早期,故吉父組其下限可晚至春秋早期。

"克器群"銅器中採用瓦紋者有師克盨、善夫克盨、仲義父盨、善夫梁其簋、伯梁其盨與伯吉父簋,示如表十四。

表十四 "克器群"銅器上所飾瓦紋圖

食器	師克盨	1
	善夫克盨	2
	仲義父盨	3
	善夫梁其簋	4
	伯梁其盨	5

續　表

食器	伯吉父簋	
		6

1. 師克盨蓋上與腹部　2. 善夫克盨蓋上與腹部　3. 仲義父盨蓋上與腹部　4. 善夫梁其簋蓋上與腹部
5. 伯梁其盨蓋上與腹部　6. 伯吉父簋蓋上與腹部

師克盨、善夫克盨、仲義父盨、善夫梁其簋、伯梁其盨與伯吉父簋蓋上與腹部施用瓦紋,屬於 A 型。

"克器群"銅器中採用卷唇龍紋者僅有善夫吉父鬲,示如表十五。

表十五　"克器群"銅器上所飾卷唇龍紋圖

食器	善夫吉父鬲	
		1

1. 善夫吉父鬲腹部

善夫吉父鬲腹部施用的卷唇龍紋屬於 A 型 I 式,屬於西周晚期晚段典型樣式。

整體來說,"克器群"銅器採用紋飾皆爲西周晚期流行紋飾,上述五種主要紋飾中,除了瓦紋爲非動物紋外,竊曲紋、波帶紋、重環紋與卷唇龍紋皆屬動物紋。周人在西周中期開始思索擺脫殷商紋飾的傳統。竊曲紋、波帶紋、重環紋、瓦紋的出現,其強調簡省幾何的美學趨勢,不僅可謂周人對傳統的反動,同時也完成了周代獨一無二的審美意識集成。

第三章　克器群與同時期銅器窖藏出土器群比較研究

"克器群"銅器多數出土於周原地區的窖藏,[①]窖藏銅器有別於墓葬出土的銅器,用銅器隨葬是生者對亡者的致禮,而窖藏青銅器多是擁有者日常使用的禮器或實用器,承載了當時貴族的生活情態和語境。下文通過分析周原、豐鎬地區銅器窖藏情況,出土器物類別、組合等,並進一步與"克器群"同時期的銅器窖藏相比較,以期歸納西周晚期窖藏青銅器的器用規律與特色、貴族生前用鼎等禮器制度,並探討窖藏青銅器的緣由與目的。

第一節　周原地區銅器窖藏内涵與相關禮法制度問題

周人對周原有著非同一般的情感,周原不僅是周人的發祥地,也是諸多世家貴族、王官生活居住之所。此處自漢以來,便陸續出土周代青銅器,其中窖藏出土青銅器的密集程度,更非其他地區能比。本節將歸納周原地區窖藏銅器類別,重點聚焦於器物分期與同人成組器物的搭配,從中探尋窖藏器物組合的規律及與隨葬銅器組合的異同。

一、周原地區銅器窖藏出土器類年代與組合分析

周原位於陝西省關中平原西部,岐山、扶風兩縣之間。周原地區從狹義上來看,北爲群山,南至今扶風縣城、黄甫、杏林,東到天度、上陽,西達岐山益

---

① 伯克壺宋代傳出於岐山,出土情況不明。

店、蒲村。① 本節選擇樣本的標準爲位於周原地區同村相鄰位置數次出土銅器之窖藏，如莊白村、上康村、召陳村、齊家村、雲塘村銅器窖藏；或是一次出土較多銅器之窖藏，如董家村銅器窖藏。另位於眉縣的楊家村窖藏位於渭河以北的月牙形台地上，南臨渭水，北靠大周原，雖非位於周原核心區域，仍算周原的邊緣地帶，因窖藏所出銅器較多，具有參考價值，故亦納入討論範圍。

克器群所屬之任家村、北橋村銅器窖藏，亦位處周原地區，以下將優先單獨討論並歸納其特點。其次再論述分析周原地區其他銅器窖藏器物組合特點後，再進行整體綜合比較研究。

（一）克器群銅器窖藏

克器群銅器窖藏有出土記錄者爲1884年(前)任家村窖藏，內中包括克、仲義父器組與大多數仲姞鬲；1940年任家村窖藏出土梁其、善夫吉父器組與盙簋、盙鐘等；1972年北橋村窖藏出土伯吉父器組與無銘銅器。② 另零星數次，如宋代出土伯克壺，清道光咸豐年間出土盙鐘甲1件、師盙豆、盙鐘乙與仲姞鬲1件，1930年前可能出土盙鐘甲3件。爲瞭解克器群三窖藏出土器類組合，以下分別歸納討論之。因零星出土情況不明，③無法確定是墓葬還是窖藏出土，故不列入本節敘述。各器類器型、紋飾分析及所屬時代已見第二章，本節不再贅述。

1. 1884年(前)任家村窖藏出土器類組合

本窖出土皆爲同時代器物，詳細示如表一。

（1）克—仲義父組

克生前至少擁有4組鼎。以克自稱所作鼎即迄今所見8件一組小克鼎加一件特大尺寸的大克鼎；以字行者爲二組，一組5件、一組4件，這兩組鼎

---

① 徐錫台：《周原考古記》，《中國文化研究所學報》第12卷，香港中文大學中國文化研究所，1981年，第153頁。
② 克器群窖藏三次出土銅器著錄情況詳見本書第一章。
③ 其出土時間是由早期著錄得知，詳見本書第一章。

表一　1884年(前)任家村窖藏出土器物分組示意表

組別	年代	食器	酒器	水器	樂器
克—仲義父組	宣王	大克鼎 1/小克鼎 8/善夫克盨 2+善夫克盨 1/師克盨器 2 蓋 3 仲義父鼎 5/仲義父作新客鼎 4/仲義父盨 2	仲義父罍2	×	克鎛 1+克鐘 5
仲姞組	西周晚期晚段	仲姞鬲 14	×	×	×

註：+表前後器物銘文相同或成組合；/表同人所作

銘文雖不同，但形制、紋飾卻相同，兩組鼎可依高度相互穿插排序成爲一組"列鼎"使用（參見第二章第一節圖四）。① 換句話説，合則成 9 件一組列鼎，分則爲二組列鼎。簋僅 2 件，數量明顯無法與任何一組鼎相配，或出土時散佚，或部分隨葬。

盨至少有三組。分別是以克自稱的師克盨三蓋兩器、善夫克盨以及仲義父盨兩件。盨通常爲成對或 4 件一組出現，其器物功能與簋接近，在西周晚期的隨葬食器組合中簋與盨不重出，鼎盨的搭配也成爲一種重要的組合形式。②

罍一對，是西周晚期出現的酒器新品類。

一套樂器組合，即整銘於器的鎛 1 件與銘文連讀 8 件成組的編鐘。8 件編鐘又可分成兩組，即前四大鐘與後四小鐘（目前未見第 6～8 鐘），兩組尺寸差別較大。

---

① "列鼎"一詞最早由郭寶鈞提出，即"一組銅鼎的形狀、花紋相似，只是尺寸大小，依次遞減"。後林澐提出"列鼎的首要標準是形制相若，而並不一定非得逐件大小相次"。參見郭寶鈞：《山彪鎮與琉璃閣》，北京：科學出版社，1959 年，第 11—13、43、45 頁。林澐：《周代用鼎制度商榷》，《林澐學術文集》，北京：中國大百科全書出版社，1998 年。

② 張懋鎔：《兩周青銅盨研究》，《考古學報》2003 年第 1 期。朱鳳瀚：《中國青銅器綜論》，上海：上海古籍出版社，2009 年，第 1310 頁。

目前所見水器闕如。

(2) 仲姞組

仲姞自作器存有著録者爲 15 件鬲,形制、紋飾、銘文相同,大小相若,與克器同窖共出者有 14 件。

2. 1940 年任家村窖藏出土器類組合

本窖共出不同時代的器物,時代最早者爲西周早期,最晚者爲梁其—吉父器組,以下示如表二。

表二　1940 年任家村窖藏出土器物分組示意表

組　別	年代	食　器	酒　器	水　器	樂　器
嬭組	西早	嬭鼎	×	×	×
新邑組	西早	新邑鼎	×	×	×
虘組	夷厲	大師虘簋 4	×	×	虘鐘丙 1
禹組	厲宣	禹鼎	×	×	×
梁其—吉父組	幽王	梁其鼎 3/善夫梁其簋 7/伯梁其盨 3　善夫吉父鼎 1/吉父鼎 1/善夫吉父鬲 11/善夫吉父簠 1	梁其壺 2　善夫吉父䚄 2	善夫吉父盂 1	梁其鐘 6

(1) 梁其—吉父組

此窖藏出土以梁其自稱所作鼎一組 3 件,形制、紋飾、銘文皆相同,大小相次。以字行者有兩件,一是吉父鼎,二是善夫吉父鼎,二者形制、紋飾、銘文各不相同。梁其簋一組 7 件,形制、紋飾、銘文相同,尺寸相仿。伯梁其盨一組 3 件。善夫吉父簠 1 件。

善夫吉父鬲一組11件,形制、紋飾、銘文相同,尺寸相仿。

酒器有一對罍、一對壺。梁其壺二件尺寸相差微小,符合西周晚期對壺規制。

此窖出土梁其鐘一組8件(目前所見有著錄者爲6件),銘文連讀,可分成兩組,前四大鐘與後四小鐘。與克鐘的情況相同,第五鐘與第四鐘的尺寸落差較大,明顯分成前四大鐘、後四小鐘的區隔。

(2)虘組

此窖所出虘組食器中未見鼎、鬲,但有4件一組的簋,銘文相同,應爲同時所鑄器。

酒器、水器闕如。

虘存世樂鐘目前所見有3組,在本窖中僅出土1件,且據銘文内容來看,尚缺前鐘。虘活動時代可從年代較早的虘鐘甲篆部四周與篆間飾連珠紋,與瘋鐘近似的特徵來看,時代約屬夷厲時期。

(3)其他

本窖出土西周早期器物兩件,分別是嬇鼎與新邑鼎,從銘文内容來看,嬇鼎的器主是殷遺民,新邑鼎的器主因銘文磨泐難以辨識。西周晚期禹鼎一件,禹屬丼氏,或與大克鼎銘載王賜丼人、丼田有關。

3. 1972年北橋村窖藏出土器類組合

表三　1972年北橋村窖藏出土器物分組示意表

組　别	年代	食　器	酒　器	水器	樂　器
冂組	西周早期	×	冂罍	×	×
無銘	西周中期晚段～西周晚期早段	×	×	×	甬鐘2

續 表

組 別	年代	食 器	酒 器	水 器	樂 器
伯吉父組	幽王	伯吉父鼎1+伯吉父簋2(1有銘+1無銘)/雙列重環紋簋	×	盤2(甲1無銘、乙1無銘)	×

註：甲、乙表不同型；+表前後器物銘文相同；/表同人所作

(1) 伯吉父組

伯吉父匜銘載"作京姬匜"，善夫吉父鬲"作京姬鷺彝"，則伯吉父即善夫吉父，也就是梁其。

本窖出土器主以字號自稱者有1套同銘的伯吉父鼎與伯吉父簋，尚有1件簋無銘（但形制、紋飾與伯吉父簋相同）。另尚有1件形制、紋飾不同於伯吉父簋的雙列重環紋簋（無銘）。

水器有2件盤形制不同，皆無銘文，應可與非同窖出土的伯吉父匜構成水器組合。

(2) 其他

本窖出土西周早期冎罍1件，作器者爲殷遺民。另有甬鐘2件，形制相近，大小相次，紋飾各異。其中1件篆間飾圓圈紋與雲紋，鼓部素面；1件篆間飾雲紋，鼓部飾卷雲紋，並有小鳥紋標識敲擊點，紋飾全爲陰綫。從形制、紋飾來看，與虘鐘類似，時代約屬西周中期晚段至西周晚期早段。

歸納三次克器群窖藏出土器類組合，得以下數點認識：

第一，窖藏出土器類以食器爲大宗，其次是樂器，再來是酒器，最少的是水器。梁其器分成兩次、鄰近的兩處地點埋入，並夾雜有時代較早的器物。

第二，窖藏出土屬於克的鼎至少有四組，其中有三組屬於"列鼎"；屬於梁其的鼎至少有四組，但僅有一組"列鼎"。西周晚期高等級貴族多數生前擁有不止一套"列鼎"。

第三，西周晚期樂鐘8件一組成編已形成定制，且以前四大件與後四小件兩組樂鐘組合構成，如克鐘與梁其鐘。

第四，梁其以字行之一套鼎簋(1鼎2簋)，兩件簋同形制，一件有銘、一件無銘。以同形制、無銘文銅器搭配有銘器物構成同組器的習慣，在西周中晚期即已見，並持續沿用至西周晚期晚段。

第五，仲義父鼎與仲義父作新客鼎兩組形制相同，若以高度排列，可組合而成一套9件之"列鼎"。另目前存留著錄的小克鼎爲8件，兩組鼎的數量皆超過《公羊傳》桓公二年何休注"禮祭天子九鼎、諸侯七、大夫五、元士三"的記載。生前用鼎數量或許未如隨葬制度嚴格。

第六，女子使用高件數的鬲，自西周中晚期開始流行至西周晚期晚段。

(二) 周原地區其他銅器窖藏

周原地區其他銅器窖藏中，本文僅選擇窖藏時間在西周晚期且出土器物成組較多者，少數窖藏埋存時間非在西周晚期者，則不在此處討論。這些窖藏出土器物情況複雜，時代交錯，且常有無銘或與同窖其他器主關係難以辨析之銅器。以下每處窖藏盡量將所有同窖共出銅器納入，但對於單件、器主關係不明以及時代或組合難以對應窖中既有器主之無銘銅器，皆放入注釋備查。若相近地點、不同時間所發現的窖藏，則採取分別討論、綜合分析的方式。

1. 莊白銅器窖藏

莊白窖藏共有6次出土，[①]除1976年12月莊白村南約150米處的莊白一號窖藏，出土銅器共103件外，其餘五次皆爲未成組合的零星數件銅器。

---

① 1946年冬莊白村東北土壕灰窖内，出土西周中期晚段顧龍紋鼎1件。1963年2月莊白村西南土壕，出土西周中期晚段竊曲紋鼎1件。1976年12月底莊白村西北約50米處發現的二號窖藏，出土銅器共5件，分别是西周晚期癸仲㝬父甗、密姒簋、仲大師小子休盨、竊曲紋簋(76FZJ2：2)、重環紋匜(76FZJ2：4)。1977年秋莊白村西南，出土鼎足殘件1件。1981年2月莊白村北土壕，出土五祀䟒鐘。羅章章：《扶風出土的商周青銅器》，《考古與文物》1980年第4期。雒忠如：《扶風又出土了周代銅器》，《文物》1963年第9期，第65頁。寶雞市周原博物館：《周原莊白西周青銅器窖藏考古發掘報告》，北京：科學出版社，2016年。曹瑋：《周原出土青銅器》第三、四、五册，成都：巴蜀書社，2005年，第522—967、968—987頁。陝西周原扶風文管所：《周原西周遺址扶風地區出土幾批青銅器》，《考古與文物》1982年第2期。寶雞市周原博物館：《周原莊白西周青銅器窖藏考古發掘報告》，北京：科學出版社，2016年，第136頁。

故下文僅擇莊白一號窖藏出土銅器歸納製成表四。①

表四　莊白一號窖藏出土器物分組示意表

組別	年代	食器	酒器	水器	樂器
商組	康王	×	商尊+商卣	×	×
折組	昭王	×	折斝/折尊+折觥+折方彝	×	×
豐組	穆王	×	豐尊+豐卣/豐爵3(甲2+乙1)+鳥紋爵/羊冊觶+木羊冊爵	×	×
牆組	共懿	×	牆爵2	牆盤1	×
㝬—先父組	夷厲	㝬簋8/㝬盨2/微伯㝬鋪/微㝬盆2/微伯㝬匕2 微伯㝬鬲5/伯先父鬲10	㝬爵3(甲2、乙1)/三年㝬壺2/十三年㝬壺2	×	㝬鐘乙1+己鐘3/㝬鐘甲4/㝬鐘丙6/㝬鐘丁3

註：甲、乙、丙、丁、己、庚表不同型；+表前後器物銘文相同成組合；/表同人所作

本窖存藏有多代器物，綜表四分析如下：

（1）商組

商組器包括一套酒器組合，尊、卣紋飾、銘文相同（圖一）。商尊形制與賈村出土的何尊（《銘圖》11819）相似，屬西周早期。②

---

① 莊白一號窖藏中有較多無銘銅器與同窖其他器主關係難以辨析的銅器，茲將所屬時期與分組敘述如下：（1）㢼組：西周早期㢼爵。（2）孟組：西周早期晚段孟爵。（3）陵組：西周早期晚段陵方罍。（4）㣇旅組：西周早期晚段㣇旅父乙觚、鏤空目雲紋觚。（5）𠭯組：西周中期晚段𠭯鐘2。（6）無銘：西周早期晚段酒器——獸面紋觚、目紋觚、鱗紋觚；西周中期早段酒器——蕉葉紋觶+蕉葉紋觚+鳥紋貫耳壺（一組），羽紋斗、夔紋斗、獸面紋斗、鏤空夔紋斗；西周中期晚段食器——竊曲紋鼎、刖足人守門鼎、斜角雲紋鬲2。
② 唐蘭：《何尊銘文解釋》；馬承源：《何尊銘文初釋》；張政烺：《何尊銘文解釋補遺》，《文物》1976年第1期。

第三章　克器群與同時期銅器窖藏出土器群比較研究 · 155 ·

1　　　　　　　　　　　2

圖一　莊白一號窖藏出土商組銅器

1. 商尊　2. 商卣

(2) 折組

折組器中折尊、折觥、折方彝紋飾特徵相近，且三器同銘（圖二·1—3），記年月爲"王十九祀五月"，内中提到"覛望土于相侯"，與静方鼎銘昭王十九年十月"省南國相"可關聯，則折組器約在昭王世，屬西周早期晚段。

折斝作鬲形腹，上有蓋（圖二·4），紋飾明顯與其他折器不同。

(3) 豐組

豐組器包括三套酒器。一套是紋飾、銘文相同的豐尊、豐卣組合（圖三·1—2）；一套爲羊册觶與木羊册爵（圖三·3—4）；另一組是3件銘文、形制相同的豐爵（76FZJ1∶87、90、91，其中一件紋飾有些微差别，圖三·5—7）與鳥紋爵（圖三·8），鳥紋爵腹部紋飾與豐爵（76FZJ1∶87）近似。

豐尊形制與穆王世的𣄰尊（《銘圖》11807）相似，羊册觶形制與西周中期偏早的作父庚觶（《銘圖》10451）近似，[①]其時應在穆王世。則豐組器約在穆王世。

[①] 朱鳳瀚：《中國青銅器綜論》，上海：上海古籍出版社，2009年，第254頁。

圖二　莊白一號窖藏出土折組銅器

1. 折尊　2. 折觥　3. 折方彝　4. 折斝

(4) 牆組

牆組器中包括酒器：爵 2 件（76FZJ1：95、98，圖四·1—2）；水器：盤 1 件（76FZJ1：5，圖四·3）。牆盤銘文歷數先王偉業至穆王，故牆爲共懿時人。

(5) 㫚組

以㫚自稱所作食器有㫚簋 8 件一組，形制、紋飾、銘文皆同。㫚盨 2 件一組，銘有四要素俱全的記年，"唯四年二月既生霸戊戌"，合屬王四年（前 874 年）

圖三 莊白一號窖藏出土豐組銅器

1. 豐尊 2. 豐卣 3. 羊冊觶 4. 木羊冊爵 5. 豐爵（76FZJ1：87） 6. 豐爵（76FZJ1：90） 7. 豐爵（76FZJ1：91） 8. 鳥紋爵

圖四　莊白一號窖藏出土牆組銅器
1. 牆爵(76FZJ1∶95)　2. 牆爵(76FZJ1∶98)　3. 牆盤(76FZJ1∶5)

二月癸巳朔六日戊戌。微瘋盨2件、微伯瘋匕2件、微伯瘋鋪1件、微伯鬲5件。

此窖出土瘋鐘四組。其中一組爲瘋鐘乙和無銘己鐘3件，①兩型鐘篆部四周與篆間飾連珠紋，形制接近，時代約屬西周中期晚段，綜合考量瘋組器應跨夷、厲二王世。

同窖所出伯先父鬲10件，形制作聯襠、寬沿、束頸，對應三足的腹部各有一道扉棱，頸部飾重環紋，腹部飾直綫紋，時代約屬西周晚期早段。其銘文爲"伯先父作妖障鬲"，雖未提到瘋，但瘋自稱微伯，從時代、排行等共同因素判斷，先父應是微伯瘋之字號，故將之納入瘋組器，然此組應是瘋組器中年代最晚者。② 本窖出土屬於瘋的器物尚有酒器：2套壺、一組3件爵。

2. 齊家村銅器窖藏

齊家村窖藏共有10次出土。③ 以下擇出土成組器物或器物數量較多之

---

① 根據發掘報告所稱將瘋鐘分甲、乙、丙、丁、己。尚有庚組編鐘2件(76FZH1∶58、60)，鉦部、篆間作陰紋紋飾，與其他鐘有異，且無銘文，難以判斷是否屬於瘋，故不列入正文探討。寶雞市周原博物館：《周原莊白西周青銅器窖藏考古發掘報告》，北京：科學出版社，2016年，第71—90頁。
② 黃盛璋認爲伯先父比瘋晚一代，參見黃盛璋：《西周微家族窖藏銅器群初步研究》，《西周微氏家族青銅器群研究》，北京：文物出版社，1992年，第152—153頁。
③ 齊家村窖藏分10次出土，其中3次出土因未正式發表，僅載於《吉金鑄國史》附表，未見器型，難以判斷時代，故未採用。請參見北京大學考古文博學院、北京大學古代文明研究中心：《吉金鑄國史》，北京：文物出版社，2002年，第312頁。

窖藏,製表討論之。

(1) 1958 年與 1963 年齊家村窖藏

1958 年 1 月齊家村東南處發現埋存 4 件銅器;①1963 年初齊家村東斷壕,距柞鐘出土地點東約 50 米處出土銅器 6 件。② 以下按器主分組製成表五。

表五　1958 年與 1963 年齊家村窖藏出土器物分組示意表

組　別	年　代	食　器	酒　器	水　器
日己組	昭穆之際	×	日己方尊+日己方彝+日己觥	×
宫組	西周晚期晚段	宫鬲 2*	×	宫盉+宫盤+重環紋匜 波帶紋盂 2*

註：* 1958 年齊家村窖藏出土

日己方尊、方彝、觥三器皆飾上卷角獸面紋,又銘文相同,可知爲成組器物。從三件方器來看,作器者身份等級較高,銘文載"作文考日己"祭器,並標識族氏"天",器主出身應是殷遺民。日己組器物時代約屬西周早期晚段至西周中期早段,約昭穆之際。③

宫盉作扁壺形,此種形制的盉始見於西周晚期偏晚,④與之搭配的宫盤,亦屬同時期鑄造。重環紋匜,從形制與紋飾來看,符合西周晚期銅器特徵,雖然無銘,但應可與同窖共出的宫盉、宫盤搭配成爲一套水器。

1958 年齊家村窖藏出土宫所作鬲 2 件與波帶紋盂 2 件。

---

① 程學華:《寶雞扶風發現西周銅器》,《文物》1959 年第 11 期,第 72—73 頁。
② 梁星彭、馮孝堂:《陝西長安、扶風出土西周銅器》,《考古》1963 年第 8 期,第 414—415 頁。
③ 朱鳳瀚:《中國青銅器綜論》,上海:上海古籍出版社,2009 年,第 179 頁。張長壽、陳公柔、王世民:《西周青銅器分期斷代研究》,北京:文物出版社,1999 年,第 141、198 頁。崎川隆:《關於西周時期飾有"上卷角獸面紋"的青銅器》,《青銅器與金文》第 1 輯,上海:上海古籍出版社,2017 年,第 392、400 頁。
④ 如北趙晉侯墓地 M31 出土的盉(M31∶8),時代約屬於宣王時期。朱鳳瀚:《中國青銅器綜論》,上海:上海古籍出版社,2009 年,第 1449、1466 頁。

官組器物有銘文者皆僅銘一字"官",與殷人作銘多鑄族氏銘文的習慣相似,和西周晚期晚段多鑄較長銘文的做法不同。又從同窖共出的一套酒器,銘文中使用日名,明顯爲殷遺民所作器,則官應是殷遺之後人。

(2) 1960 年齊家村窖藏

在齊家村東南約 100 米處發現銅器窖藏,出土銅器共 39 件,①擇成組器物製成表六。

表六　1960 年齊家村窖藏出土器物分組示意表

組　别	年代	食　器	酒　器	水　器	樂　器
幾父組	夷厲	×	幾父壺 2	×	×
友父—中義組	宣幽	中友父簋 2+友父簋 2	×	中友父盤+中友父匜	中義鐘 8
柞組	幽王	×	×	×	柞鐘 8(第 7 件無銘)

幾父組有 2 件壺,形制、紋飾、銘文相同,尺寸近似。據銘文内容得知幾父的上級爲同仲,同仲尚見於夷厲時期的師兑簋銘,且幾父壺的形制與三年癲壺相近,則幾父約爲夷厲時人。又幾父稱同仲爲"君",有可能爲同氏小宗。②

中友父簋與友父簋形制、紋飾相同,皆作斂口鼓腹,惟圈足所飾竊曲紋有些微差異,2 件銘文標示了氏名"中",另 2 件未標。尺寸大小相仿。下接三獸形扁足之簋在同類器中屬於時代較晚,可能爲宣幽時期。③

中友父盤、匜銘文相同,爲成套水器。

---

① 同窖共出尚有屬西周中晚期之際的伯邦父鬲,西周晚期的仲伐父甗、犀甗、叔獸父鼎、沓遣簋,因銘文皆簡短,難以辨析彼此之間的關係。無銘器有西周中期晚段弦紋簋,西周晚期之際夔紋罍 2 件一組,西周晚期弦紋鼎、竊曲紋鼎 4 件一組,垂冠顧首鳳鳥紋貫耳方壺 2 件一組。陝西省博物館、陝西省文物管理委員會:《扶風齊家村青銅器群》,北京:文物出版社,1963 年。
② 朱鳳瀚:《商周家族形態研究(增訂本)》,天津:天津古籍出版社,2004 年,第 354 頁。
③ 韓巍:《西周金文世族研究》,北京大學博士論文,2007 年,第 47 頁。

中義鐘 8 件形制、銘文相同。紋飾第 1~4 鐘篆間飾斜角雙首顧龍紋，第 5~8 鐘篆間飾顧首卷尾龍紋，有些微差異。第 4 鐘與第 5 鐘尺寸相距較大，可分成前大 4 鐘與後小 4 鐘兩組。

"中"爲氏，"義"者宜也，"友"爲親愛友好之意，兩者意義相近，故"中義"與"中友父"實爲同人之名與字。友父—中義組器物屬西周晚期晚段。

柞組爲 8 件一組編鐘，尺寸大小相次。第 1~4 鐘爲整銘，第 5~8 鐘銘文連讀，第 7 鐘漏鑄銘文。第 4 鐘與第 5 鐘尺寸差距較大，明顯分成前後兩組。柞鐘銘文記年"隹三年四月初吉甲寅"與幽王三年（前 779 年）曆四月辛亥朔四日甲寅合。①

幾父、中友父、柞三人關係不甚明朗，僅知所作器同出一窖，可能同屬中氏。中氏是同氏分支，爲姬姓（見中伯壺，《銘圖》12361）。

(3) 1961 年與 1984 年齊家村窖藏

距柞鐘、幾父壺出土窖穴僅 150 米，位於齊家村東南約 120 米處，出土琱我父簋 3 件，形制、紋飾、尺寸相仿，出土時皆失蓋。② 1984 年在齊家村東壕南崖中段，即 1961 年窖藏南 30 米處，出土 3 件琱我父簋蓋與 4 件波帶紋方座簋，③簋蓋紋飾、銘文與 1961 年出土琱我父簋相符，爲 3 件簋蓋、器分藏兩地之例。以下製成表七。

表七　1961 年與 1984 年齊家村窖藏出土器物分組示意表

組　別	年　代	食　器	酒器	水器	樂器
琱我父組	西周中期晚段至西周晚期早段	琱我父簋 3/波帶紋方座簋 4	×	×	×

琱我父簋作斂口鼓腹、犄角獸首半環耳、耳下有小珥，圈足外撇、下接三

---

① 夏商周斷代工程專家組：《夏商周斷代工程 1996—2000 年階段成果報告（簡本）》，北京：世界圖書出版公司，2000 年，第 35 頁。
② 趙學謙：《陝西寶雞、扶風出土的幾件青銅器》，《考古》1963 年第 10 期，第 574—576 頁。
③ 尚有骨笄 2 件，骨鏃、骨料共 4 件。周原扶風文管所：《扶風齊家村七、八號西周銅器窖藏清理簡報》，《考古與文物》1985 年第 1 期。

獸形扁足，口沿、圈足飾重環紋，餘飾瓦紋，屬西周中期晚段至西周晚期早段。①

波帶紋方座簋4件一組，形制、紋飾相同、尺寸大小相仿，其中2件失蓋。束頸鼓腹、雙獸首半環耳、耳下有小珥，圈足下接方座。上承蓋，有圈足狀捉手。蓋沿、口沿下飾竊曲紋，蓋面、腹部與方座飾波帶紋，圈足飾斜角雲紋，時代屬西周晚期。

波帶紋方座簋與琱我父簋同出一窖，時代相近，或爲琱我父所有。琱是氏名，屬妘姓（見函皇父鼎，《銘圖》2111）。

綜合分析表五、表六與表七所列齊家村窖藏出土銅器後，得知在齊家村很近的距離内存在姬姓同氏分支中氏、妘姓琱氏與殷遺民之後的宜。各窖藏所出銅器除殷遺民保留較多殷人習慣外，其他銅器皆符合時代特徵。

3. 上康村銅器窖藏

上康村窖藏共有四次出土記録。② 以下擇出土器物時代相近、數量較多之窖藏進行討論。

（1）清道光咸豐年間上康村窖藏

出土函皇父簋2件、函皇父匜，最早皆著録在吴式芬《攈古録》中。

（2）1933年與1972年上康村窖藏

位於上康村東土壕内，共出土銅器22件。③ 1972年冬又在上康村西南100米處發現銅器，其實是1933年同批出土文物，爲最初發現人康克勤父子

---

① 琱我父簋與師𡒰簋形制、紋飾近同。師𡒰簋的年代，朱鳳瀚師認爲在孝王元年，但同時也説明有蓋，器蓋相接處與圈足上飾重環紋，圈足下有三獸首小足，此種形制流行於西周晚期。參見朱鳳瀚：《師𡒰鼎與師𡒰簋》，《中國歷史文物》2004年第1期。
② 1966年秋上康村東土壕出土狱馭簋蓋。形制與仲子𢦚引𢓜蓋（《銘圖》13659）近似，又同人尚鑄有狱馭簋（《銘圖》4895），銘文述及"從王南征，伐楚荆"，知其活動年代約在昭王世，屬西周早期晚段。周文：《新出土的幾件西周銅器》，《文物》1972年第7期，第10—11頁。張天恩：《陝西金文集成》第3册，西安：三秦出版社，2016年，第134—135頁。
③ 1件良季鼎，方唇垂腹、雙立耳、三柱足，口沿下飾竊曲紋。形制與臺北故宫博物院藏伯陶鼎（《銘圖》2229）相近，約屬西周中期晚段。王晶晶、楊潔、萬曉：《關於陝西扶風上康村西周窖藏出土青銅器的幾個問題》，《文博》2020年第3期。張天恩：《陝西金文集成》第3册，西安：三秦出版社，2016年，第95—133頁。

埋藏的部分銅器。① 以下將三次出土器物按組別製成表八。

表八　上康村窖藏出土器物分組示意表

組　別	年代	食　器	水　器	樂器
伯鮮組	西周晚期晚段	伯鮮甗+伯鮮鼎4/伯鮮盨4	×	鮮鐘
函皇父組	宣幽	函皇父鼎甲/函皇父鼎乙+函皇父簋4②+重環紋簋	函皇父盤/函皇父匜	×
會妘組	宣幽	會妘鼎*	×	×
函氏族人	宣幽	函叔□鼎 函交仲簋蓋	×	×

註：＊表1972年上康村窖藏出土

　　函皇父鼎甲形制作半球腹，函皇父鼎乙形制作本書所稱"克鼎形垂腹鼎"，兩者皆爲西周晚期鼎的典型樣式，兩鼎足跟膨大呈扇形，顯示年代已接近兩周之際。函皇父簋、重環紋簋二器形制、紋飾皆同於清代出土同銘簋，惟重環紋簋無銘。

　　函皇父盤與函皇父鼎乙、函皇父簋同銘，應是同時所作器。盤銘載"乍（作）琱妘盤、盉，隣器，鼎、殷一具。自豕鼎降十又一、殷八、兩罍、兩壺"，則應包括鼎12，簋8，罍2，壺2，盤、盉各1，共26件。③目前出土僅見鼎2，簋5，盤、匜各1，共9件。有關青銅壺2件的記載，見于右任藏函皇父青銅器全形拓六條幅中"函皇父鼎2"上郭沫若題跋："除此鼎外，尚有盤一，簋一，甗一，中型鼎二，小型鼎一，簋二，一有蓋有銘、一無蓋無銘。"又云："同出者尚有二壺，已不知去向矣。"④

---

① 羅西章：《扶風新徵集了一批西周青銅器》，《文物》1973年第11期，第78—79頁。張天恩：《陝西金文集成》第3册，西安：三秦出版社，2016年，第136頁。
② 吳鎮烽編《銘三》中尚見舊金山亞洲藝術館藏函皇父簋（《銘三》500），吳先生提出該簋是否就是原長安孫氏所藏的函皇父簋之意見，筆者兩相比對後，發現銘文實有不同之處，但礙於未見實物難下定論。爲謹慎起見，仍視作兩件。
③ 陳夢家認爲"自豕鼎降十又一"爲11件，故總數爲25件。陳夢家：《西周銅器斷代》，北京：中華書局，2004年，第251頁。
④ 王晶晶、楊潔、萬曉：《關於陝西扶風上康村西周窖藏出土青銅器的幾個問題》，《文博》2020年第3期，第59頁。

伯鮮組包括食器與樂器,包括1件甗和4件一組鼎、盨,以及1件甬鐘。會妘鼎據銘文知爲妘姓女子嫁給會氏者,然此處爲函氏窖藏,應與函皇父之妻琱妘有關。而伯鮮器組與函氏器共出一窖,伯鮮極有可能亦是函氏成員。

4. 董家村窖藏

1975年2月董家村西發現銅器窖藏,①其北邊有西周居住遺址。此窖共出土銅器37件。內中器物所屬器主關係複雜,以下僅擇成組器物製成表九。②

表九　董家村窖藏出土器物分組示意表

組 別	年 代	食 器	酒 器	水 器
裘衛組	共懿	五祀衛鼎/廿七年衛簋/九祀衛鼎	×	三年衛盉
公臣組	西周晚期早段	公臣簋4	×	×
此組	宣王	此鼎3+此簋8 善夫伯辛父鼎/善夫旅伯鼎/重環紋鼎2(甲、乙)	×	×
旅仲組	宣王	旅仲簋	仲南父壺2	×
焚組	幽王	焚有嗣焚鬲	×	×

註: 甲、乙表不同型;+表前後器物銘文相同;/表同人所作

裘衛組中五祀衛鼎銘記年"隹正月初吉庚戌"、廿七年衛簋銘"隹廿又七年三月既生霸戊戌"合共王五年(前937年)正月己亥朔十二日庚戌與共王廿七年(前915年)三月庚寅朔九日戊戌曆。又三年衛盉③記年"隹三月

---

① 岐山縣文化館龐懷清,陝西省文管會鎮烽、忠如、志儒:《陝西省岐山縣董家村西周銅器窖穴發掘簡報》,《文物》1976年第5期。張天恩:《陝西金文集成》第1冊,西安:三秦出版社,2016年,第94—185頁。
② 未成組銅器有西周中期晚段的亞鼎,西周晚期的廟屖鼎、仲叿父鼎、䧹匜、成伯孫父鬲。無銘銅器有西周中期晚段的竊曲紋鼎,西周晚期的重環紋鋪2件、重環紋盤、鎣。
③ 三年衛盉形制與長安普渡村長甶墓出土穆王時期的長甶盉(《銘圖》14796)近同,陝西省文物管理委員會:《長安普渡村西周墓的發掘》,《考古學報》1957年第1期,第81—82頁。

既生霸壬寅"、九祀衛鼎記年"隹九年正月既死霸庚辰"合懿王三年(前 905 年)三月壬辰朔十一日壬寅與九年(前 899 年)正月戊午朔廿三日庚辰曆。裘衛當屬共、懿王世時人。①

五祀衛鼎與九祀衛鼎形制、紋飾相同,若忽略銘文內容不同,可視作一組。

公臣簋 4 件銘文相同,2 簋失蓋,斂口垂腹,形制與王臣簋相近,屬西周晚期早段。②

此組包括鼎 3 件一組與簋 8 件一組。此鼎銘記年"隹十又七年十又二月既生霸乙卯"合宣王十七年(前 811 年)十二月癸丑朔三日乙卯曆。③ 又此鼎銘載此的職稱爲"旅邑人、善夫",故同窖出土的善夫伯辛父鼎與善夫旅伯鼎應亦爲此所作。

重環紋鼎 2 件(甲、乙),鼎甲形制、紋飾同善夫伯辛父鼎、善夫旅伯鼎;鼎乙形制同前,紋飾作大小相同重環紋,時代約屬西周晚期晚段。

旅仲簋形制、紋飾與此簋幾乎一致,時代亦在西周晚期晚段。仲南父壺 2 件一組,器主排行爲仲,南父爲字,同窖與之相近者爲"旅仲",兩者應爲同人,爲此之弟。

燮有嗣禹鬲銘"用媵嬴鼲母",禹爲嬴姓。成伯孫父鬲銘"作糢嬴嬭鬲",則糢嬴是嫁至成氏的嬴姓女子,成伯孫父與裘衛家族的關係爲姻親。兩鬲腹部皆很淺,應屬於幽王時期。

5. 召陳村窖藏

召陳村窖藏共有五次出土,④此處以 1960 年召陳村西南 150 米處所

---

① 朱鳳瀚:《關於西周金文曆日的新資料》,《故宮博物院院刊》2014 年第 6 期,第 24 頁。
② 朱鳳瀚:《中國青銅器綜論》,上海:上海古籍出版社,2009 年,第 1309 頁。
③ 夏商周斷代工程專家組:《夏商周斷代工程 1996—2000 年階段成果報告(簡本)》,北京:世界圖書出版公司,2000 年,第 21 頁。
④ 1962 年召陳村西南大路(召陳 2 號窖藏),修路時出土西周晚期早段的斜角雷紋鬲。召陳 3 號窖藏僅出土銅餅 1 件;召陳 4 號窖藏僅出土鏤空器座殘件。1998 年召陳村西偏北 50 米處(召陳 5 號窖藏),即召陳遺址甲區西周大型建築群基址西側出土楚公豢鐘。羅西章:《扶風出土的商周青銅器》,《考古與文物》1980 年第 4 期。羅西章:《陝西周原新出土的青銅器》,《考古》1999 年第 4 期,第 20—21 頁。

發現的銅器窖藏爲代表,共出土 21 件銅器,①其中較重要成組者製成表十。

表十　召陳村窖藏出土器物分組示意表

組別	年代	食　器	酒器
散車父組	孝王至西周晚期早段	散伯車父鼎 4/散車父簋 5(甲型簋 3+甲型簋蓋 1+乙型簋 1)	散車父壺 2
歸叔組	西周中期晚段至西周晚期早段	歸叔山父簋 4(完整 1+器 1+蓋 3)	×

註:甲、乙表不同型;+表前後器物銘文相同或成組;/表同人所作

散伯車父鼎 4 件形制、紋飾、銘文相同,尺寸大小相次。銘文記年"隹王四年八月初吉丁亥",合孝王四年(前 888 年)八月壬午朔六日丁亥。

散車父簋甲型 4 件與乙型 1 件,尺寸差異不大,兩者形制雖相近,但耳部差異較大,銘文相同。甲型簋紋飾主要爲竊曲紋,而乙型簋爲重環紋。

散車父壺 2 件形制、紋飾,尺寸相同,銘文一繁一簡,繁者作"散車父作皇母醒姜寶壺,用逆(迎)姞氏,白(伯)車父其萬年子子孫孫永寶",簡者爲"散氏車父作醒姜隣壺,其萬年子子孫孫永寶用"。此對壺應是散車父與姞姓女結婚時爲母親醒姜所作。

歸叔山父簋目前僅 1 件完整器,另有器 1 件、蓋 3 件(蓋與器分藏不同單位,難以確知蓋器是否能相合爲整器),故推測至少有 4 件。口沿飾重環紋與心紋相間紋飾,形制與紋飾和瑚我父簋近似。歸叔組器物當約屬西周中期晚段至西周晚期早段。

雖然散車父組與歸叔組器物皆爲配偶或母親所作器,但製作者仍是散車父與歸叔。散氏爲姬姓,②從銘文雖難以得知歸叔與散車父的關係,但兩者

---

① 未列入表中尚有無銘銅器,如西周中晚期之際的弦紋鼎;西周晚期的變形蟬紋斗 2 件、雷紋匜 1 件、重環紋盤 1 件。史言:《扶風莊白大隊出土的一批西周銅器》,《文物》1972 年第 6 期。
② 張政烺:《矢王簋蓋跋——評王國維古諸侯稱王説》,《古文字研究》第 13 輯,北京:中華書局,1986 年,第 177—178 頁。

同出一窖,應具某種親屬關係。

6. 楊家村窖藏

楊家村窖藏共有三次出土。① 以下選擇出土逨器之兩處窖藏,分別是1985年8月與2003年1月楊家村所出土器物,②製成表十一。

表十一　楊家村窖藏出土器物示意表

組別	年代	食器	酒器	水器	樂器
逨組	宣王	卌二年逨鼎2/卌三年逨鼎10/單叔鬲9	單五父方壺2	逨盉/逨盤/叔五父匜	逨鐘7*

註:＊表1985年楊家村窖藏出土

卌二年逨鼎2件形制、紋飾、銘文相同,造型作本書所稱"克鼎形垂腹鼎"。又卌三年逨鼎10件一套,形制、紋飾、銘文相同。兩套鼎形制、紋飾幾乎無別,若忽略銘文不計,將2件卌二年逨鼎按高度尺寸穿插於卌三年逨鼎中,可組成一套高達12件的列鼎。③

單叔鬲9件形制、紋飾、銘文相同,尺寸相仿,是逨爲妻子孟嬀(祁)所作。

逨鐘7件尺寸大小相次,第1~4鐘銘文完整,據銘文完整性,第5~8鐘

---

① 1972年5月楊家村西北約300米處土壕,似居住遺址區内出土旗鼎1件。史言:《眉縣楊家村大鼎》,《文物》1972年第7期,第3頁。
② 1985年楊家村窖藏出土無銘器物中屬西周中期晚段有雲雷紋鐘2件,西周晚期竊曲紋鐘4件、編鎛3件。2003年楊家村窖藏中未成組器物有西周晚期的天盂。劉懷君:《眉縣出土一批西周窖藏青銅樂器》,《文博》1987年第2期。首陽齋、上海博物館、香港中文大學:《首陽吉金:胡盈瑩、范季融藏中國古代青銅器》,上海:上海古籍出版社,2008年,第121頁。陝西省考古研究所、寶雞市考古工作隊、眉縣文化館聯合考古隊:《陝西眉縣楊家村西周青銅器窖藏》,《考古與文物》2003年第3期。陝西省考古研究所、寶雞市考古工作隊、眉縣文化館楊家村聯合考古隊:《陝西眉縣楊家村西周青銅器窖藏發掘簡報》,《文物》2003年第6期。
③ 卌二年逨鼎2件和卌三年逨鼎10件依據高度組合成的列鼎排列順序爲卌三年逨鼎甲(58 cm)、卌二年逨鼎甲(57.8 cm)、卌三年逨鼎乙(53.6 cm)、卌二年逨鼎乙(51 cm)、卌三年逨鼎丙(49 cm)、卌三年逨鼎丁(45.6 cm)、卌三年逨鼎戊(36 cm)、卌三年逨鼎己(32.6 cm)、卌三年逨鼎庚(27.4 cm)、卌三年逨鼎辛(27 cm)、卌三年逨鼎壬(24.4 cm)、卌三年逨鼎癸(22.6 cm)。

銘文應連讀,今第5鐘缺失,原應爲8件一組編鐘。

從逨盉銘得知逨爲單氏,又單叔鬲、叔五父匜與逨器共出,器物時代特徵大體一致,知逨即單叔、叔五父。又逨盤銘中歷數七代先祖至厲王,故逨的時代應在宣王時期。

二、窖藏出土青銅器與同時代隨葬組合共異性比較分析

窖藏出土青銅器其所反映的器物組合是研究世家貴族所擁有與所使用之青銅器的珍貴一手資料,而從存有前代銅器的窖藏中可見時人保留前人銅器的宗旨。另本文將生前使用銅器組合習慣與隨葬器物組合進行比較,以期得知兩者之間的異同。

（一）周原銅器窖藏出土西周早期銅器組合

周原銅器窖藏中出土西周早期青銅器者爲1940年任家村窖藏、1972年北橋村窖藏、1976年莊白一號窖藏與1963年齊家村窖藏,其青銅器組合形式示如表十二。

表十二　周原銅器窖藏出土西周早期青銅器組合形式登記表

窖藏	出土青銅器組合形式		
	食器	酒器	水器
1940年任家村窖藏	媿鼎 新邑鼎	×	×
1972年北橋村窖藏	×	冏罍	×
1976年莊白一號窖藏	×	商：尊1+卣1 折：尊1+觥1+方彝1,斝1	×
1963年齊家村窖藏	×	日己：方尊1+觥1+方彝1	×

註：+表前後器物銘文相同

任家村窖藏與北橋村窖藏出土西周早期青銅器皆爲單件,其中媿鼎與冏

疊顯見爲殷遺民作器,可能爲克家族之收藏。

莊白一號窖藏與齊家村窖藏出土西周早期成組青銅器中,食器、水器皆無,而是以酒器爲主。

康王時期商組的尊卣組合,與西周早期晚段墓葬隨葬酒器組合基本相符,然未見食器,與周人重食輕酒的禮器組合相悖。或許與器主的身份爲殷遺民有關,也或許食器已陪同器主隨葬於墓穴中。

昭王時期折組僅有酒器組合:尊1、觥1、方彝1、罍1。其中尊、觥、方彝的組合值得注意,齊家村窖藏中的日己組亦同。目前所見尊、觥、方彝成套組合者共有5例,其中2例(即折組與日己組)出於窖藏,1例(覭爾組)出於墓葬(橫水墓地M1006),另兩例非科學發掘、情況不明。① 從目前所知5例使用尊、觥、方彝組合的器主身份皆爲殷遺民,此或昭示在西周早期晚段至西周中期在殷遺民出身的高等貴族中此種酒器組合成爲流行趨勢。

此時期隨葬酒器組合主流爲爵、觶、尊、卣,上述使用尊、觥、方彝的酒器組合與同時期隨葬酒器組合差別較大,同坑並有晚期器物出土,顯示埋藏時間並非器物所屬年代,則這些器物是未隨器主陪葬,而被後人刻意保留下來。此現象不僅反映了生前器用組合的多樣性,並引發我們進一步思考,未隨葬的先人器物用途爲何?是單純的用以紀念?還是藉由供奉在宗廟中,形成具象視覺化的家譜以凝塑家族記憶?又若當時常見隨葬禮器組合爲食器——鼎簋與酒器——爵、觶、尊、卣,加上窖藏中留下的器物,則貴族生前使用的禮器種類、數量、組合比我們目前所認知的要豐富許多。②

(二) 周原銅器窖藏出土西周中期銅器組合

周原銅器窖藏中出土西周中期青銅器者爲莊白一號窖藏與董家村窖藏,其青銅器組合情況示如表十三。

---

① 馮峰:《論西周青銅器中的尊、方彝(尊、方彝、觥)組合——兼談其與尊、卣組合的關係》,《三代考古》2018年第1期。
② 本章討論窖藏出土銅器組合,多採用成套帶銘銅器,以利分析突出焦點。同窖共出單件有銘銅器(明顯爲收藏品或看不出與同窖器主的關聯性)或無銘銅器(單從形式紋飾分析,只能判斷粗略時期),難以精確對應同窖某位器主,爲避免冗長資料的堆砌,諸如上述的材料不予納入討論,以下皆同。

表十三　周原銅器窖藏出土西周中期青銅器組合形式登記表

窖藏	出土青銅器組合形式		
	食器	酒器	水器
1976 年莊白一號窖藏	×	豐組：爵 4（甲 2+乙 1+無 1），爵 1+觶 1，尊 1+卣 1 牆組：爵 2	牆組：盤 1
1975 年董家村窖藏	裘衛組：鼎 2（甲 1、乙 1）簋 1	×	裘衛組：盉 1

註：甲、乙表紋飾不同；無表没有銘文；+表前後器物銘文相同

　　莊白一號窖藏出土穆王時期豐組酒器，包括一組 4 件爵，一套尊、卣，一套爵、觶。爵、觶、尊、卣雖與當時隨葬酒器組合相符，但明顯爵的數量高於同期其他墓葬與窖藏。又 4 件爵雖形制相仿，但 3 件同銘爵上的紋飾有些微差異，另 1 件爵無銘。共懿時期的牆組，水器僅有 1 件盤，或有所缺失，酒器仍存爵，應與牆的出身爲殷遺民有關。

　　董家村窖藏出土共懿時期裘衛組器物，包括食器二鼎一簋與水器單盉的組合，基本與同時期隨葬禮器組合相近。鼎簋相配通常是單數鼎與偶數簋組合，水器爲盉與盤搭配，故此處出現的鼎簋數量或水器組合應有所缺失。其中裘衛 2 件鼎，銘文不同，形制紋飾卻相同，原應作兩組鼎，若忽略銘文內容，又可視作一組鼎，即分可爲兩組，合則成一套，①此現象亦見於西周晚期晚段冊二年逨鼎與冊三年逨鼎以及仲義父鼎與仲義父作新客鼎。西周中期晚段開始，世家貴族出現鑄造外觀相近同，但銘文相異、高度相次的列鼎新風尚，追求在典禮儀式中一字排開的視覺震撼效果。透過窖藏出土銅鼎所展現的嶄新組合，預示了有別於前期之祭祀宴饗規則與模式正悄然地醞釀萌生中。

　　豐組、牆組與裘衛組器年代早於窖藏埋入時間，故目前所見出土器物是後來齎藏者有意選擇的結果。齎藏者的出身、家族用銅習慣左右留存的器

---

① 九祀衛鼎高 37.1 cm、五祀衛鼎高 36.5 cm，可按高度大小排列。

類,因此豐組、牆組皆有爵,而裘衛組沒有。

(三) 周原銅器窖藏出土西周晚期早段銅器組合

周原銅器窖藏中出土有西周晚期早段青銅器者爲 1940 年任家村窖藏、1972 年北橋村窖藏、1976 年莊白一號窖藏、齊家村窖藏、上康村窖藏、董家村窖藏與召陳村窖藏,其青銅器組合情況示如表十四。

表十四　周原銅器窖藏出土西周晚期早段銅器組合形式登記表

窖　藏	出土青銅器組合形式			
	食　器	酒　器	水　器	樂　器
1940 年任家村窖藏	虘組:簋 4	×	×	虘組:鐘丙 1
1972 年北橋村窖藏	×	×	×	雲紋鐘 2
1976 年莊白一號窖藏	㝬組:鬲 15(甲 5,乙 10)簋 8 盨 2 鋪 1 盆 2 匕 2	㝬組:爵 3(甲 2,乙 1)壺 4(甲 2,乙 2)	×	㝬組:鐘 17(乙 1+己 3,甲 4,丙 6,丁 3)
齊家村窖藏	瑪我父組:簋 7(甲 3,無 4)	幾父組:壺 2	×	×
董家村窖藏	公臣組:簋 4	×	×	×
召陳村窖藏	散車父組:鼎 4 簋 5(甲 4+乙 1) 歸叔組:簋 4	散車父組:壺 2 ×	×	×

註:甲、乙、丙、丁、己、庚表不同型;無表没有銘文;+表前後爲同組器物

表十四中㝬組與歸叔組器分別是莊白一號窖藏和召陳村窖藏中年代最晚者,兩人應即埋藏者。

㝬鑄造使用高件數簋,依據鼎簋相配規律,8 件簋應搭配 9 件鼎,此處僅存簋未見鼎,應是出土即散失或當初未埋入等各種不可知因素導致。然㝬作爲王朝卿士,使用 8 簋(9 鼎)規格,衝擊了傳統墓葬鼎簋相配制度與身份階

級對等的認知。《公羊傳》載:"天子九鼎,諸侯七,卿大夫五,元士三也",目前多數墓葬出土隨葬鼎簋數量,遵守上述規則。或許生前鼎簋相配的數量雖有設限,因祭祀宴饗的場合多在家族内進行,參與的對象多半是族人或僚友,屬於私領域半公開的社交範疇,可隨規模機動增減,未必嚴格遵守;但隨葬的鼎簋數量因涉及墓主的等級,在當時的貴族階層中是必須嚴格遵守之禮制。

瘋爲妀鑄作 10 件鬲,以及召陳村窖藏出土的散車父鼎、簋與歸叔簋,亦屬自西周中期晚段開始窖藏出土銅器中多見的"爲夫人作器"之例。

瘋壺有兩組,尺寸一大一小。同時期的高等級墓葬隨葬酒器亦見兩組壺,多爲一方、一圓的配置,①故知西周晚期早段開始,高等級貴族生前至少使用兩組壺,此兩組壺大小尺寸不同,可爲方圓、雙方或雙圓的組合搭配。另瘋組器中尚見 3 件爵,同時期的隨葬酒器中已基本不見爵的蹤影,但窖藏中仍存在,表示器主生前使用的青銅器組合受到出身與習慣因素影響較大,故而呈現出略異於時代趨勢的個人風格。瘋的殷遺民出身,應是其較長久保留爵作爲酒器的原因。

瘋鐘有四組,時代較早的一組由乙鐘 1(有銘)+己鐘 3(無銘)構成,共 4 件一組(圖五)。值得注意的是,此套是由數件形制、紋飾不同的鐘拼合成編。時代較晚的三組分别是瘋鐘甲 4 件(圖六·1—4)、瘋鐘丙 6 件(圖六·5—10)與瘋鐘丁 3 件(圖六·11—13),②甲鐘與丁鐘形制與紋飾雖近同,但銘文相異。從瘋鐘出土的套數,得知當時較高等級的貴族生前不止擁有一組編鐘。

召陳村窖藏出土西周中晚期之際散車父組。散車父簋 5 件一組,其中 1 件形制、紋飾不同,但銘文相同,顯示爲同時所作。又散車父壺 2 件一組,同形同紋,尺寸相同,但銘文略有差異。西周中晚期之際同組器物同形、同紋飾、同銘的規則似處草創階段,尚未嚴格執行遵守。

虘組、公臣組與幾父組在窖藏銅器中皆非時代最晚之器物,應爲後人留

---

① 如晉侯㬆馬壺有 2 件圓壺(M92:4、8)以及 2 件方壺(M33、M91:57),參見北京大學考古學系、山西省考古研究所:《天馬—曲村遺址北趙晉侯墓地第五次發掘》,《文物》1995 年第 7 期,第 6、11—12、16 頁。
② 蔣定穗:《試論陝西出土的西周鐘》,《考古與文物》1984 年第 5 期。陳美蘭:《瘋鐘小記》,《中國文字》新 28 期,臺北:藝文印書館,2002 年。

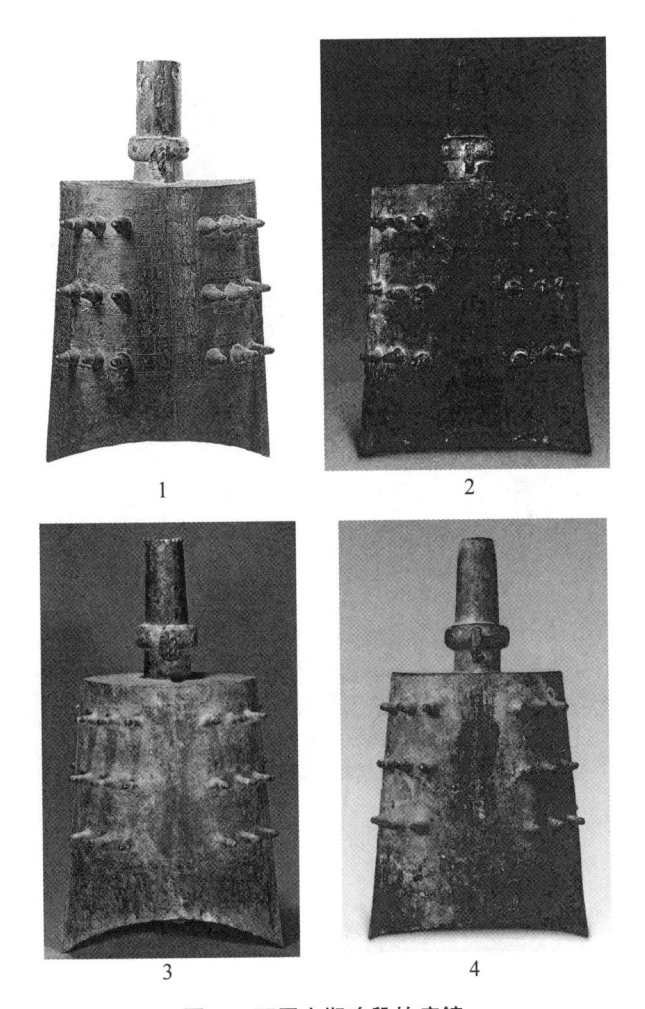

第三章　克器群與同時期銅器窖藏出土器群比較研究・173・

圖五　西周中期晚段的癭鐘
1. 乙鐘(76FZH1：64)　2. 己鐘(76FZH1：61)　3. 己鐘(76FZH1：66)　4. 己鐘(76FZH1：63)

用擇存,故存有器類較少。

(四) 周原銅器窖藏出土西周晚期晚段青銅器組合

上述周原銅器窖藏中出土西周晚期晚段青銅器者爲克器群窖藏、齊家村窖藏,上康村窖藏、1975年董家村窖藏與楊家村窖藏。其出土青銅器組合情況示如表十五。

圖六　瘨鐘甲、瘨鐘丙與瘨鐘丁

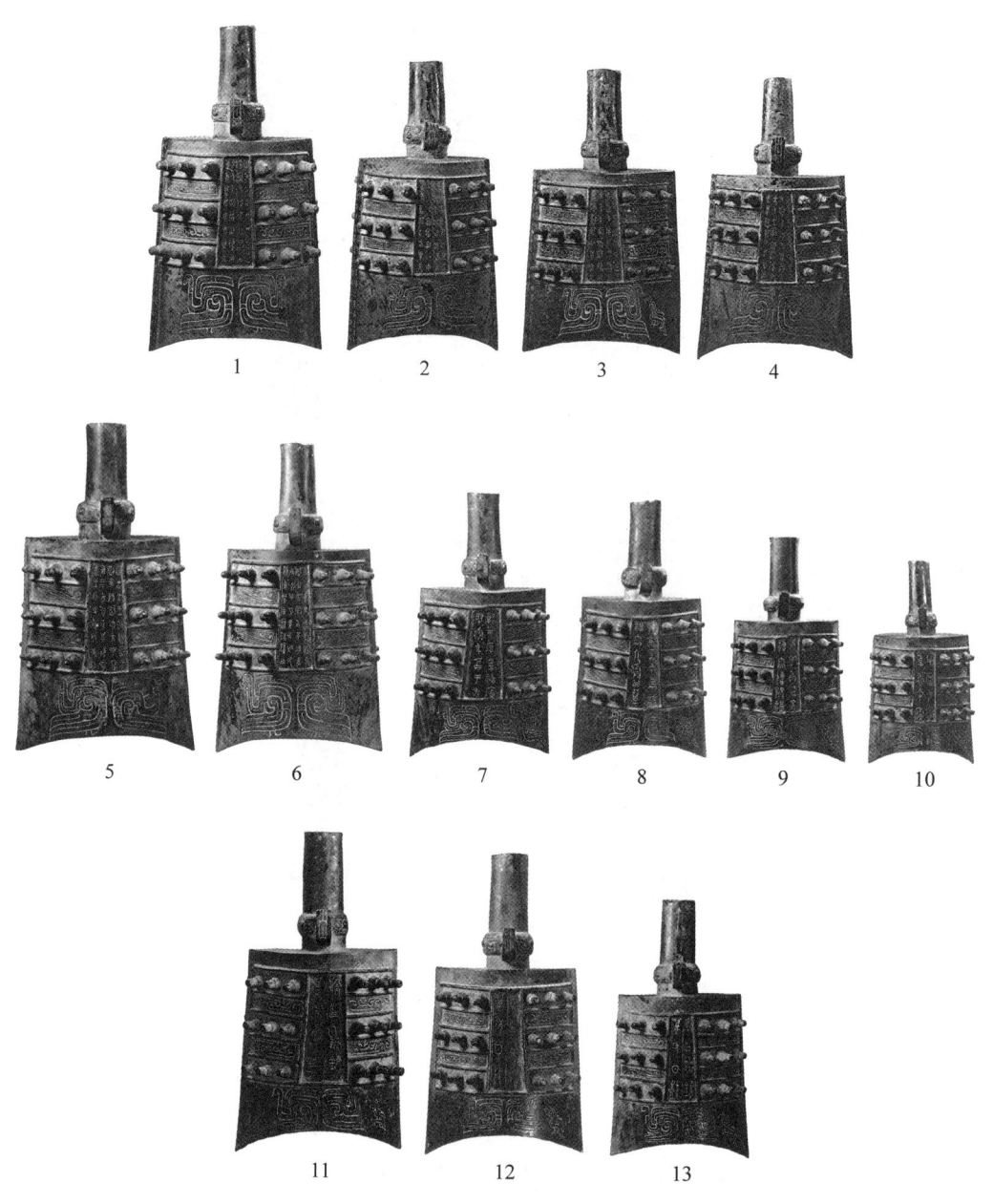

1. 瘨鐘甲(76FZH1∶29)　2. 瘨鐘甲(76FZH1∶10)　3. 瘨鐘甲(76FZH1∶9)　4. 瘨鐘甲(76FZH1∶32)　5. 瘨鐘丙(76FZH1∶8)　6. 瘨鐘丙(76FZH1∶30)　7. 瘨鐘丙(76FZH1∶16)　8. 瘨鐘丙(76FZH1∶33)　9. 瘨鐘丙(76FZH1∶62)　10. 瘨鐘丙(76FZH1∶65)　11. 瘨鐘丁(76FZH1∶28)　12. 瘨鐘丁(76FZH1∶31)　13. 瘨鐘丁(76FZH1∶57)

表十五　周原銅器窖藏出土西周晚期晚段青銅器組合形式登記表

窖藏	出土青銅器組合形式			
	食器	酒器	水器	樂器
1884 年前任家村窖藏	克組：鼎9(甲1乙8)簋2+盨1、盨器2蓋3 仲義父組：鼎9(甲5乙4)盨2 仲姞組：鬲14	仲義父組：罍2		克組：鎛1 鐘5
1940 年任家村窖藏	梁其組：鼎3簋7盨3 吉父組：鼎2(甲1乙1)鬲11簋1	梁其組：壺2 吉父組：罍2	吉父組：盂1	梁其組：鐘6
1972 年北橋村窖藏	伯吉父組：鼎1+簋2(甲1無1)簋1		伯吉父組：盤2(甲1乙1)	
1960 年齊家村窖藏	中友父組：簋4		中友父組：盤1+匜1	中義組：鐘8 柞組：鐘8
1958、1963 年齊家村窖藏	㝬組：鬲2		㝬組：盂1+盤1+匜1(無)盂2	
上康村窖藏	函皇父組：鼎2(甲1+乙1)簋5(4銘+1無) 伯鮮組：甗1+鼎4盨4		函皇父組：盤1匜1	鮮組：鐘1
1975 年董家村窖藏	此組：鼎3+簋8 善夫旅伯辛父組：鼎4 旅仲組：簋1 燮有嗣再組：鬲1	旅仲組：壺2		
楊家村窖藏	逨組：鼎12(甲2乙10)鬲9	逨組：方壺2	逨組：盂1盤1匜1	逨組：鐘7

註：甲、乙表不同型；無表沒有銘文；+表前後爲同組器物

本期窖藏出土銅器年代約等同埋藏時間，故埋入器類可視作器主自主性的選擇。

楊家村窖藏爲科學發掘，出土器類及其組合最能反映貴族生前銅器使用情況。逨組食、酒、水、樂各器類俱全。食器中鼎、鬲數量皆爲隨葬禮器中少

見的高件數,逨作爲王朝卿士,使用 10 件列鼎,已超越《公羊傳》載:"天子九鼎,諸侯七,卿大夫五,元士三也"之數,若 2 件卅二年逨鼎忽略銘文不計,僅以外觀來看,可以相互組成高達 12 件列鼎。9 件鬲是逨爲妻孟嬀(祁)所作,自西周中期晚段開始出現爲妻子鑄作高件數鬲的趨勢,延續至西周晚期仍爲主流。

此組 3 鼎 8 簋,顯見相配的鼎數較少,可能出土即散失或未全部埋入,然從 8 簋之數,可推測原至少應有 9 鼎,此亦使用了高件數鼎。克器群中也有相同的情況,小克鼎 8 件,已接近天子用鼎數量。克以字行所作兩組鼎——仲義父鼎與仲義父作新客鼎,若不論銘文,也可按高度相互組成一套 9 件的列鼎。西周晚期晚段生前使用高件數鼎似爲當時趨勢。

西周晚期隨葬組合中簋與盨不重出,但在窖藏銅器中,可見簋與盨共出,如善夫克簋與善夫克盨、善夫梁其簋與伯梁其盨。

伯鮮組 4 件鼎、盨的組合,符合隨葬器物組合中,簋或盨多和鼎相互搭配。

生前使用水器組合與隨葬組合相同,皆爲盉、盤、匜或盤、匜。

樂器組合多以 8 件成編,以甬鐘體量來看,可分成前四鐘一組,後四鐘一組,第四鐘與第五鐘的高度落差明顯。

三、小結

以下總結本節窖藏銅器內涵,並概括其所反映之青銅禮器制度:

1. 周原銅器窖藏出土銅器下限普遍落在西周晚期三個王世,即厲王、宣王與幽王。

2. 窖藏銅器組合基本與同時期隨葬禮器組合相符。惟在窖藏銅器組合中,可見受齋藏者出身與家族習慣影響,會出現不盡合時代流行器制的器類,如莊白一號窖藏中從穆王至厲王時期皆出現爵。

3. 尊、觥、方彝組合爲西周早期晚段至西周中期早段在殷遺民高等貴族中流行的酒器組合,與同時期的隨葬酒器組合主流——尊、卣並行,值得注意。尊、卣、觥、方彝皆爲商晚期流行使用的酒器,進入西周早期後尊、卣仍普遍被周人所接受,而觥與方彝反之,西周早期數量即大幅減少,僅極零星姬周貴族與殷遺民使用,故仍能殘存至西周中期早段。西周中期晚段後,周人亟思擺脫殷商舊習,全面確立周文化,不僅尊、觥、方彝組合消失,就連常見的尊、卣組合也不再流行,取而代之的是周人認同的圓壺與方壺。

4. 西周中期晚段開始出現追求成套禮器的趨勢,多見於鼎與簋。成套的形式有:(1)形制、紋飾相同,但銘文不同;(2)形制、銘文相同,然紋飾不同;(3)形制、紋飾相同的有銘與無銘器組合。利用上述不同形式組合成套的鼎或簋,顛覆隨葬鼎、簋數量固定的組合搭配,顯現出高等級貴族在日常使用銅器時的機動靈活,另一方面透露出此階段對於在宴饗祭祀等儀式中強調陳列時視覺效果的重視。

5. 西周中期晚段開始,樂鐘可由不同形制、紋飾、大小的甬鐘拼湊成編。在右鼓部以小鳥紋標示側鼓音,爲周人有意識地選擇小三度的音律,並打破傳統3件成編的制式,擴大甬鐘數量,誕生6件、8件成套的編鐘,以達到較寬音域的演奏效果。

6. 西周晚期銅器窖藏中屢見高件數鼎(多件相組合形制紋飾相同、尺寸相次之鼎)或簋(多件相組合形制紋飾相同、尺寸相若之簋),且延續了前期製作外觀相同、銘文不同的器物習慣,使得兩組禮器可以合併成一組更高數量的列器。① 此種用鼎制度未見於隨葬禮制中,且已超越傳世文獻所載卿大夫的用鼎數量。春秋早期如虢國墓地中已多見高等級卿大夫墓中隨葬九鼎,而聯繫到西周晚期的高件數用鼎現象,不僅爲我們拓展了西周貴族生前用鼎的新視野,並進一步開啟西周末或即已有"僭越"的嶄新認識。

7. 簋與盨性質相近,盨較晚起,一般可替代簋與鼎搭配組合,有些盨銘甚至自稱爲簋。窖藏銅器中可見簋與盨共出,甚至同銘的現象,顯示簋、盨可成套使用。此種情況未見於隨葬銅器組合,應是生前使用銅器的習慣。

8. 西周晚期窖藏銅器中常見爲妻子作高件數鬲或成套銅禮器,而這些器物皆出於當代埋存窖藏,而未見於前代遺留銅器中。目前所見前代遺留銅器多爲男性家族成員作器,此應與古代女子作器不易,擁有青銅器的數量較少,逝世後多與之隨葬有關。另高件數鬲(8件以上、形制紋飾相同、尺寸相仿),在西周時期幾乎未見於隨葬銅器中,應與鬲不具身份等級的象徵,而爲生活實用器有關。

---

① 筆者此處所用"列器"之意爲形制相同、尺寸相次或相若的成組器物。正如林澐先生認爲凡形制相同的成組銅器,可分別名爲"列簋""列盨""列壺"等,請參閱林澐:《周代用鼎制度商榷》,《林澐學術文集》,北京:中國大百科全書出版社,1998年,第197頁。

第二節　豐鎬地區銅器窖藏內涵與相關禮法制度問題

豐鎬爲西周時期的都城豐京、鎬京之合稱，豐京在灃水西邊、鎬京在灃水東邊。豐京具體位置範圍約包括今西安市長安區客省莊、張家坡、太原村、馮村、新旺村、曹寨與馬王鎮一帶；鎬京具體位置範圍則約包括落水村、下泉北村、官莊、花園村、斗門鎮、白家莊、普渡村與上泉北村一帶（圖一）。

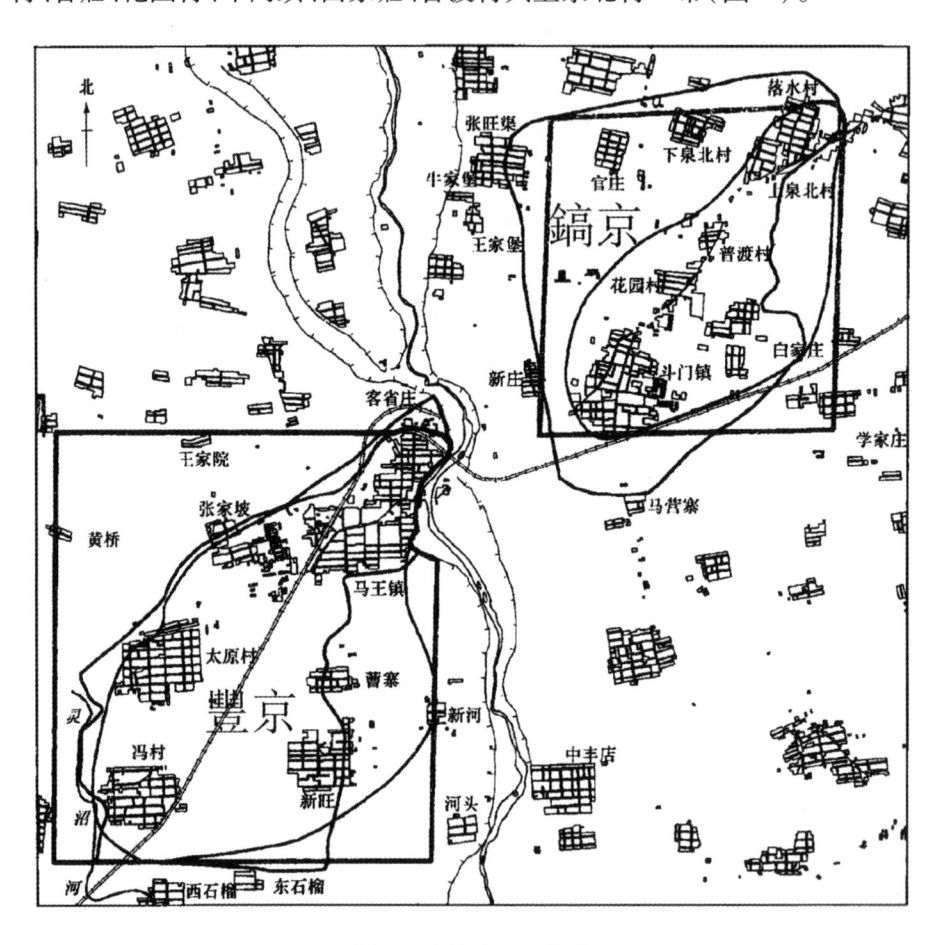

圖一　豐鎬地區示意圖

註：深黑色綫條框取範圍爲豐京、鎬京今日大致位置。本圖以付仲楊、王迪、徐良高：《豐鎬遺址近年考古工作收穫與思考》(《三代考古》，2018 年）一文中附圖改製而成

一、豐鎬地區銅器窖藏出土器類年代與組合分析

本節選擇樣本標準爲位於豐鎬地區位置相近、數次出土同組或一次出土數量較多,且齎藏時間在西周晚期之窖藏,以下按窖藏銅器類別進行分析。

1. 馬王村銅器窖藏

馬王村先後共發現四座銅器窖藏。① 1973 年 5 月馬王村西窖藏內出土 25 件銅器,其中 9 件有銘。② 以下按器主分組成套器物製成表一。

表一　1973 年馬王村窖藏出土器物分組示意表

組　別	年　代	食　器	酒　器	水　器
中組	西周中期晚段	中甗/顧龍紋鼎	顧龍紋壺	顧龍紋盤
衛組	西周中期晚段	衛鼎/衛簋 4	×	×
是婁組	宣王	是婁簋 2	×	×
姞㝬母組	西周晚期晚段	×	×	姬㝬母匜

(1) 中組

中甗甑鬲連體,敞口較淺腹,雙立耳,鬲部分襠,三柱足。甑部口沿下飾垂冠顧龍紋,鬲腹飾牛角獸面紋(圖二·1)。其形制、紋飾與泉屋博古館藏穆王時期丼伯甗(《銘圖》3253,圖二·2)近似。③ 惟中甗足部較丼伯甗短粗,

---

① 另三次分別爲:1963 年馬王村灃西公社出土爯鼎、爯爵,時代爲西周早期。1967 年馬王村灃西公社出土六件銅器,分別是西周中期晚段至西周晚期早段竊曲紋鼎和蒜壺 2、蒜罐;西周晚期的許男鼎、弦紋鼎。1976 年 4 月馬王村灃西公社銅網廠西南出土八件銅器,分別是西周早期晚段伯鼎、爯父癸簋、雞尊、雞卣,另四件無銘器物分別爲甗、觶、瓿、爵,未見器影,器型描述亦無提供。王長啓:《西安市文物中心收藏的商周青銅器》,《考古與文物》1990 年第 5 期。珠葆:《長安灃西馬王村出土"鄂男"銅鼎》,《考古與文物》1984 年第 1 期。
② 無銘銅器尚有西周中、晚期 10 件甬鐘,2 件重環紋車軎,因難以確知從屬於何人,故未列入正文。西安市文物管理處:《陝西長安新旺村、馬王村出土的西周銅器》,《考古》1974 年第 1 期。
③ 陳夢家先生認爲屬共王,劉啓益先生定在穆共時期,殷周金文暨青銅器資料庫定在西周早期。筆者認爲從腹部較淺和紋飾特徵綜合判斷應定在穆王時期。參見陳夢家:《西周銅器斷代》,北京:中華書局,2004 年,第 148 頁。劉啓益:《西周紀年》,廣州:廣東教育出版社,2002 年,第 272 頁。

图二　1973 年马王村窖藏出土中甗形制比较图

1. 中甗　2. 井伯甗

其时代应略晚於井伯甗，当约在西周中期晚段。

顾龙纹鼎窄沿圆唇、鼓腹，索状立耳，三足已残、跟部饰兽面，口沿下饰相对垂冠顾龙纹（图三·1）。其形制、纹饰与扶风黄堆 4 号墓出土的鼎（M4：8）近似，[①]属西周中期晚段。顾龙纹壶长颈溜肩、敛腹平底，颈部有双兽首衔

图三　1973 年马王村窖藏出土中组无铭铜器

1. 顾龙纹鼎　2. 顾龙纹壶　3. 顾龙纹盘

---

① 陕西周原考古队：《扶风黄堆西周墓地钻探清理简报》，《文物》1986 年第 8 期。

環耳。頸部飾垂冠顧龍紋與三道凸弦紋,肩部飾波帶紋,腹部飾三角夔紋(圖三·2)。此壺形制少見,時代約屬西周中期。垂冠顧龍紋盤作侈口窄唇,雙附耳略高出口沿,圈足外撇。口沿下飾垂冠顧龍紋一周(圖三·3)。其形制與長安斗門鎮普渡村西周墓出土的盤(006)類同,①其時代約屬西周中期。

上述三件顧龍紋鼎、壺、盤風格與中甗相近、時代亦同,應為一組器物。

(2) 衛組

衛鼎腹部極淺,附耳高出口沿甚多,三蹄足,口沿下飾竊曲紋(圖四·1),形制十分特別。

衛簋四件一組,大小相仿。腹部、蓋面及方座飾上卷角獸面紋,圈足飾垂冠分尾長鳥紋(圖四·2)。上卷角獸面紋亦見於日己方彝,但本器的上卷角歧出分枝,十分特別,而其形制與佣生簋近似。結合銘文中提到㷭伯,㷭伯在金文中首見於共王,故此器時代約屬西周中期晚段。

圖四　1973年馬王村窖藏出土衛組器物形制圖

1. 衛鼎　2. 衛簋

(3) 是婁組

是婁簋二件一組,大小相仿(圖五·1—2)。侈口垂腹,雙附耳高出口沿,腹正、反面上部有一貫耳,圈足外撇。上有蓋,蓋面呈坡狀隆起,有圈足狀

---

① 陝西省文物管理委員會:《長安普渡村西周墓的發掘》,《考古學報》1957年第1期,第82頁。

捉手,通體飾直棱紋,圈足飾一道凸弦紋。形制與晉侯墓地 M64 出土䍙休簋（圖五·3）、老簋（圖五·4）①近似,惟本器無方座。晉侯墓地 M64 墓主爲晉侯邦父,時代在宣王晚段,②則是婁簋的年代亦當同時。

圖五　1973 年馬王村窖藏出土是婁組器物形制比較圖

1. 是婁簋　2. 是婁簋　3. 䍙休簋　4. 老簋

（4）姞𣪘母組

姞𣪘母匜呈瓢形腹,流上仰,獸首鋬,腹下有四獸足。口沿下飾重環紋,餘飾瓦紋（圖六·1）。其形制與函皇父匜（圖六·2）近似,時代屬西周晚期晚段。此匜爲姞𣪘母自作器。

---

① 張光裕先生認爲老簋年代約在西周中期。見張光裕:《新見老簋銘文及其年代》,《考古與文物》2005 年增刊。
② 山西省考古研究所、北京大學考古學系:《天馬—曲村遺址北趙晉侯墓地第四次發掘》,《文物》1994 年第 8 期。朱鳳瀚:《中國青銅器綜論》,上海:上海古籍出版社,2009 年,第 1449 頁。

第三章　克器群與同時期銅器窖藏出土器群比較研究 · 183 ·

圖六　1973 年馬王村窖藏出土姞🅂母匜形制比較圖

1. 姞🅂母匜　2. 函皇父匜

2. 張家坡銅器窖藏

1961 年 10 月張家坡灃西磚廠東門外 300 米處窖藏內發現 53 件銅器,①內中器物所屬器主關係複雜,以下擇成組器物製成表二。

表二　張家坡窖藏出土器物分組示意表

組　別	年　代	食　器	酒　器	水　器
孟組	西周中期早段	孟簋 3、匕 5(甲 1 乙 4)	杯 5(甲 2 乙 1 丙 2) 斗 4(甲 2 乙 2)	×
師旋組	西周中期晚段	元年師旋簋 4/ 五年師旋簋 3	×	×
伯䣄父組	西周晚期早段	伯䣄父鬲 8/斜角雲紋鬲 2	伯壺 2	伯䣄父盉、筍侯盤
伯百父組	西周晚期早段	×	×	伯百父鑒/伯百父盤
伯梁父—伯喜組	西周晚期晚段	伯梁父簋 4 伯喜簋 4	×	×

註:甲、乙、丙表不同型

---

① 同窖出土的無銘銅器尚有西周晚期竊曲紋簋 4 件一組與顧龍紋豆 1 件,因難以確知器主爲何人,故未列入正文討論。中國科學院考古研究所:《長安張家坡西周銅器群》,北京:文物出版社,1965 年。

（1）孟组

孟簋3件一組，形制、紋飾、銘文相同，尺寸相仿。侈口鼓腹，獸首半環形耳、下接小珥，圈足外撇下接方座。腹部與方座飾垂冠大鳥紋，圈足飾目紋，參考其銘文字體，其時代屬西周中期偏早，約穆王世。杯、斗、匕放置在孟簋內，從時代特徵來看當在西周中期，應爲一家所作器，故歸攏放在一起（圖七）。①

圖七　張家坡窖藏出土孟組銅器

1.孟簋　2.甲型匕(49)　3.乙型匕(52)　4.甲型杯　5.乙型杯　6.丙型杯　7.甲型斗　8.乙型斗

---

① 中國科學院考古研究所：《長安張家坡西周銅器群》，北京：文物出版社，1965年，第12頁。

第三章　克器群與同時期銅器窖藏出土器群比較研究 ·185·

(2) 師旋組

師旋組包括元年師旋簋4件與五年師旋簋3件兩組簋(圖八)。元年師旋簋銘記"隹王元年四月既生霸"合孝王元年(前887年)四月丁未朔八日甲寅曆,則師旋屬西周中期晚段時人。

另從銘文作"文祖益仲"來看,師旋屬益氏。

1　　　　　　　　　　　2

圖八　張家坡窖藏出土師旋組銅器

1. 元年師旋簋　2. 五年師旋簋

(3) 伯辜父組

伯辜父鬲寬折沿、束頸、聯襠,與足對應的腹部上有月牙形扉棱。腹部飾直綫紋,中部有一條凹帶(圖九·1)。較高束頸與腹部較寬的凹帶與微伯鬲(圖九·2)近似,較鼓的腹部和較高曲的襠部與仲姞鬲(圖九·3)相近,伯辜父鬲整體形制介於微伯鬲和仲姞鬲之間,則其時代應在西周晚期早段約屬王世。

1　　　　　　　　2　　　　　　　　3

圖九　伯辜父鬲形制比較圖

1. 伯辜父鬲　2. 微伯鬲　3. 仲姞鬲

从鬲铭"伯辜父作叔姬鬲,永寳用"知其乃伯辜父爲妻子叔姬所作。另有2件斜角雲紋鬲(圖十·2),大小、形制與伯辜父鬲相仿,10件鬲放在2件伯壺内,器底皆有煙熏痕,當爲實用器。同窖共出一件筍侯盤,銘載"筍侯乍(作)叔姬媵盤",結合伯辜父鬲銘,知筍侯盤爲叔姬從父家帶過來的嫁妝,伯辜父與叔姬爲夫妻關係。

伯辜父盉侈口束頸,前有龍首直口流,後有獸首鋬,分襠袋足,上有蓋。蓋沿與口沿下飾中目竊曲紋,流口飾斜角雷紋,時代約屬西周晚期(圖十·3)。

圖十 張家坡窖藏出土伯辜父組銅器
1. 伯辜父鬲 2. 斜角雲紋鬲 3. 伯辜父盉

(4)伯百父組

伯百父鋆、盤銘文相同,皆爲女兒孟姬所做媵器。媵器一般應在夫家出現,故此兩件器物爲孟姬從父家攜帶而來。伯百父鋆(圖十一·1)與美國舊金山亞洲藝術館藏季良父盉(《銘圖》14774)形制相近,但自銘爲鋆。伯百父盤形制與厲王時期的袁盤近似(圖十一·2~3),①時代約屬西周晚期早段。

伯辜父之妻爲叔姬,同窖亦見孟姬媵器,有可能伯百父即筍侯,孟姬與叔姬爲姊妹,同嫁一人。

---

① 夏商周斷代工程專家組:《夏商周斷代工程1996—2000年階段成果報告(簡本)》,北京:世界圖書出版公司,2000年,第21頁。

第三章　克器群與同時期銅器窖藏出土器群比較研究 · 187 ·

圖十一　張家坡窖藏出土伯百父組銅器形制比較圖

1. 伯百父鎣　2. 季良父盉　3. 伯百父盤　4. 袤盤

（5）伯梁父—伯喜組

伯梁父簋4件一組，尺寸、紋飾、銘文相同（圖十二·1），形制與董家村窖藏出土的此簋近似，時代約屬西周晚期晚段。

伯喜簋4件一組，尺寸、紋飾、銘文相同（圖十二·2），形制與伯梁父簋近似，時代亦約屬西周晚期晚段。

圖十二　張家坡窖藏出土伯梁父簋與伯喜簋

1. 伯梁父簋　2. 伯喜簋

張家坡窖藏各器主應屬同一家族,彼此之間的親屬關係分析如下:從元年師旋簋銘知其家族爲益氏,師旋之文祖益仲,應即同窖共出之孟簋的作器者——孟。厲王時期的伯竟父應是師旋的下一輩,其妻是叔姬、孟姬。西周晚期晚段的伯梁父與伯喜應是同人。"梁"通"良","喜"者"好"也,名與字號義近相宜。而西周晚期早段的筍侯盤與伯百父鎣、盤皆爲叔姬、孟姬從父家攜帶來的嫁妝,與益氏家族無關。

3. 新旺村銅器窖藏

新旺村先後發現五座銅器窖藏,①大多皆爲零星一兩件器物,且多無銘文,以下僅擇 1982 年與 1984 年分別出土同人所作器物製成表三。

表三　新旺村窖藏出土器物分組示意表

組　別	年　代	食　器	酒　器	水　器
𦰩組	西周早期晚段	𦰩鼎 1	×	×
寧戈册組	西周晚期晚段	寧戈册鼎 4(甲 1 乙 3)	寧戈壺 1	×

註:甲、乙表不同型

寧戈册組分兩次出土於兩座窖藏。一次爲 3 件一組的鼎;另一次爲 1 鼎 1 壺,其中 1 鼎爲半球形腹鼎(圖十三·1),被倒置的𦰩鼎套覆。𦰩鼎折沿方唇,雙索狀立耳,三蹄足、跟部飾獸面,口沿下飾獸面紋,並有六道扉棱,時代約屬西周早期晚段。𦰩鼎時代早於窖穴埋藏年代,應是寧戈册所保存前代之物。

寧戈册鼎 3 件一組,大小相次,銘文相同,形制皆作本書稱"克鼎形垂腹

---

① 第一次爲 1967 年 7 月新旺村西北 200 米處:出土遹盂與銅匜各一件,匜放於盂内,盂爲倒置。參見陝西省博物館:《陝西長安灃西出土的遹盂》,《考古》1977 年第 1 期。第二次爲 1973 年 5 月新旺村北 73 米處:出土銅鼎、銅盂各一件,盂放在鼎内,兩器倒置於坑内。參見西安市文物管理處:《陝西長安新旺村、馬王村出土的西周銅器》,《考古》1974 年第 1 期。第三次爲 1980 年 3 月新旺村外,出土史更鼎、簋各 1 件,參見陳穎:《長安縣新旺村出土的兩件青銅器》,《文博》1985 年第 3 期。第四次爲 1982 年 1 月新旺村南 250 米處:出土 2 件鼎,𦰩鼎倒置,其内套裝正置的寧戈册鼎。第五次爲 1984 年新旺村窖藏,出土四件銅器,參見王長啟:《西安市文物中心收藏的商周青銅器》,《考古與文物》1990 年第 5 期。

第三章　克器群與同時期銅器窖藏出土器群比較研究 ·189·

圖十三　新旺村窖藏出土宁戈册組銅器
1. 宁戈册鼎　2. 宁戈册鼎　3. 宁戈壺

鼎",從足跟膨大呈扇形,判斷時代約屬西周晚期晚段(圖十三·2)。

宁戈壺僅 1 件(圖十三·3),一般多爲對壺,此處數量應有所缺失,形制與宣王時期的頌壺近似,約屬西周晚期晚段。

宁戈組器形制、紋飾特徵皆屬西周晚期晚段,但銘文卻僅鑄族氏,形式與商晚期銘文無别,顯示埋入新旺村窖藏的器主身份爲殷遺民。

4. 長安豐鎬遺址窖藏

1972 年長安豐鎬遺址窖藏出土 19 件銅器,簡報未詳述出土情況與地點。① 以下按器主分組製成表四,又無銘器物成組數量較多者,因具瞭解生前使用銅器組合的意義,遂列入討論,而其他單件無銘銅器,難以判定所屬器主,故略而不論。②

---

① 介紹文中未述詳細地點以及出土情況,19 件銅器包括叔頿父鼎、弦紋鼎、簋 3、鬲 3、器蓋 1,參見王長啟:《西安市文物中心收藏的商周青銅器》,《考古與文物》1990 年第 5 期。張天恩:《陝西金文集成》第 12 册,西安:三秦出版社,2016 年,第 81 頁。吴鎮烽:《商周青銅器銘文暨圖像集成三編》第 2 卷,上海:上海古籍出版社,2020 年,第 17 頁。
② 弦紋鼎,作半球形腹,口沿下飾二道弦紋,時代約屬西周晚期。其他器物文中未詳述。

表四　豐鎬遺址窖藏出土器物分組示意表

組　別	年　代	食　器
大師小子夌組	西周晚期早段	大師小子夌簋4(1件失蓋)
器主不明(無銘)	西周晚期	重環紋鬲13件

　　大師小子夌簋4件(圖十四)形制、紋飾、尺寸、銘文相同,其中一件失蓋,一件似出土即散佚,後由私人藏家收藏(《銘三》498)。閣口鼓腹,雙犄角獸首半環耳、下有小珥,圈足外撇下接三獸首扁足,上承蓋,蓋面隆起,有圈足狀捉手。蓋沿與口沿下飾大小相間重環紋,圈足飾重環紋,形制與厲王時期的師㝨簋近似。

圖十四　1972年長安豐鎬遺址銅器窖藏出土大師小子夌簋

　　重環紋鬲13件形制相同,寬折沿、束頸、聯襠、三柱足,與足對應的腹部有月牙形扉棱,肩部飾重環紋,下有二道弦紋,餘飾直棱紋,時代約屬西周晚期。

二、窖藏出土青銅器與同時代隨葬組合共異性比較分析

窖藏出土青銅器與墓葬出土青銅器不同，所反映的是世家貴族生前使用銅器的組合、習慣以及留存前人銅器的情況，這些是目前較爲缺乏且缺少關注的訊息。以下將窖藏出土各期銅器組合與考古發掘所見隨葬銅器組合進行比較，以期得知兩者之間的異同。

（一）豐鎬地區銅器窖藏出土西周早期銅器組合

豐鎬地區銅器窖藏中出土西周早期晚段青銅器者僅 1982 年新旺村窖藏，其青銅器組合形式示如表五。

表五 豐鎬地區銅器窖藏出土西周早期青銅器組合形式登記表

窖藏	出土青銅器組合形式		
	食器	酒器	水器
1982 年新旺村窖藏	𢒗㠱組：鼎 1	×	×

此時期豐鎬地區銅器窖藏中僅見單鼎之例，未見酒器、水器，與同時期周原地區銅器窖藏中多見酒器的組合不同。

新旺村窖藏同坑尚有晚期器物出土，顯示此器爲後人刻意留下，從族氏"𢒗㠱"與"作父乙"銘得知，器主應爲殷遺民。窖穴中無同人其他食器與酒器存藏，或應與之隨葬。從前文所述知同坑共出晚期器物器主爲宁戈册，應亦爲殷遺民。

（二）豐鎬地區銅器窖藏出土西周中期銅器組合

豐鎬地區銅器窖藏中出土西周中期早段青銅器者爲張家坡窖藏孟組；屬西周中期晚段者爲張家坡窖藏師㝨組以及 1973 年馬王村窖藏中的中組和衛組，其青銅器組合形式示如表六。

表六　豐鎬地區銅器窖藏出土西周中期青銅器組合形式登記表

窖藏	出土青銅器組合形式		
	食器	酒器	水器
1973年馬王村窖藏	中組：甗1鼎1 衛組：鼎1簋4	中組：壺1	中組：盤1
張家坡窖藏	孟組：簋3、匕5(甲1乙4) 師旗組：簋7(甲4乙3)	孟組：杯5(甲2乙1丙2)斗4(甲2乙2)	×

註：甲、乙表不同型

　　張家坡窖藏出土穆王時期孟組器物爲3簋，未見與之搭配的鼎，而放在簋内有5把匕。《詩·小雅·大東》"有饛簋飧，有捄棘匕"，正義曰"有饛然滿者，簋中黍稷之飧也。有捄然長者，棘木載肉之匕也。客始至，主人以簋盛飧，以匕載肉而待之"。推測原或爲4簋搭配5鼎。酒器未見此時常見的卣、壺，但見4斗，如與匕鼎搭配使用原理同，則知或許原有2卣2壺。

　　西周中期晚段張家坡窖藏出土師旗組器物有兩組簋，一組4件、一組3件，皆未見與其搭配之鼎，酒、水器皆無。同坑尚有晚期器物出土，知其爲後人選擇留存，未隨之陪葬。則師旗生前或擁有兩組以上的簋，隨葬一組、留下兩組，若是則一人生前使用的銅禮器規模應超乎墓葬出土銅禮器組合數量。

　　1973年馬王村窖藏出土的中組器是甗、鼎、壺、盤一套，與同時的隨葬組合相比食器缺乏簋、水器缺匜。衛組器物包括1鼎4簋，鼎的數量明顯少於簋。同坑尚有晚期器物出土，可知中組與衛組器物皆是後人留存，衛組的鼎與簋紋飾、銘文不相搭配，應非同套相配之鼎簋，則知原應有兩套鼎簋被拆開分存。

（三）豐鎬銅器窖藏出土西周晚期銅器組合

　　豐鎬銅器窖藏中出土的西周晚期早段青銅器爲張家坡窖藏伯韋父組、伯百父組與豐鎬遺址窖藏大師小子齊組；屬西周晚期晚段者爲1973年馬王村窖藏是娞組、姑𦅫母組，張家坡窖藏伯䵼父組，新旺村窖藏宁戈冊組；屬西周晚期者爲豐鎬遺址窖藏重環紋鬲13件一組，其青銅器組合形式示如表七。

表七　豐鎬地區銅器窖藏出土西周晚期青銅器組合形式登記表

窖　藏	出土青銅器組合形式		
	食　器	酒　器	水　器
1973年馬王村窖藏	娞組：簋2	無	姑𦅫母組：匜1
張家坡窖藏	伯䵼父組：鬲8 伯梁父—伯喜組：簋8(甲4乙4)	伯䵼父組：壺2	伯䵼父組：盉1 伯百父組：鎣1盤1
新旺村窖藏	宁戈冊組：鼎4(甲1乙3)	宁戈冊組：壺1	×
豐鎬遺址窖藏	小子𠊭組：簋4 重環紋鬲13	×	×

註：甲、乙表不同型

　　西周晚期早段的伯䵼父組包括8件鬲、2件壺、1件盉。此窖藏內後人留存伯䵼父的酒器爲對壺，水器爲單盉，食器爲鬲。推測鼎、簋與水器盤、匜或已隨之陪葬。鬲銘表示其爲伯䵼父爲妻子叔姬所作，實際使用者是叔姬，屬於叔姬的器物尚有同窖所出筍侯盤。伯百父組爲媵器鎣盤一套，實際使用者是孟姬。

　　西周晚期晚段宁戈冊組包括兩組鼎，但無搭配對應的簋，壺通常成對出現，此處只有一件，明顯有所缺失。宁戈冊組器在器類組合上，雖符合周人習慣與時代趨勢，但銘文標識"宁戈"透露其殷遺民身份，而西周晚期晚段時在銘文中僅使用族氏銘文者實屬罕見。

　　豐鎬遺址窖藏大師小子𠊭組屬厲王時期，同窖無更晚時期器物，即𠊭本人埋藏4件簋，未見相互搭配的鼎，應未隨之埋入。

　　從西周中期晚段至西周晚期晚段窖藏中常見一組四件簋，如衛組、小子奔組、伯梁父—伯喜組,器主身份多爲王朝卿士,按禮器制度使用五鼎四簋。

西周晚期窖藏銅器中常見高件數的鬲,如豐鎬遺址窖藏出土的 13 件鬲與張家坡窖藏出土的 8 件鬲。鬲的用途通常多爲夫人作器或作女兒媵器。

三、小結

豐鎬地區窖藏的出土文物下限與周原地區窖藏同,普遍皆落在西周晚期兩個時間段,一是厲王時期、一是宣幽時期。以下總結本節窖藏銅器組合之内涵及所反映之青銅禮器制度。

1. 豐鎬地區存有多代銅器窖藏中出土器物年代最早在西周早期晚段,作器者與齋藏者身份皆爲殷遺民。在豐鎬地區殷遺民的銅器窖藏例子較少,且殷習殘留現象不明顯,僅能從族氏銘文的標識辨認其出身。

2. 豐鎬地區殷遺民銅器窖藏出土器類,難以直觀透露出殷習。西周早期晚段至西周中期早段在殷遺民高等級貴族中流行的酒器組合——尊、觥、方彝以及爵在本區未見。本區殷遺民選擇留存的器類爲食器——鼎(高 74 釐米)、酒器——壺,皆符合時代趨勢,而能製作如此體量之鼎,應具有一定身份等級(不低於周原地區殷遺民)。兩區殷遺民選擇留存器類不同,或是由於豐鎬地區爲周人京都所在,對殷遺民的控制力較強,因此本區窖藏出土器類符合周人習慣,但在銘文上強烈保留殷人族氏銘文傳統。

3. 豐鎬地區窖藏出土成組銅器,形制、紋飾、銘文均同,未見周原地區窖藏出土同套器物有時採用同形異紋或同形同紋飾而異銘者拼湊成組的例子,使用"列器"的標準較爲規範。

4. 豐鎬地區銅器窖藏中未見高件數鼎或簋,各期窖藏銅器組合與隨葬銅器組合趨勢相符,未如周原地區在各期或多或少出現時代已罕見的器類。可見距政治中心的遠近,影響著銅器組合使用上的個性化與靈活性。

5. 西周晚期窖藏銅器中常見爲妻子作高件數鬲(形制紋飾相同、尺寸相仿)的現象亦出現於豐鎬地區,顯見此爲時代新趨勢。而高件數鬲(8 件以上),在西周時期幾乎未見於隨葬銅器中,或與鬲不具身份等級的象徵而只作爲生活實用器有關。

第三節　窖藏銅器銘文所見器用比較研究

　　窖藏銅器性質有別於墓葬出土銅器，選擇埋藏的器物組合爲擁有者自主性的選擇，並非其死後由後人依據喪葬制度而埋入。這些窖藏銅器中有成組同銘的不同器類，往往在銘文中寫明用途，亦能反映當時青銅禮器器用制度。西周周原、豐鎬地區銅器窖藏即提供了此類珍貴的一手材料，本節擬先行分析克器群窖藏銅器銘文器用，其次與其他銅器窖藏組合比較，歸納其異同，並進一步分析西周晚期用鼎制度。

一、克器群銅器銘文所示器用分析

　　器主依據祭祀、宴饗、婚嫁、日用等不同用途分别鑄造銅器，在此藉由分析銘文内容所指示的用途，瞭解各器主生前擁有器物之器用與器類組合的關係（非窖藏出土器物不納入）。以下依各器主鑄寫銘文表示器物用途進行分析，並製成表一。

（一）克/仲義父

（1）享孝文祖師華父之食器：大克鼎（1件）。

（2）作皇祖釐季宗彝：小克鼎（8件）。

（3）享孝皇祖考伯之樂器：克鎛（1件）+克鐘（8件，現僅見5件）。

（4）"用獻用孝"稱"旅器"之食器：克盨（2件）+善夫克盨（1件）。

（5）稱旅器①之食器、酒器：師克盨（2器3蓋）、仲義父盨（2件）、仲義父罍（2件）。

（6）日常自用之食器：仲義父鼎（5件）、仲義父作新客鼎（4件）。

---

① 旅彝指可以移動挪用之器，既可用於宗廟祭祀，也可攜帶用於行旅與征伐。參見黃盛璋：《釋旅彝——銅器中"旅彝"問題的一個全面考察》，《歷史地理與考古論叢》，濟南：齊魯書社，1982年。

(二) 梁其/伯吉父

(1) 享孝祖考之食器、酒器、樂器：梁其鼎(3件)+梁其壺(2件)、梁其鐘(8件,現僅見6件)。

(2) 享孝皇考、皇母之食器：善夫梁其簋(7件)。

(3) "用饗用孝"稱爲"旅器"之食器——伯梁其盨(3件)。

(4) 稱"旅器"之食器、酒器：吉父鼎(1件)、善夫吉父簠(1件)+善夫吉父罍(2件)。

(5) 爲毅所作食器：伯吉父鼎(1件)+伯吉父簋(1件)。①

(6) 爲其妻京姬所作食器：善夫吉父鬲(11件)。

(7) 日常自用之食器、水器：善夫吉父鼎(1件)+善夫吉父盂(1件)。

(三) 仲姞

皆爲自作器,日常使用。

(四) 盧

大師盧簋(4件)爲日常自用之食器。

表一　克器群銅器據銘文内容歸納器用組合關係表

用	途		同銘不同器類組合成套	單 組 器 類
祭祀	近祖	祖考	克組：善夫克簋2+善夫克盨 梁其組：梁其鼎3+梁其壺2	梁其組：梁其鐘6
		祖父	克組：克鎛+克鐘5	
		父母		梁其組：梁其簋7
	遠祖	曾祖		克組：① 大克鼎　② 小克鼎8

---

① "伯吉父作毅尊鼎",其中的"毅"應是人名,類似的例子可見伯六辪鼎銘"白(伯)六辪作𥼶寶隣盞(盨)"(《銘圖》1783),"𥼶"爲人名;公鼎銘"公作敢隣鼎"(《銘圖》2301),"敢"是人名。

第三章　克器群與同時期銅器窖藏出土器群比較研究 · 197 ·

續　表

用　途		同銘不同器類組合成套	單　組　器　類
日常之用		梁其組：善夫吉父鼎+善夫吉父盂	克組：① 仲義父鼎 5　② 仲義父作新客鼎 4 仲姞組：仲姞鬲 14 盧組：大師盧簋 4
旅器	用獻用孝		梁其組：伯梁其盨 3
	旅器	克組：仲義父盨 2+仲義父罐 2 梁其組：善夫吉父簠+善夫吉父罐 2	克組：師克盨 2 器 3 蓋 梁其組：吉父鼎
爲他人作器	毅	梁其組：伯吉父鼎+伯吉父簋	
	妻子		梁其組：善夫吉父鬲 11

註：盧鐘丙因銘文未完，無法判斷性質，故未列入表中。+表前後器物銘文相同

綜合表一可以進一步認識到：

（1）相同器銘鑄寫在不同器類上，是器主爲紀念某事、感恩祭祀某位祖先之定制，顧名思義爲器主認定同套器物之標識，是嚴格定義的整套禮器，即表一中"同銘不同器類組合成套"所示。而在擴大合祭或是宴饗親族等特殊場合，銘文性質相近之禮器應能相互搭配，構成更爲龐大的銅器組合，以便在祀典與慶宴上達到震撼人心的盛大效果。

（2）同銘成套器物應爲某種特殊目的而鑄造，使用時也應成套使用。遵此邏輯，埋入窖藏的成套器物，按理應是完整埋藏。梁其器組中一套祭祀祖考的三鼎二壺，一套日常所用的一鼎一盂，兩套皆無簋，若不考慮散佚的巧合，鼎與酒器、水器搭配時，或不需要配簋。但若爲純食器的組合，則鼎簋相配爲定例。

（3）善夫克簠與善夫克盨銘文相同，爲同目的、同時鑄造之成套組合。盨與簠的用途相近，一般認爲盨可以替代簋與鼎搭配，但在此處盨與簠搭配使用，同時出現，打破同墓簠盨不共出的隨葬組合慣例，應是生前使用禮器爲增加組合的層次，豐富壯大祭祀時的場面與效果。

（4）爲妻子作器或女子自作器多爲盨和水器。

（5）祭祀用途的禮器多以官職+私名自稱，而日常使用者多以家內排行+字號自稱。器主選擇使用何種自稱，隱含了製作器物時預設的使用目的。

二、其他窖藏出土銅禮器組合與器用性質

周原與豐鎬銅器窖藏出土各期銅器組合，本章第一、二節已述，以下按時代先後順序，將各窖同人所作組器較多者，分析銘文內容所示器類組合與器用。

（一）西周中期晚段至西周晚期早段

1. 周原地區召陳窖藏——散車父與歸叔山父器組

按銘文內容歸納各組器用如下：

（1）爲母所作之酒器：散車父壺（2件）。

（2）爲妻邲姞所作之食器：散伯車父鼎（4件）+散車父簋（5件）。

（3）爲妻疊姬所作之食器：歸叔山父簋（4件）。

2. 周原地區莊白一號窖藏——癲組

（1）追孝高祖辛公、文祖乙公、皇考丁公之樂器：癲鐘乙（1件）。

（2）追孝祖考、享祀大神之食器、樂器：癲簋（8件）+癲鐘甲（4件）。簋銘是鐘銘的略縮版。

（3）作文考父丁之食器、酒器：癲盨（2件）、癲爵（3件）。

（4）作皇祖、文考之酒器：三年癲壺（2件）。

（5）宜"文神"之樂器：癲鐘丙（6件）。

（6）日常自用之食器、酒器、水器、樂器：微伯盨（5件）+微伯癲匕（2件）、微伯癲鋪、十三年癲壺（2件）、微癲盆（2件）、癲鐘丁（3件）。

（7）爲妖所作食器：伯先父盨（10件）。

3. 周原地區齊家村窖藏——幾父組與琱我父組

（1）追孝父孝之酒器：幾父壺（2件）。

（2）用享祖考之食器：瑚我父簋（3件）。

4. 周原地區董家村窖藏——公臣組

公臣簋一組4件，銘文僅載"用作障簋"。"障"同"尊"，金祥恒、陳夢家、趙平安先生等認爲"尊器"爲進獻祭祀之器。① 另唐蘭先生認爲其爲行禮時放置一定位置之器；黃盛璋先生進一步解釋，行禮時陳列不動之器，禮畢後也常移作他用，久而久之尊器原初的意義便弱化，僅表器物尊貴。② 兹認爲"障器"的"障"與銘文常見的"寶盤""寶簋"的"寶"近似，皆是形容器物崇高珍貴之意。古人鑄作銅器不易，僅銘"障"者，未述明固定用途，則表用途多元，既可用於生人的宴饗，亦可作爲亡者的祭祀之器。

5. 豐鎬地區馬王村窖藏——衛組
（1）祭祀父母所作食器：衛鼎（1件）。
（2）祭祀祖考所作食器：衛簋（4件）。

6. 豐鎬地區張家坡窖藏——師㫃組
（1）祭祀文祖益仲所作食器：元年師㫃簋（4件）。
（2）日常自用之食器：五年師㫃簋（4件）。

7. 豐鎬地區張家坡窖藏——伯寽父組

伯寽父所作器物包括一組8件鬲、2件壺與單盉。按銘文内容歸納其各組之器用組合如下：
（1）日常所用之酒器、水器：伯壺（2件）、伯寽父盉（1件）。
（2）爲妻（叔姬）所作之食器：伯寽父鬲（8件）。

---

① 金祥恒：《釋𩰀、𩰙、𩰝、𩰞》，《"中研院"歷史語言研究所集刊》第39本下，1969年。陳夢家：《壽縣蔡侯墓銅器》，《考古學報》1956年第2期。趙平安：《跋虢叔尊》，《金文釋讀與文明探索》，上海：上海古籍出版社，2011年，第11—14頁。
② 唐蘭：《五省出土重要文物展覽圖録序言》，《唐蘭先生金文論集》，北京：紫禁城出版社，1995年，第83頁。黃盛璋：《釋尊彝——奠器説正謬》，《歷史地理與考古論叢》，濟南：齊魯書社，1982年。

8. 豐鎬地區張家坡窖藏——伯百父組

伯百父器組爲一套鑾、盤的水器組合,據銘文內容是伯百父爲女兒孟姬所作媵器,故應是嫁至張家坡的孟姬所擁有。

9. 豐鎬地區豐鎬遺址窖藏——大師小子夅組

小子夅器組爲一組 4 件簋,據銘文內容是爲皇考所作祭器。

歸納周原地區、豐鎬地區窖藏中屬於西周中期晚段至西周晚期早段之器類組合與器用習慣,並製成表二。

表二 西周中期晚段至西周晚期早段窖藏銅器據銘文內容歸納器用表

用途			同銘成套器類	同銘單組器類
祭祀	近祖	祖考		*癲組：三年癲壺 2 衛組：衛簋 4 瑪我父組：瑪我父簋 3
		祖父		師旋組：元年師旋簋 4
		父考		*癲組：① 癲盨 2　② 癲爵 3 幾父組：幾父壺 2 小子夅組：大師小子夅簋 4
		父母		衛組：衛鼎 1
	祖先	父至高祖		*癲組：癲鐘乙 1
	祖先+神明		*癲組：癲簋 8+癲鐘甲 4	*癲組：癲鐘丙 6
爲他人所作器		母		散車父組：散車父壺 2
		妻	散車父組：散車父鼎 4+散車父簋 5(甲 4+乙 1)	*癲組：伯先父鬲 10 伯章組：伯章父鬲 8 *歸叔組：歸叔山父簋 4
		女	伯百父組：伯百父鑾+伯百父盤	

续 表

用　　途	同銘成套器類	同銘單組器類
日常之用	*瘭組：微伯瘭䰽5+微伯瘭匕2	*瘭組：①微伯瘭鋪1　②十三年瘭壺2　③微瘭盆2　④瘭鐘丁3 伯𩰬父組：①伯壺2　②伯𩰬父盃 師旋組：五年師旋簋4
媵器		公臣組：公臣簋4

註：*表窖藏出土器物中時代最晚者。

綜合歸納表二，得出以下規律：

（1）此階段以後人擇選埋入器組居多，瘭組與歸叔組爲窖藏中時代最晚者，我們可以合理推斷此兩組器物的埋入爲器主自主性考量。無論是後人還是時人擇選留存，本期各組器物中"鼎"多缺席，應是與鼎具有身份等級的象徵有關，故多隨器主陪葬所致。

（2）窖藏出土小子𠫑組僅見祭祀父考用簋，同窖未見與之搭配的鼎，亦無其他如酒器、水器之屬，若不考慮出土時散失的可能性，此或揭示了時人生活中在祭祀時鼎簋不一定必須搭配使用。類似的例子尚有祭祀祖考的珥我父簋3件一組以及祭祀祖父的元年師旋簋4件一組，師旋組同窖尚有較晚時代的器物，知其應是後人留存。在自主選擇與後人留存兩種情況下，皆僅埋藏一組簋而無搭配之鼎，顯示無論生前還是死後，鼎在青銅禮器中的重要性高於其他。

（3）銘文內容不同，但皆是爲父考所作祭器，如瘭組中的瘭盨2件與瘭爵3件。爵流行於商晚期至西周早期，西周晚期爵已罕見，而盨流行於西周晚期，故盨與爵一般不互相搭配，則二盨、三爵應是各自單獨使用。盨銘記王册命瘭，賞賜命服，爲父考所作祭器，最後署明族氏木羊册。銘文內容顯示瘭所代表的家族及其社會地位，展示了自身所處政治社會中的位階與定位。而瘭爵銘僅簡單載作父丁器，未展現任何社會面信息，顯示較強的家族私密性，即近親參與的日常祭祀場合使用瘭爵，而宗親僚友參與的祭祀則使用瘭盨，在規模更大的祭祀中或可一起組合搭配。爵在西周晚期使用的特殊案例,與𤼈爲殷遺民的背景有關。

（4）同銘成套器組有祭祀祖先神明的𤼈簋8件、𤼈鐘甲4件,𤼈簋的銘文較𤼈鐘簡略,但内容相同,顯見這8件簋、4件鐘在祭祀祖考大神的場合是配套使用。則在此種大型祭典上,爲祖考、父考所作祭器,如𤼈盉、𤼈爵與三年𤼈壺應皆可搭配使用,以擴大典禮場面的宏大。

（5）本期爲妻子作器類有鼎、簋、盨,其中以盨爲主流,且呈現製作高件數盨的趨勢。

（6）存有數代銅器窖藏中時代最晚的𤼈組與譱叔組中,皆埋入了爲妻所作器,其中譱叔組僅有爲疊姬作簋,無其他譱叔器,顯示器主先將較不常用或是重要性較低的器物埋入。

（7）本期編鐘可見以不同紋飾或無銘文樂鐘拼湊成編之例。且成編數量不定,有3件、4件、6件等組合,顯示此時的編鐘數量尚處形塑階段。

（二）西周晚期晚段

1. 周原地區齊家村窖藏——㝬組

㝬所作有銘器物包括2件盨、1套水器——盉、盤。銘文僅有一字"㝬",類似商器中族氏銘文的表現形式,在西周晚期晚段實屬罕見。

2. 周原地區齊家村窖藏——中友父/中義與柞組

中爲氏,義是名、友父是字,故中友父即中義。中友父與柞的關係不甚明朗,既同窖共出,則應有較近的親屬關係。按銘文内容歸納其器用組合如下:

（1）日常所用樂器:中義鐘(8件),柞鐘(8件)。

（2）日常所用之食器、水器:中友父簋(2件)+友父簋(2件),中友父盤+中友父匜。

3. 周原地區上康村窖藏——伯鮮組與函皇父組

伯鮮與函皇父的關係不甚明朗,但兩者器物共出一窖,伯鮮可能屬於函氏。按銘文内容歸納其器用組合如下:

（1）祭祀父考以及"侃喜上下、用樂好賓"之樂器：鮮鐘（1件）。
（2）"享孝文祖"稱旅器之食器：伯鮮鼎（4件）。
（3）稱旅器之食器：伯鮮甗（1件）+伯鮮簋（4件）。
（4）爲妻瑚妘所作食器、水器以及單鼎：函皇父鼎（1件）+函皇父簋（4件）+函皇父盤（1件）+函皇父匜（1件）。

函皇父簋銘載爲妻製作鼎、簋、盉、盤、嚮一具，計有鼎12件，簋8件，2甒、2壺，與目前所見銅器數量差別較大。

5. 周原地區董家村窖藏——此/善夫旅伯/伯辛父組與旅仲/仲南父組

此鼎銘載此的職稱爲"旅邑人""善夫"，故同窖出土的善夫伯辛父鼎與善夫旅伯鼎器主即此；另旅仲即旅伯之弟，字南父。按銘文内容歸納其器用組合如下：
（1）享孝皇考癸公、文神之食器：此鼎（3件）+此簋（8件）。
（2）爲妻所作之食器：善夫旅伯鼎（1件）。
（3）尊器：善夫伯辛父鼎（1件）、仲南父壺（2件）。
（4）爲臧作器：旅仲簋（1件）。

6. 周原地區楊家村窖藏——逨/單叔/單五父器組

逨盉銘顯示逨爲單氏，單叔鬲、叔五父匜與逨器共出，器物時代特徵大體一致，知逨即單叔、叔五父。逨器組包括食器二組鼎、一組鬲，酒器有一對壺，水器有盉、盤、匜。按銘文内容歸納其器用組合如下：
（1）享孝前文人之食器：卌二年逨鼎（2件）。
（2）追孝祖考與前文人之水器：逨盤。
（3）作皇高祖單公之水器：逨盉。
（4）作皇考恭叔之食器、酒器：卌三年逨鼎（10件）、單五父方壺（2件）。
（5）作皇考恭叔、追孝卲格前文人之樂器：逨鐘（7件）。
（5）作旅器之水器：叔五父匜。
（6）爲妻所作食器：單叔鬲（9件）。

7. 豐鎬地區張家坡窖藏——伯喜/伯梁父組

伯喜即伯梁父,一爲名、一爲字。按銘文内容歸納其器用組合如下:
(1) 追孝文考之食器:伯喜簋(4件)。
(2) 爲妻嬾姞所作食器:伯梁父簋(4件)。

8. 豐鎬地區新旺村窖藏——宁戈組

宁戈器組包括擁有4件鼎、1件壺。銘文内容皆爲西周晚期少見的族氏銘文,標誌其殷遺民的出身。

歸納周原地區、豐鎬地區窖藏中屬於西周晚期晚段之器類組合與器用習慣,並製成表三。

表三　西周晚期晚段據銘文内容歸納窖藏銅器器用表

用　　途			同銘成套器類	同銘單組器類
祭祀	近祖	父考		伯鮮組:鮮鐘 逑組:① 卌三年逑鼎 10　② 單五父方壺 2 伯喜組:伯喜簋 4
		祖父		伯鮮組:伯鮮鼎 4
	遠祖	前文人		逑組:① 卌二年逑鼎 2　② 逑盉
		祖考至前文人		逑組:① 逑盤　② 逑鐘 7
	父考神明		此組:此鼎 3+此簋 8	
日常之用			中友父組:① 中友父簋 2+友父簋 2　② 中友父盤+中友父匜	中友父組:中義鐘 8 柞組:柞鐘 8
旅器			伯鮮組:伯鮮甗+伯鮮盨 4	逑組:叔五父匜
媵器				此組:善夫伯辛父鼎 旅仲組:仲南父壺 2

續　表

用　　途		同銘成套器類	同銘單組器類
爲他人作器	臧		旅仲組：旅仲簠
	妻子	函皇父組：函皇父鼎＋函皇父簋4＋函皇父盤＋函皇父匜	函皇父組：函皇父鼎 此組：善夫旅伯鼎 逨組：單叔鬲9 伯喜組：伯梁父簠4
標識出身		宁戈組：宁戈冊鼎4（甲1＋乙3）	宁戈組：宁戈方壺

註：甲、乙表不同型

綜合歸納表三，得出以下規律：

（1）在本期祭祀時多見使用8件成組編鐘，不見西周中期2件、4件、6件樂鐘組合，可知西周晚期晚段樂鐘8件成編已成定制。

（2）楊家村窖藏出土的逨器組爲科學性發掘，出土器物中未見簠，應是簠未同窖埋藏。

（3）本期出現高件數鼎的例子，如逨器組中冊三年逨鼎10件，使用數量皆超過王朝卿士的等級。

（4）逨器組中逨盤銘載其用途爲祭祀祖考與前文人，則知當時存在一種從父考到高祖的大合祭。冊三年逨鼎銘載其用途爲父考祭器；冊二年逨鼎、逨鐘兩組銘文内容不同，所載用途皆爲享孝前文人。故在祭祀祖考至前文人此種大合祭時，可能將用途有關的數組禮器同時使用，以增加祭典的規模與效果。因此冊二年、冊三年逨鼎兩組按高度尺寸，可以重新再排列成12件一組的列鼎。

（5）爲祭祀所作祭器，作器者多自稱名，且前或加官稱，少數以字行。日常所用器中作器者多自稱字，且前或加排行，少數以名行。

（6）本期維持爲妻子作高件數鬲的主流傳統。

三、克器群與其他窖藏銅器器用異同比較

以上藉由銘文内容分别討論了克器群與周原、豐鎬地區窖藏銅器器用，接下來歸納兩者之間有何異同。

（一）西周中期晚段至西周晚期早段——與虘器組時代對應

克器群窖藏出土銅器中虘器組是同窖所出成組時代較早器物，對應著周原窖藏中的散車父組、歸叔山父組、癲組、幾父組、琱我父組、公臣組以及豐鎬窖藏中的衛組、師旋組、伯㝬父組、伯百父組、大師小子齊組，此中歸叔山父組與癲組爲窖藏中時代最晚者。

本時段窖藏銅器，無論是祭祀還是日常使用，鼎皆闕如。零星可見的僅衛鼎1件，和散車父爲夫人所作鼎4件。此種現象或與本期多爲留存前代銅器的性質有關，鼎大多隨器主陪葬。食器中簋多半被後人保留下來，如虘日常使用的簋，其他窖藏銅器亦如是，至多增加爲家族女性成員作器之銅器，顯示無論是後人還是自己選擇埋藏的器物，皆以較少使用或較不重要爲優先考量因素。

本期窖藏中皆無旅器。

在癲組器與散車父組器中可見紋飾不同、有銘文與無銘文的鐘組合成編，以及形制不同、但銘文相同的"列簋"，然在克器群窖藏中的虘器組未見此種現象。

（二）西周晚期晚段——與克器組、梁其器組、仲姞器組時代對應

本期窖藏多出高件數鼎，如逨鼎10件、小克鼎8件，數量已超過王朝卿士的7鼎規格。又同人製作形制、紋飾相同、銘文内容不同、用途近似的兩組鼎，可以再按高度組合成一組更高件數的"列鼎"，此種現象似暗示"僭越"在西周晚期晚段即已出現。

窖藏中可見銘文相同的成套鼎簋，如此鼎、此簋以及函皇父鼎、函皇父簋，惟鼎簋相配的數量與文獻所載有所落差。另窖藏中亦可見銘文不同但用途相似的鼎簋組合，如散伯車父鼎、散車父簋組合。此顯示理想狀態下生前使用相同銘文的成套鼎簋，但也有以銘辭用途類似的鼎簋相互搭配的情況。

樂鐘8件成編已成定制，多在祭祀與日常使用。另本期開始窖藏中出現旅器，一改前期闕如的局面。

女子自作器或爲家族女性作器，高件數鬲爲主要趨勢，顯示西周中期晚段後鬲成爲女子生活必需品。

四、西周晚期生前用鼎（鼎簋搭配）制度研究

青銅器器類的組成與數量代表使用者的身份與地位，這其中尤以鼎具有指標性質。傳世文獻提及不同身份等級的用鼎制度有《春秋公羊傳》桓公二年何休注"禮祭，天子九鼎，諸侯七，卿大夫五，元士三也"，徐彥疏："士冠禮、士喪禮皆一鼎者，士冠、士喪略於正祭故也。"《周禮·冢宰·膳夫》："王日一舉，鼎十又二，物皆有俎。"由上引敘述可知，傳世文獻對於用鼎制度的記載亦彼此矛盾，故林澐先生曾提出"某一身份等級的人在不同具體場合的用鼎數是有變化的。且從現存的先秦文獻中不可能總結出整個周代較可靠、較系統的用鼎制度"，"因爲這些記載幾乎全是晚周或更晚的作品，所以只反映東周以降的實際行爲或見解，一旦和西周的考古資料對照，便會發現明顯的差異"。①

有鑒於此，筆者僅就本章第一節、第二節論及窖藏所出土之鼎爲選取樣本，用鼎制度研究方法採用郭寶鈞先生首倡的"列鼎"標準。② 林澐先生甚至認爲可以擴大範圍，將形制相同的成組銅器稱爲"列簋""列甗""列壺""列罍"等。③

8件小克鼎形制相同，大小相次，按照上述標準，應視作一組"列鼎"。目前未發現與小克鼎同銘之列簋，或因任家村窖藏非科學發掘，又或許當時未一併埋入窖坑等種種不確定因素導致。又楊家村窖藏逨器組中亦未見與卌二年、卌三年逨鼎搭配之同銘簋，楊家村窖藏爲科學發掘，不存在盜掘散失的情況。另梁其組中同銘成套器有梁其鼎3件與梁其壺2件，同樣未見同銘搭配之簋。就上舉例證中簋缺席的現象，應非巧合。反之，梁其組中有7件一組的梁其簋是爲追孝考妣所作，未見與其同銘搭配之鼎；莊白一號窖藏㝬組

---

① 林澐：《周代用鼎制度商榷》，《史學集刊》1990年第3期，第13頁。
② 郭寶鈞先生提出的"列鼎"爲形制相同、大小相次。參見郭寶鈞：《山彪鎮與琉璃閣》，北京：科學出版社，1959年，第11—13頁。
③ 林澐：《周代用鼎制度商榷》，《史學集刊》1990年第3期，第15頁。

中有一套同銘瘌簋 8 件與瘌鐘甲 4 件組合,亦未見同銘之鼎。故筆者認爲生前鼎簋搭配使用方式有三：一是同銘鼎簋組合,爲最佳理想狀態；二是銘文不同、銘辭用途類似的鼎簋組合；三是列鼎或列簋與同銘酒器、水器或樂器成套使用。

又同人所作不同銘文内容的二組鼎,但形制、紋飾無别,且大小相次,是否可以視作同組列鼎？如仲義父鼎 5 件與仲義父作新客鼎 4 件,形制、紋飾完全一致,銘文内容雖不同,但用途皆是日常自用,兩組鼎的高度尺寸可以相互穿插排列,形成一組"列鼎"。即"分"爲兩組,"合"則成一組列鼎 9 件。相同的情況亦見楊家村窖藏的卅二年逨鼎 2 件與卅三年逨鼎 10 件,兩組鼎形制、紋飾完全一致,銘文内容雖不同,但在合祭先祖的大型祀典上,兩組鼎能夠合併排列成爲一組 12 件列鼎。

上康村窖藏函皇父組中同銘成套器物有鼎(1 件)、簋(5 件)、盤(1 件)、匜(1 件),是函皇父爲妻子琱妘所作；據鼎上銘文所載"函皇父乍(作)琱妘盤、盉、蹲器,鼎、𣪘[一]具,自𧰙鼎降十又[一]、𣪘八、兩罍、兩壺",則鼎簋組合爲十二鼎八簋,亦是使用高件數鼎。

綜合上述窖藏出土青銅器中鼎簋相配的情況,發現與隨葬禮器組合存在明顯差異。

(1) 隨葬青銅禮器是刻意搭配放入墓葬中以表示墓主人身份等級,故組合、種類都必須符合禮制。窖藏出土青銅器,爲貴族生前埋入日常使用禮器,其數量、組合未必符合隨葬禮制。故生前使用鼎簋相配數量,不一定遵守文獻所載,且搭配時視場合擴充或減少數量使用。

(2) 生前用鼎數量所見一組列鼎最高可達 12 件(函皇父作琱妘鼎),其次爲 10 件(卅三年逨鼎),這些高件數的用鼎規格已超過了文獻所載天子用鼎制度。克所鑄小克鼎 8 件,亦接近天子使用數量,遠超過王朝卿士的用鼎規格。此種高件數的用鼎現象似乎未見於西周晚期的墓葬中,顯示隨葬組合較嚴格遵守用鼎制度,而生前實際使用則未遵守用鼎制度規範的數目。換言之,隨葬組合的目的是爲了表現墓主的身份等級,而生前器用組合則依實際需求變通,追求實用,較不受用鼎數量的限制。

生前銅禮器的使用組合,我們已無法確知。幸而銘文内容記載了器主鑄

造目的與用途,得以藉由分析用途瞭解各類器物如何組合搭配使用。筆者歸納如下:

(1) 理想狀態爲同銘各類器物組合成套使用。

(2) 銅器銘文內容不同、所載用途卻相同,這些器組該如何使用?如楊家村窖藏中逨爲追孝前文人所鑄卌二年逨鼎 2 件、逨鐘 8 件、逨盉 1 件,但銘文內容不同,應是分開各自單獨使用。但在追孝前文人的大型祀典上,鼎、鐘、盉應能靈活搭配使用,擴大增加祭祀的效果與層次。

(3) 日常所用器物組合,依據用途相同原則亦可相互搭配,以應用於適當的場合。

由上可知,當時銅禮器實際使用組合情況遠超過隨葬器物組合,用鼎數量亦不受隨葬禮制的束縛,同用途、同目的之器類可依宴饗、祭禮的規模、形式靈活搭配。窖藏出土青銅器超出常規顯現靈活變化的組合,有別於冰冷僵硬的喪葬禮制儀軌,映射出西周高等貴族豐富多彩、熱烈喧鬧的日常生活片刻。

第四節 克器群窖藏與其他銅器窖藏設置情況比較與分析

窖藏青銅器有別於墓葬出土青銅器所體現的亡者社會地位、喪葬文化,它更多地承載了擁有者使用青銅器的文本語境與生活樣態。本文嘗試聯繫克家族不同的成員在不同的時間段分批設置青銅器於窖穴的情況(包括窖穴形制、位置、所藏器物及埋入時間),並與同時代其他青銅器窖藏相比較,歸納出西周晚期銅器窖藏的性質及目的。

一、克器群銅器窖藏情況

克器群銅器窖藏有較詳細出土記錄者爲三次,其他皆爲零星出土。第一次發現爲宋代,出土伯克壺一件,《考古圖》載此器得於岐山,其他時間出土之克器群詳見第一章。以下將出土情況較爲明朗的克器群銅器窖藏,分述如下:

(一) 1884 年(前)任家村銅器窖藏出土情況

1884 年(前)任家村窖藏傳出土器物甚夥,目前所見相關記載有《貞松堂集古遺文》引廠估趙信臣言:"當時出土凡百二十餘器,克鐘、克鼎及中義父鼎均出一窖中",與《陝西金石志》卷一〇大克鼎條:"此鼎發現之處若土室然,共得鐘、鼎、尊彝等器七十餘件"之記載。① 又國家圖書館藏《彝器蛇景屏八幅之五》韓惠洵跋語:"光緒戊子夏,岐山扶風之交,農人取土得銅器甚夥。余見鬲四簋二,銘末皆有兮字,或是作者姓名,如今人之花押。"

從僅存的隻字片語與零星記載可知,1884 年(前)任家村窖藏可能出土近百件銅器,仿若土室,今經各方搜羅僅得 50 件,爲一處略經整備的埋藏所。此處因非科學發掘,窖穴形式、大小皆無具體數據,但這可以參考周原、豐鎬地區窖藏體積推知,周原莊白一號窖藏出土 103 件銅器,窖穴體積爲 2.4 立方米;齊家村窖藏出土 39 件銅器,窖穴體積爲 1.8 立方米;董家村窖藏出土 37 件銅器,窖穴體積爲 1.6 立方米;楊家村窖藏出土 27 件銅器,窖穴體積爲 3.2 立方米;豐鎬地區張家坡窖藏出土銅器 53 件,窖穴體積爲 0.9 立方米(但坑口已被擾亂)。若僅是從現在已知出土的 50 件銅器來看,其數量是高於齊家村窖藏、低於莊白一號窖藏,故窖穴體積推測應在 2~3 立方米左右。

此窖藏出土器物包括克器組、仲義父器組與仲姞鬲,年代皆在西周晚期晚段宣王世,故知此窖穴埋入時間應於宣王時期。

(二) 1940 年任家村銅器窖藏出土情況

1940 年任家村窖藏由農民任玉、任登肖、任登銀等取土時發現,傳出土 140 餘件青銅器,②今僅見 46 件。窖穴情況據當事者描述"窖大若窯洞,銅器整齊疊壓放置",③"同時出土尚有窖藏銅器銅目錄板一具,上有窖藏器

---

① 《貞松堂集古遺文》載"出土凡百二十餘器",《陝西金石志》:"共得鐘鼎尊彝等器七十餘件。"見羅振玉:《貞松堂集古遺文》卷三,第 34—35 頁。武善樹、郭毓璋:《陝西金石志》卷一〇大克鼎條,《續修陝西通志考》卷一三五,1935 年。
② 羅西章:《扶風出土的商周青銅器》,《考古與文物》1980 年第 4 期。羅宏才:《國寶春秋、百年震撼(二)任家村青銅器窖藏案》,《文博》2001 年第 2 期。
③ 羅西章:《周原青銅器窖藏及有關問題的探討》,《考古與文物》1988 年第 2 期。

物名稱,惜被農民摔碎"。①

此處窖藏非科學考古發掘,又經土匪打劫、人爲破壞,窖穴實際大小與形態已不可考,但據目前所知出土銅器件數與 1884 年(前)任家村窖藏接近推測,其窖穴體積應亦在 2~3 立方米左右。

此窖藏出土器物包括梁其組、吉父組、盧組、禹鼎、嬇鼎、新邑鼎等,年代約自西周早期至西周末,故知此窖穴埋入時間應在西周末。

(三) 1972 年北橋村銅器窖藏出土情況

1972 年北橋村窖藏由喬新發於村北東邊土崖中發現,出土處距崖頂約 3 米,銅器皆出自窖穴中,附近有西周文化層。此窖藏埋在西周時期的大灰坑内,灰坑呈半圓形,深約 2 米,直徑達 4 米多,窖藏位於灰坑底部偏北的位置。根據發掘者敘述窖穴形制不規整,器物放置雜亂無序。②但從窖藏青銅器出土情況照片來看,器物集中排列放置,大體還算整齊。從出土銅器數量與窖穴規模判斷,此窖藏雖未如任家村窖藏事先周密規劃,埋入大量青銅重寶,但也絕非草率倉促爲之。

此窖藏出土器物包括伯吉父組、㝬䵼與有流盤、雲紋鐘等 9 件,年代含括西周早期至西周末,故知此窖穴埋入時間應在西周末。

二、其他銅器窖藏情況

周原與豐鎬地區銅器窖藏因與克器群銅器窖藏在地理環境上皆處王畿周邊地區,出土銅器器主又同爲西周擔任王官之世家貴族,可作爲理想的比較組。以下選取窖穴銅器出土時環境相對保存完整者爲比較樣本:

(一) 莊白一號窖藏

莊白一號窖藏位於莊白村南 150 米,平面略呈長方形,東西寬 1.1 米、南北長 1.95 米、深 1.12 米,窖穴體積約 2.4 立方米。四壁略加修整,銅器堆

---

① 段紹嘉:《介紹陝西省博物館的幾件青銅器》,《文物》1963 年第 3 期,第 44 頁。
② 羅西章:《陝西扶風縣北橋出土一批西周青銅器》,《文物》1974 年第 11 期。

疊三層，第一層（上）有銅器 18 件，一、二層銅器之間有薄薄的灰土，第二層（中）有 19 件銅器，第三層（下）有 66 件銅器，二、三層之間亦有薄薄的灰土。第三層根據窖穴容積和埋藏銅器的形制、大小、輕重和數量進行精心佈置，四角放置 4 個大圓壺，其高度在發掘第一層時就露頭，中央並列放置 3 件大編鐘。精小器物，器主怕壓毀，置放在大圓壺內，壺內尚有八成液體。

本窖藏共出土 103 件銅器，因坑小器多，器主在安排置放上費盡苦心，先大後小、先重後輕、大小相套、緊密壓疊。在坑底先鋪撒一層草木灰，又在各層銅器之間亦填塞草木灰，可減輕銅器長期埋藏過程中所受潮氣與腐蝕。值得注意的是，西側靠壁處放置一塊長 20 釐米、寬 15 釐米、厚 10 釐米的天然礫石，似是人爲有意放之。

窖藏保存完整，未受擾動，窖穴填土中夾雜西周晚期陶片。窖穴周邊爲大型西周居住遺址區。①

此窖藏出土器物包括商組、折組、豐組、牆組、癲組、孟爵、𠨘爵、陵方罍等，年代含括西周早期晚段至西周晚期早段夷厲時期，故知此窖穴埋入時間應在西周晚期早段厲王世。

（二）1960 年齊家村窖藏

1960 年齊家村窖藏爲村邊種植棉花空地鑽探時發現，距地面 1.1 米，呈圓袋形。窖口直徑 0.8 米、窖底直徑 1.25 米，深 1.44 米，窖穴體積約 1.8 立方米。② 內部未作細緻修理，器物在窖內雜亂重疊存放，共出土 39 件銅器。

此窖藏出土器物包括伯邦父鬲、仲伐父甗、犀甗、幾父壺、中友父組、中義鐘、叔獸父鼎、㳄遣簋、柞鐘等，年代含括西周中期晚段至西周晚期晚段，故知此窖穴埋入時間應在西周晚期晚段幽王時期。

---

① 寶雞市周原博物館：《周原——莊白西周青銅器窖藏考古發掘報告》，北京：科學出版社，2016 年，第 1—11 頁。
② 陝西省博物館、陝西省文物管理委員會：《扶風齊家村青銅器群》，北京：文物出版社，1963 年，第 7—11 頁。

（三）董家村窖藏

董家村窖藏位於村西 150 米，西周居住遺址的北邊，窖口距地表 0.35 米，略呈橢方形，挖築比較草率，四周壁面未經修整。底南北長 1.3 米、北寬 1.3 米、南寬 0.95 米，深 1.14 米。窖內填充花土，共出土 37 件銅器。①

此窖藏出土器物包括裘衛組、公臣簋、仲南父壺、此組、旅仲組、㷭有嗣䵼鬲、亞鼎、廟孱鼎、仲叴父鼎、𤼈匜等，年代含括西周中期至西周晚期晚段幽王時期，故知此窖穴埋入時間應在西周晚期晚段。

（四）1985 年楊家村窖藏

1985 年楊家村磚廠工人取土時發現。窖穴位於馬家鎮東北 1.5 千米處，距旟鼎窖藏僅百餘米，其西南 150 米爲較大的西周房屋建築遺址。開口距地表 2.1 米，口小底大，長 1.6 米、寬 1 米、深 0.9 米。器物在坑內擺放整齊，分上下兩層，坑壁和器物上皆留有蘆席印痕。

此窖穴共出土 16 件器物，②皆爲樂器，年代約從西周中期晚段至西周晚期晚段，故知此窖穴埋入時間應在西周晚期晚段。

（五）2003 年楊家村窖藏

2003 年楊家村村民取土時發現。窖穴位於楊家村磚廠北面斜坡狀半崖上，距臺塬地表 7.6 米，其挖鑿像營建墓室般，先挖一個長 4.7 米、寬 2.5 米，深達 7 米以上的豎穴，再向側旁掏洞做成窖穴放置青銅器，窖穴底面平整，呈不規則形，頂部爲穹窿形，直徑 1.6×1.8 米、高 1.1 米，窖穴開挖鑿痕明顯，豎穴與放置器物的窖穴相連處，用夯土封實。③

---

① 岐山縣文化館龐懷清，陝西省文管會鎮烽、忠如、志儒：《陝西省岐山縣董家村西周銅器窖穴發掘簡報》，《文物》1976 年第 5 期。
② 劉懷君：《眉縣出土一批西周窖藏青銅樂器》，《文博》1987 年第 2 期。首陽齋、上海博物館、香港中文大學：《首陽吉金：胡盈瑩、范季融藏中國古代青銅器》，上海：上海古籍出版社，2008 年，第 121 頁。
③ 陝西省考古研究所、寶雞市考古工作隊、眉縣文化館聯合考古隊：《陝西省眉縣楊家村西周青銅器窖藏》，《考古與文物》2003 年第 3 期。陝西省考古研究所、寶雞市考古工作隊、眉縣文化館楊家村聯合考古隊：《陝西省眉縣楊家村西周青銅器窖藏發掘簡報》，《文物》2003 年第 6 期。《陝西眉縣出土窖藏青銅器筆談》，《文物》2003 年第 6 期，第 53 頁。

圖一　楊家村窖藏銅器擺放情況

共出土 27 件器物,包括逨組、天盂等器物放置整齊,時代約皆在西周晚期,年代最晚下限在宣王時期,故知此窖穴埋入時間應在西周晚期晚段宣王世。

(六) 1973 年馬王村窖藏

1973 年發現的灃西馬王村窖藏在張家坡窖藏以西 34 米,坑平面呈橢圓形,東西向,長 1.5 米、寬 1.4 米,坑壁上下垂直,填土純淨。

甬鐘大小相套放在西南角;甗、鼎、簋、盤、匜放在坑東部與中部。3 號鼎放在 1 號鼎內,車書放在簋內,其他器物皆平放於坑底,置放整齊,無凌亂堆積。[①]

共出土 25 件器物,包括衛組、中甗、姬𠭯母匜、是𡢁簋等,年代約從西周中期晚段至西周晚期晚段宣王時期,故知此窖穴埋入時間應在西周晚期晚段。

(七) 張家坡窖藏

張家坡窖藏位於張家坡灃西磚廠東門外 300 米,坑呈長方形,距地表 0.9 米,長 1.2 米、寬 0.8 米。

---

① 西安市文物管理處:《陝西長安新旺村、馬王村出土的西周銅器》,《考古》1974 年第 1 期。

銅器擺放分二層,南端分成五層。一家所作之器放在一起,自成一組。①
共出土 53 件銅器,器物包括孟組、師旋簋、伯寽父組、伯百父組、伯梁父組等,年代約從西周中期至西周晚期晚段,故知此窖穴埋入時間應在西周晚期晚段。

(八) 1982 年新旺村窖藏

1982 年新旺村窖藏位於村南 250 米處,距地表 2.7 米,窖穴呈圓角長方形,底部不平,長 2.3 米、寬 0.9 米、深 1~1.7 米,從中腰起向西掏挖。䈞㝬鼎倒置,放在坑南端最深處,內裝一正放寧戈册鼎。

此窖藏共出土 2 件銅鼎,一大一小,年代約從西周早期晚段至西周晚期晚段,故知此窖穴埋入時間應在西周晚期晚段。

三、西周晚期銅器窖藏的性質及目的

爲便於比較克器群三處窖藏與周原、豐鎬地區八處銅器窖藏的異同,現將上述各窖藏情況登記如表一,以歸納出西周晚期銅器窖藏之特點,並在此基礎上進一步討論埋藏性質與目的。

由表一中所列各項目,可將目前所見關中地區西周銅器窖藏所反映出的問題,歸納如下:

(一) 窖穴有無事先整備的情況

1. 精心修整、擺置得宜,埋入銅器數量規模龐大,明顯是經過較長時間計劃性的埋藏。

克器群銅器窖藏中 1884 年(前)與 1940 年任家村窖藏屬之。周原銅器窖藏中莊白一號窖藏、1985 年與 2003 年楊家村窖藏屬之。豐鎬銅器窖藏中 1973 年馬王村窖藏、張家坡窖藏屬之。

出土環境清楚的 11 處窖藏中,7 處窖藏爲計劃性埋藏,佔總比例的六成。

---

① 中國科學院考古研究所:《長安張家坡西周銅器群》,北京:文物出版社,1965 年。

表一 克器群銅器窖藏、周原與豐鎬地區銅器窖藏情況比較表

窖藏地點 \ 比較項目	1884年(前) 任家村窖藏	1940年 任家村窖藏	1972年 北橋村窖藏	莊白一號窖藏	1960年 齊家村窖藏	董家村窖藏	1985年 楊家村窖藏	2003年 楊家村窖藏	1973年 馬王村窖藏	張家坡窖藏	1982年 新旺村窖藏
窖穴情況	發現之處若土窨	窨大若黑洞	利用舊有灰坑,窨穴形制不規整	四壁修整呈長方形,底部撒草木灰	壁面未加修整,呈圓袋形	挖築草率,四壁未經修整	坑壁有蘆席印痕	窨穴底面平整,夯土封門	坑壁垂直,填土純淨,呈橢圓形	坑呈長方形	底部不平,呈圓角長方形
器物放置情形	不詳	銅器整齊壓放置	集中排列	銅器推疊三層,大小相套,先重後輕,填撒草木灰	雜亂重疊存放	不詳	擺放整齊,分上下兩層,器物上有蘆席印痕	放置整齊	放置整齊,大小相套	銅器擺放分二層,南端分成五層。一家所作之器放在一起,自成一組	小鼎放大鼎內,大鼎倒置
窨穴附近	不詳	不詳	附近有西周遺址	附近為大型西周居住遺址	不詳	南有西周居住址	西南150米為較大的西周房屋建築遺址	位於西周遺址內	不詳	不詳	不詳
窖藏器物今見數量	50	46	9	103	39	37	16	27	25	53	2
前人遺留或收藏品		眉組、禹鼎、噩鼎、新邑鼎	冗尊、雲紋鐘	商組、折組、豐組、牆組	幾父組、支父鬲組、伯邦父甗、屏父鼎、叔伐父甗、仲伐父甗、諧遣盨	裘衛組、公臣組、此組、旅仲鼎、順匜、仲匜父鼎	雲雷紋鐘	天盂	中甗、殽組、衛組、姬匜、邻匜、母匜、顧龍紋鼎、顧龍紋壺、顧龍紋盤	孟簋、伯章父組、師旂組、伯百父組	筥食鼎
分藏數處	無	有	有	無	無	無	有	有	無	無	有
埋人主人	克	梁其	梁其	微	杼	炆有銅再	逨	逨	是奠	伯章	寧戈册
埋存年代	宣王	幽王	幽王	厲王	幽王	幽王	宣王	宣王	宣王	宣王	宣王

2. 窖穴挖建草率,四壁未經修正,擺放凌亂,埋入銅器數量較少,應是臨時匆促埋藏。

克器群銅器窖藏中,1972 年北橋村窖藏即屬此種情況。周原銅器窖藏中 1960 年齊家村窖藏、董家村窖藏亦屬之。豐鎬銅器窖藏中,1982 年新旺村窖藏屬之。

出土環境清楚的 11 處窖藏中,4 處窖藏爲臨時性埋藏,佔總比例的四成。

(二) 埋藏地點附近多有西周居住遺址

多數銅器窖藏附近皆有西周居住遺址,①顯示當時貴族選擇埋藏銅器地點,多在自家領地內,且在宅邸或宗祠附近。鑒於埋存銅器數量較多、體量較大,如莊白窖藏多達百餘件銅器,張家坡窖藏埋入五十餘件等,在當時應動用部分人力,若非在自家領地內,容易走漏風聲,帶來安全隱患。故搬運距離較短、變故較少的自家領地內,爲庋藏銅器首選場所。

依上述邏輯,亦可反推窖藏所在地附近建築基址之所屬家族。近年考古工作者對周原遺址進行大範圍、新概念的調查、鑽探與發掘,其中便包括西周中晚期的任家村、上康村、召陳村等聚落。②

(三) 同人分多次、多處埋藏

西周晚期晚段銅器窖藏具有多次、多處分藏的特點,如梁其分藏銅器於任家村與北橋村兩處,任家村窖藏環境整備井然,埋入銅器數量衆多,爲縝密安排之舉;但北橋村窖藏利用舊有灰坑,埋入銅器較少,顯見爲臨時倉促所爲,梁其活動時代下限可至兩周之際,兩次埋存目的、性質迥異。

遂將樂器與禮器分埋於楊家村兩處地點,窖藏環境皆細心安排,埋入銅

---

① 窖藏附近通常有同時期的居址或大型建築基址分佈的情況,已有諸多學者進行過討論,請參閱羅西章:《周原青銅器窖藏及有關問題的探討》,《考古與文物》1988 年第 2 期。丁乙:《周原的建築遺存和銅器窖藏》,《考古》1982 年第 4 期。朱鳳瀚:《商周家族形態研究(增訂本)》,天津:天津古籍出版社,2004 年,第 338 頁。

② 陝西省考古研究院、北京大學考古文博學院、寶雞市周原博物館:《周原遺址東部邊緣——2012 年度田野考古報告》,上海:上海古籍出版社,2018 年,第 488—490 頁。

器數量相差不大,兩次埋存目的、性質相同。

(四) 埋入時間各窖藏不同,但多數集中在西周晚期晚段

十一處窖藏中,僅莊白一號窖藏埋入時間在厲王時,其餘有六處窖藏埋入時間在宣王,四處窖藏在幽王時埋入。

一般討論西周晚期窖藏青銅器現象,多認為是因周末動盪不安,貴族倉皇出逃避難,重器攜帶未及。但大多數窖藏埋入時間非周末,而是在厲、宣時期。故西周晚期畿內貴族庋藏青銅器之原因,需要以多維角度綜合分析。

結合以上據表一所歸納出來的西周晚期銅器窖藏的特點,可知對當時窖藏設置的目的不能單一對待。窖藏銅器之目的分述如下:

1. 保留家族禮器

整備井然、擺放安排合宜的窖穴,通常埋存有前代先祖鑄器、早期收藏品與自作器等,銅器數量規模較大,種種跡象顯示應是精心規劃,多在厲、宣時期埋入。此庋藏時間節點配合事前縝密安排的情況,是否意味周末遷都早在宣王時期便已在計劃中,故身處關中地區的世家貴族才會陸續密集地埋藏保存家族重器與個人收藏。

2. 避災掩埋、來日取回

窖穴利用原有灰坑,或倉促挖掘,埋入銅器數量不定,有較多銅器同窖者,亦有少數幾件一窖,埋入時間在幽王或兩周之際,種種跡象顯示銅器埋入時未經安排,時間匆忙。埋藏性質為避災,其目的是臨時掩埋,來日形勢轉好、恢復秩序後取回。

西周晚期畿內貴族多有庋藏青銅器的習慣,此種現象顯示西周晚期畿內情勢詭譎,貴族們為求自保,各世家大族不約而同地存藏大量青銅器,以此保留家族數代禮器,確保日後宗廟香火不斷,家族宗法綿延久長。

第四章　克器群銘文與相關器銘綜合研究

——論西周晚期貴族家族形態與土田、命服制度的變化

本章以克器群銘文爲主，聯繫與其相關的其他器銘，探討以下數個問題：克家族之結構與其發展狀況，並從大克鼎銘中所載克與丼氏的關係，兼論丼氏家族變化；由畿內貴族家族居址觀察西周晚期世家貴族佔有土田之情況；以大克鼎銘文所載土地賞賜所反映的土地制度爲切入點，深入討論西周晚期土田制度的變化；由克器銘所見命服，進一步探討西周晚期命服變化與官階職等間的連動關係。

第一節　克家族之結構與其發展狀況

克器群銅器窖藏出土主要有三次，分別爲 1884 年（前）任家村窖藏出土克器組、仲義父器組與仲姞鬲；1940 年任家村窖藏出土梁其器組、吉父器組與盧器組；1972 年北橋村窖藏出土伯吉父器組。其他爲零星出土，如宋代出土伯克壺。兩次任家村窖藏皆是有計劃性的埋藏，北橋村窖藏距任家村窖藏四五公里，在如此小的範圍內分三處埋藏成組青銅器多套，在私家禮器不宜放置他人宅地的情況下，這些埋藏點不僅應與器主具地緣關係（或即爲其居址宗廟所在地周邊），[①]器主彼此之間亦應具某種親緣關係。

---

① 據考古發現周原青銅器窖藏附近多有建築遺存。見朱鳳瀚：《商周家族形態研究（增訂本）》，天津：天津古籍出版社，2004 年，第 375—376 頁。

從清末至20世紀70年代任家村窖藏、北橋村窖藏青銅器陸續被發現以來，便有學者對作器者身份、器物年代、銘文考釋等問題進行研究探討。然時至今日，我們對克所屬家族世系、成員情況、活動年代等問題仍有不甚瞭解之處。本文試圖在前人研究的基礎上，將任家村窖藏、北橋村窖藏青銅器群，依器主人名分爲克器組、仲義父器組、梁其器組與吉父器組，綜合探討彼此之間的世系親屬關係以及家族結構等相關問題。

一、克之曾祖

大克鼎銘首段是克自述先祖服事於王之功績，次段爲記述王之册命，首段銘文如下：

　　克曰：穆穆朕文祖師華父，悤（聰）龏氒心，宔（宇）静于猷，盄（淑）悊（哲）氒德，稱（肆）克龏（恭）保氒辟龏（共）王，諫辥王家，叀（惠）于萬民，頢（柔）遠能𨟻（邇）。稱（肆）克䫌（猒）于皇天，琱于上下。翠（得）屯（純）亡敃（愍），易釐無彊，永念于氒孫辟天子；天子明悊（哲），顯孝于申（神），巠（經）念氒聖保且（祖）師華父。勯克王服，出内（納）王令。多易寶休，不（丕）顯天子，天子其萬年無彊，保辥周邦，甿尹四方。

器主自白追憶歌頌先祖功德，以"某曰"的銘文格式尚見於遹盤、師望鼎、瘨簋、禹鼎、䚄鼎等。由銘文得知，克之文祖師華父效力於共王，個性謙遜、寧静不争，具有美好的德行，其輔佐王室有功，使得遠近百姓受惠。而克能夠被拔擢成爲王官，出納王令，受到王的恩寵，皆緣於師華父表現良好，得到王的信任之故。

小克鼎銘中亦見克比較重大的出納王令任務，即王派克將命令傳達至成周。其内容肯定是非常重要的情報，必須是王十分信賴之人才能勝任。克將獲得周王青睞，擔此重責大任之榮光，歸功於"皇祖𥲰季"之披澤，其銘文如下：

　　隹王廿又三年九月，王才（在）宗周，王命善夫克舍（捨）令于成周，遹正八𠂤之年，克乍（作）朕皇且（祖）𥲰季寶宗彝。克其日用𩰬，朕辟魯休，用勾康勴、屯(純)右(佑)顜(眉)壽、永令霝冬(終),邁(萬)年無疆,克其子子孫孫永寶用。

從大克鼎與小克鼎銘文描述來看,克提及"文祖師華父"與"皇祖釐季"的場合,都與克能夠行使"出納王令"的權力有關,顯示文祖師華父與皇祖釐季可能爲同人。

"文祖""皇祖"是遠祖還是近祖的稱謂呢?在西周金文中,"祖"前所冠之"文""皇"皆是溢美之稱,可用於上兩代及其以上之先祖,亦可用於父考,如下所列:

(1)叔向父禹簋:司朕皇考,肇帥井(型)先文祖……乍(作)朕皇祖幽大叔隩殷(《銘圖》5273)

(2)癲鐘:高祖辛公、文祖乙公、皇考丁公(《銘圖》15592)

(3)逨盤:皇高祖單公、皇高祖公叔、皇高祖新室仲、皇高祖惠仲盠父、皇高祖零伯、皇亞祖懿仲、皇考恭叔(《銘圖》14543)

(4)譱鼎:皇高祖師婁、亞祖師夆、亞祖師襃、亞祖師僕、王父師彪、皇考師孝(《銘圖》2439)

(5)翏簋:皇祖益公、文公、武伯,皇考釐伯(《銘圖》5151)

故克在小克鼎中所稱"皇祖釐季"與大克鼎中所稱"文祖師華父"則未必指祖父,而是指曾祖。

克活動年代約在哪一王世呢?伯克壺銘記"十六年七月既生霸乙未",與宣王十六年(前812年)曆七月辛卯朔五日乙未合;①克鐘、克鎛銘記"隹十又六年九月初吉庚寅,王才周康剌(厲)宫",與宣王十六年(前812年)曆九月庚寅朔合。且王所在"周康剌(厲)宫",即周康宫内的厲王廟,可知時王當爲宣王。又大、小克鼎銘文雖未記年,但可與形制相似的卅三年逨鼎做比較。

---

① 夏商周斷代工程專家組:《夏商周斷代工程1996—2000年階段成果報告(簡本)》,北京:世界圖書出版公司,2000年,第33頁。曆表採用張培瑜先生所著《三千五百年曆日天象》,鄭州:大象出版社,1997年。以下所見金文曆譜若無特別註明,即同上,不再重複出注。

卌三年逨鼎銘記"隹卌又三年六月既生霸丁亥,王才(在)周康穆宮",爲四要素俱全的銘文,在金文曆譜中與宣王四十三年(前 785 年)曆六月甲申朔四日丁亥合。無論是利用四要素俱全銘文檢視金文曆譜或是從青銅器形制紋飾來看,克器組的年代皆當歸屬於宣王時期。①

前已述師華父活動年代在共王,而克在宣王時期,兩者之間相距懿、孝、夷、厲四個王世。《夏商周斷代工程》西周金文曆譜所得懿、孝、夷三世共 22 年,厲王 37 年,共和 14 年,共 73 年;② 李峰先生則是提出懿王 27 年、孝王 7 年、夷王 8 年、厲王 16 年、共和 14 年,共 72 年的說法;③ 朱鳳瀚先生以新出金文修正所得懿王 20 年、孝王 3 年、夷王 7 年。④ 以平均 30 年爲一世代來算,師華父與克之間尚有兩代的時間差距,師華父的輩分應爲克之曾祖。

大克鼎與小克鼎皆是克因十分感念師華父而所做祭器。爲曾祖及其以上祖先做器之例,尚見嬰簋、師𡩻鐘、師㝬鐘與南公乎鐘,銘文如下:

　　嬰乍(作)皇且(祖)益公、文公、武白(伯),皇考𢻻(恭)白(伯)𩪘彝。嬰其沔沔,萬年無疆,需冬(終)需令,其子子孫永寶用言(享)于宗室。(《銘圖》5151)

　　師𡩻自乍(作)朕皇且(祖)大公、章公、𢦏公、魯中(仲)、𢦏白(伯)、孝公,朕刺考……□龢鐘,用喜沉(侃)耇(前)𠻝永命義孫子……(《銘圖》15266)

　　師㝬肈乍(作)朕刺(烈)且(祖)虢季寬公、幽叔,朕皇考德叔大䈞(林)鐘。用喜侃耇(前)文人,用䇑屯(純)魚(魯)永令,用匄𧧼(眉)壽無疆。師㝬其萬年永寶用言(享)。(《銘圖》15350)

---

① 克器組的年代學界有不同的看法,如孝王說與厲王說。請參看馬承源主編:《商周青銅器銘文選(三)》,北京:文物出版社,1988 年,第 215—217 頁。唐蘭:《唐蘭先生金文論集》,北京:紫禁城出版社,1995 年,第 338 頁。郭沫若:《兩周金文辭大系圖錄考釋》下,上海:上海書店出版社,1999 年,第 122 頁。李朝遠:《眉縣新出逨盤與大克鼎的時代》,《青銅器學步集》,北京:文物出版社,2007 年。
② 夏商周斷代工程專家組:《夏商周斷代工程 1996—2000 年階段成果報告(簡本)》,北京:世界圖書出版公司,2000 年,第 36—37 頁。
③ Li Feng, Landscape and Power in Early China: The Crisis and Fall of the Western Zhou, 1045 – 771BC, Cambridge University Press, 2006.
④ 朱鳳瀚:《關於西周金文曆日的新資料》,《故宫博物院院刊》2014 年第 6 期,第 24 頁。

第四章 克器群銘文與相關器銘綜合研究·223·

嗣土南宫乎乍(作)大鑞(林)龢(協)鐘,絲鐘名曰無昊。先且(祖)南公、亞且(祖)公仲必父之家,天子其萬年釁(眉)壽,畯永保四方,配皇天。乎搲手頴首,敤(敢)對覭(揚)天子丕顯魯休,用乍(作)朕皇且(祖)南公、亞且(祖)公仲……(《銘圖》15495)

綜上得知,克之曾祖是師華父,又稱釐季,官職為師,華是私名或為字號,謚號作釐、排行為季,為共王時人。

需要説明的是"釐季"之稱亦見於無昊簋,銘文如下:

隹十又三年正月初吉壬寅,王征南夷,王易(錫)無昊馬四匹。無昊拜手頴(稽)首曰:"敢對覭(揚)天子魯休令。"無昊用乍(作)朕皇且(祖)釐季障毁,無昊其萬年子孫永寶用。(《銘圖》5245)

無昊簋斂口、腹部中鼓,下接圈足外撇成階,兩獸首附耳銜環,蓋上有圈足捉手,通體飾瓦紋。此種器型與共王元年師詢簋、夷王元年師虎簋、[①]西周中期晚段的即簋相似(圖一)。無昊簋記年"隹十又三年正月初吉壬寅"與厲

图一　與無昊簋形制相似器型比較圖

1. 無昊簋(上海博物館藏,《銘圖》5245)　2. 師虎簋(上海博物館藏,《銘圖》5371)
3. 即簋(陝西歷史博物館藏,《銘圖》5290)

---

① 師詢簋銘記年合共王元年(前922年)曆二月壬申朔十九日庚寅合。師虎簋銘記年合夷王元年(前884年)曆六月己未朔十六日甲戌合。即簋銘中的右者定伯又見於五祀衛鼎,故即簋年代約相當於共懿時期。

王十三年(前865年)曆正月庚子朔三日壬寅合,無㠱的活動年代應在厲王時期。無㠱稱皇祖釐季,和克所稱之釐季,若是同人,則無㠱或是後仲,即克之父。① 當然亦可能僅是同名之巧合,而與克並無親緣關係。

二、克之祖父與父考

克鎛銘中提到"皇且(祖)考白(伯)",銘文如下:

> 隹十又六年九月初吉庚寅,王才周康剌(厲)宫,王乎(呼)士智召克,王親(親)令克,遹(遹)涇東至于京自,易克佃(田)車馬乘,克不叡(敢)象(惰),專夙王令,克叡(敢)對𩨨(揚)天子休,用乍(作)<u>朕皇且(祖)考白(伯)</u>寳䥷(林)鐘,用匄屯(純)叚永令,克其萬年子子孫孫永寳。(《銘圖》15814)

在此,克又稱其祖爲"考伯"。② "考"在此有兩種可能性:一種可能是"考"爲謚號,考、巧皆從丂聲,均爲溪母幽部,雙聲疊韻,故"考"可讀作"巧"。《書·金滕》:"予仁若考能,多才多藝,能事鬼神。"《史記·魯周公世家》:"旦巧能,多材多藝,能事鬼神。"睡虎地秦簡《日書》乙種《生》:"乙丑生,不武乃工考。"甲種《生子》:"乙丑生子,武以攻(工)巧。""考伯"之"伯"應爲排行。二是考作氏名,伯爲宗族長之意。③ "釐季"與"考伯"兩者謚號不同、排行亦有異,不可能爲同人。

"皇祖考伯"所指何人? 前已述"皇祖"的稱謂適用於祖父及其以上祖先,而一般爲父、祖做祭器者佔禮器製作的絕大多數。克鎛銘文格式未如大克鼎那樣追述先祖師華父行績,只是敘述"王親令克遹涇東至于京自,易克

---

① 馬承源先生認爲無㠱和克兩人爲同宗兄弟。參見馬承源主編:《商周青銅器銘文選(三)》,北京:文物出版社,1990年,第212頁。
② 此處的"考"無法視作一般銘文常見的"皇祖考",若是、斷句則變成"用作朕皇祖考,白(伯)寳䥷(林)鐘",在金文中未見有"白(伯)寳䥷(林)鐘"的用法,且語意不通,故"考"應不能作父祖稱謂對待。
③ 郭沫若言"或説考伯乃皇祖之字"。參見郭沫若:《兩周金文辭大系銘文考釋》,上海:上海書店出版社,1999年,第113頁。

佃（田）車馬乘"，①克感謝王的賞賜，因此做皇祖考伯寶林鐘，以兹永誌。青銅器中一般爲祖做祭器之例，多是爲近祖，即祖父，且前已述曾祖爲師華父，故此處的"皇祖考伯"似非指曾祖以上之祖，而應視作祖父。

傳宋代出土於岐山的伯克壺，銘文提到"用乍（作）朕穆考後中（仲）障章（壺）"。克稱其父考爲"後中（仲）"，"後"作謚號，通"厚"，"後"與"厚"上古音同爲匣母侯部，有寬容誠懇之意。

由上知，克的父考爲後仲，祖父爲考伯，曾祖爲師華父。前已述曾祖師華父主要活動年代在共王時期，克是宣王時人，懿孝夷積年約在 22 年至 42 年，厲王（加上共和）積年約在 30 年至 51 年，則考伯活動年代應約在懿、孝、夷時期，後仲則約在夷、厲時期。

三、仲義父所指何人

"仲義父器組"的作器者"仲義父"所指何人？仲義父鼎、仲義父罍銘文如下：

中（仲）義父乍（作）障鼎。（《銘圖》1632—1638）

中（仲）義父乍（作）旅罍，其萬年子子孫孫永寶用。（《銘圖》13999—14000）

"仲義父"所指對象有兩種可能性，一是克之父考——後中（仲）；一即是克。②

筆者傾向於仲義父是克，其理由有三：

（1）"克器組"的紋飾屬於簡化抽象類型，如重環紋、竊曲紋等，雖是西周晚期常見紋飾，但在厲王時期的青銅器紋飾多少會遺存前期風格，如垂冠鳳鳥紋、顧龍紋等，③然"仲義父器組"13 件青銅器中未見一件具有

---

① 佃車即田車，《詩·小雅·吉日》所言之田車，方便田獵之車。白川静：《金文通釋》卷三下，神户：白鶴美術館，1971 年，第 538 頁。
② 李學勤：《青銅器與周原遺址》，《新出青銅器研究（增訂版）》，北京：人民美術出版社，2016 年，第 195 頁。
③ 1964 年長安張家坡東北西周墓出土的壺，頸部飾長尾鳳鳥紋，參見中國科學院考古研究所澧西考古隊：《陝西長安張家坡西周墓清理簡報》，《考古》1965 年第 9 期。師默簋（《銘圖》5363）腹部與方座上飾大鳥紋，依據金文曆譜師默簋記年合厲王元年。瘋盨口沿下飾垂冠鳳鳥紋，依據金文曆譜瘋盨記年合厲王四年。

前期風格。顯示"仲義父器組"年代約屬於宣王時期,而克是宣王時人。

(2) 仲義父鼎與仲義父作新客鼎皆呈半球形腹,是西周晚期流行的新樣式,銘文雖未記年,但同屬於此類的鼎有屬王時期的大鼎;①另具記年的有頌鼎、吳虎鼎、趞鼎、史伯碩父鼎等,可用金文曆譜推知其屬王世。頌鼎銘記"隹三年五月既死霸甲戌",合宣王三年(前825年)年曆五月戊申朔廿七日甲戌;吳虎鼎銘記"隹十又八年十又三月既生霸丙戌",合宣王十八年(前810年)曆十三月丁丑朔十日丙戌;趞鼎銘記"隹十又九年四月既望辛卯",合宣王十九年(前809年)曆四月甲戌朔十八日辛卯;史伯碩父鼎銘記"隹六年八月初吉己巳",合幽王六年(前776年)曆八月辛酉朔九日己巳。半球形腹鼎的流行時期多在厲王以後,則仲義父應爲西周晚期晚段時人,與前所論克活動時代相近,這也是仲義父即克之證據。

(3) 任家村窖藏銅器中時代最晚的器主梁其,生存年代下限爲兩周之際,其稱父考爲惠仲,宣王時期的克應即梁其之父——惠仲,因克任善夫,其子梁其亦承其職。克排行爲仲,義爲其字,又稱仲義父,故仲義父器與克器爲同人所作器,當然共出一窖。

四、克之官職與家族中的地位

家族結構是家族成員依彼此的親屬關係分化與聚聯所形成的組織形態。西周由於實行世卿世祿制度,從克曾擔任過的官職,能進一步完善克家族結構的整體認識。有關克自身的信息,能從不同時期克所作器銘中獲知。縱觀"克器組"銘文,克曾經分別擁有兩個官職,一爲師職,一爲善夫。

"師克"的稱法見於師克盨銘,銘文如下:

王若曰:師克,不(丕)顯文武,雁(膺)受大令,匍有(佑)四方。則繇隹乃先且(祖)考又(有)爵(勳)于周邦,干(捍)害(禦)王身,乍(作)爪牙。王曰:克,余隹巠乃先且(祖)考,克黹(令)臣先王。昔余既令女(汝),今余隹歔臺乃令,令女(汝)叔(虞)乃且(祖)考,鞃嗣左右虎臣,

---

① 朱鳳瀚:《中國青銅器綜論》,上海:上海古籍出版社,2009年,第1320頁。

易女(汝)鳌(秬)鬯一卣,赤市、五黄、赤舄、牙僰、駒車、奉較、朱虢、㡛靳、虎冟、熏裹、畫轉、畫輙(輻)、金甬、朱旂、馬四匹、攸勒、索(素)戉(鉞)。敬夙夕勿灋朕令。克叡(敢)對諆(揚)天子不(丕)顯魯休,用乍(作)旅盨,克其邁年子子孫孫永寶用。(《銘圖》5680)

從"昔余既令女(汝),今余隹䌛臺乃令,令女(汝)啟(䞉)乃且(祖)考,絲嗣左右虎臣"來看,在此之前克即已擔任師職,這次的册命是對前命的再次認證,命克䞉續父祖之職,並"絲嗣左右虎臣"。可惜的是師克盨銘未記錄年月,無法提供擔任師職的時間點。

克鐘銘雖未提及克的官職,但從所記事件的性質、記年,提供了可供參考的信息。

隹十又六年九月初吉庚寅,王才(在)周康刺(厲)宫。王乎(呼)士䚲召克,王親令克,遹涇東至于京𠂤。……(《銘圖》15294)

《爾雅·釋詁上》:"遹,循也。"周王親自命令克沿涇水東邊到京𠂤進行巡察,這種帶有捍衛意味的舉動,當屬於師職的任務範疇。

同年七月,伯克壺銘中雖自稱伯克,但從伯大師作爲克的長官,進行賞賜的情況判斷,此時克所任職官爲師。銘文如下:

隹十又六年七月既生霸乙未,白(伯)大師易白(伯)克僕卅夫,白(伯)克叡(敢)對諆(揚)天右王白(伯)友,用乍(作)朕穆考後中(仲)障彝。克用勾䚋(眉)老無彊,克克其子子孫孫永寶用亯(享)。(《銘圖》12440)

伯大師將原本隸屬自己的三十名僕轉贈給克,"僕"泛指擔任戰鬥守衛性質工作的人。① 伯大師的賞賜是高級職官賞賜下屬官吏,從克對揚"天右

---

① 裘錫圭:《釋僕庸》,《裘錫圭學術文集》第5卷,上海:復旦大學出版社,2012年。

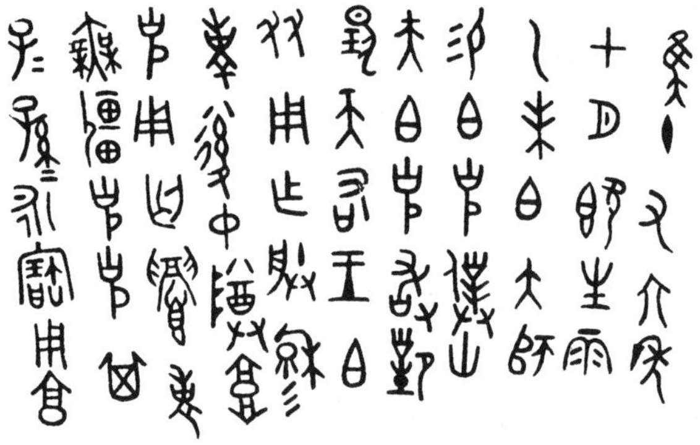

圖二　伯克壺銘摹本

王伯友"來看,"王伯友"指伯大師與其諸兄弟,王伯前的"天右(佑)"爲修飾語,克十分感念長官對自己的關愛與照顧。還有另外一種説法是將"天右王伯友"釋成"天君皇伯休",①"天君"意指君上,"王"可讀作"皇","皇伯"的"皇"是美稱,用以修飾伯大師。無論是哪一種釋法,皆顯示克此時的職官爲"師",伯大師應是直屬長官。

"大師"一詞亦見於傳世文獻中,惟漢代以後多寫作"太師"。《詩·小雅·節南山》:"尹氏大師,維周之氐。"《詩·大雅·常武》:"赫赫明明,王命卿士。南仲大祖,大師皇父。"目前金文所見"大師"一職,多集中在西周中期至春秋早期,對比文獻記載,西周早期究竟有無大師官職的設立,尚有待新材料的出現。此處"伯大師"之稱,或有學者認爲即"伯氏大師";或認爲大師前冠以伯、仲,大師之職有兩人;或認爲伯大師、仲大師的伯仲之稱是相對於本家族内的地位而言。② 出現伯大師、仲大師銘文之器,多爲自作器或爲妻子作器,③惟伯克壺銘、師虎鼎、柞鐘銘與乘盨除外。

---

① 見馬承源主編:《商周青銅器銘文選(三)》,北京:文物出版社,1990年,第218頁。"右"與"君"寫法有别,然伯克壺爲傳世摹本,有可能將君誤寫成右。
② 白川静:《金文通釋》卷三下,神户:白鶴美術館,1971年,第529頁。張亞初、劉雨:《西周金文官制研究》,北京:中華書局,1986年,第3頁。李學勤:《師虎鼎剩義》,《新出青銅器研究(增訂版)》,北京:人民美術出版社,2016年,第82頁。王治國:《金文所見王朝西周官制研究》,北京大學博士學位論文,2013年,第120頁。
③ 自作器:伯大師盨(《銘圖》5561、5562),伯大師釐盨(《銘圖》5572、5573),仲大師小子吉父甗(《銘圖》3346);爲妻子作器:仲大師鼎(《銘圖》2196)、仲大師壺(《銘圖》12370)。

爲釐清伯克壺銘中伯克與伯大師之間的關係，以下先從宗法關係脈絡較爲清晰的師𩛥鼎銘談起。師𩛥鼎銘中𩛥屢次提及伯大師，如“𩛥𢷎（拜）䭫（稽）首，休白（伯）大師肩𠭯臣皇辟”，[1]其義爲感謝伯大師推薦𩛥臣事先王（即穆王），且從王賞賜𩛥“大師金雁（膺）、攸（鋚）勒”來看，應該是鼓勵𩛥亦擔任師職；“𩛥䄈曆，白（伯）大師不（丕）自乍（作）小子夙夕尃由先且（祖）剌（烈）德”，其義爲伯大師大力幫助𩛥日夜遵行先祖德行，“小子”是𩛥的謙稱，[2]也可視爲𩛥是伯大師小宗之意；“𩛥弄（敢）𢍰（釐）王，卑（俾）天子萬年，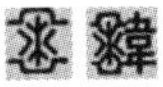白（伯）大師武”，其義爲𩛥祝福王能夠萬年無疆，並且遵循伯大師的行績。綜上引銘文内容分析得知，伯大師和𩛥之間絶非單純長官與下屬的關係，𩛥崇敬仰慕伯大師，伯大師亦不遺餘力的推舉照顧𩛥，讓𩛥亦能擔任師職，可見伯大師有可能是𩛥同祖不同父的長兄，即從兄長，也有可能皆是虢季易父之子，即同父兄弟。[3] 無論兩人是從兄弟或是胞兄弟，伯大師和𩛥皆是具親緣同家族之人，則“伯大師”的“伯”有可能爲親屬輩分稱呼。

其次，檢視柞鐘銘中柞與仲大師的關係。柞鐘從銘文曆日得知當屬幽王時器，[4]銘文記“中（仲）大師右柞，柞易（錫）載、朱黄（衡）、緣（鑾），𤔲五邑佃人事。柞𢷎（拜）手，𩑡（對）䫹（揚）中（仲）大師休，用乍（作）大𩏩（林）鐘”。此篇銘文格式十分特別，首先是仲大師作爲柞的右者，同時又是柞的賞賜者，從柞拜手對揚仲大師休的描述推斷，仲大師並非代表王或轉達王的意思，否則文末柞隻字未感謝王是很失禮的行爲。柞從頭到尾皆稱“仲大師”，是强調其與大師的親屬聯繫，因此柞和仲大師之間應是家臣與小宗的雙重關係。

又新見的乘盨銘（《銘三》544），透露了仲大師稱謂的綫索，銘文如下：

佳四年二月初吉己巳，中（仲）大師才（在）葊，令乘𩣋官𤔲走馬馭

---

① 𠭯，疑從甚聲之字，在此讀爲任。參見裘錫圭：《説“白大師武”》，《考古》1978年第5期。

② 于豪亮：《陝西省扶風縣强家村出土虢季家族銅器銘文考釋》，《于豪亮學術文存》，北京：中華書局，1985年，第14頁。

③ 于豪亮：《陝西省扶風縣强家村出土虢季家族銅器銘文考釋》，《于豪亮學術文存》，北京：中華書局，1985年，第12—13頁。韓巍：《周原强家西周銅器群世系問題辨析》，《中國歷史文物》2007年第3期。

④ 夏商周斷代工程專家組：《夏商周斷代工程1996—2000年階段成果報告（簡本）》，北京：世界圖書出版社，2000年，第35頁。

（馭）人，易（錫）乘馬乘呂車，乘欯（敢）對覴（揚）中（仲）氏不（丕）顯休，用乍（作）寶盨，乘其萬年，子子孫孫永寶。

仲大師命乘管理走馬馭人，並賞賜車馬，乘感謝讚美中（仲）氏。此處的"中（仲）氏"是"輩分親稱+氏"，"氏"表個人，如伯氏、叔氏（《左傳》昭公十五年）、舅氏（《左傳》僖公十二年）。① 則中（仲）氏即中（仲）大師，乘與仲大師爲具親屬關係的家臣、家主。

大師官職前所冠"伯"、"仲"等親屬輩分稱呼時，作器者與該大師有親屬關係。換言之，"親屬輩分+官職"的稱謂，稱名者與被稱者具親緣關係。綜上，則伯克壺銘提及的伯大師應是克之本家大宗在王朝擔任大師職位者，伯克一支實爲此宗族内之小宗，但作爲分宗之長亦能稱"伯"。

"善夫克"的稱法見於善夫克盨、大克鼎、小克鼎與𤼈比盨。克所作有記年器中，善夫克盨記年爲"十又八年十又二月"，小克鼎記年爲"廿又三年九月"，大克鼎雖無記年，然前已述其形制紋飾與小克鼎如出一轍，僅大小有別，故製作年代應相近。𤼈比盨銘中提及擔任𤼈比右者爲善夫克，記年爲"廿又五年七月"。由上知，克由師職轉變成善夫的時間應在宣王十六年九月以後至十八年十二月之前。

克除了曾任"師"、"嗣左右虎臣"以及"善夫"官職外，尚見周王册命克"出納王令（命）"的權能。"出納王令（命）"的内涵即是傳遞布達王的命令，而此項權能的賦予與使用，亦見於西周晚期的銘文，如師望鼎（《銘圖》2477）。② 從師望與善夫克所冠官職"師"、"善夫"來看，"出納王令（命）"不是一種官職，而是某種特殊任務的加賦。由於這種任務具有代表王的神聖性，必須是深受周王信賴之人，故多委派王的近臣或親信擔任。由此可知，西周晚期除了固定官職具有相應的職責與任務外，尚有周王因事制宜的"加權"政策，屬彈性處理難以納入職官系統的事務性指派。

---

① 朱鳳瀚：《商周家族形態研究（增訂本）》，天津：天津古籍出版社，2004年，第15頁。
② 周亞先生認爲在王宫内任職，屬於周王的近臣者，承擔"出納王命"的職責順理成章，文中列舉了諸多出納王命的例子，並將王呼善夫迎諸侯貴族視作出納王命。請參閱周亞：《關於大克鼎的幾個問題》，《青銅器與金文》第1輯，上海：上海古籍出版社，2017年，第315—317頁。

克除了前述在王朝所擔任的職官與所處社會階級外,其在家族中的地位,亦可由伯克壺銘探知。克自稱"伯克","伯+私名"的用法尚見於伯穌鼎、伯𢍰盉,銘文如下:

白(伯)穌(穌)乍(作)䵼(召)白(伯)父辛寶䵼鼎。(《銘圖》1900)

白(伯)𢍰(憲)乍(作)䵼(召)白(伯)父辛寶䵼彝。(《銘圖》14752)

伯穌、伯𢍰都能爲召伯父辛作器,兩人爲兄弟,但皆稱伯,説明伯穌可能是在畿內的召氏本支或分支宗子,故可稱伯;伯𢍰爲已獨立分宗的大保氏(見𢍰鼎《銘圖》2386),自亦可稱伯。① 因此,伯克的"伯"所指應是宗族之長,而非輩分排行。由上知,克在家族中的地位是擔任一宗之長。

五、梁其、吉父與克之關係

(一) 梁其、吉父與伯吉父之關係

"梁其器組"與"善夫吉父器組"同出於任家村窖藏,"梁其器組"的作器者梁其與"善夫吉父器組"的作器者吉父有何關係? 又北橋村出土的"伯吉父器組",作器者自稱爲"伯吉父",則"伯吉父"與"善夫吉父"彼此有無關聯? 梁其、善夫吉父與伯吉父應是同一人,論述如下:

其一,"梁其"可讀作"良期",與"吉父"意義相應,②則"吉父"可能爲梁其的字號。

其二,梁其的官職爲善夫,見於善夫梁其簋(《銘圖》5161)。而吉父的官職亦爲善夫,見於善夫吉父鼎、善夫吉父盂、善夫吉父簠、善夫吉父鑘等,銘文如下:

---

① 朱鳳瀚:《大保鼎與召公家族銅器群》,《叩問三代文明——中國出土文獻與上古史國際學術研討會論文集》,北京:中國社會科學出版社,2014年。
② 李學勤:《青銅器與周原遺址》,《新出青銅器研究(增訂版)》,北京:人民美術出版社,2016年,第196頁。

       善(善)夫吉父乍(作)鼎,其萬年子子孫孫永寶用。(《銘圖》2078)
       善(善)夫吉父乍(作)盂,其儔年子子孫孫永寶用。(《銘圖》6223)
       善(善)夫吉父乍(作)旅匡(簠),其萬年永寶。(《銘圖》5823)
       善(善)父吉父乍(作)旅罏,其子子孫孫永寶用。(《銘圖》13994)

兩組器物同坑共出,兩人的官職又皆是善夫,故梁其與吉父很可能爲同人。
　　其三,從伯吉父匜銘中可見其妻爲京姬,銘文如下：

       白(伯)吉父乍(作)京姬也(匜),其子子孫孫永寶用。(《銘圖》14930)

而善夫吉父鬲銘中亦見善夫吉父稱其妻爲京姬,銘文如下：

       善(善)夫吉父乍(作)京姬障鬲,其子子孫孫永寶用。(《銘圖》2966)

由上,"伯吉父"與"善夫吉父"配偶皆是京姬,也是兩人爲同人之證。
　　吉父排行爲伯,官職爲善夫,又前已論"善夫吉父"與"善夫梁其"是同一人,則三種不同的稱呼所指皆爲同人。梁其爲私名,吉父爲字,伯爲排行。

(二) 梁其與克的關係
善夫梁其簋銘透露出梁其已故雙親的信息,銘文如下：

       善(善)夫汈(梁)其乍(作)朕皇考惠中(仲)、皇母惠妃障殷,用追言(享)孝,用匄覭(眉)壽,覭(眉)壽無彊,百字(子)千孫,子子孫永寶用言(享)。(《銘圖》5161)

梁其稱父考爲惠仲,惠爲謚號,仲爲排行,排行爲仲者有克之父(後仲)與克(仲義父)。梁其之父應爲克即仲義父,其理由有二：一是從師克盨銘來看,克之父、祖皆爲師職,梁其官職爲善夫,且克之父已稱後仲,不應再稱惠仲,故梁其不可能是克之兄弟,應是承襲克之世官。二是從梁其鼎的銘文與器型來看,銘文顯示梁其鼎是梁其爲祖考所作祭器,然形制紋飾卻與克(即仲義父)所作的仲義父鼎、仲義父作新客鼎無別,且三組鼎大小尺寸可按序排列,顯示梁其與克的活動時間有所重疊。梁其爲紀念祖考,可能選擇過去父親定製銅鼎的鑄銅作坊再次打造。

又從善夫梁其簋銘得知,梁其之母爲惠妃,惠是襲用夫之謚號,父姓爲妃。梁其盨銘中梁其自稱爲"伯梁其",銘文如下:

白(伯)沏(梁)其乍(作)旅須(盨),用言(享)用孝,用勾齽(眉)壽多福,眈臣天子,萬年唯亟,子子孫孫永寶用。(《銘圖》5652)

"伯梁其"的"伯"與"伯克"的用法同,代表宗族長之意。前已述伯梁其又可稱伯吉父,顯示梁其不僅承襲其父善夫官職,亦因排行爲伯而接掌家族宗子的地位。

梁其除了擔任"善夫"一職外,還曾身"邦君、大正",梁其鐘銘曰:

辟天子,天子肩事梁其身邦君、大正,用天子寵,蔑梁其曆。梁其叡(敢)對天子不(丕)顯休飘(揚),用乍(作)朕皇且(祖)考魚鎛(鐘),梁其……(《銘圖》15526)

"肩事"的"肩"尚見於師虤鼎與遹簋。于豪亮先生認爲"肩"讀爲"夷",從尸(夷)得聲,爲語助詞,①師虤鼎銘"白(伯)大師肩珊臣皇辟"的"肩珊"讀作"夷任",整句之大意爲虤所以能事皇辟是由於伯大師的推薦。② 遹簋銘"師雄父肩史(使)遹事(使)于獣侯"的"肩事"即"夷使",其意爲師雄父讓遹出

---

① 于豪亮:《陝西省扶風縣强家村出土號季家族銅器銘文考釋》,《古文字研究》第 9 輯,北京:中華書局,1984 年,第 259 頁。李學勤:《師虤鼎剩義》,《新出青銅器研究(增訂版)》,北京:人民美術出版社,2016 年,第 81 頁。
② 珊,疑從甚聲之字,在此讀爲任。參見裘錫圭:《説 [圖] [圖] 白大師武》,《考古》1978 年第 5 期,第 318 頁。

使於獻侯。

"邦君"一詞亦見於五祀衛鼎、靜簋、義盃蓋、豆閉簋與文盨銘,"邦君"為畿內擁有封土的封君。① "大正"指正長,此處應指王朝執政大臣。周王任命梁其擔任邦君與大正,即賦予擁有田民的封君身份,又任命擔任王朝正長,顯示周王對梁其的厚愛與信任。

梁其器與克器同出於任家村,顯示兩者確應有較近的親屬關係。綜上,梁其為克之長子,字吉父,官職為善夫、大正,身份為畿內邦君,可稱作善夫梁其、善夫吉父、伯吉父、伯梁其。其妻是京姬,從西周同姓不婚的慣例來看,梁其非姬姓,亦表示克之家族非姬姓。

六、克所屬華氏

仲義父作新客鼎與仲義父盨,銘末皆標誌"華",表示其屬華氏。銘文如下:

中(仲)義父乍(作)新宲(客)寶鼎,其子子孫孫永寶用。华(華)(《銘圖》2113)

中(仲)義父乍(作)旅盨,其永寶用。华(華)(《銘圖》5552)

《尚書·金縢》"惟朕小子其新迎",偽孔傳引馬融注"新"作"親"。《禮記·曲禮上》"聞子有客",孔穎達疏:"客者,鄉黨僚友之屬也。""新客"可釋作"親客",可見仲義父作新客鼎應是宴饗親近族人與僚屬所用。仲義父盨銘中的"旅盨"顯示此器是供外出攜帶之用。克在宴請族友僚屬與旅行在外的場合時,特別使用標註了己身所出之氏的器具,說明西周晚期貴族彼此之間特別看重其所屬之世家大族。

師華父為師職,克亦曾擔任師職,考伯與後仲官職雖未明確述諸銘文,但從師克盨銘"王曰:…令女(汝)虞乃且(祖)考"的情況來看,可以推知考伯、

---

① 朱鳳瀚:《商周家族形態研究(增訂本)》,天津:天津古籍出版社,2004 年,第 346 頁。任偉:《西周金文與文獻中的"邦君"及相關問題》,《中原文物》1999 年第 4 期。

後仲官職亦應爲師。克出身於貴族世家華氏，先承襲其父師職，後晉升爲善夫，其子梁其亦承襲其父善夫一職，説明周王對克所屬華氏家族的信任與重視。①

七、華氏其他成員與華氏世系

華氏到西周晚期時已發展爲一個規模較大的家族，所作器成員除了上述克及其子梁其以外，應尚有他人。現將其他華氏成員所作器分述如下：

（一）華季🔲盨

華季🔲盨體呈橢方形，腹部接兩獸首半環形耳，圈足有"︿"形缺口，通體飾瓦紋，失蓋。② 整體造型與紋飾與西周晚期的諜季獻盨十分相似，形制亦接近師克盨（圖三），爲西周晚期典型風格。華季🔲盨銘如下：

　　𦉢（華）季🔲乍（作）寶設，其萬年子子孫孫永寶用。（《銘圖》5596）

作器者爲華氏、排行季、私名作🔲之人。目前西周晚期銘文所見華氏應與克之家族有關，華季🔲或爲克之胞弟；或是梁其之弟。

（二）仲姞鬲

仲姞鬲15件，形制相同、大小接近。③ 敞口折沿、束頸聯襠，與足對應的腹部有突起的扉棱，三蹄足，中腹有一條凹帶，通體周飾直綫紋，其形制與紋

---

① 族名"華"是以師華父之字華爲氏名，近似於《春秋公羊傳》成公十五年"孫以王父字爲氏也"，《禮記·曲禮下》"祭王父曰皇祖考，王母曰皇祖妣"，孔穎達疏："王父，祖父也。"參見朱鳳瀚：《商周家族形態研究（增訂本）》，天津：天津古籍出版社，2004年，第341頁。愚以爲周人獨立分宗時若採用祖父的字號作爲新氏名的傳統，嚴格按照以王父字爲氏，則分宗另立華氏有可能是在後仲一代，但亦不排除到克這一代才從大宗獨立分出，故克雖排行爲仲，卻因擔任分宗宗族長之故，亦能稱伯。
② 原承德避暑山莊舊藏，現藏於臺北故宫博物院，著録於《武英殿彝器圖録》。見容庚：《武英殿彝器圖録》，北京：燕京大學哈佛燕京學社，1934年。
③ 仲姞鬲現分藏於上海博物館3件（《銘圖》2748、2749、2758）、北京故宫博物院4件（《銘圖》2753、2754、2755、2756）、日本泉屋博古館1件（《銘圖》2746）、波士頓美術博物館1件（《銘圖》2750）、湖南省博物館1件（《銘圖》2751）、開封市博物館1件（《銘圖》2752）、原藏盛昱1件（《銘圖》2757），藏所不明3件（《銘圖》2747）。

图三　華季☐盨形制比較圖

1. 華季☐盨（現藏臺北故宫博物院《銘圖》5596）　2. 諆季獻盨（現藏臺北故宫博物院《銘圖》5597）
3. 師克盨（聖路易市私人收藏《銘圖》5681）

飾與長安張家坡窖藏出土西周晚期早段的伯㐭父鬲近似（圖四），①然伯㐭父鬲的足跟近似柱足，仲姞鬲蹄足足底較寬大，説明仲姞鬲時代略晚於伯㐭父鬲，故本鬲約屬於西周晚期晚段。仲姞鬲銘如下：

中（仲）姞乍（作）羞鬲，華（《銘圖》2746）

此爲嫁至華氏之姞姓排行爲仲的女子所作鬲，故克家族應亦非姞姓。

圖四　仲姞鬲與伯㐭父鬲形制比較圖

1. 仲姞鬲（現藏泉屋博古館《銘圖》2746）　2. 伯㐭父鬲（現藏陝西歷史博物館《銘圖》2835）

---

① 中國科學院考古研究所：《長安張家坡西周銅器群》，北京：文物出版社，1965年，第16頁、圖版壹。郭沫若：《長安縣張家坡銅器群銘文匯釋》，《考古學報》1962年第1期。

綜上所論,可將上文所分析的克所屬華氏家族世系關係小結如下:克之曾祖是師華父,又稱釐季,爲共王時人;克又稱仲義父,爲宣王時人;則克之祖父考伯可能爲懿孝夷時人,克之父後仲應活躍於厲王世;克之子梁其又稱吉父,爲幽王時人。華氏成員華季■可能活躍於宣幽時期,或爲克之胞弟,或是梁其之弟。仲姞之夫應爲宣王時的華氏成員。另從克、梁其、華某所娶妘姓、姬姓、姞姓女爲妻來看,華氏非妘姓、姬姓、姞姓。克所屬華氏家族世系關係可表示如下:

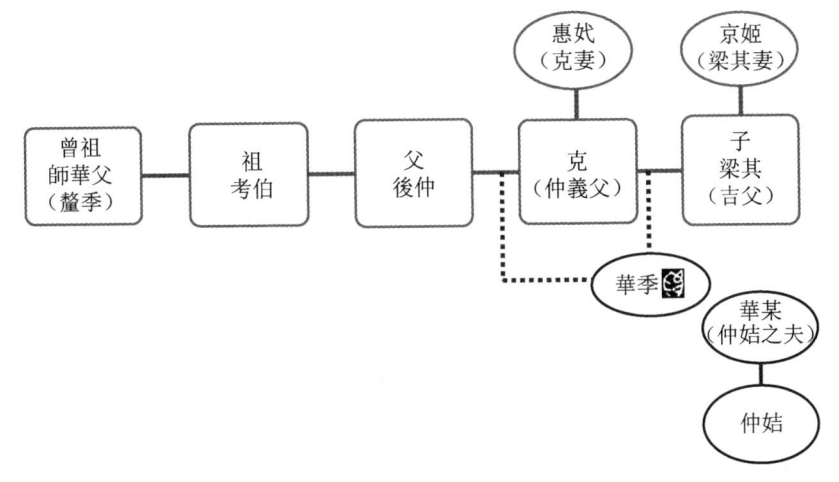

```
                                    惠妘         京姬
                                   (克妻)      (梁其妻)
                                     │            │
曾祖        祖         父         克          子
師華父  ─  考伯  ─  後仲  ─  (仲義父)  ─  梁其
(釐季)                                     (吉父)
                          ┆
                          ┆
                         華季■  ─  華某
                                  (仲姞之夫)
                                       │
                                      仲姞
```

註:方框爲克的直系親屬,橢圓框爲華氏成員,虛綫表示可能的旁系關係。

八、小結

利用對銘文內容的深掘,定位克直系五代的世系,勾勒出克所屬華氏在西周晚期的發展情況。現將本節研究所得主要觀點歸納如下:

1. 克又稱仲義父,爲宣王時人。克在王朝先任師職兼嗣左右虎臣,後任善夫並能出納王令、擔任右者。在家族中擔任華氏宗族長,稱作伯克。

2. 克之曾祖師華父,又稱釐季,爲共王時人。在王朝擔任師職,並能出納王令。

3. 克之祖父考伯,爲懿孝夷時人;克之父考爲後仲,爲厲王時人,兩人從銘文內容推斷應在王朝擔任師職。

4. 克之子梁其,又稱吉父,爲幽王時人。梁其先繼承父職在王朝任善夫,後任王朝正長身兼畿内邦君。因爲長子,故能承襲華氏宗族長,稱作伯梁其、伯吉父。

5. 從華季⬚盨銘和仲姞鬲銘得知,除克直系親屬外的其他華氏成員活動情況,顯示西周晚期華氏已發展成一個較大規模的家族。

6. 華氏與姬姓、姞姓、妖姓女子通婚,説明華氏屬非姬姓貴族家族。

7. "伯大師""仲大師"爲"親屬輩分+官職"的稱謂,稱名者與被稱名者具親緣關係。

8. 宣幽時期華氏在王朝享有較高的地位與權力,且在西周晚期金文中出現頻率高於本家大宗。克能出納王令、擔任右者,梁其甚至任王朝執政大臣身兼邦君,此種現象顯示後起分出的小宗有時在政治地位上會超越大宗,體現了西周世族地位並非全由宗法關係決定。

曾祖師華父、祖父考伯、父考後仲三代爲師;克襲任師職,後爲善夫並能出納王令;梁其承襲善夫一職,後受天子寵,任大正兼邦君。師華父至後仲官職固定,克與梁其官職有所異動,並擁有特殊權能。從五代人的政治仕途來看,可知西周晚期世卿世祿制度鬆動崩壞,官職世襲雖仍存在,卻可因周王個人愛惡決定官位升降、給予特權。

此種傳統政治秩序平衡的破壞,迫使世家大族爲穩固自身政治地位與維護家族利益,大宗與小宗之間結黨抱團,宗族内部凝聚意識進一步增強。西周晚期銘末標識族氏名的現象,正是在强調宗族本位氛圍的環境下應運而生的産物。

克所屬家族親屬世系關係與家族結構個案所反映出宗族本位意識的增强、世官制度的鬆動崩壞等問題,都使我們對西周晚期的政治制度、宗法制度、家族組織等問題産生更深刻的認識。

第二節　大克鼎銘中所載克與井氏之關係

——兼論畿内井氏家族發展

畿内井氏是西周中晚期參與王朝政權的重要世族之一。① 井氏家族除

---

① 經過數代學者的努力,加上科學考古發現灃西井叔家族墓地,學界對井氏家族世系已有較　（轉下頁）

以丼伯爲核心外，尚衍生出丼叔、奠丼、豐丼等分支，其代表人物丼伯、丼叔、丼公常擔任王朝右者，身居要職，在王朝享有較高的政治地位。然而，在大克鼎銘文中卻見丼氏土田、人民、臣妾被重新分配給克，與集榮貴權勢於一身的世族印象違和。

大克鼎銘述及丼氏情況的銘文如下：

易(錫)女(汝)田于埜，易(錫)女(汝)田于渒，<u>易(錫)女(汝)丼寓(宇)䢼田于䣙</u>，吕氒臣妾，易(錫)女(汝)田于康，易(錫)女(汝)田于匽，易(錫)女(汝)田于陣原(原)，易(錫)女(汝)田于寒山，易(錫)女(汝)史小臣、霝龠鼓鐘，<u>易(錫)女(汝)丼㣇(徵)䢼人</u>，<u>叡易(錫)女(汝)丼人奔于量(量)</u>，敬夙夜用事，勿灋朕令。

從銘文內容得知，周王賞賜克在䣙地丼人居住的䢼田，① 並包括丼氏派居於䢼田耕作之臣妾，② 又賜克丼氏徵召的䢼人，③ 以及奔逃至量地的丼氏族人。

由克所獲得原屬於丼氏的土田、臣妾、䢼人與奔逃量地的丼人來看，宣王時期丼氏已失去部分領地，族人不知何故流亡失所，附庸的異族也被重新分配。

量地又見於揚簋(《銘圖》5350，圖一)，

圖一　揚簋

(接上頁)深刻的認識，學術成果亦豐。參見樋口隆康：《西周銅器の研究》，《京都大學文學部研究紀要》，1963年，第85—104頁。張長壽：《論丼叔銅器》，《文物》1990年第7期。陳夢家：《西周銅器斷代》，北京：中華書局，2004年，第178—182頁。李仲操：《論丼叔年代》，《周秦文化研究》，西安：陝西人民出版社，1998年，第316—321頁。李先登：《西周丼叔青銅器年代的初步研究》，《夏商周青銅文明探研》，北京：科學出版社，2001年。朱鳳瀚：《商周家族形態研究(增訂本)》，天津：天津古籍出版社，2004年，第348—351、633—658頁。韓巍：《西周金文世族研究》，北京大學博士學位論文，2007年，第127—152頁。龐小霞：《商周邢都、邢國、邢地研究》，鄭州大學博士學位論文，2007年。陳穎飛：《清華簡井利與西周丼氏之丼公、丼侯、丼伯》，《出土文獻》第2輯，上海：中西書局，2011年。葉先闖：《由新見五器試論西周鄭丼氏世系》，《文物春秋》2018年第5期。

① 裘錫圭：《古文字釋讀三則》，《古文字論集》，北京：中華書局，1992年，第398—402頁。
② 臣妾爲負責貴族家族内部雜役事務之輩，身份等級較低，可成爲貴族的賞賜物。參見陳絜：《䍙鼎銘文補釋及其相關問題》，《新出金文與西周歷史》，上海：上海古籍出版社，2011年。
③ 此處的䢼人應爲附屬於丼氏之䢼地或䢼氏之人。

銘文節錄如下：

> 隹（唯）王九月既眚（生）霸庚寅，王才（在）周康宮，旦，各（格）大（太）室，即立，嗣徒單白（伯）内（入）右趩，王乎（呼）内史史寿册令趩（揚），王若曰：趩（揚），乍（作）嗣工，<u>官嗣㮚（量）田佃、眔嗣立、眔嗣芻、眔嗣寇、眔嗣工史（事）</u>。

册命者同爲内史史寿之器尚有諫簋（《銘圖》5336），諫簋記年爲"隹五年三月初吉庚寅"與厲王五年（前873年）曆三月丙戌朔五日庚寅合，故揚簋亦應屬厲王時器。

周王册命揚爲司工，管理量地的農事、住屋、芻草、訴訟與工事，顯示量地應屬周王直轄田邑。① 井氏爲姬姓，"奔于量"（奔逃至量），在周王直轄範圍内，或許較能得到公允對待。

井氏衰落的現象，非僅大克鼎銘所載孤例。散氏盤銘亦見矢氏賠付散氏井邑田，顯示井邑田已非井氏所有。另厲、宣時期雖仍可見井氏族人所作器，但家族榮光不再，或淪爲他人家臣，或井氏土田被轉讓瓜分。以禹鼎爲例：

禹鼎銘（《銘圖》2498）中提及武公令禹管理井邦：

> 禹曰：不（丕）顯桓桓皇且（祖）穆公，克夾䢔先王，奠四方，肆（肆）<u>武公亦弗叚（退）朢（忘）朕聖且（祖）考幽大叔、懿（懿）叔，命禹㠯朕聖且（祖）考，政于井邦</u>。

禹自述先祖穆公非常勇武，能輔佐周王，平定四方。"㠯"從小從反人，爲肖之異文，"肖"，法也，似也。② 武公未嘗忘其祖考幽大叔與懿叔，令禹效

---

① 裘錫圭先生認爲量爲糧田，西周金文中的糧田應即徹制下的公田，是爲統治階級生產軍糧或其他行道所需之糧做準備，糧田爲甸人所主。參見裘錫圭：《西周糧田考》，《裘錫圭學術文集》第5卷，上海：復旦大學出版社，2012年。

② 白川静：《金文通釋》卷三上，神户：白鶴美術館，1971年，第448頁。馬承源：《商周青銅器銘文選（三）》，北京：文物出版社，1988年，第282頁。

法父祖,管理丼邦,禹戒慎恐懼遵從君上的命令。從"武公亦弗遐忘朕聖祖考幽大叔、懿叔"的口氣來看,武公爲禹的長官,委任幽大叔、懿叔與禹三代作爲家臣治理丼邦。相似的例子尚見於蠚鼎銘"蠚來遷于妊氏,妊氏令蠚事保垺家,因付垺且(祖)僕二家,蠚搩頴首,曰:休朕皇君弗醒(忘)垺寶臣"(《銘圖》2405)。蠚爲妊氏之家臣,妊氏令蠚服事保護妊氏家族,蠚感謝君上未忘他的家臣。

武公作爲幽大叔、懿叔和禹三代之家主,在禹時武公年紀應該已經很大。① 提及武公事跡暨相關人物器銘如下所列:

南宮柳鼎(《銘圖》2463)　　　武公　　作册尹
十月敔簋(《銘圖》5380)　　　武公　　尹氏
嗌甗(《銘三》366)　　　　　武公　　尹氏　　嗌
禹鼎(《銘圖》2498)　　　　　武公　　　　　禹
多友鼎(《銘圖》2500)　　　　武公　　　　　叔向父　　多友

南宮柳鼎、十月敔簋、嗌甗銘中武公擔任南宮柳、敔與嗌的右者,册命者和授資者皆是作册尹,而師嫠鼎中册命者爲同人作册尹。師嫠鼎爲厲王時器(合曆),則南宮柳鼎、十月敔簋、嗌甗亦皆屬於厲王時器。又禹鼎銘提及征伐噩國史事,時值厲王晚期,多友鼎銘中"向父召多友"的向父即禹。則武公爲厲王時人,則禹可能宣王時期仍在,跨厲、宣兩王世。

畿內丼氏一般認爲是周公子封國,爲姬姓,彔伯鼎(《銘圖》1734)、㫚伯簋(《銘圖》4591)銘中皆稱其妻爲丼姬,説明丼氏確爲姬姓。② 武公身爲丼之領主,似亦當爲姬姓。然孟姬泪簋銘的内容,卻爲武公是否爲姬姓帶來疑惑。孟姬泪簋(《銘圖》5015)銘如下:

　　孟姬泪自乍(作)餯殷,其用追考(孝)于其辟君武公,孟姬其子孫永寶。

---

① 當然也有另一種可能性,即武公雖記得禹之祖考,但未必與其同時。
② 《左傳》僖公廿四年:"凡、蔣、邢、茅、胙、祭,周公之胤也。"李先登先生引彔伯鼎銘:"彔白(伯)乍(作)丼姬用鼎"(《銘圖》1734),判定丼氏爲姬姓,見李先登:《禹鼎集釋》,《中國歷史博物館館刊》1984 年。

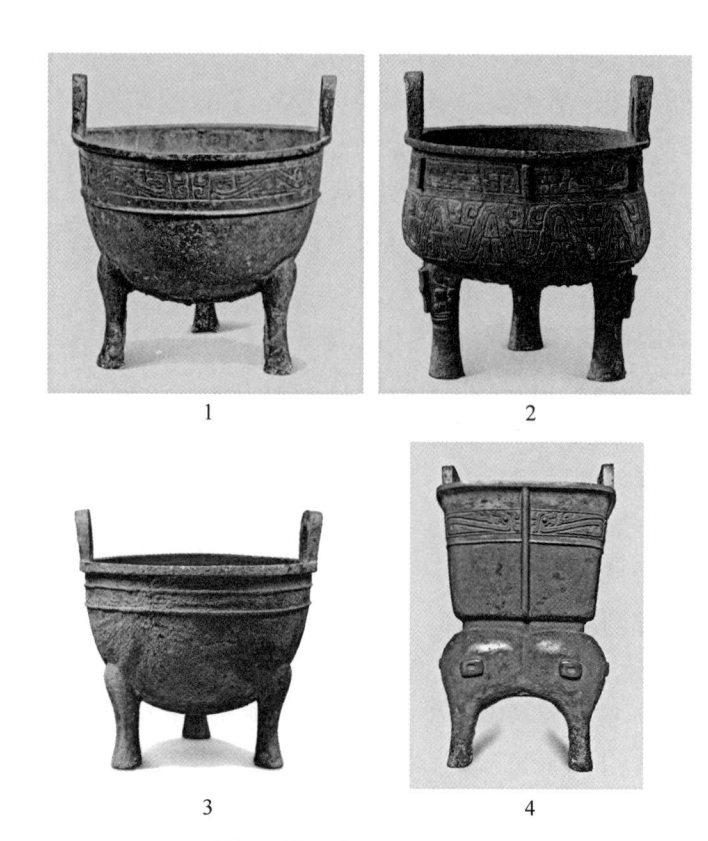

圖二　銘文內容提及武公之器
1. 南宮柳鼎　2. 禹鼎　3. 多友鼎　4. 嗌甗

孟姬洀爲宗婦，此是爲亡夫武公所作祭器，尊稱武公爲辟君。①《詩·大雅·文王有聲》"皇王維辟"，鄭玄箋："辟，君也。"《儀禮·喪服》"妾爲君"，鄭玄注："妾謂夫爲君者。"《詩·鄘風·鶉之奔奔》"我以爲君"，孔穎達疏："夫人對君稱小君，以夫妻一體言之，亦得曰君。"孟姬洀是武公之妻，則在西周同姓不婚的傳統下，武公應非姬姓，換言之武公雖獲得丼氏舊土，但卻非丼氏族人。

禹鼎載武公"命禹𢍰朕聖且(祖)考，政于丼邦"，故實際管理丼邦者是

---

① 黃銘崇：《論殷周金文中以"辟"爲丈夫稱謂的用法》，《"中研院"歷史語言研究所集刊》第72本2分，2001年6月，第421—422頁。

禹。禹稱其先祖爲穆公,而在丼叔采鐘銘中亦見丼叔稱其祖爲穆公。① 銘文如下:

"丼叔叔采乍(作)朕文且(祖)穆公大鐘(鐘),用喜樂文神人,用旝福賮,[多]壽镸魯,其子孫孫永日鼓樂,丝(兹)鐘(鐘)其永寶用。"(《銘圖》15290)

丼叔叔采鐘一組三件(M163:34、35、72),出土於長安灃西張家坡丼叔家族墓地 M163 中。M163 與 M157 並列爲對子墓,M157 被盜掘嚴重,隨葬品幾無倖存,然從墓葬規格與隨葬車馬來看,其身份應是一代丼叔,而在其東 50 米並列的 M163,經人骨鑒定墓主爲 25~30 歲年輕女性,且墓中出土丼叔叔采鐘,說明其很可能爲叔采夫人,則 M157 墓主身份當是丼叔。發掘報告將 M163 歸爲第三期(相當於共懿孝時期);②朱鳳瀚先生對丼叔墓的年代做過縝密的探討,認爲 M157(丼叔)約屬孝王時期,M163(M157 墓主之妻)約屬夷王時期。③ 丼叔叔采鐘爲甬鐘,長甬、長枚,甬部與篆間飾波帶紋,旋部飾目紋,鼓部飾卷雲紋。甬部的波帶紋中部起折,說明其時代較晚,丼叔叔采的活動時間約在孝夷時期。④

銘文記有穆公事跡與相關人物器物如下:

穆公鼎(《銘圖》1242)　　　穆公

穆公簋蓋(《銘圖》5206)　　穆公　宰利

䘧簋蓋(《銘圖》5289)　　　穆公　　䘧

盩尊(《銘圖》11814)　　　穆公　　　盩

盩方彝(《銘圖》13546)　　穆公　　　盩

尹姞鬲(《銘圖》3039)　　　穆公　　　尹姞

---

① 吴生鐘銘中雖見"用作穆公大鑮鐘",然單吴生鋪與單伯吴生鐘銘顯示吴生爲單氏,因此所稱穆公不可能與禹鼎銘中之穆公爲同人。
② 中國社會科學院考古研究所:《張家坡西周墓地》,北京:中國大百科全書出版社,1999年,第 368 頁。
③ 朱鳳瀚:《商周家族形態研究(增訂本)》,天津:天津古籍出版社,2004年,第 644 頁。
④ 韓巍先生認爲 M157 墓主丼叔采相當於孝夷時期。韓巍:《西周金文世族研究》,北京大學博士學位論文,2007年,第 139 頁。

丼叔釆鐘(《銘圖》15290)　　穆公　　　　　　　丼叔釆
禹鼎(《銘圖》2499)　　　　穆公　　　　　　　武公 馭方
霸姬盤(M2002：5)　　　　 穆公　　　　　　　　　气 霸姬

銘文中記穆公擔任右者之器有戡簋蓋、盠尊、盠方彝；自作器爲穆公鼎、穆公簋蓋。穆公簋蓋銘中宰利賜穆公貝，宰利亦出現於師遽方彝，前已述師遽方彝屬共王時期。又穆公簋蓋紋飾爲垂冠顧首大卷尾花翎鳳鳥紋（圖三·1），此種獨特的紋飾，尚見於季魯簋、丼季夔尊和丼季夔卣。

清宫舊藏之季魯簋(《銘圖》4924，圖三·2)，原物已佚，但曾著録於《西清古鑒》中，形制爲侈口垂腹、雙獸首半環形耳，下有鉤狀小珥，矮圈足外撇成階。器腹飾對稱垂冠顧首大卷尾花翎鳳鳥紋，圈足飾兩道弦紋。垂冠顧首大卷尾鳳鳥紋普遍流行於西周早期晚段至西周中期早段，但加飾花翎者不多見。

圖三　穆公簋蓋、丼季夔尊、丼季夔卣與季魯簋器形圖

1. 穆公簋蓋　2. 季魯簋　3. 丼季夔尊　4. 丼季夔卣

丼季夒尊(《銘圖》11603，圖三·3)垂腹，腹部紋飾作垂冠顧首大卷尾花翎鳳鳥紋，頸部裝飾兩對長卷尾鳥紋，圈足裝飾兩道弦紋。丼季夒卣(《銘圖》13102，圖三·4)直口垂腹，上承蓋，蓋上有圈足狀捉手，兩端突起犄角，矮圈足外撇成階，提梁兩端爲獏首。蓋面與腹部飾垂冠顧首大卷尾花翎鳳鳥紋，器頸飾長卷尾鳥紋，圈足飾兩道弦紋。尊、卣具相同紋飾組合，應爲同時製作之組器。季魯簋腹部紋飾與丼季夒尊、卣的對稱垂冠顧首大卷尾花翎鳳鳥紋如出一轍，且圈足同爲簡單兩道弦紋的設計，或與丼季夒尊、卣亦爲組器。

季魯簋銘文如下：

季魯肇乍(作)氒文考丼叔寶障彝，子子孫孫其永寶用。

季魯已故之父爲丼叔，故知季魯是丼氏，而季夒亦是丼氏之人。魯，從㠯西聲；夒，從㠯史聲。西爲幽部喻母，史爲之部心母，心母爲齒音，喻母爲舌音，上古音中齒音多讀爲舌音，之、幽旁轉。因此夒、魯可能是一字異寫，丼季夒和季魯應是同人。從上述器型、紋飾特徵判斷，季夒應是穆王時人，①則其父丼叔約爲昭穆時人，②有可能即爲第一代丼叔。

由上知，穆公與夒同爲丼氏，時代接近，或爲從兄弟，且穆公簋與季魯簋、季夒尊、卣具相同特殊紋飾。穆公爲穆王時人，或即《清華簡·祭公》所載之三公之一丼利，③亦即丼伯親之文祖幽伯。④

---

① 陳夢家先生將季魯簋與丼季夒尊、卣時代定在昭穆時期，彭裕商先生認爲屬穆王時期，劉啟益先生則認爲屬昭王時期。參見陳夢家：《西周銅器斷代》，北京：中華書局，2004年，第180頁。彭裕商：《西周青銅器年代綜合研究》，重慶：巴蜀書社，2003年，第322—323頁。劉啟益：《西周紀年》，廣州：廣東教育出版社，2002年，第155頁。
② 韓巍先生認爲活動於康昭時期，參見韓巍：《西周金文世族研究》，北京大學博士學位論文，2007年，第130頁。
③ 李學勤先生認爲穆公簋蓋的鳳鳥紋不分尾，與穆王時器的紋飾特徵相符，見李學勤：《穆公簋蓋在青銅器分期上的意義》，《文博》1984年第2期。又認爲丼利即穆公簋蓋與師遽方彝銘中的宰利，見李學勤：《清華簡九篇綜述》，《文物》2010年第5期，第55頁。韓巍認爲丼利身爲六師之長，不可能擔任"宰"這樣低微的職官，筆者亦認爲穆公簋蓋與師遽方彝中提到的宰利雖是活動在穆王時期之人，然"宰"一職在西周王官中地位並非很高，和三公之一的説法難以匹配。有關宰的地位在司徒之下的説法，參見陳絜、李晶：《夆季鼎、揚簋與西周法制、官制研究中的相關問題》，《南開學報（哲學社會科學版）》2007年第2期。韓巍：《西周金文世族研究》，北京大學博士學位論文，2007年，第146頁。
④ 韓巍先生認爲穆公是丼伯親之父，穆王末年即位，主要活動於共王前期。參見韓巍：《西周（轉下頁）

另記載穆公與尹姞關係的尹姞鬲銘,過去多認為尹姞是穆公之妻,但隨著新出土類似金文的深化認識,①對銘文內容似可作新的詮釋。銘文釋讀如下:

> 穆公乍(作)尹姞宗室于繇林。隹六月既生霸乙卯,休天君弗望(忘)穆公聖粦明勮事先王,各(格)于尹姞宗室繇林,君蔑尹姞曆,易(錫)玉五品,馬四匹,揉頴首,對訊天君休,用乍(作)寶齍。

尹姞因夫君早逝,故穆公為尹姞在繇林興建宗室,以方便尹姞祭祀亡夫。尹姞或為穆公之弟媳,或為子媳。穆公過世後,天君來到位於繇林的小宗宗室,賞賜尹姞五品玉、四匹馬,尹姞感謝天君不忘大宗宗子穆公為先王效命之事。

圖四　霸姬盤

新出霸姬盤銘文記載霸姬告訟气於穆公,穆公命气要聽從命令並遵守誓約,不從則要重罰之事。嚴志斌、謝堯亭兩先生認為霸姬盤當屬穆共之世,霸姬可能是丼氏女子嫁至霸國,因此向父家宗主上訴主持公道。②

綜合前述有關穆公銘文可知,穆公主要活動於穆王時期,於穆共之際過世。

禹自作器除了禹鼎外,尚有叔向父禹簋與叔向父簋。銘文如下:

(接上頁)金文世族研究》,北京大學博士學位論文,2007 年,第 146 頁。
① 朱鳳瀚:《宗人諸器考——兼及再論西周貴族家族作器制度》,《青銅器與金文》第 2 輯,上海:上海古籍出版社,2018 年,第 18 頁。
② 山西翼城大河口西周墓地 M2002 年代約屬穆共之際,參見山西省考古研究所、臨汾市文物局、翼城縣文物旅遊局聯合考古隊、山西大學北方考古研究中心、中國人民大學出土文獻與中國古代文明研究協同創新中心:《山西翼城大河口西周墓地 2002 號墓發掘》,《考古學報》2018 年第 2 期。嚴志斌、謝堯亭:《气盤、气盉與西周誓儀》,《中國國家博物館館刊》2018 年第 7 期。霸姬盤、霸姬盉的年代約在共王早期,參見韓巍:《翼城大河口 M1017、M2002 兩墓的年代及相關問題》,《青銅器與金文》第 3 輯,上海:上海古籍出版社,2019 年。裘錫圭先生認為穆公是霸姬之夫霸仲之兄霸伯,參見裘錫圭:《大河口西周墓地 2002 號墓出土、盉銘文解釋》,復旦大學出土文獻與古文字研究中心網站,2018 年 7 月 14 日。

叔向父禹曰：余小子司朕皇考，肈帥井（型）先文且（祖），共明德，秉威義，用辥圉（固）奠保我邦、我家，乍（作）朕皇且（祖）幽大叔隣殷，其皇才（在）上，降余多福、綽綰（釐），廣啟禹身，勵于永令，禹其邁（萬）年永寶用。（叔向父禹簋，《銘圖》5273）

叔向父乍（作）婷妘隣殷，其子子孫孫永寶用。（叔向父簋，《銘圖》4792）

禹即叔向父，其妻爲婷妘，其父爲懿叔，祖父爲幽大叔。禹既屬丼氏無疑，然究竟是丼氏中的哪一支？

有關丼伯的記載，似皆止於厲王時期，如瘨盨（厲王四年）、諫簋（厲王五年）等。厲王時期，周王屢在丼伯宮室（周師彔宮大室）冊命大臣，丼伯又重獲嗣馬頭銜，顯示此時丼伯掌握政治大權並與周王關係親近。然丼伯一支在攀達政治生涯的高峰之際，似即嘎然而止。

張家坡丼叔家族墓地，四、五期墓未見帶墓道高規格等級宗子性質墓葬，就連丼叔作器或是提及丼叔的青銅器都不再得見。最後一代丼叔是 M165，屬於厲王晚期，爲長方形豎穴土坑墓，顯示厲王晚期丼叔氏的社會地位已有下降。

奠丼氏約在夷王時期從丼叔氏分出，早期康、衍、槐三代職司王家，之後未見族人擔任王官的記錄，說明自宣王晚期開始，奠丼氏家族失去原有在王朝的地位，淪爲一般中小貴族，發展至春秋早期。[①]

豐丼氏僅載於西周晚期晚段的犀甗（《銘圖》3322，圖五·1）和豐丼叔簋（《銘圖》4879，圖五·2），前器出土於陝西扶風齊家村東南，後器出土於扶風法門鎮齊村。[②] "豐""奠"都是以居地作爲氏名，然從前引張家坡丼叔家族墓地知丼叔世居灃西，與豐丼叔居地重疊，豐丼叔與丼叔之間是何關係？從豐丼叔自宣王開始出現的時間點觀之，似與奠丼叔從丼叔本家分出遷至奠地後有關。很可能因奠丼叔初期家道強盛，反之本家丼叔氏中衰頹敗，爲與奠丼

---

① 有關奠丼氏家族世系發展，參見韋心瀅：《畿內丼氏家族世系補議》，《青銅器與金文》第 3 輯，上海：上海古籍出版社，2019 年。葉先閭：《由新見五器試論西周鄭丼氏世系》，《文物春秋》2018 年第 5 期。
② 陝西省博物館、陝西省文物管理委員會：《扶風齊家村青銅器群》，北京：文物出版社，1963 年。羅西章：《陝西扶風發現西周厲王狱簋》，《文物》1979 年第 4 期，第 89—91 頁。

圖五　豐丼氏鑄造之青銅器

1. 㠱甗　2. 豐丼叔簋

叔區別,本家丼叔氏前亦加冠居地豐,成爲豐丼叔氏,簡稱爲"豐丼"。①

　　針對丼氏本家與丼叔氏、奠丼氏、豐丼氏衰落時點的分析,身爲丼人的禹或是丼叔氏一支。丼叔氏一支在厲王時期大幅衰落,管理權不知何故轉由武公掌握,由幽大叔、懿叔代爲治理丼邦,上舉灃西張家坡丼叔墓地中 M165 墓主經人骨鑒定爲 22~24 歲男性,亦合乎厲王一世含括兩代,即禹之祖、父。

　　然禹是否爲丼伯氏族人?從丼伯氏約從厲王早期後便不見於王朝活動蹤影來看,丼伯氏管理權似有可能落入武公手中,而委託懿叔、幽大叔代理。因丼伯氏和丼叔氏前後在厲王時期跌落政治神壇,故禹究竟是丼叔氏還是丼伯氏的後人,尚待更新的材料出現才能確證。

　　禹鼎出土於 1940 年任家村窖藏中,應與奔逃量地的丼人轉賜給克有關,這些流亡丼人中或有禹之後代,因緣際會最後禹鼎與梁其器物一起封存至今。

第三節　畿內世家貴族居址與其佔有土田之關係

　　畿內貴族家族居址的位置,可以根據周原窖藏青銅器出土區域以及家族

---

① 韓巍:《西周金文世族研究》,北京大學博士學位論文,2007 年,第 141 頁。

墓地來推定。如前所述,私家禮器不宜放置在他人宅地內,故埋藏青銅器的位置應在貴族居址、宗廟所屬領地範圍內,而家族墓地與居址亦不會相距太遠。實際上,考古發現銅器窖藏的附近大多存在相當規模的西周晚期建築遺存,例如微史家族銅器窖穴西南約 60 米處,有一排南北向的石柱礎,間距爲 3 米,共 6 枚,耕土下全是西周文化堆積,出土遺物有骨料、陶片、碎瓦片等,顯示窖藏所在地原是面積較大的西周中晚期居住遺址。① 召陳建築群附近有散伯車父窖藏;在鳳雛建築基址附近有董家村窖藏;②在齊鎮建築基址群東有伯公父、伯多父窖藏;雲塘建築基址西北約 400 米有强家村窖藏。③ 依此邏輯,根據銅器窖藏的位置,大致可以推測出畿内世家貴族居址所在。④

豐鎬、周原地區,歷年出土衆多西周青銅器,多爲窖藏,且出土地點彼此相距頗近,可推測當時畿内貴族居住生息之所櫛比鱗次。而世家貴族生存繁衍的經濟基礎,除世官俸禄外,首推土田佔有的多寡及其附庸的農民。在如此擁擠的王畿地區,貴族居址與土田分佈的關係呈現何種樣態與特徵? 藉此視角我們可以勾勒出各貴族之間權力與經濟地區之間的消長,以及豐富而生動的社會結構變遷。以下藉由克、遽、丼氏、裘衛等作爲案例討論之:

一、華氏——克

克與其子梁其所作器物出土於扶風任家村窖藏與北橋村窖藏,兩地相距約 5 千米,這片區域可能屬於梁其擁有,華氏家族克與梁其的居址應在任家村窖藏附近。

大克鼎銘載周王賞賜克土田,内容如下:

---

① 寶雞市周原博物館編著:《周原莊白西周青銅器窖藏考古發掘報告》,北京:科學出版社,2016 年,第 11 頁。
② 丁乙:《周原的建築遺存和銅器窖藏》,《考古》1982 年第 4 期,第 399—400 頁。陝西周原考古隊:《扶風召陳西周建築群基址發掘簡報》,《文物》1981 年第 3 期。陝西周原考古隊:《陝西岐山鳳雛村西周建築基址發掘簡報》,《文物》1979 年第 10 期。周原考古隊:《陝西寶雞市周原遺址鳳雛六號至十號基址發掘簡報》,《考古》2020 年第 8 期。
③ 周原考古隊:《陝西扶風縣雲塘、齊鎮西周建築基址 1999~2000 年度發掘簡報》,《考古》2002 年第 9 期。徐良高、王巍:《陝西扶風雲塘西周建築基址的初步認識》,《三代考古》2004 年第 1 期。
④ 目前未能在每一個銅器窖穴附近展開全面考古調查工作,故每一個窖穴附近是否皆有建築遺存情況尚不明確。

易女(汝)田于埜,易女(汝)田于淲,易女(汝)井寓(宇)䠧田于畯,
吕氒臣妾,易女(汝)田于康,易女(汝)田于匽,易女(汝)田于陴原
(原),易女(汝)田于寒山。

王賞賜克埜地的田,淲地的田,畯地中屬於井氏居住的䠧田以及井氏派居䠧田耕作的臣妾,康地的田,匽地的田,陴原的田以及寒山的田,共七處。埜、淲、畯、康、匽、陴原、寒山所指當是邑名,"田于某"是指屬於某邑可耕作的田。《公羊傳》桓公元年:"田多邑少稱田,邑多田少稱邑。"

埜從林、淲從水、畯從山,可以推測其邑的性質。白川靜氏認爲"埜是野的初文,從克鐘銘推測,可能指京師之野"。① 埜邑可能有較多的林木,淲邑中有河流或湖泊,畯邑內有山丘。寒山邑中或應有比畯邑更爲陡峭的山。陴原或爲《詩·大雅·公劉》:"瞻彼溥原"中的溥原,馬承源先生認爲地望應近郇邑,是公劉遷豳前的地區。②《左傳》僖公廿四年:"師退,軍于郇。"杜預注:"解縣西北有郇城。"楊伯峻曰:"據《一統志》,在今山西省臨猗縣西南。"③又有一說認爲溥原即在豳,在陝西邠縣即今陝西郴州市。④ 康、匽爲一般田邑。⑤

且從特別指明"易女(汝)井寓(宇)䠧田于畯"的情況判斷,畯地內似不僅只有井氏居住的䠧田。在屬於人口密集度較低的經濟用地內,存在不同的土田擁有者,即同邑內有數個貴族分別佔有不同的土田,似是當時的普遍現象。

---

① 白川靜:《金文通釋》卷三下,神户:白鶴美術館,1971年,第505頁。
② 馬承源:《商周青銅器銘文選(三)》,北京:文物出版社,1988年,第217頁。
③ 楊伯峻:《春秋左傳注》,北京:中華書局,1981年,第413頁。
④ 潘英編:《中國上古國名、地名詞彙及索引》,臺北:明文書局,1986年,第198頁。
⑤ "匽"見於克盉銘載"令克侯于匽(燕)",位今北京房山琉璃河。然鑒於西周晚期仍見匽伯作器,如匽伯聖匜(《銘圖》14885),且燕國持續存在至東周。故宣賜克田于匽之"匽"並非召公之後封於匽之地,應是同名異地。《左傳》隱公五年:"鄭人侵衛牧,以報東門之役,衛人以燕師伐鄭",杜預注:"南燕國,今東郡燕縣。"孔穎達疏:"南燕國,姞姓,皇帝之後也。小國無世家,不知其君號謚也。"《清嘉慶重修一統志》:"在今河南省延津縣東北約四十五里。"克的居住地在今扶風任家村,即古代周原地區,地貌爲一片平坦的高皁。周王所賜七處田邑,有五處無法確知其所對應的現今地點,若匽位於今河南延津縣東北四十五里處或山西垣曲,陴原位於今陝西郴州,則與克之居址不相毗鄰,甚至有相當遠的距離。

二、單氏——逨

眉縣楊家村銅器窖藏出土一批屬於單氏家族成員"逨""單五父""單叔"所作器，①且窖藏位於西周遺址內，其西南150米處有西周建築遺存，②說明西周晚期晚段逨的居址在楊家村一帶。

卅二年逨鼎銘載：

> 余肇建長父，侯于楊，余令（命）女（汝）奠長父休，女（汝）克奠于耴
> 自，女（汝）佳（唯）克井（型）乃先且（祖）考，闢厥（獵）鞦（狁），出戲
> （捷）于井阿，于曆巖（巖），女（汝）不畀戎，女（汝）𪚥長父曰（以）追博
> 戎，乃即宕伐于弓谷，女（汝）執嘼（訊）隻（獲）戜（馘），孚（俘）器車馬。
> 女（汝）叙（敏）于戎工，弗逆朕新令（命），贅女（汝）鬯（秬）鬯一卣，<u>田于</u>
> <u>鄭卅田，于隋廿田。</u>

本銘記述逨輔佐楊侯長父搏伐玁狁有功，周王賞賜香酒一卣，並賜予鄭地中的田卅田，隋地中的田廿田。與同爲宣王時期的大克鼎賜"田于埜"的用語類似，不僅清楚指出田所在地點，甚至說明所賜田之數量。此種"于X（地點）+數量田"的用法，尚見於"于敖五十田，于早五十田"（十月敔簋《銘圖》5380），亦有例子寫成"數量田+于X（地點）"，如"三田于待劃"（旗鼎《銘圖》2321）。③"田"是耕作專用之地，即經濟用地，筆者認爲某地內能表達數量之田，此地地理環境較單一，内中較平整，可耕作田地較多，且可能爲新開發農地，才能事先將大面積的農田分割丈量登記，亦表示此地内土田應由不

---

① 陝西省考古研究所、寶雞市考古工作隊、眉縣文化館、楊家村聯合考古隊：《陝西眉縣楊家村西周青銅器窖藏發掘簡報》，《文物》2003年第6期。陝西省考古研究所、寶雞市考古工作隊、眉縣文化館聯合考古隊：《陝西眉縣楊家村西周青銅器窖藏》，《考古與文物》2003年第3期。陝西省考古研究院、寶雞市考古研究所、眉縣文化館：《吉金鑄華章：寶雞眉縣楊家村單氏青銅器窖藏》，北京：文物出版社，2008年。首陽齋、上海博物館、香港中文大學：《首陽吉金：胡盈瑩、范季融藏中國古代青銅器》，上海：上海古籍出版社，2008年，第121頁。
② 劉懷君：《眉縣出土一批西周窖藏青銅樂器》，《文博》1987年第2期，第23頁。
③ "三田于待劃"，唐蘭先生認爲是王姜賞賜旗在待劃的三百畝田，王輝先生亦認爲三田是指三百畝田，見唐蘭：《西周青銅器銘文分代史徵》，北京：中華書局，1986年，第226頁。王輝：《商周金文》，北京：文物出版社，2006年，第84頁。筆者認爲三田實際是等同當今土地度量多少，仍需進一步考證。

同貴族擁有。而"田于 X"則指"X 地内所有田",X 地地理環境可能較複雜,耕作專用之田的數量較少,故不説明數量。

"鄭"或即卜辭所見"㞢",商晚期時"㞢"是商王西南田獵區内重要田獵地,大致位置在河南武陟、滎陽與濟源之間,①距離逨的居址楊家村有一定的距離。

三、丼氏

根據丼氏族人器物的出土地點,可判斷畿内丼氏居址大概的位置。目前所見丼氏家族有丼伯本家、丼叔氏、奠丼氏與豐丼氏。

目前對丼伯本家的認識,多來自他人所鑄銘文。丼伯作爲丼氏本家,從穆王時期開始在王朝嶄露頭角,可能即是《清華簡·祭公之顧命》提及之丼利。西周中期丼伯屢任右者,見於七年趞曹鼎(《銘圖》2433)、䚄簋(《銘圖》5230)、師大簋(《銘續》30447)、永盂(《銘圖》6230),共懿時期丼伯名覿,曾任周師,官至嗣馬,見於覿簋(《銘圖》5362)、師奎父鼎(《銘圖》2476)、師瘨簋蓋(《銘圖》5338)與走簋(《銘圖》5329)。此後丼伯雖屢任王朝右者,但似未獲世官嗣馬一職。厲王時期丼伯名共,重獲嗣馬頭銜,且周王頻繁於丼伯宫室册命大臣,丼伯家族儼然成爲政治勢力龐大的世族之一。周厲王晚期之後,已不見丼伯作器與他人所作器銘中,顯示丼伯本家衰落。丼伯自作器所見僅丼伯甗與覿簋,西周中期的丼伯甗出土地不詳,覿簋傳清末民初出土於陜西寶雞。②

又散氏盤(《銘圖》14542)銘中提及矢氏毁損散氏的城邑,需捨付散氏土田作爲賠償。散氏盤淺腹附耳,高圈足。腹壁飾迆曲的卷尾夔紋,圈足飾獸面紋。形制爲西周晚期,但紋飾復古,未見西周晚期晚段抽象幾何的典型紋樣,應屬厲王時器。③

---

① 韋心瀅:《殷代商王國政治地理結構研究》,上海:上海古籍出版社,2013 年,第 224 頁。陳絜先生認爲㞢在泰山南麓,請參閲陳絜:《"伯或征卲"與晚商氾族——兼論卜辭地名地理研究在古文字考釋中的輔助作用》,《故宫博物院院刊》2021 年第 4 期,第 8 頁。
② 王冠英:《覿簋考釋》,《中國歷史文物》2006 年第 3 期,第 4 頁。
③ 郭沫若、唐蘭、彭裕商定爲厲王時器;劉啓益定爲宣王時器。參見郭沫若:《兩周金文辭大系(三)增訂本》,臺北:大通書局,1971 年,第 129—131 頁。唐蘭:《懷念毛公鼎、散氏盤和宗周鐘》,(轉下頁)

在賠付散氏的土田中,提及丈量井邑田的過程如下:

履(履)井邑田,自根木衒(道),ナ(左)至于井邑,弄(封),衒(道)吕(以)東一弄(封),還吕(以)西一弄(封)。陟剛(崗)三弄(封),降,吕(以)南弄(封)于凸(凡)衒(道)。陟州剛(崗),羍(登)桥(柝),降棫,二弄(封)。

銘文當中提到了"井邑田"與"井邑","井邑"當即井伯本家所在,"井邑田"爲隸屬於井邑的經濟用地。從此銘來看,井邑田在厲王時已非井氏所有,而屬矢氏。從履勘井邑田的劃分來看,此中爲一塊很大的區域,包括有道路、山崗等,並將井邑田的範圍以"封"立界。"封"是以人爲方式劃分界域,以表疆境。

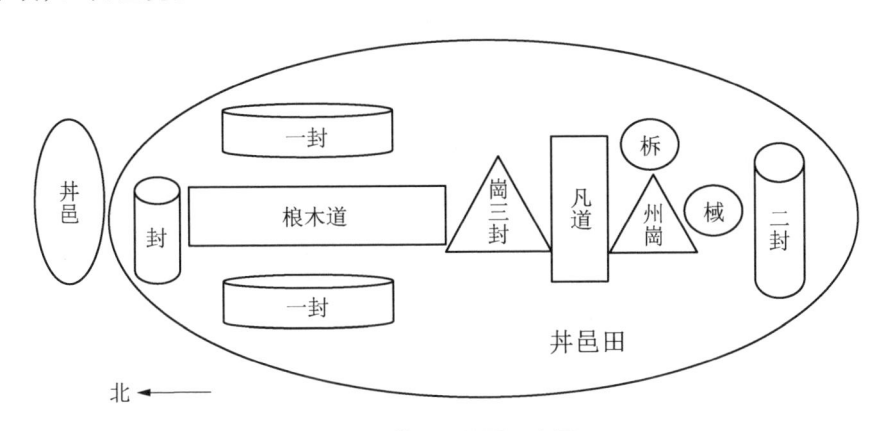

圖一　井邑田位置示意圖

由圖一所示可知,井邑田位於與井邑相鄰的區域,當要轉移土地之際必須先行丈量田地,樹立界域。井邑田與井邑之間以"封"立界,根木道兩側各以"一封"爲界,至崗(高地)以三處地標立界,範圍應較廣,南以凡道爲界,接

(接上頁)《唐蘭先生金文論集》,北京:紫禁城出版社,1995年,第466頁。彭裕商:《西周青銅器年代綜合研究》,重慶:巴蜀書社,2003年,第420頁。劉啟益:《西周紀年》,廣州:廣東教育出版社,2002年,第389頁。

下來是一處名爲州崗的高地,崗頂稱柝、崗下稱棫,以二封標界。

矢氏田地與丼邑相連,矢氏活動區域據考古發現約在汧水流域一帶,即隴縣、千陽至寶雞賈村一帶。① 散氏盤傳清末出土於鳳翔,清代鳳翔府轄下有今千陽、隴縣、寶雞、岐山、扶風、鳳翔。而矢氏毁損散氏城邑,説明當時矢、散、丼轄土彼此相鄰。而丼伯本家在厲王時期衰落,丼邑田淪爲矢氏擁有,後矢氏又將之賠償散氏。則丼氏本家主要活動區域應亦在寶雞、鳳翔一帶。

丼叔氏約在昭穆之際從本家分出,即季魯之父(見季魯簋,《銘圖》4924)。灃西張家坡墓地爲丼叔氏五代家族墓地,從穆共時期延續至厲王時期。② 厲王晚期開始,丼叔氏亦面臨家道中落的局面,不僅張家坡墓地四、五期墓未見帶墓道高規格等級宗子性質墓葬,就連丼叔作器或是提及丼叔的青銅器都不再得見。從居址與墓地不會相距過遠的慣例推測,丼叔氏一支應世居今長安灃河西岸。

奠丼氏約夷王時期從丼叔氏分出,爲區別本家丼叔氏,而前加上所封地名"奠"。③ "奠"即"鄭",傳世文獻與甲骨金文皆可見。卜辭中商王將被征服的其他國族安置在可控制的區域内之舉措稱"奠",安置地也稱"奠",④故奠不止一個。但金文中的奠有多種含義:

(1)作地名:如"王在奠(鄭)",見於大簋、三年瘨壺、免尊等。"奠(鄭)還",見於免簠。

(2)作族氏名:如"奠(鄭)伯",見於鄭伯筍父鬲、鄭伯盤等。

(3)前冠地名奠(鄭)+氏名:如"奠丼",見於鄭丼叔康盨。"奠登",見於鄭登伯鬲。"奠姜",見於鄭姜伯鼎。"奠虢仲",見於鄭虢仲簋、鄭虢仲悆鼎。

---

① 盧連成、尹盛平:《古矢國遺址、墓地調查記》,《文物》1982年第2期。盧連成:《周都淢鄭考》,《考古與文物》專刊,1983年,第9頁。
② 中國社會科學院考古研究所:《張家坡西周墓地》,北京:中國大百科全書出版社,1999年。
③ 朱鳳瀚:《商周家族形態研究(增訂本)》,天津:天津古籍出版社,2004年,第351頁。除了本文採納的觀點外,還有另一種觀點認爲奠丼叔一支是丼氏在奠地的分族,是直接自丼氏大宗分出來遷居於奠地的另一小宗分支。參見松井嘉德:《西周期鄭(奠)の考察》,《史林》,1986年69卷第4期。韓巍:《西周金文世族研究》,北京大學博士學位論文,2007年,第140頁。
④ 裘錫圭:《說殷墟卜辭的奠——試論商人處置服屬者的一種方法》,《"中研院"歷史語言研究所集刊》第64本第3分,1993年。

（4）作奠定、安置解：如"王來奠新邑"，見於新邑鼎。"令（命）女（汝）奠長父休"，見於卌二年逨鼎。

西周金文中的奠（鄭）地，從上列作爲地名、氏名與前冠地名+氏名的例子來看，應是固定一地的專稱，而與商代在郊野之地設"奠"有所區別。①

西周時，奠（鄭）地有二：

《史記·鄭世家》："鄭桓公友者，周厲王少子而宣王庶弟也。宣王立二十二年，友初封于鄭。……幽王以爲司徒。和集周民，周民皆説，河雒之閒，人便思之。爲司徒一歲，幽王以襃后故，王室治多邪，諸侯或畔之。於是桓公問太史伯曰：'王室多故，予安逃死乎？'太史伯對曰：'獨雒之東土，河濟之南可居。'……於是卒言王，東徙其民雒東，而虢、鄶果獻十邑，竟國之。"《漢書·地理志上》："鄭，周宣王弟鄭桓公邑。"②《括地志》："鄭故城在華州鄭縣西北三里，桓公友之邑。"此地爲鄭桓公封地，約在今陝西華縣西北。③ 約在兩周之際遷徙至雒東，鄶、虢附近，《史記正義》引《括地志》云："洛州氾水縣，古東虢叔之國，東虢君也。"又云："故鄶城在鄭州新鄭縣東北三十二里。"即今新鄭至滎陽一帶。

又《史記·秦本紀》："德公元年，初居雍城大鄭宫。"裴駰集解："徐廣曰：今縣在扶風。"張守節正義："《括地志》云：岐州雍縣南七里故雍城，秦德公大鄭宫城也。"即今陝西鳳翔一帶。④ 秦德公元年相當於周釐王五年（前677年），雖已進入東周，但周平王東遷後，原宗周、岐周舊地應被秦接收，故此大鄭宫所在，應反映西周時期此處有鄭地的事實。

奠井氏前冠地名之奠，從奠井氏至晚在厲王時分家獨立，延續至春秋早期來看，其封地"奠"不太可能是鄭桓公所封之奠，較有可能爲陝西鳳翔一帶之"鄭"。又目前所見奠登氏、奠姜氏所作器，多屬西周晚期，前冠"奠"地應與奠井氏之封地相同。此"奠"地亦即"王在奠"之奠，應距王畿不遠。在西周中晚期時可見"王格奠宫"（旟伯簋《銘圖》5147）；王令矜"邑于奠"（矜簋

---

① 參見韋心瀅：《殷代商王國政治地理結構研究》，上海：上海古籍出版社，2013年，第159—160頁。
② 班固：《漢書》第六册，北京：中華書局，1962年，第1544頁。
③ 譚其驤：《中國歷史地圖集》第五册，北京：中國地圖出版社，1996年，第40—41頁。
④ 譚其驤：《中國歷史地圖集》第五册，北京：中國地圖出版社，1996年，第40—41頁。

《銘圖》5258);王令免"疋奠還歗(廩)、眔吴(虞)、眔牧"。綜合上舉銘文内容，奠地爲王直轄，其内有奠宫、奠還，令免管理奠還内的農牧山林之事，並命於作邑於奠地。顯示奠地政治結構複雜，有貴族封邑，同時有王轄奠還、派有王官控制管理經濟利益。西周晚期，奠地成爲多個貴族支族的封邑，故作爲奠井氏族人犀所作器(犀甗《銘圖》3322)被發現於陝西扶風齊家村東南。①

四、裘衛家族與旅氏

1975 年在岐山縣董家村窖藏發現青銅器 37 件。② 其中屬於裘衛作器有 4 件，屬於共、懿時期。③ 公臣簋 4 件，從銘文記載其擔任虢仲家臣可知器物年代屬於厲王時期。此器組共 11 件，包括此鼎 3 件、此簋 8 件，約屬於宣王時期。④ 仲南父壺 2 件，造型與幾父壺類似，約屬於宣王時期。旅仲簋 1 件，造型紋飾與此簋同，亦屬於宣王時期。善夫旅伯鼎與善夫伯辛父鼎造型紋飾一致，應是同人作器，從鼎足跟較此鼎外撇的特徵來看，年代可晚至幽王時期。成伯孫父鬲與焂有嗣再鬲，腹部很淺，屬於幽王時期。

分析董家村窖藏中裘衛家族作器有裘衛自作器，裘爲官名、衛作私名。公臣任虢仲家臣嗣其百工，銘末未標族氏，其時代可與裘衛銜接，或爲裘衛家族成員。焂有嗣再鬲銘"用媵嬴朧母"(《銘圖》2873)，説明擔任焂氏家臣的再爲嬴姓，又成伯孫父鬲銘爲"作糒嬴障鬲"(《銘圖》2933)，顯示糒嬴嫁至成氏，成伯孫父與再爲姻親關係。

此鼎銘提及此曾擔任旅邑人、善夫(《銘圖》2484)，則同坑共出作器者爲善夫旅伯與善夫伯辛，很有可能即此。又旅仲簋形制與紋飾與此簋相同，旅仲的活動時代與此重疊，同坑共出的仲南父壺所屬時代亦屬宣王，則旅仲應即是仲南父。旅伯與旅仲活動時代重疊，説明兩人應爲兄弟。

董家村窖藏所出有銘青銅器，器主關係如下：裘衛(共懿時期)、公臣(厲王時期)、此/善夫旅伯辛(宣王時期)、旅仲南父(宣王時期)、再(幽王時

---

① 陝西省博物館、陝西省文物管理委員會：《扶風齊家村青銅器群》，北京：文物出版社，1963 年。
② 岐山縣文化館、陝西省文管會：《陝西省岐山縣董家村西周銅器窖穴發掘簡報》，《文物》1976 年第 5 期。
③ 朱鳳瀚：《關於西周金文曆日的新資料》，《故宫博物院院刊》2014 年第 6 期，第 24 頁。
④ 劉啓益：《西周紀年》，廣州：廣東教育出版社，2002 年，第 384—385 頁。

期)。裘衛家族爲嬴姓旅氏,在共懿時期開始活躍於王畿政壇,在宣王時旅氏宗族長任王朝善夫,幽王時期家族成員再任焚氏家臣。①

　　裘衛擁有的田地,有來自邦君厲捨付的四田,"乃舍寓(宇)于㝬邑:㝬逆彊眔厲田、㝬東彊眔散(散)田,㝬南彊眔散(散)田,眔政父田,㝬西彊眔厲田"(五祀衛鼎《銘圖》2497)。田地所有權從厲轉換成裘衛後,此塊田地被厲、散、政父三人之田包圍(北、西邊與厲田爲界,東邊與散田爲界,南邊與散及政父之田爲界,示如圖二),可知裘衛的居址和經濟用地不相連。

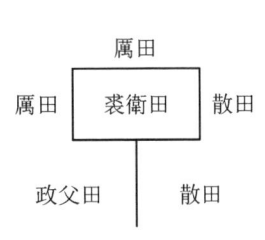

圖二　裘衛田示意圖②

五、貴族居址與土田

　　由華氏、單氏、丼氏、與旅氏裘衛居址所在與佔有土田情況的分析討論,得出以下結論:

　　(1)貴族佔有的土田有些在居址旁,有些則散佈在較遠的地方。離居址較遠的土田,通常面積較大,可高達廿、卅田不等。則居址與土田不一定相連分佈;土田彼此之間亦不一定相連,呈現零散分佈的情況。

　　(2)能表達數量之田,可能爲新開發農地,顯示内中地理環境單純、平整,可耕作田地較多。而"田于某"則反之,故不言數量。

　　(3)西周晚期地狹人稠,不僅可見一邑之田分屬不同的貴族擁有,就連封邑也有一邑由數個貴族家族共享之例,如奠(鄭)。

第四節　大克鼎銘所見土田制度考
——西周土地制度器銘綜論

　　大克鼎銘記載周王賞賜克七處田,其中涉及"賜田"是否包括附屬其上的

---

① 李學勤:《試論董家村青銅器群》,《新出青銅器研究(增訂版)》,北京:人民美術出版社,2016年。
② 參考伊藤道治氏繪製,參見伊藤道治:《裘衛諸考:西周期土地所有形態に関する私見》,《東洋史研究》1978年第37卷第1號,第41頁。

民人;賜"田于埜"、"田于渒"和"丼寓(宇)䥏田于畯"等内在含義爲何;周王爲何要授田於克等問題?本節將在探討上述諸問題基礎上,以大克鼎銘所見賜土田爲綫索,對有關賞賜土田銘文所反映的西周土地制度進行綜合研究。

一、册命銘文中的王"賜田"

克因爲被周王再次授予"出納王令"的權能,獲得周王賞賜命服、田人與史官、小臣、樂官等。大克鼎銘記載賜田七處,是西周中、晚期少見的大規模賜田之例。

西周早期多見"賜土",如中鼎(《銘圖》2382)、大保簋(《銘圖》5139)、宜侯夨簋(《銘圖》5373)、作册折方彝(《銘圖》13542)、召圜器(《銘圖》19255)。中鼎銘載周王將武王時來附禣人所在地禣土賞賜給中作爲封采。① 大保簋銘記召公參與了征伐"禄父之亂"有功,周王賞賜余土。宜侯夨簋銘曰:王令虞侯遷封於宜,改稱宜侯,並將宜土賜予虞侯,包括三百多條河流,適宜居住的城邑卅五,王的屬民十七種姓,奠七伯,原居於宜地的庶人六百多人。作册折方彝銘記周王將望土、金、臣賞賜相侯。召圜器載召初任官職,周王賜召畢土五十里大的面積。由上知,"土"的範圍很大,其中包含較多適宜居住的城邑與各種自然景觀。

西周中期以後"賜土"之舉罕見,基本已轉變成"賜田"。共王時期的永盂(《銘圖》6230)是目前西周中期僅見王"賜田"之例。多數學者認爲是王直接賜田之例,②而持轉賜看法者,則是對"賜畀師永㽙田:陰陽洛彊,眔師俗父田"斷句解釋不同所致。③ 筆者認爲王賜師永田於陰陽洛,這片面積應涉及到丼伯、燅伯、尹氏、師俗父與遣仲五人之利益。其理由有二:(1)厲王時期的十月敔簋銘中,提及南淮夷内伐至陰陽洛,敔奪回被俘周人將之安置於燅伯處所,可見陰陽洛與燅伯領地十分接近。(2)在王直接賜田銘文中,未見

---

① 唐蘭先生認爲禣土是禣族人擁有的土地,王將其賜給中。見唐蘭:《西周青銅器銘文分代史徵》,北京:中華書局,1986年,第290—291頁。
② 唐蘭:《永盂銘文解釋》,《文物》1972年第1期,第59頁。陳邦懷:《永盂考略》,《文物》1972年第11期,第58頁。白於藍:《師永盂新釋》,《考古與文物》2010年第5期,第30—31頁。
③ 馬承源先生認爲是賞賜給師永陰陽洛的田和師俗父所轄之田。見馬承源:《商周青銅器銘文選(三)》,北京:文物出版社,1988年,第141頁。

一例需要動員王朝執政大臣與基層地方執事，只有在土地轉讓的情況下才會需要相關人士出場。且銘末"付田""率履"之用語，亦多見於田地轉讓銘文，而未見於直接賜田銘文中。基於上述原因，王賞賜師永陰陽洛之田，關係到井伯、㚔伯、尹氏、師俗父與遣仲之權益，因此要他們和益公一起貫徹王命。而後益公知會西𨛫徒凾父、周人𩁹工眉、𢼸史、師氏、邑人奎父、畢人師同，經過丈量勘測後才可以交付師永。

此例爲周王將他人擁有田地重新分配，而非賞賜周王直接擁有的田產。此種現象顯示，西周中期周王直接擁有的空閒田地已趨於緊張局面，因此不僅未見"賜土"此類大面積的餽贈，甚至尚需從王官擁有田產中釋出。

西周晚期"易（錫）女（汝）土田"之例僅見於厲王晚期的多友鼎（《銘圖》2500），武公家臣多友率私家軍隊征伐獫狁，平定京師，擒獲俘虜，武公獻俘於王，周王彰揚武公勛勞並予賞賜。因武公戰功彪炳，周王罕見復刻西周早期有關土地賞賜之舉，爲西周晚期僅見的"賜土"，其餘皆爲"賜田"。

西周晚期册命銘文中，王"賜田"之緣由大概可分成兩類，敘述如下：

（1）抵抗外敵侵略，戰功輝煌而獲得"賜田"，如厲王時期的十月敔簋（《銘圖》5380）與宣王時期的卌二年逨鼎（《銘圖》2502）。

十月敔簋銘載南淮夷入侵至陰陽洛，王令敔追擊敵人，大獲全勝。因敔退敵有功，王賞賜玉器、緐貝五十朋以及"易（錫）田于敔五十田，于早五十田"。卌二年逨鼎銘記周王交辦逨置奠長父與軍隊於楊的工作都能順利完成，又成功征伐獫狁，擒獲俘虜、車馬等，因此賞賜逨秬鬯一卣以及"田于𩁹卅田，于𤲂廿田"。

（2）擔任王官，與周王十分親近，受王信賴，方獲"賜田"。如厲王晚期的衍簋（《銘續》455）與宣王時期的大克鼎（《銘圖》2513）。

衍簋銘記周王册命衍"死嗣王家"，故賜予命服、車馬器以及"易（錫）女（汝）田于盍、于小水"。與衍同爲奠井氏，且職務同爲"死嗣王家"者，尚見康（見康鼎《銘圖》2440）與槐（見槐簋《銘續》454）。康爲衍之父輩，衍與槐爲兄弟。① 三人所命職務相同，皆爲管理王室事務，但只有衍册命時受賞"賜

---

① 韋心瀅：《畿內丼氏家族世系補議》，《青銅器與金文》第 3 輯，上海：上海古籍出版社，2019 年，第 278—281 頁。

田",顯示世官在同家族內轉由旁系繼承後,周王可以"賜田"予旁系繼承人作爲世祿。

大克鼎銘載王再次授予克"出納王令"的權能,此應是一種特殊榮譽,象徵王的代言人,賞賜命服、各式官吏民人以及賜埜、渒、康、匽、陣原、寒山之田與畯地劂田七處。與克享有同等殊榮,被王授予"出納王命"者尚見師望(師望鼎《銘圖》2477),① 然師望未如克般被賜田,顯示"賜田"並非"出納王命"的賞賜標配。

由上可知,西周晚期册命銘文中王賜田的首要理由雖當推戰功,但亦見"出納王令""死嗣王家"等其他情况,顯示周王可憑藉個人愛惡、親信程度給予某些王官如"賜田"等較優渥的賞賜。

二、貴族家主的"賜田"

西周早期地廣人稀,除了周王可以賞賜土地外,亦見貴族家主"賜土",如亳鼎(《銘圖》2226)。亳鼎銘中亳尊稱上級長官爲公侯,文末稱公仲,代表家族中的排行,顯示亳應與賞賜者具親族關係同時又是上下級隸屬。亳獲得賞賜"杞土"與"麇土",代表公侯對亳的厚愛與關照。賜亳之土基本上雖算是保留在家族內未外流,但已窺見貴族擁有將私有土田轉贈他人的權能與趨勢。

西周中期家主賞賜家臣田的例子,如卯簋蓋(《銘圖》5389)。卯簋蓋銘敘述卯之祖、父效忠焚公室,焚伯册命卯亦死嗣葊宮、葊人,最後賞賜卯玉器、祭祀用器、馬、牛各十匹,並"易(錫)于乍一田,易(錫)于𣂪一田,易(錫)于隊一田,易(錫)于鼓一田"。另有季姬方尊(《銘圖》11811)銘見宗婦賞賜女兒一套自給自足的完整生產單位,其内包括"氒田曰(與)生(牲)",即帶有牲畜的田作爲嫁妝。西周中期所見兩例賜田,皆與世家貴族的私產有關,顯示貴族勢力的鋭蓄薄發,王室經濟實力的逐漸消頹。

西周晚期世家貴族發展數代之後,人口衆多,必將面臨小宗另立爲氏。小宗依附大宗,大宗照顧小宗。青銅器銘文中記載了宗族內分產,

---

① 魯錫堃:《溯源:芝加哥藝術博物館藏師望鼎的流傳史》,《美成在久》2020年第6期。

大宗釋出自己的田、人贈予分族另立的小宗,如不嬰簋銘(《銘圖》5387)記:"白(伯)氏曰:不嬰,女(汝)小子,女(汝)肇誨(敏)于戎工,易(錫)女(汝)弓一、矢束、臣五家、田十田。"伯氏爲大宗宗族長,不嬰爲小宗,故稱其小子。伯氏賜給不嬰十田,雖未言明地點,但應是從伯氏擁有的田產中析出讓予十田,且不嬰已與伯氏分居。①

三、田、邑、人的關係

"易(錫)女(汝)田于埜,易(錫)女(汝)田于渒,易(錫)女(汝)井寓(宇)㶊田于畯,㠯牙臣妾,易(錫)女(汝)田于康,易(錫)女(汝)田于匽,易(錫)女(汝)田于陴原(原),易(錫)女(汝)田于寒山"。大克鼎銘中此段道盡西周時期田、邑、人之間複雜的關係。

(一) 賞賜之田與邑的關係

以上講賜田,言及"賜汝田于埜""賜汝田于渒""賜汝田于康""賜汝田于匽""賜汝田于陴原"和"賜汝田于寒山",這些所賜之田後接的地名應爲邑名,而田依附於邑。田與邑之間的關係大致可概分成三類:

1. 賞賜的田地較爲零碎,隸屬之邑較小:言邑所屬之田時,多直接稱呼邑名,不言多少田,田地較爲零散細碎。如"賜汝田于埜、賜汝田于渒、賜汝田于康、賜汝田于匽、賜汝田于陴原、賜汝田于寒山"(大克鼎)以及"賜汝田于盉、于小水"(衍簋)等。

2. 賞賜之田中包括數邑:此種邑應位於近郊,邑中住民多即爲農田耕作者,因一田面積較大,其內遂發展成數個田邑。如:"章牙羼夫受鬲比田,其邑旆、㲃、䚻。瞏(復)友(賄)鬲比其田,其邑復(復)歈、言二挹(邑),奥(俾)鬲比。复(復)牙小宫受鬲比田,其邑徚罖句商兒,罖雠戈。復限余(予)鬲比田,其邑競(競)、槼(櫃)、甲三邑,州、濾二邑。凡復友(賄)復付鬲比田十又三邑。"(鬲比盨《銘圖》5679)。此處周王賞賜鬲比

---

① 大宗賜小宗土田的觀點可參閱裘錫圭與朱鳳瀚兩先生專文。裘錫圭:《從幾件周代銅器銘文看宗法制度下的所有制》,《裘錫圭學術文集》第 5 卷,上海:復旦大學出版社,2012 年,第 203—204 頁。朱鳳瀚:《商周家族形態研究(增訂本)》,天津:天津古籍出版社,2004 年,第 328—330 頁。

田的性質爲包括旂、丝、齦三邑的一田、包括瞅、言二邑的一田、包括彶、句商兒、雛戈三邑的一田以及包括競、楙、甲、州、瀘五邑的一田。①

3. 邑所包括賞賜的田數較多：此種邑多位於郊野。其內有爲數衆多的可耕作農地，事先丈量劃分登記，因此可以"邑+數量+田"來稱呼，爲新開發的經濟用地，此種田邑內的田多分屬數個貴族擁有。如"易（錫）于乍一田，易（錫）于圅一田、易（錫）于隊一田，易（錫）于鼓一田"（卯簋蓋《銘圖》5389），"易（錫）田于敆五十田、于早五十田"（十月敔簋《銘圖》5380），"田于鄭卅田，于陣廿田"（卅二年遹鼎《銘圖》2501），則乍、圅、隊、鼓、敆、早、鄭、陣等地有多田，所賞賜的數量僅爲其中一部分。乍、圅、隊、鼓、敆、早、鄭、陣皆爲邑名（地名）。

（二）邑的管理者——邑人

"邑"原初爲周王册封之采邑，如鄭簋銘"王曰：鄭，昔先王既命女（汝）乍（作）邑"（《銘圖》5342）與黔簋銘"令邑于奠（鄭）"（《銘圖》5258），故邑中居民成員多是同族之人。"邑"經周王授封後屬貴族所有，邑的長官稱"邑人"，如"旅邑人"是此擔任旅邑邑人的職稱（此鼎《銘圖》2484）。② 邑人統由中央官員統轄管理（見詢簋《銘圖》5378、師瘨簋蓋《銘圖》5338、師匲鼎《銘圖》2481）。

（三）與田共生者——佃人、畎臣

依附於邑的經濟用地——田，其上有從事勞動耕作之人，稱作佃（甸）人或畎臣。如柞鐘銘亦見"嗣五邑佃人事"（《銘圖》15343），爲仲大師令柞管理

---

① 裘錫圭、黄天樹兩先生認爲此處爲一田，見裘錫圭：《西周糧田考》，《裘錫圭學術文集》第5卷，上海：復旦大學出版社，2012年，第199頁。黄天樹：《鬲比盨銘文補釋》，《古文字論集》，北京：學苑出版社，2006年。筆者認爲分四次言夋鬲比田——（1）實夫夋鬲比田：其邑旂、丝、齦三邑；（2）復友田：其邑瞅、言二邑；（3）小宫夋田：其邑彶、句商兒和雛戈；（4）田：其邑競、楙、甲三邑與州、瀘二邑。故鬲比總共得四田十三邑。

② 王呼史廖册令（命）此曰"旅邑人、善夫"，此處"旅邑人"有兩種解釋，一是此爲旅氏，此任邑人職官，稱其爲旅邑人。二是此爲旅氏，旅邑爲其封邑，此任旅邑之邑人。兩說當以後者爲優。

統籌五邑内從事耕種的佃人。① 季姬方尊銘"易（錫）帟季姬畋臣于空桑"（《銘圖》11811），君命家臣宰茀賞賜帟季姬在空桑從事農活者。② 另見次尊、次卣銘"公姞令次嗣田、人"（《銘圖》11792、13314），次是公姞的家臣，公姞令次管理農田與從事農作的佃人。③ 善夫克盨銘"典善夫克田、人"（《銘圖》5678），"典"義作簿録，④即登記在册之意。雖然農田與佃人爲克所私有，但中央官員必須對專事農作生産之田和人登録造册，顯示佃人應是平民，⑤與負責耕作的土地共生，户籍歸屬於擁有田邑之貴族。

王田中的田、人管理，委託王官負責，見斷簋銘"王令作册嗇尹易（錫）斷縊（鑾）旗，用延（胥）師毅嗣田、人"（《銘圖》5295），王令斷協助師毅管理農田和其上所屬佃人。

（四）田、人所有權的轉移

佃人聚族從事勞動耕作，與田地共生。田地所有權發生轉移時，附生於其上的佃人便失去原有的依附。大克鼎銘言"易（錫）女（汝）田于埜，易（錫）女（汝）田于渒，易（錫）女（汝）井寓（宇）氍田于䤹，目（與）氒臣妾，易（錫）女（汝）田于康，易（錫）女（汝）田于匽，易（錫）女（汝）田于陣原（原），易（錫）女（汝）田于寒山"，此段話大多爲"賜田于某"的表達方式，惟中間穿插一句"易（錫）女（汝）井寓氍田于䤹，目（與）氒臣妾"，異於其

---

① 目前學界對"五邑"持兩種觀點，一是陳夢家、李峰、何景成、陳絜、周博等先生認爲"五邑"是五個城邑或五個農村聚落。二是鄔芙都、查飛能等先生認爲"五邑"是指名五之邑。陳夢家：《西周銅器斷代》，北京：中華書局，2004年，第241頁。李峰：《西周的政體：中國早期的官僚制度和國家》，北京：三聯書店，2010年，第167頁。何景成：《西周王朝政府的行政組織與運行機制》，北京：光明日報出版社，2013年，第108頁。陳絜：《周代農村基層聚落初探》，《新出金文與西周歷史》，上海：上海古籍出版社，2011年，第160、166頁。鄔芙都、查飛能：《西周中晚期册命金文所見"五邑"新探》，《雲南民族大學學報（哲學社會科學版）》，2019年第1期。
② 韋心瀅：《季姬方尊再探》，《中原文物》2010年第3期，第59頁。
③ "田人"另有學者認爲即"佃人"，爲普通農業耕作者。請參閱謝能宗：《斷簋與西周"田（佃）人"的身份》，《史學月刊》2021年第2期。
④ 陳夢家：《西周銅器斷代》（上册），北京：中華書局，2004年，第265頁。
⑤ 有關佃人的身份，可參見裘錫圭：《西周糧田考》，《裘錫圭學術文集》第5卷，上海：復旦大學出版社，2012年，第193—194頁。朱鳳瀚：《商周家族形態研究》，天津：天津古籍出版社，2004年，第334頁。吴鎮烽：《䚄鼎銘文考釋》，《文博》2007年第4期，第19頁。陳絜：《西周金文"佃人"身份考》，《華夏考古》2012年第1期；《䚄鼎銘文補釋及其相關問題》，《新出金文與西周歷史》，上海：上海古籍出版社，2011年，第199頁。

他句式,顯示此塊田及其上附屬者之性質異於其他。

深究"賜汝田于埜"和"賜汝幷寓䢅田于畯,㠯(與)氒臣妾"有何不同?"賜汝田于埜"此句話有兩層涵義:(1)指埜邑中所有的田;(2)亦包括埜邑中的田人。而"賜汝幷寓䢅田于畯,㠯(與)氒臣妾"之涵義有三:(1)畯邑中除䢅田外尚有其他田;(2)䢅田面積較大,似分屬兩位或兩位以上的擁有者;(3)在畯邑中幷氏居住的䢅田,其耕作者爲臣妾,非一般附生於田的佃人。

"幷寓䢅田于畯,㠯(與)氒臣妾"指畯地的䢅田與臣妾,可和同銘"幷遣(徵)䢅人"一起解讀,可知䢅田其上應原居䢅人,䢅人不知何故被幷氏徵用,脫離相屬的䢅田,同時䢅田的耕作者又換成幷氏的臣妾。其後此地與附屬其上的臣妾,又被周王轉賜於克。又"幷人奔于㬎"(大克鼎銘),幷氏族人因脫離原所屬的人地關係,或因遭受排擠等因素,奔逃到㬎地,然逃亡到㬎地的幷人又被再次轉賜予克。

大克鼎一銘,所透露出的人、地割離頻發現象僅爲孤例嗎?人、地紐帶變動的原因,分述如下:

1. 王轉賜田、邑——這種情況具耕作者人身佔有權之轉移
王轉賜田、邑的例子有西周晚期鄦比盨。鄦比盨銘(《銘圖》5679)載:

令小臣成友逆[里尹]□、内史無䚄、大史䕼曰:章氒賫夫受鄦比田,其邑旃、夵、叕。覃(復)友(賄)鄦比其田,其邑夏(復)歜、言二邑,奥(俾)鄦比。夏(復)氒小宫受鄦比田,其邑汲罙句商兒,罙雔戈。澷(復)限余(予)鄦比田,其邑競、棥、甲三邑,州、瀘二邑。凡覆(復)友(賄)覆(復)友鄦比田十又三邑。

此銘爲周王將章之下屬擁有田邑轉賜給鄦比的命令。受田,《説文》:"受,物落上下相付也,從爪從又,凡受之屬皆從受",爲"付與"之意。① 章的下屬賫夫付與鄦比田,包括旃、夵、叕三邑,再付給鄦比田,包括歜、言兩邑。

---

① 裘錫圭:《釋"受"》,《裘錫圭學術文集》第3卷,上海:復旦大學出版社,2012年,第80頁。

又章的下屬小宮付予舸比田,包括彶、句商兒和雔戈,再付給舸比田,包括競、
楀、甲三邑與州、瀘二邑。總共前前後後交付舸比四田十三邑,此處可見原屬
於矍夫、小宮的田、邑,被強制轉交給舸比,原在田上從事耕作的人,亦隨田移
交。此種情況人地紐帶較爲緊固,改變的僅爲田邑所有權人。

2. 貴族以田易物——這種情況不具耕作者人身佔有權之轉移

貴族之間以田易物,造成田地所有權轉移,如格伯簋銘(《銘圖》5307)
記:"格白(伯)受良馬乘于甸(倗)生,氒賈卅田,劗(則)析。""賈"爲抵償之
意,"則析"的"析"爲質劑,即憑證。其義爲格伯交付良馬四匹予倗生,價抵
三十田,則原在倗生三十田上耕作之人,則面臨與原有耕種田地脱鉤的情況。

懿王時期裘衛盉銘亦記載了矩伯和裘衛兩次合意以田換物的事件,即:
"矩白(伯)庶人取堇章(璋)于裘衛,才八十朋,氒賈,其舍(捨)田十田;矩或
(又)取赤虎(琥)兩、䴢韋(韍)兩,奉(賁)鞈一,才廿朋,其舍(捨)田三田。"
矩伯共捨付裘衛十三田,此舉造成十三田上從事耕作的人民與原所屬田地割
裂,矩伯將重新安排原依附於這十三田之人的去向。

3. 交易糾紛以田、人作爲賠償——這種情況不具耕作者人身佔有權之
轉移

以田、人作爲交易糾紛賠償的例子,可見於西周中期曶鼎、五祀衛鼎與西
周晚期舸比鼎、散氏盤銘等。

曶鼎(《銘圖》2515)記述了一起"寇禾案"爭訟事件,相關銘文如下:

> 昔饉歲(歲),匡衆氒臣廿夫,寇曶禾十秭,曶匡季告東宫,東宫乃
> 曰:求乃人,乃弗得,女(汝)匡罰大。匡乃頴首于曶,用五田,用衆一夫
> 曰嗌,用臣曰疐,[曰]朏,曰奠,曰用絲(兹)四夫,頴首曰:余無卣(由)
> 具(具)寇正[秭],不出,俊(鞭)余。曶或(又)曰匡(匡)季告東宫,曶
> 曰:弋唯朕禾是賞(償),東宫乃曰:賞(償)曶禾十秭,遺(遺)十秭,爲廿
> 秭,[若]來歲弗賞(償),劗(則)付卅秭,廼或(又)即曶,用田二又臣一
> 夫,凡用即曶田七田,人五夫,曶覓匡卅秭。

饑饉之年，曶遭到匡季率二十人偷盜十秭糧食，因而狀告東宮，東宮裁決匡要付給曶五田，外加交出參與寇禾的嗌、虘、蚋、奠等四人。曶不滿意判決結果，又再次向東宮提訟，提出一定要賠償禾糧。因此東宮裁示賠償曶糧食共二十秭，明年如果不還則需付四十秭。最後是以匡必須付給曶七田，五人，三十秭禾結案。寇禾案的結果，公家判決十分嚴厲，不僅罰還三倍的禾糧，還得交出作亂的人，更嚴重的是經濟用地高達七田的賠償。公家處罰以田地作爲賠償，硬生生地割裂隸屬其上之人、田關係。

共王時期發生一起私下轉讓土地，毀約訴訟的記錄，見五祀衛鼎銘（《銘圖》2497）。

> 隹正月初吉庚戌，衛吕邦君厲告于井白（伯）、白（伯）邑父、定白（伯）、琼白（伯）、白（伯）俗父，曰厲曰："余執礱（共）王卹工（功），于卲大室東逆燮二川。曰：余舍女（汝）田五田。"正迺噉（訊）厲曰："女（汝）賈田不？"厲迺許曰："余審（審）賈田五田。"井白（伯）、白（伯）邑父、定白（伯）、琼白（伯）、白（伯）俗父迺顜（講）。吏（使）厲誓。迺令參有嗣：嗣土邑人趞、嗣馬頌人邦、嗣工隆（陸）矩、内史友寺芻，帥顧（履）裘衛厲田四田。

裘衛向中央執政大臣狀告邦君厲云：厲曾經說"我執行共王交辦工事，在卲大室東邊對兩川進行營建疏浚工程，我捨付給你五田"。執政官員訊問厲說，確有代償土田之事嗎？厲承許道：確償五田。執政大臣協議並令厲發誓，最後賠付裘衛四田。邦君厲爲執行共王交辦工事，可能影響或損害裘衛利益，因此厲許諾給付五田予裘衛。此處弔詭的是厲執行公事，因公害私，照理應是公家賠償或是裘衛逕行退讓，爲何是厲自行賠付田地？筆者推測或許有兩種可能性，一是王室土田緊缺，本應由王室賠付轉由主事貴族負責，此亦是貴族向周王邀功獻忠的表現。二是厲在辦理工事過程中，處理不慎，損害裘衛利益，因此私下賠償。

西周晚期鬲比鼎銘亦記載了攸衛牧未履約付田的糾紛，散氏盤銘（《銘圖》14542）敘述矢侵犯散氏的田邑，應允賠償散氏田。

西周中、晚期記錄在案的交易糾紛多以轉讓田地告終爲多,據銘文記載至遲在懿王三年(見裘衛盉),貴族之間田地已能私相授受。田地所有權交易或賠付是人、地關係斷裂的主要因素。邑、田、人三者之間本是以血緣關係爲基礎,同族人聚居、耕作,社會關係緊密穩定。然隨著貴族間頻繁的轉移田地,造成世代依附其上耕作維生的民人,失去原有依附土地,人地紐帶斷裂的情況增多,漸漸成爲社會動蕩不安的潛在隱患。

四、小結

本節以大克鼎銘中所述賜田現象爲引,縱觀分析西周土地制度變化所引起的蝴蝶效應。西周早期,普天之下莫非王土,貴族家族土地的取得多依賴分封制,銘文中常見王賞賜"土""采""田"。西周中期以後,賜田雖是世家貴族擴張家族領地以及維持基本需求的重要來源,貴族之間因交易、糾紛私自授受田邑,亦成爲獲得經濟用地的途徑。現將主要觀點歸納如下:

1. 周王自始至終握有支配土地的最高權力,即使已賞賜貴族的田邑,亦可轉賜他人擁有。

2. 邑之長官稱邑人,由中央官員統轄。

3. 田中從事耕作者稱"佃人"或"佃臣",其身份爲平民,多以同族之人構成基本生產單位。"臣妾"亦可被指派於田中從事農活。

4. 賞賜田與邑的關係有三:一是較小的邑,所包括的田較零碎,田之稱名爲"田于某(邑)"。二是一田中有數邑,此種田多位於近郊。三是一邑有數田,以"邑+數量+田"稱之。此種田位於郊野,爲新開發區域,一邑擁有廿、卅甚至五十田以上,多分屬不同的貴族擁有。

5. 西周早期所建立以血緣爲紐帶之穩定田—邑—人關係,至西周中後期逐漸破壞鬆動。邑內之田可能分屬數個不同的貴族所有,或是田地多次易主,附生其上之人(以耕作者爲主)因此脫離原屬田地。鬆動的人地關係,造成部分流民產生(如井人奔于㝬),爲西周晚期政治與社會埋下不穩定變數。①

---

① 西周晚期人身附屬已有鬆動的現象產生,但完全脫鉤則要到東周時期。可參閱朱鳳瀚:《商周家族形態研究(增訂本)》,天津:天津古籍出版社,2004年,第544—545頁。

6. 周王室經歷百年來賜土、賜田的結果，導致王室空閒田地不足，其應變手段即是轉賜他人田邑與默許貴族之間田邑相互轉讓或交易，因此引發出糾紛訴訟、人、田割離等看似一件件互不相干的案例，其實反映了西周晚期王室所面臨土地制度瓦解與鬆動之嚴峻考驗。

7. 西周中、晚期，軍功彪炳者享有"賜田"獎勵，但與周王關係親近，深受周王喜愛者亦獲"賜田"的高規格禮遇。西周晚期，周王在世官制度之外，可依個人愛惡，附加特殊權能，賜予優渥待遇，此亦反映出西周晚期政治風向的趨勢。

第五節　克器銘中所見命服
——兼論西周命服制度

師克盨與大克鼎銘中可見周王授職並賞賜克服飾，兩次不同的授命分別賞賜了不同的服飾。這自然涉及到命官授職與服飾賞賜之間所具有的連動關係與其規律，此問題已累積較多學術成果，本節將在前人研究的基礎上，以克器銘文展示的命服制度為出發點，聯繫相關器銘，對西周命服制度與政治等級秩序的關係作進一步探討。

一、克受賜之命服及命數

在册命銘文中，常見周王授官命職同時賞賜服飾與車馬器等，正如《春秋公羊傳》莊公元年："錫者何？賜也。命者何？加我服也。"可看出"册命"與"賜服"之間具有密切關聯。《詩·小雅·采芑》："服其命服，朱市斯皇，有瑲蔥珩。"鄭玄箋云："命服者，命為將，受王命之服也。"孔穎達正義曰："受王命之時，王以此服命之故。"由出土金文材料與傳世文獻記載得知，西周時期周王册命貴族，確以其官階等級差異而賞賜不同服飾。

又《禮記·玉藻》云："一命縕韍幽衡，再命赤韍幽衡，三命赤韍蔥衡。"可看出透過不同命服的授予，表示位階的變化。從册命銘文中亦見再命、加命時，賞賜與初命所授相異的命服。克在已任王朝官吏（師）後，再次被王册命承其祖考職並受王賜命服,這應屬二命。此即師克盨銘所載:"王曰:克,余隹(唯)巠(經)乃先且(祖)考,克嚲(令)臣先王。昔余既令女(汝),今余隹(唯)醽臺乃令,令女(汝)叀(虔)乃且(祖)考毅(總)嗣ナ(左)右虎臣。① 易(錫)女(汝)醫(秬)鬯一卣,赤市、五黃、赤舄、牙僰……"周王重申命克繼承父祖職務,並主管左右虎臣,賞賜"赤市""五黃"和"赤舄""牙僰"。

"赤市""赤舄"的"赤"即紅色。《博雅》:"舄,履也。"

"五黃"的"黃"舊釋作"佩玉",②現多從唐蘭先生觀點,讀作"衡",即繫市的帶。③"五"之解釋,諸家歧異較大,作顏色解者有郭沫若先生,讀作"莕",爲青白色;④作數量解者爲唐蘭先生;⑤作質地、織法解者有陳夢家先生,將"五"釋作"午",猶如交織之形,⑥則"五黃"應指雜色交織的帶。

"牙僰"的"僰"舊釋爲"襋",《説文》:"襋,衣領也。""牙僰"爲衣領上所鑲的牙飾之形,⑦或是斜領之上衣,⑧也有認爲是"牙荼",即"牙笏"。⑨ 近來有學者將"牙僰"讀作"邪幅",邪從牙得聲,僰與幅皆是唇音職部字,故"牙僰"相當於近代的"綁腿"。⑩

故周王再命師克承繼世官,掌管左右虎臣、任武官,授予紅色蔽膝搭配雜色交織繫帶以及綁腿、紅色鞋履。

克再次受王賞賜命服,見於大克鼎銘,此應屬三命。大克鼎銘記:"勵(擢)克王服,出内(納)王令,多易(錫)寶休。不(丕)顯天子,天子其萬年無疆,保辥周邦,畮尹四方。王才(在)宗周,旦,王各(格)穆廟,即立,醽季右善

---

① "毅"釋作"總",爲統合之意。見李學勤:《由沂水新出孟銘釋金文"總"字》,《出土文獻》第3輯,上海:中西書局,2012年。
② "黃"作佩玉,舊説"黃"爲"珩",然郭沫若先生認爲"黃"爲整個佩玉,參見郭沫若:《釋黃——古代象形文字中所存之古佩玉考》,《金文叢考》,北京:人民出版社,1954年,第162—175頁。
③ 唐蘭:《毛公鼎"朱韍""蔥衡""玉環""玉瑹"新解——駁漢人"蔥珩佩玉"説》,《唐蘭先生金文論集》,北京:紫禁城出版社,1995年,第90—92頁。
④ 郭沫若:《周代金文圖録及釋文(三)》,臺北:大通書局,1971年,第154頁。
⑤ 唐蘭:《毛公鼎"朱韍""蔥衡""玉環""玉瑹"新解——駁漢人"蔥珩佩玉"説》,《唐蘭先生金文論集》,北京:紫禁城出版社,1995年,第89頁。
⑥ 陳夢家:《西周銅器斷代》,北京:中華書局,2004年,第436頁。
⑦ 伍仕謙:《微氏家族銅器群年代初探》,《古文字研究》第5輯,北京:中華書局,1981年,第116—117頁。
⑧ 陳漢平:《西周册命制度研究》,上海:學林出版社,1986年,第238—239頁。
⑨ 郭沫若:《師克盨銘考釋》,《文物》1962年第6期,第13—14頁。
⑩ 陳劍:《西周金文"牙僰"小考》,《語言》第4卷,北京:首都師範大學出版社,2003年。

夫克,入門,立中廷,北卿(嚮),王乎(呼)尹氏册令善夫。王若曰:克,昔余既令女(汝)出內(納)朕令,今余唯申鬯乃令,易(錫)女(汝)叔(素)市、參同(絅)、芇心(恩)……"廷禮册命儀式中,王三命"出納朕令",①賞賜"叔市""參同"與"芇心"。

"叔市"的"叔"假爲"素",即"素市"。②"素"就質地而言乃是繒,《說文》曰"素,白緻繒也",就顏色而言乃是白色。《說文》:"市,韠也。上古衣蔽前而已,市以象之。天子朱市,諸侯赤市,大夫葱衡。"市即蔽膝。"素市"是白繒蔽膝。

"參同"的"參"爲服色,③《說文》"縿,淺青黑也",于省吾先生認爲應從黃仲弢氏讀爲"縿絅",《禮記·玉藻》"襌爲絅",《禮記·檀弓上》"縿幕,魯也",鄭玄注:"縿,縑也。"④"參同"爲淺青黑色縑襌。⑤"芇心"的"芇"是服色,《說文》:"芇,艸也。""心",金文蔥衡作"心黃",故知"心"即"恩"字。⑥《說文》"幒,幝也",《釋名·釋衣服》"襌,貫也,貫兩腳,上繫腰中也",《急就篇》注"合襠謂之襌",則"芇心"即草色的合襠褲。⑦

周王因三命克出納王令,賞賜"叔市""參同""芇心",分別爲白繒蔽膝、淺青黑色縑襌與草色的合襠褲。

師克盨與大克鼎兩銘内容知,師克盨授職時間早於大克鼎,應是賡續祖考官職後的再命,此次獲得的命服爲"赤市""五黃""赤舃"。其後周王三命克"出納王令",授予"叔市""參同""芇心"。由上知,即使官職未改變,但周

---

① 在此次册命之前,周王曾命"出納王令",而在本次廷禮上,周王又再次重申"出納朕令",故謂三命。詳見本書第五章第一節。
② 郭沫若:《周代金文圖録及釋文(三)》,臺北:大通書局,1971年,第122頁。馬承源:《商周青銅器銘文選(三)》,北京:文物出版社,1988年,第265頁。楊樹達先生持不同意見,他認爲:"叔當讀爲朱,朱與叔一聲之轉。朱字古韻屬喉部,叔字在覺部,音最近也。"參閲楊樹達:《積微居金文説》,北京:中國科學院出版,1952年,第65頁。
③ 陳夢家:《西周銅器斷代》,北京:中華書局,2004年,第263頁。另郭沫若先生認爲"參"假爲"襂"(今作衫),"衫同"即"中絅","參同"爲荷色中衩。而唐蘭先生認爲"參"爲數字,"同"是用荷麻所織的帶或布,"參同芇心"是指三個絅衡而中間一個染成葱緑色。見郭沫若:《師克盨銘考釋》,《文物》1962年第6期,第12頁。唐蘭:《毛公鼎"朱韍""蔥衡""玉環""玉瑹"新解——駁漢人"蔥珩佩玉"説》,《唐蘭先生金文論集》,北京:紫禁城出版社,1995年,第96頁。
④ 于省吾:《雙劍誃吉金文選》,北京:中華書局,1998年,第144頁。
⑤ 《釋名·釋衣服》:"襌,衣,言無裏也。"
⑥ 陳夢家:《西周銅器斷代》,北京:中華書局,2004年,第262頁。
⑦ 郭沫若先生認爲"芇心"即蔥色之衷衣。郭沫若:《師克盨銘考釋》,《文物》1962年第6期,第12頁。

王透過再命、三命的賜服，達到提升貴族位階的作用。故個人一生因官職或品位的升遷，①可獲得不同等級的命服組合。

二、同人命服組合

由克一生命數、命服的變化，可知其官職與品位相應產生更動。依據命數、命服與官職或品位的連動性，檢視西周銘文中同一個人官職或品位的變動，其命數與命服組合相應產生的變化，以此歸納出命服組合所象徵之身份等級高低。涉及的王朝卿士，西周中期有師酉、免、師旋、虎，西周晚期有師嫠、師兌、瘨、詢、逨、克等。現將周王册命授職與賜服依西周中期、西周晚期分製成表一·1與表一·2如下：

表一·1　西周中期同一人兩次以上受命賜服銘文一覽表

器主	器名	命官授職	賜服 上衣	賜服 下裳	賜履	命數
師酉	元年師酉簋	嗣乃祖啻（嫡）官邑人、虎臣，西門夷、㝬夷、秦夷、京夷、弁人夷新	中絅	赤市朱黃	×	初
師酉	四年師酉盤②	嗣乃祖啻（嫡）官邑人、虎臣，西門夷、㝬夷、秦夷、京夷、弁人新	×	赤市	×	再
免	免尊	作嗣工	×	戠市同黃	×	初
免	免簋	令免作嗣土，嗣奠還散眾吴（虞）眾牧	叀衣	×	×	再
免	免簠	令汝胥周師嗣散	×	赤⑩市	×	三

---

① 本文所言"官職"即明確的官稱，如師、司馬、司土等，官職等同於官階。"品位"則代表身份等級的高低。可參閱步克：《飲酒慶功禮與班位、命數——周代的品位形態及功績制》，《北京大學學報（哲學社會科學版）》2018年第2期，第128頁。
② 師酉盤僅見銘文拓本，原器不知所蹤。此盤銘真偽待辨，此處暫存。

續 表

器 主	器 名	命 官 授 職	賜 服		賜履	命數
			上衣	下裳		
虎/師虎	卅年虎簋蓋	叀乃祖考,胥師戲嗣走馬駿人眔五邑走馬駿人	玄衣臆屯	载巿幽黄	×	初
	元年師虎簋	先王既令乃祖考事,啻（嫡）官嗣左右戲緐荆,今余隹帥井（型）先王令,令汝更乃祖考,啻（嫡）官嗣左右戲緐荆	×	×	赤舄	再

周王初命師酉繼承乃祖職事,授予"赤巿、朱黄、中臱"。"中臱"即"中綱",①前已述襌爲綱,中綱爲中襌。而四年師酉盤銘所載似爲再命,執掌職事皆同,周王又再賜一次"赤巿",命服與前同,顯示品位亦未有提升。

免的初命作"司工",周王授予"载巿、冋黄"。而再命免時,明確授予"司土"一職,官階有所提升,故受賜"戠衣"。三命時職事内容與前職類似,皆爲司廩,官職雖未改變,但品位有所提高,故獲賜"赤ⓥ巿"。

初命虎繼承父、祖官職,協助師戲管理走馬駿人和五邑走馬駿人,受賜"载巿、幽黄、玄衣臆屯"。新王上任再命虎,僅是賡續前王重申舊令,但從賞賜"赤舄"來看,雖官職無變動,品位向上有所抬升。

西周中期初命時賞賜上衣的種類有玄衣臆屯和中臱,下裳有载巿冋黄、载巿幽黄與赤巿朱黄的組合。"臆屯"的"臆",從川從竟,其義各家説法不一,②兹認爲陳漢平先生釋"訓",③白於藍先生讀作"紃",可從。"屯"讀作

---

① 郭沫若先生認爲中臱的"臱"即"綱"字,佩玉之珩璜均以朱玉爲之,而中央之衝牙以綱色之玉爲之。郭沫若:《周代金文圖録及釋文(三)》,臺北:大通書局,1971年,第89—90頁。
② 王輝先生認爲"臆讀爲黷,是一種黑色";周曉陸先生認爲"瀇蓋謂絲縑漂晾乾未染色澤,仿佛瀝乾之米,指白亮之純"。陳昭容先生認爲"瀇讀爲錦,錦爲染色絲織綵爲文,是一種華麗而珍貴的絲織品"。白於藍先生認爲"瀇釋爲紃,玄衣臆(紃)屯(純)是指在衣綫之縫中飾有以彩色絲綫辮成的綫條的玄色衣服"。參閲王輝、周曉陸:《虎簋蓋銘座談紀要》,《考古與文物》1997年第3期,第81—82頁。陳昭容:《玄衣瀇屯》,《中國文字》新24期,第58—60頁,臺北:藝文印書館,1998年。白於藍:《"玄衣臆純"新解》,《中國文字》新26期,臺北:藝文印書館,2000年,第149—153頁。
③ 陳漢平:《金文編訂補》,北京:中國社會科學出版社,1993年,第258頁。

"純",《廣雅·釋詁》:"純,緣也。"繢屯作爲修飾玄衣之語,則"玄衣繢屯"指邊緣裝飾彩絲的黑色上衣。

"䉤市"的"䉤",陳夢家先生認爲釋作"緇",①《說文》:"緇,帛黑也",故"䉤市"即黑帛製成的蔽膝。"同黄"爲同麻製成的衡,②"幽黄"一詞見於《禮記·玉藻》"一命緼韍幽衡",鄭玄注"幽,讀爲黝。黑謂之黝",前已述黄即衡,"幽黄"爲黑色的帶子,此處文獻所載與金文能相互印證。"赤市、朱黄"是紅色蔽膝與深紅色繫帶。③

再命所授命服有"赤市""赤⊗市"與"赤舄"。"赤⊗市"的"⊗"舊說甚雜,于省吾先生提出"⊗"爲"雍"之初文,認爲"赤⊗市"即"赤緼市",④《禮記·玉藻》"緼韍",鄭玄注:"緼,赤黄之間色。"但若"緼"爲赤黄之間色,則前所加"赤"的色彩描述則顯得多餘,"緼"在此應非指色彩。《廣韻》:"緼,枲麻也",故"赤⊗市"或指紅色麻製蔽膝。

三命有"䜌衣"。"䜌"有學者認爲是黄色或赤色,⑤清代學者吳大澂首先提出䜌衣爲"織衣"的說法,⑥郭沫若認爲是貴者之服。⑦《小爾雅》"治絲曰織。織,繒也",《禮記·玉藻》"士不衣織",鄭玄注"織,染絲織之",可見"䜌衣"即"繒衣",爲染色絲帛所作的上衣,等級較高。

表一·2 西周晚期同一人兩次以上受命賜服銘文一覽表

| 器主 | 器 名 | 命官授職 | 賜　　服 | | | 賜履 | 命數 |
			頭衣	上衣	下裳		
師兑	元年師兑簋	胥師龢父翩左右走馬、五邑走馬	×	×	乃祖巾(市)五黄	赤舄	初

---

① 陳夢家:《西周銅器斷代》,北京:中華書局,2004年,第148頁。
② 唐蘭:《毛公鼎"朱韍""蔥衡""玉環""玉瑹"新解——駁漢人"蔥珩佩玉"説》,《唐蘭先生金文論集》,北京:紫禁城出版社,1995年,第88頁。
③ 《詩·七月》"載玄載黄,我朱孔陽,爲公子裳",毛亨傳曰"朱,深纁也";《爾雅·釋器》:"三染謂之纁",注曰"纁,絳也",《説文》"絳,大赤也",則朱色爲深紅。
④ 于省吾:《釋赤⊗市》,《雙劍誃古文雜釋》,北京:中華書局,1962年。
⑤ 陳漢平:《西周册命制度研究》,上海:學林出版社,1986年,第227頁。
⑥ 吳大澂:《愙齋集古録》10.10,涵芬樓影印本。
⑦ 郭沫若:《周代金文圖録及釋文(三)》,臺北:大通書局,1971年,第77頁。

续 表

器主	器名	命官授职	赐服			赐履	命数
			头衣	上衣	下裳		
师兑	三年师兑簋	余既令汝胥师龢父，嗣左右走马，今余唯酾臺乃令，令汝敽嗣走马	×	×	×	×	再
师毁	辅师毁簋	复乃祖考嗣辅	×	×	载市萘（素）黄	×	初
		今余增乃令	×	玄衣黹屯	赤市朱黄	×	再
	十一年师毁簋	令汝复乃祖考嗣小辅，今余唯酾臺乃令，令汝嗣乃祖旧官小辅、鼓钟	×	×	叔市金黄	赤舄	三
痶	四年痶盨	无	敫裘	×	虢故（市）	×	
	十三年痶壶	无	画袭	×	牙僰	赤舄	
询	十七年询簋	余令汝啻官嗣邑人，先虎臣后庸：西门夷、秦夷、京夷、莱夷、师笭、侧（侧）新、□华夷、弁狐夷、厨人、成周走亚、戍、秦人、降人、服夷	×	玄衣黹屯	载市同黄	×	初
	元年师询簋	今余唯酾臺乃令，令汝更䍙（雍）我邦小大猷，日（以）乃友干（捍）菩（禦）王身	×	×	×	×	三
逨	逨盘	酾臺乃令，令汝疋燓兑，敽嗣四方吴（虞）嗇，用宫御	×	×	赤市幽黄	×	再
	卌三年逨鼎	昔余既令汝胥燓兑敽嗣四方吴（虞）嗇，用宫御。酾臺乃令，令汝官嗣历人	×	玄衮衣	×	赤舄	三

續 表

器主	器 名	命官授職	賜 服			賜屨	命數
			頭衣	上衣	下裳		
克	師克盨	昔余既令汝,今余隹䌛憙乃令,令汝叀乃祖考䩂嗣左右虎臣	×	×	赤市五黄、牙僰	赤舄	再
	大克鼎	昔余既令汝出納朕令,今余唯䌛憙乃令	×	參冋	叔市芇心	×	三

師兑初命輔佐師龢父管理左右走馬和五邑走馬,賞賜"乃祖市五黄、赤舄"。再命時重申舊令,官職與品位皆無變化,故未再授予命服。

師㝨初命繼承祖考事,賞賜"載市豢(素)黄"。"豢(素)黄"即大克鼎銘中的"叔黄",故"載市素黄"即黑帛蔽膝白繒繫帶。再命時未授新職,卻賜予"玄衣黹屯、赤市朱黄",即邊緣帶黑白相間花紋的黑色上衣與紅色蔽膝深紅色繫帶,顯示官職雖未改變,但品位提升。三命時又重申舊令,加賦嗣鼓鐘職務,故再賜命服"叔市金黄"與"赤舄","金黄"的"金",陳夢家先生讀作"黅",①《廣韻》:"黅,淺黄色","金黄"意指淺黄色帶子。

厲王四年王呼史㝬册命癲,賞賜"鈒裦、虢敞",但癲盨銘未記所命何職。又十三年時,王再次舉行廷禮册命,授予"畫裦、牙僰、赤舄",但依舊未載此次任命内容。癲兩次受賜"鈒裦""虢敞""畫裦"與"牙僰",這些十分罕見,除"牙僰"見於師克盨外,其他皆為首見。由此可知,未授予明確職事,周王亦可根據臣下資歷的晉升,賜予相應的命服。

"鈒裦"的"裦"字形作"🔲",下為衣、上作🔲,此字各家意見紛雜,如郭沫若先生釋作"靳",為馬的胸衣,從衣、冘,以象其形;②唐蘭先生認為"冃就是冒(帽)字,又音轉為冕,從免聲";③趙平安先生持"🔲"為冕衣的合文;④又

---

① 陳夢家:《西周銅器斷代》,北京:中華書局,2004年,第436頁。
② 郭沫若:《周代金文圖録及釋文》,臺北:大通書局,1971年,第63頁。
③ 唐蘭:《論周昭王時代的青銅器銘刻》,《古文字研究》第2輯,北京:中華書局,1981年,第61—62頁。
④ 趙平安:《西周金文中的🔲🔲新解》,《于省吾教授百年誕辰紀念文集》,長春:吉林大學出版社,1996年,第114—117頁。

謝明文先生釋作"鞎",屬車器。① 從上可知,目前學界對"袬"字意義尚無定論,愚以爲按瘨盨銘周王賞賜"叙袬""虢䩹""攸勒"的排列順序來看,"袬"若爲車馬器,當在"虢䩹"之後,②但此處"叙袬"位列"虢䩹"之前,當屬服飾類。故"袬"應釋作"褐",即頭衣。"叙袬"的"叙"修飾"袬",前述雖作"褐",但此處應非是。《廣韻》:"叙,輕簡爲叙",則"叙袬"意指輕簡的頭衣。"畫袬"的"畫",《爾雅·釋言》:"畫形也",郭璞注:"畫者爲形象",則"畫袬"指裝飾有圖案的頭衣。"虢䩹"的"虢"在吳方彝中見"朱虢"之例,《文源》:"虢當爲鞹之古文,去毛皮也。"③傳世文獻中亦見,如《詩·齊風·載驅》:"載驅薄薄,簟茀朱鞹。""虢䩹"則爲皮質的蔽膝。

先王賜詢"玄衣黹屯、載市冋黄"時爲初命。"玄衣黹屯"的"黹"讀作"黼",《說文》:"黼,白與黑相次文";《廣韻》:"玄,黑也",《說文》:"黑而有赤色者爲玄",則"玄衣黹屯"指邊緣帶黑白相間花紋的黑色上衣。④ 新王初登基時應有一次新的冊命,並賜予命服(惜此次銘文著錄尚未發現),其後時王"䚄嚻乃令",對師詢進行前次官職與品位的重申,故未授命服。

遂再命輔佐燚兌,並管理王室御用四方漁牧倉廩,賞賜"赤市幽黄",三命時除重申舊令外,增加管理歷人之官職。因官階提升,故再新賜命服"玄袞衣"和"赤舃"。"玄袞衣"的"玄袞"見於《詩·小雅·采菽》"玄袞及黼",鄭玄箋:"玄衣而畫以卷龍也。"以及《詩·大雅·韓奕》"玄袞赤舃"。

克的情況前文已述,便不再贅敘。

根據上述分析,可將不同時段、不同命數與命服組合的對應關係依時段製如表二。

---

① 謝明文:《西周金文車器"鞎"補釋——兼論詩經"鞟鞃"》,《漢字漢語研究》2019 年第 4 期。
② 冊命銘文中賞賜物的排列順序有(1)服飾+車馬器,(2)服飾+旂+馬器,(3)服飾+馬器,(4)服飾+舃+車馬器,(5)服飾+舃+馬器。
③ 林義光:《文源》,上海:上海古籍出版社,2017 年。
④ 黹,爲兩己相背之形互相鉤連的花紋,參閱屈萬里:《釋黹屯》,《"中研院"歷史語言研究所集刊》第 37 本上,臺北:"中研院"歷史語言研究所,1967 年,第 65—78 頁。

表二　西周中、晚期命數與命服組合對應關係表

命數	時　期	受冊命者	器物名稱	命　服		
				上衣	下裳	鞋履
初命	西周中期	師𤸫	元年師𤸫簋	中幦	赤市朱黃	×
		司工免	免尊	×	戠市冋黃	×
		虎	卅年虎簋蓋	玄衣臦屯	戠市幽黃	×
	西周晚期	師兌	元年師兌簋	×	乃祖市五黃	赤舄
		師㝨	輔師㝨簋	×	戠市素黃	×
		詢	十七年詢簋	玄衣黹屯	戠市冋黃	×
再命	西周中期	師𤸫	四年師𤸫盨	×	赤市	×
		司土免	免簋	䵎衣	×	×
		師虎	元年師虎簋	×	×	赤舄
	西周晚期	師㝨	輔師㝨簋	玄衣黹屯	赤市朱黃	×
		逨	逨盤	×	赤市幽黃	×
		師克	師克盨	×	赤市五黃	牙㯱、赤舄
三命	西周中期	免	免簠	×	赤㶊市	×
	西周晚期	師㝨	十一年師㝨簋	×	叔市、金黃	赤舄
		逨	卌三年逨鼎	玄袞衣	×	赤舄
		善夫克	大克鼎	參冋	叔市、芾心	×

西周中期冊命賞賜銘文中，僅見初命時有上衣下裳完整組合，再命、三命之例闕如。其完整組合爲：

（1）中幦（中襌）+赤市朱黃（火色蔽膝深紅繫帶）。

（2）玄衣臦屯（邊緣裝飾彩絲的黑色上衣）+戠市幽黃（黑帛蔽膝黑色

繫帶）。

賞賜不完整命服組合有三種種類，敘述如下：

1. 上衣：僅見再命時賞賜戠衣（繒衣）之例。

2. 下裳

（1）初命：載巿冋黄（黑帛蔽膝麻質繫帶）。

（2）再命：赤巿（紅色蔽膝）。

（3）三命：赤㠯巿（紅色麻製蔽膝）。

3. 鞋履：僅見再命時賞賜赤舄（紅色鞋履）之例。

西周晚期册命賞賜銘文中，上衣下裳完整命服組合示下：

（1）初命：玄衣黹屯（邊緣帶黑白相間花紋的黑色上衣）+載巿冋黄（黑帛蔽膝麻質繫帶）。

（2）再命：玄衣黹屯+赤巿朱黄（火色蔽膝深紅色繫帶）。

（3）三命：參冋（淺青黑色縑襌）+叔巿（白繒蔽膝）+芇心（草色合襠褲）。

另見其他組合，敘述如下：

1. 下裳鞋襪

（1）初命：乃祖巿五黄（雜色交織繫帶）+赤舄。

（2）再命：赤巿五黄（火色蔽膝雜色交織繫帶）+牙㯱（綁腿）+赤舄。

（3）三命：叔巿金黄（白繒蔽膝淺黄繫帶）+赤舄。

2. 上衣鞋履

三命：玄袞衣（卷龍紋黑色上衣）+赤舄。

3. 下裳

（1）初命：載巿素黄（黑帛蔽膝白繒繫帶）。

（2）再命：赤巿幽黄（紅色蔽膝黑色繫帶）。

綜上述，同一人命數與命服組合關係概括如下：

（一）命服中以上衣下裳爲主要基本的組合。伴隨著官職或品位的提升，衣、屯、巿、黄的質材顔色改變並增加鞋履、綁腿、頭衣等其他命服種類。

（二）單獨賞賜命服的種類有衣、巿、赤舄，此三類應是指示官職（階）等級的重要指標，而黄象徵品位變化的細緻表現。另冋（絅）、袞、牙㯱則爲達到某種位階後增設的特別項目,故此類命服並不多見,多出現於有功王室或家族顯赫的世家貴族。

(三) 同人數次冊命中,每次受賜命服不一定爲完整組合,新賜命服可與前次所授不同種類命服搭配。如虎初命獲賜玄衣黹屯及載市幽黄,再命時授予赤舄,則師虎上朝時所穿命服則是玄衣黹屯+載市幽黄+赤舄。又免初命受賞載市同黄,二命時獲䞣衣,三命時得赤㶉市,則免二命後可將䞣衣與載市同黄組合穿著(見趩觶),三命後亦可將䞣衣與赤㶉市搭配(見載簋蓋)。師𩒨初命獲賜載市素黄,再命時賜玄衣黹屯+赤市朱黄,三命時賜叔市金黄+赤舄,則三命後師𩒨上朝穿著命服爲玄衣黹屯+叔市金黄+赤舄。

(四) 初命命服下裳可見載市與赤市;再命命服下裳有赤市,不見載市;三命則爲叔市與赤㶉市,可知叔市代表的等級高於赤㶉市,赤㶉市高於赤市,赤市高於載市。

三、命服組合所象徵的等級

從上述分析不同命數周王賞賜不同的命服來看,命服的組合代表著不同的官職(階)與品位。以下嘗試將命服組合與官職對應,進一步探討西周命服制度的成型,藉由朝服穿戴具象化個人在朝堂典祀中的空間位置,達到"明貴賤、辨等列"的身份等級秩序。

(一) 玄衣黹屯及與市、黄組合

1. 玄衣黹屯

周王單獨賞賜玄衣黹屯的例子爲西周中期的翩鼎(《銘續》230),雖翩鼎銘非典型的冊命銘文,未述所命職事,但從王格大室,蔑翩歷,賞賜命服等格式來看,應屬完整冊命銘文的發展階段。

2. 玄衣黹屯與載市幽黄

周王賞賜玄衣黹屯與載市幽黄的例子見西周中期召簋(《銘圖》5230)與虎簋蓋(《銘圖》5399)。召簋銘雖未記所命職事,然言"用事",即顯示王命任事。虎簋蓋銘所載職事爲"胥師戲翩走馬駁人眔五邑走馬駁人"。

(二) 玄衣㡿屯與市、黃組合

1. 玄衣㡿屯

册命銘文中周王僅賞賜玄衣㡿屯的例子爲西周中期的救簋蓋(《銘圖》5278)與西周晚期的無叀鼎(《銘圖》2478),其所對應的職事分別爲"用大葡(備)于五邑守堰"和"官嗣穆王遉(正)倗(側)虎臣"。

2. 玄衣㡿屯與戠市幽黃

周王賞賜西周中期玄衣㡿屯和戠市幽黃的組合僅見於西周中期的寏盤(《銘圖》14528),與召簋銘同未述所命職事,但王在賞賜後宣告"用事",故應屬册命銘文記述未臻全面的階段。

3. 玄衣㡿屯與戠市冋黃

玄衣㡿屯和戠市冋黃一同賞賜之例,示如表三。

表三　玄衣㡿屯與戠市冋黃同賜對應職官一覽表

時期	器物名稱	器主	官職	受命職事	命服	
					上衣	下裳
西周中期	師㝨父鼎	㝨父	師	用嗣乃父官、友	玄衣㡿屯	戠市冋黃
西周晚期	呂簋	呂	師	夐(賡)乃考,䵼嗣奠師氏	玄衣㡿屯	戠市冋黃
西周晚期	十七年詢簋	詢	師	官嗣邑人,先虎臣後庸	玄衣㡿屯	戠市冋黃

上表所載師㝨父鼎屬西周中期;呂簋、十七年詢簋皆爲西周晚期。玄衣㡿屯和戠市冋黃的組合對應的官職多是初任師職者。

4. 玄衣㡿屯與赤市朱黃

西周中期周王賞賜受命職事爲主管琱宫之人、事玄衣㡿屯與赤市朱黃,西周晚期則再命師或善夫一職時賜予。以下參見表四:

表四　玄衣黹屯與赤巿朱黃組合對應官職一覽表

時期	器物名稱	器主	官職	受命職事	命服	
					上衣	下裳
西周中期	即簋/即盤	即	×	嗣琱宫人、虢㺇,用事	玄衣黹屯	赤巿朱黃
西周晚期	輔師嫠簋	師嫠	師	覃乃祖考嗣輔,今余曾(增)乃令	玄衣黹屯	赤巿朱黃
	善夫山鼎	山	善夫	官嗣猷獻人于㫉,用作害,司貫	玄衣黹屯	赤巿朱黃
	頌鼎/頌簋	頌	×	官嗣成周賈,監嗣新寤(造)賈,用宫御	玄衣黹屯	赤巿朱黃
	趩鼎	趩	×	用事	玄衣黹屯	赤巿朱黃

5. 玄衣黹屯與素巿金黃

西周晚期周王賞賜弭伯師耤玄衣黹屯與素巿金黃組合(弭伯師耤簋《銘圖》5294),但不知授命何職,僅見"用事"。師嫠簋銘中所載三命命服爲素巿金黃,由此推知弭伯師耤的職階應相當於師嫠。

6. 玄衣黹屯與赤⊗巿

西周中期可見周王賞賜玄衣黹屯與赤⊗巿,所命職事爲"左右俗父嗣寇"(見夆季鼎《銘圖》2432),即輔佐俗父管理盜寇之事。① 西周晚期未見此種命服組合。

(三) 哉衣與巿、黃組合

1. 哉衣

周王僅賞賜哉衣的例子見西周中期的免簋,對應的官職爲司土,管理奠地

---

① 陳絜、李晶:《夆季鼎、揚簋與西周法制、官制研究中的相關問題》,《南開學報(哲學社會科學版)》2007年第2期,第102—105頁。

中還邑的倉廩與漁牧。雖僅賜歂衣無市、黃,但在初命時(免尊銘)實則已賞賜了歂市同黄。

2. 歂衣與歂市同黄

西周中期見周王命趞"叀(虔)乎(厥)祖考服"並賜歂衣與歂市同黄(趞觶《銘圖》10659),其義是讓趞繼承祖考官位,然未敘明具體職務,而是以"服"代"職"。此處趞雖初任職,卻受賜較高等級的歂衣,應是來自祖考的庇蔭,並顯示出西周世官承襲的制度特徵。

3. 歂衣與⊕市

西周中期豆閉簋見周王賞賜歂衣與⊕市的命服組合,命令繼承祖考職事,管理窑俞邦君嗣馬、弓矢。①

4. 歂衣與赤⊕市

西周中期常見任"嗣土"一職賞賜歂衣與赤⊕市,如采隻簋(《銘圖》5154)、歂簋蓋(《銘圖》5289)、卲叴簋(《銘圖》5215),但西周晚期未見一例。

(四) 玄袞衣與市、黄、舄組合

1. 玄袞衣與赤舄

西周中期吳方彝蓋(《銘圖》13545)銘載周王命吳掌管白旗與叔金,賜玄袞衣與赤舄。

西周晚期蔡簋(《銘圖》5398)銘記先王命蔡爲宰、主管王家,時王重申舊令,命蔡和叚協助對,管理王家内外,司百工,出入姜氏(王后)令,王賜玄袞衣與赤舄。另見王再命遹協助焂兌並主管四方漁牧倉廩,提供王室御用,又擔任管理歷人之官,此次賞賜的命服爲玄袞衣與赤舄。

---

① 窑歔應是國名。也有學者認爲窑歔指邦君名,參閲潘建明:《豆閉簋嗣窑俞邦君嗣馬弓矢解》,《上海博物館集刊》,上海:上海古籍出版社,1986年,第59頁。

2. 玄袞衣與赤市幽黃、赤舄

西周晚期曶壺蓋銘(《銘圖》12446)記周王命曶賡續祖考作成周八自的冢嗣土，並賜玄袞衣與赤市幽黃、赤舄。

(五) 冋衣與黃、舄組合

册命銘文中周王賞賜冋衣與幽黃、赤舄之例，① 目前見於西周中期晚段的師酉簋"中絅+赤市朱黃"和西周晚期的衍簋"冋衣+幽黃+赤舄"。

綜合上述，將命服組合象徵身份等級高低製成表五。

表五　命服組合與身份等級對應表(由低至高排序)

命　服　組　合			西周中期	西周晚期
上衣	下裳	鞋履		
玄衣黼屯			V	×
玄衣黼屯	載市幽黃	赤舄	V	×
玄衣𦃃屯			V	V
玄衣𦃃屯	載市幽黃		V	×
玄衣𦃃屯	載市冋黃		V	V
玄衣𦃃屯	赤市朱黃		V	V
玄衣𦃃屯	素市金黃	赤舄	×	V
玄衣𦃃屯	赤⊗市		V	×
戠衣			V	×
戠衣	載市冋黃		V	×
戠衣	⊗市		V	×
戠衣	赤⊗市		V	×
玄袞衣		赤舄	V	V

---

① 西周早期大盂鼎、復尊、麥尊銘中所見受賞之冂、衣等，與衍簋的"冋衣"不同。

續　表

命　服　組　合			西周中期	西周晚期
上衣	下裳	鞋履		
玄袞衣	赤市幽黄	赤舄	×	V
中絅	赤市朱黄		V	V
冋衣	幽黄	赤舄	V	V
參冋	叔市+芇心		×	V

　　從表五可得,玄衣黹屯和戠衣目前僅在西周中期册命賞賜銘文中得見,或許此兩種命服在西周晚期漸被淘汰,因此未見於西周晚期銘文中。在衣的種類上西周晚期减化成玄衣黹屯和玄袞衣兩種,搭配各種市、黄組合,表示不同的官階與品位。而赤舄雖在初、中等級即見授予,但多半出現在任某職資歷較深的情况下才被賞賜。另較特别的是目前銘文中未見與赤⊙市搭配之繫帶。

四、官職與其相應的命服

　　册命賞賜銘文中多數賞賜命服時,著重敘述執掌具體事務,而未述明受賞者官職。但也有少數銘文中,署明已任或册命官職,如嗣土、嗣馬等,是我們探索命服與職官之間對應關係的珍貴材料。以下轉换角度,從銘文中觀察相同官職以及授任類似職事,周王所授命服是否相同。

(一) 官職
1. 嗣土(嗣徒)

時期	器　名	官　　職	命數	命　　服		
				上衣	下裳	鞋履
西周中期	眈簋(懿王)	作嗣徒(先王令)西扁嗣徒	再	×	赤市幽黄	×

續 表

時期	器 名	官 職	命數	命 服		
				上衣	下裳	鞋履
西周中期	殷甗	作嗣徒、嗣寇	初	×	赤市	×
	采隻簋	作嗣土	初	哉衣	赤⊙市	×
	元年㧑智簋	作嗣土	初	哉衣	赤⊙市	×
	𢦏簋蓋	作嗣土	初	哉衣	赤⊙市	×
	免簋	作嗣土	再	哉衣	×	×
西周晚期	元年師穎簋	作嗣土	再	×	赤市朱黃	×
	訇簋	作冢嗣徒于成周八𠂤	初	玄袞衣	赤市幽黃	赤舄
	訇壺蓋	作冢嗣土于成周八𠂤	初	玄袞衣	赤市幽黃	赤舄

訇簋銘(《銘三》522)"冢嗣徒"在同銘的訇壺蓋銘(《銘圖》12446)中寫作"冢嗣土",可知"嗣徒"即"嗣土"。由上表可知,"嗣土"一職與其對應最常見的命服組合爲"哉衣+赤⊙市",冢嗣土的官階高於嗣土,命服組合爲"玄袞衣+赤市幽黃+赤舄"。免簋銘是再命作嗣土賜哉衣,三命時免"胥周師嗣歠",受賜赤⊙市(見免簠),兩次受賞服飾組合即爲西周中期"嗣土"一官相應命服。

2. 嗣馬

時期	器 名	官 職	命數	命 服	
				上衣	下裳
西周中期	趞簋	戯𠂤冢嗣馬	初	×	赤市幽黃
	䚄簋	冢嗣馬	再	×	赤市幽黃

目前西周金文所見擔任"冢司馬"一職的下裳皆賜"赤市幽黃",上衣的資料囿於資料太少,尚不清楚。

3. 嗣工

時期	器名	官職	命數	命服	
				上衣	下裳
西周中期	免尊	作嗣工	初	×	韍市冋黃
	左右簋	冢嗣工于蔡	初	×	幽黃
西周晚期	揚簋	作嗣工	初	×	赤⊗市

西周金文中所見冊命"作嗣工"的例子較少,相應命服紛亂且缺乏組合之規律,或許牽涉到個人情況所致,故尚待更多材料出現。

(二) 職事

1. 官嗣邑人、師氏/虎臣

管理軍事人員與城邑管理者,如師氏、虎臣、邑人等,對應命服常見組合爲"玄衣黹屯+韍市冋黃"。師酉受賜當時已任"師",官階不同於其他初命時的呂和無更。師克再命之時亦任"師",官階品位較高,故命服亦非例常。

時期	器名	職事	命數	命服		
				上衣	下裳	鞋襪
西周中期	師酉簋	嗣乃祖啻官邑人、虎臣	初	中褧	赤市朱黃	×
西周晚期	呂簋	䵼嗣莫師氏	初	玄衣黹屯	韍市冋黃	×
	十七年詢簋	官嗣邑人,先虎臣後庸	初	玄衣黹屯	韍市冋黃	×

續　表

時期	器名	職事	命數	命服		
				上衣	下裳	鞋襪
西周晚期	無叀鼎	官嗣穆王正側虎臣	初	玄衣黹屯	×	×
	師克盨	叀乃祖考觳嗣左右虎臣	再	×	赤市五黃	牙㯱、赤舄

2. 死嗣王家

時期	器名	職事	命數	命服		
				上衣	下裳	鞋履
夷厲	望簋	死嗣畢王家	初	×	赤⊙市	×
	蔡簋	令汝眔曶𦪘胥對各,从嗣王家外内	再	玄袞衣	×	赤舄
厲王	康鼎	死嗣王家	初	×	幽黃	×
	衍簋	死嗣王家	初	同衣	幽黃	赤舄
	槐簋	死嗣王家	初	×	幽黃	×

　　畢氏爲姬姓,此處的畢王家所指爲具王室血統之畢氏。西周中期管理王室事務對應的命服有"赤⊙市",隨著資歷漸長,再命提高成"玄袞衣+赤舄"。厲王時期的康、衍、槐爲奠丼氏,衍與槐爲兄弟,①擔任職務皆爲"死嗣王家",命服爲"同衣+幽黃+赤舄"組合。從銘文觀之,"死嗣王家"應是夷厲時期新興之職務。

---

① 韋心瀅:《畿內丼氏家族世系補議》,《青銅器與金文》第 3 輯,上海:上海古籍出版社,2019 年,第 278—281 頁。

3. 嗣賈

時期	器名	官職	命數	命服 上衣	命服 下裳
西周晚期	善夫山鼎	官嗣飲獻人于晁,用作憲,司賈	初	玄衣黹屯	赤市朱黃
西周晚期	頌鼎	官嗣成周賈二十家,監嗣新寤(造)賈用宮御	初	玄衣黹屯	赤市朱黃

周王册命山和頌管理賈人,此時山的官職爲善夫,頌的官職未述明,兩者都爲初命,所賜命服皆爲"玄衣黹屯+赤市朱黃",可知此時山和頌的品位相同。

4. 嗣王家臣妾、百工

時期	器名	官職	命數	命服 上衣	命服 下裳
西周中晚期	宰獸簋	嗣康宮王家臣妾,奠臺外内	再	×	赤市幽黃
西周晚期	伊簋	嬰官嗣康宮王臣妾、百工	初	×	赤市幽黃

獸的官職爲宰,管理康宮王家臣妾等事是從祖考以來便負責擔任的職事,時王再次賦予獸同樣的任務,是世官襲承的體現。伊初命管理康宮王家臣妾、百工,職事與獸相當,故所獲賜命服皆是"赤市幽黃"。

5. 嗣卜事

噬甗(《銘三》366)與免簋(《銘三》516)銘分别記載噬及免管理殷八㠯卜事與六㠯卜事,職事相似,故所賜命服"赤市幽黃"亦同。而曶鼎(《銘圖》2515)銘記述曶繼承祖考管理卜事,受賜赤⌾市,不同於赤市幽黃,應與個人資歷有關。

時期	器名	官職	命數	命服	
				上衣	下裳
西周中期	旨鼎	嬰乃祖考嗣卜事	初	×	赤⊙市
	免簋	嗣六𠂤卜事、工卜	初	×	赤市幽黃
	噝甗	嗣南事卜事、工卜,殷八𠂤南事卜事	初	×	赤市幽黃

6. 嗣廩、虞、牧

時期	器名	官職	命數	命服	
				上衣	下裳
西周中期	免簋	作嗣土,嗣奠還散(廩)眔吳(虞)眔牧	再	戠衣	×
	免簋	令汝胥周師嗣散	三	×	赤⊙市
西周晚期	南宮柳鼎	嗣六𠂤牧場大友,嗣羲夷場佃史	初	×	赤市幽黃
	逨盤	令汝疋㝬兒,𤔲嗣四方吳(虞)𣏌,用宮御	再	×	赤市幽黃

　　掌管倉廩、農林畜牧等事,對應的命服爲"赤市幽黃"。再命免時,官作嗣土並管理奠還的倉廩、農林畜牧等事,受賜戠衣;三命時輔助周師管理倉廩,賜赤⊙市,其命服組合或與其嗣土官階有關。

　　由上述歸納整理西周中、晚期常見的職官與任事所對應的命服來看,相同的職官所授命服具常規性,如嗣土的命服爲"戠衣+赤⊙市",冢嗣土的命服爲"玄袞衣+赤市幽黃+赤舄"。嗣土再命時可以見到命服爲"赤市幽黃"

（龣簋《銘圖》5386），囿於材料,我們並不知道龣已獲賜的"衣"爲何？但從與冢嗣土命服"赤市幽黃"相同推測,嗣土隨著資歷增長,雖未擔任冢嗣土,但累積的功勳品位可以達到與冢嗣土相近的等級。冢嗣馬的命服雖礙於材料有限,缺乏"衣"的訊息,但從"赤市幽黃"與冢嗣土相同來看,冢嗣馬與冢嗣土官階應相等。

相同職事對應的命服亦大致相同,如官嗣邑人、師氏、虎臣等命服是"玄衣黹屯+載市冋黃";嗣賈的命服是"玄衣黹屯+赤市朱黃";嗣王家臣妾、百工和嗣卜事的命服是"赤市幽黃"。當然這其中個人資歷、當時所任官職與命數等原因都會影響品位等級,而在任命同一職事中產生所賜命服的差異。

但可以肯定的是,西周時期象徵地位與功勳之官職與品位,已藉命服制度成爲視覺化"行走的階級制"。朝堂之上,藉由穿戴的服裝,便能一眼知曉身份等級的貴賤、功勳榮寵的輕重、官職位階的高低。

五、小結

西周早期大盂鼎（《銘圖》2514）銘文中,周王賞賜盂冂、衣、市、舄,但未詳述顏色、材質等要素,又冂、衣、市、舄在當時亦見侯賜下屬（見麥尊《銘圖》11820）,可知西周早期命服制度尚處於萌芽時期,雖已有以服飾表位階的意識產生,但尚未有明確而實際的劃分。

西周中期開始命服制度逐漸發展成熟,常見的命服有玄衣黼屯、玄衣黹屯、戠衣與玄袞衣四級,並搭配各種市、黃、赤舄組成更爲細緻的品位劃分。

西周晚期命服制度已臻成熟,並在原有基礎上進行改革,廢除玄衣黼屯與戠衣,另增加裘、芇心、牙棷等種類加入命服的組合。

赤舄作爲命服的一種,從初命、再命、三命賞賜中皆可見,顯示其級別較高,適用中、高以上等級貴族或資深高級官吏。

從本文歸納分析得知,賜"衣"通常代表著官職的改變,新賜"市、黃"喻示著品位的提升（官職未必改變）。品位提升到一定等級之後,即賞賜"裘、芇心、牙棷"之屬,象徵殊榮的地位。一種命服一人終生只會賞賜一次,不會重覆賜予相同的命服。

西周時期發展出的命服制度，表示周天子至高無上的皇權，命服惟周王能賞賜，以不同材質、顏色的上衣下裳組合，按級序列，達到官階品位高低區劃的階級意識，藉此維繫王朝大臣的向心力與優越感，爲後世歷朝歷代的命服制度奠定基礎與效法典範，此種尊君與皇權思想亦延續影響中國數千年。

第五章　克器群銘文格式及相關問題研究

　　青銅器銘文是所在時代書寫文體的凝縮與定格。大克鼎銘文無論是在文體、文辭格式還是在使用鑄造的銘文範形式諸方面都極具時代特色，足以成爲西周晚期金文的典範與代表。本章以大克鼎爲主要研究對象，從上述與銘文有關的幾個層面展開深度分析與討論。另將研究延伸至與克器群相關的銘文，從當時一個家族鑄寫銘文的文體、內容、慣用祝嘏辭與特殊語句、語辭，窺視家族所具有的時代集體意識，進而探討西周晚期金文書寫的樣貌與規律。

第一節　大克鼎與相關銘文之文體

　　文體指文本構成的特徵與格式，即在一定的話語秩序規範下所形成的體裁脈絡。金文文體的深入探討，有助於瞭解一個時代獨特的思維模式與文化氛圍。文辭則是寫作時具體使用的句式結構與文藻辭彙，金文以青銅器作爲文學書寫的載體，以言簡意賅爲準則，漸漸發展出與特定情境對應之凝練的特殊文辭結構，如祈句語、祝嘏辭等。

　　西周晚期青銅器銘文所述內容不一，然若以文體概別，則會發現相同的文體具備相似的寫作格式。以下即以大克鼎爲例，兼論克器群中與之相關的銘文文體與文辭，思考器主編寫銘文的角度與立場，並進一步探究字裏行間凝塑的集體記憶是如何形成的。

一、器主曰——傳頌家族記憶與負載個人期望的頌禱體

西周晚期青銅器銘文中,有一種特殊的文體均以"器主曰"開篇,述説自身所屬家族重要的先祖,並言及其作爲臣子服事對應的先王。最早注意到此種特殊性銘文的學者爲裘錫圭先生,他講道:"西周銅器銘文中,以器主曰開頭的例子是屢見的。"①其次是何樹環先生,並提出"某曰之後,稱述先祖,再説明自身效法遵循先祖德行,此類銘文可能即頌體";②陳英傑先生亦認爲"其他很多不是以某曰開篇的銘文,又何嘗不是宗廟中的頌辭。器主曰開篇是器主初次(或接受天子重新任命)繼承世襲爵位祭告宗廟的一種比較普遍的銘文寫作格式"。③丁進先生認爲"器主曰是預先設計好的模擬性單方言説,屬於禱告體"。④黄庭頎先生提出"器主曰雖保留主述口吻,但爲濃縮重寫的文本,藉由對家族祖先功績的重塑,確立自身職務與定位,保持家族榮耀"。⑤

綜合上述諸家觀點可知"器主曰"是青銅器銘文寫作的一種文體,具有一定的寫作格式。然文體屬性各家説法不一,不僅有頌體、祭告體、禱告體等,撰寫目的也呈現多元觀點,此類銘文尚有繼續深研的空間。

(一)"器主曰"銘文的初始階段

西周中期以前即見"器主曰"銘文,但此時的銘文内容,多爲説明鑄器用途或受賜物、人,如格公鼎(《銘三》0216)、易旁簋(《銘圖》5009)、獄盤(《銘圖》14531)、衛簋(《銘圖》5368);⑥或是以器主身份敘述事情原委,如沈子它簋蓋(《銘圖》5384)、叔趯父卣(《銘圖》13341)、伯舅盉(《銘圖》14787)、非盂(《銘續》536)。

而以"器主曰"形式自述追憶家族先祖之文體,肇始於西周中期早段,如

---

① 裘錫圭:《戎生編鐘銘文考釋》,《裘錫圭學術文集》第 3 卷,上海:上海復旦大學出版社,2012 年,第 104 頁。
② 何樹環:《讀"逨盤"銘文瑣記》,《文與哲》2003 年第 3 期,第 12—13 頁。
③ 陳英傑:《兩周金文"器主曰"開篇銘辭研究》,《華夏考古》2009 年第 3 期,第 93,99 頁。
④ 丁進:《商周青銅器銘文文學研究》,西安:西北大學出版社,2013 年,第 147 頁。
⑤ 黄庭頎:《從述祖到揚己——兩周器主曰開篇銘文研究》,《清華中文學報》第 17 期,2017 年 6 月。
⑥ 尚有霰簋(《銘續》408)、汎簋(《銘續》409)爲"器主曰"之例,此二器銘未列入正文,筆者疑銘文爲僞,因未見原器,不敢驟下斷言,暫存備查。

彧鼎（《銘圖》2489）與孟簋（《銘圖》5174）銘。

　　彧曰："烏（嗚）虖（呼）！王唯念彧辟剌（烈）考甲公,王用肇吏（使）乃子彧,率虎臣御（禦）灘（淮）戎。"彧曰"烏（嗚）虖（呼）！朕文考甲公、文母日庚弋（翼）休,剸（則）尚（常）安永宕乃子彧心,安永襲彧身,厥復喜（享）于天子,唯厥吏（使）乃子彧萬年辟事天子,毋又（有）咒（尤）于厥身。"

　　銘文中以"彧曰"起首,感謝周王不忘其父考,派使其子彧率虎臣防禦淮戎,因此戰爲彧首次帶兵出征,故祈求考妣佑護自身安全並能永事天子左右。

　　孟曰："朕文考眔毛公、觺（遣）中（仲）征無雩（需）,毛公易（錫）朕文考臣自厥工。"

　　孟自述已故父親與毛公、遣仲一起征伐無需,毛公從自己的百工中賞賜孟父爲臣。

　　此兩銘爲詠懷先祖的較早形式,在詞組的擇用、文本的安排上,與西周晚期發展成熟的形式有所差異。

（二）"器主曰"銘文的流行階段

1."器主曰"銘文的前半段

　　克器群中開篇以"器主曰"起首的器物有大克鼎與梁其鐘。梁其鐘銘以頌揚祖考爲開端,內容爲：

　　梁其曰："丕顯皇祖考,穆穆異異（翼翼）,克愭（慎）氒德,農臣先王,㫃（得）屯（純）亡敃。"

梁其以"丕顯"作爲頌祖的發語詞,與其相同的尚有癲鐘、師望鼎、虢叔旅鐘、禹鼎與遙盤等,但亦有選用"覭淑"(妄鐘)或"穆穆"(大克鼎)作爲總括先祖的整體形象。爲方便敘述,分別節錄上舉諸器"器主曰"部分(大克鼎詳述於後,此不列舉)。

（1）瘨鐘甲：瘨曰："<u>丕顯高祖、亞祖、文考</u>,克明厥心,疋（胥）尹衾（典）厥威義（儀）,用辟先王。"（《銘圖》15593）

（2）虢叔旅鐘：虢叔旅曰："<u>丕顯皇考惠叔</u>,穆穆秉元明德,御于厥辟,覃屯（純）亡敃（愍）。"（《銘圖》15584）

（3）師望鼎：大師小子師望曰："<u>丕顯皇考宄公</u>,穆穆克盟（明）氒心,悊（慎）厥德,用辟于先王。"（《銘圖》2477）

（4）禹鼎：禹曰："<u>丕顯趄趄皇祖穆公</u>,克夾召先王,奠四方。"（《銘圖》2498）

（5）遙盤：遙曰："<u>丕顯朕皇高祖單公</u>,趄趄克明悊（慎）厥德,夾響（紹）文王、武王達殷,膺受天魯令,匍有四方,竝宅厥勤彊土,用配上帝。雩朕皇高祖公叔,克逨匹成王,成受大令,方狄不享,用奠四或（域）萬邦。雩朕皇高祖新室仲,克幽明厥心,柔遠能邇,會響（紹）康王,方襄不廷。雩朕皇高祖惠仲盩父,盩穌于政,又（有）成于猷,用會昭王、穆王,盜（討）政（征）四方,扑（撲）伐楚荊（荊）。雩朕皇高祖零伯,帘（粦）明厥心,不彖（墜）□服,用辟龏（共）王、懿王。雩朕皇亞祖懿仲,鉉（匡）諫諫克,匍保厥辟孝王、覆（夷）王,又（有）成于周邦。雩朕皇考龏（恭）叔,穆穆趡趡,龢訇于政,明齍于德,亯辟剌（厲）王。"（《銘圖》14543）

（6）妄鐘：井人妄曰："覭盅（淑）文祖、皇考,克瞀（慎）氒德,瞀（得）屯（純）用魯,永冬（終）于吉。"（《銘圖》15320）

梁其以"穆穆翼翼,<u>克悊（慎）厥德</u>"來描繪祖考德行,與其相似的語句有"克明厥心"（瘨鐘）、"<u>穆穆克明氒心,悊（慎）厥德</u>"（師望鼎）、"<u>克瞀（慎）厥德</u>"（妄鐘）與"<u>趄趄克明悊（慎）厥德</u>"（遙盤）。"克悊厥德"的"克"是能夠,"悊"作動詞讀爲"慎",即"克慎厥德"。①《書·文侯之命》："丕顯文武,克慎

---

① 陳偉武：《舊釋"折"及從"折"之字平議——兼論"慎德"和"悊終"問題》,《古文字研究》第22輯,北京：中華書局,2000年。陳劍：《説慎》,《甲骨金文考釋論集》,北京：綫裝書局,2007年。李學勤：《眉縣楊家村新出青銅器研究》,《新出青銅器研究》,北京：人民美術出版社,2016年,第310頁。

明德"的説法,與此處金文用法相當。

因先祖德行之光明,故梁其的祖考能"農臣先王,룍(得)純亡敃"。"農"作勉力、努力之意,《左傳》襄公十三年:"小人農力以事其上",王引之《經義述聞》謂:"農力猶努力。"①故"農臣先王"爲勉力臣事先王之意。"得純亡敃"的"得"作"得到"、"純"作"厚、善"、"亡敃"即"亡慜",訓作"無憂"。與其相似的描述有"御于厥辟,룍純亡叺"(虢叔旅鐘)、"用辟先王"(癲鐘甲),"用辟于先王"(師望鼎),"克夾紹先王,奠四方"(禹鼎),這些例子強調的是先祖曾服事周王之政績。

在大克鼎銘中亦有類似的明確表示師華父服事共王的敘述,遂盤銘中甚至將七代先祖與各自對應之先王及功勞詳細呈現。值得注意的是妄鐘銘雖亦彰揚了文祖、皇考之德行,卻未提及與祖考對應之先王,而是強調先祖的庇蔭,或許是西周晚期丼氏已衰落,妄的祖考未曾擔任王官,但在子孫的心目中,祖先仍具保佑後人福澤的靈力。

上引諸篇銘文"器主曰"内容的前半段,是對先祖功績的叙述,表達了後輩子孫對祖先的崇敬之情,但銘文強調先祖在朝服事王的政績或庇蔭後人的靈力時,在各器之間所選用詞句具有高度一致性,充分顯示了這類"器主曰"銘文前半段是運用當時習慣的格式化語言與特定表述範式編纂而成的一種頌體。

以下檢視大克鼎銘中"克曰"内容的前半段,是否符合上述論點。

大克鼎銘文以"克曰"開篇,即克以自述口吻來追頌自己的先祖師華父。首句"穆穆朕文祖師華父",克以"穆穆"即"威儀莊嚴"總括師華父的整體形象,如《詩·大雅·文王》"穆穆文王",毛傳:"穆穆,美也。"又《禮記·曲禮下》"天子穆穆",孔穎達疏:"天子穆穆者,威儀多貌也。"類似的用法尚有"穆穆曾侯"(曾侯鐘,《銘續》1025)、"穆穆文祖"(作幸文祖尊,《銘圖》11793)等。除了"穆穆"修飾其後緊接的主語外,②亦見"趩趩皇祖穆公"(禹鼎,《銘

---

① 楊伯峻:《春秋左傳注》,北京:中華書局,1981年,第1000頁。
② 謝明文:《從語法角度談談金文中"穆穆"的訓釋等相關問題》,《商周文字論集》,上海:上海古籍出版社,2017年,第166頁。

圖》2498）、"赳赳子白"（虢季子白盤，《銘圖》14538）等。① 此處的文例使用相當於梁其鐘銘的首句"丕顯皇祖考"的"丕顯"。

概括師華父的整體形象後，又使用排比的手法，四字一句、三句一組，分述師華父的內在人格特質與外在社會角色。

恖（聰）𢿢毌心，宁（寧）静于猷，盄恕（慎）厥德，䚨（肆）克龏（恭）保厥辟龏（共）王。
諫辭王家，叀（惠）于萬民，頯（柔）遠能𤔲（邇），
䚨（肆）克㽙（猒）于皇天、琟（逸）于上下。

"恖𢿢"即聰勉，②"宁（寧）静于猷"的"宁"即"寧"、③"猷"謀也，《釋言》訓謀爲"心也"。④ "盄"假作淑，⑤"恕"讀爲"慎"。"㽙"可釋爲"猒"，《説文》："猒（猒），飽也。从甘，肰聲。"《國語·周語下》"克猒帝心"意與此同，韋昭注："猒，合也。帝，天也。""琟"釋爲"琟"，讀作"逸"，奔走之意。⑥ 通過勾勒師華父心性聰勉、謀事謹慎、善敬其德的人格，説明其所以能夠恭敬侍奉共王的原因。由對師華父勸誠輔佐王家、施惠於萬民、撫遠安内的細節描繪，知其故去後作爲祖先神方能夠配於皇天，奔走上下。此種由個人至公家、從生人到鬼神環環相扣地逐步推展，將師華父生前死後於家族後人記憶中的形象，

---

① "赳赳"相當於文獻中的"桓桓"，即威武貌。裘錫圭：《戎生編鐘銘文考釋》，《裘錫圭學術文集》第3卷，上海：復旦大學出版社，2012年，第107頁。
② "𢿢"舊釋作"襄"，故孫詒讓將"恖𢿢"釋作"施讓"；郭沫若讀作"沖讓"；陳夢家認爲即聰勉，本文從陳氏之説。孫詒讓：《籀廎述林》第七卷第十二。郭沫若：《周代金文圖錄及釋文（三）》，臺北：大通書局，1971年，第121頁。陳夢家：《西周銅器斷代》，北京：中華書局，2004年，第262頁。
③ "宁"舊釋作"寧"，楊樹達先生並作進一步考證，"宁與静連用，蓋假爲窑，義屬安静"。參見楊樹達：《積微居金文説》，北京：中國科學院，1952年，第63—64頁。
④ 白川静：《金文通釋》卷三下，神户：白鶴美術館，1971年，第495頁。馬承源：《商周青銅器銘文選（三）》，北京：文物出版社，1988年，第216頁。
⑤ 白川静：《金文通釋》卷三下，白鶴美術館，1971年，第495頁。"盄恕"即"淑哲"，恕解作敬也，參閲陳夢家：《西周銅器斷代》，北京：中華書局，2004年，第262頁。
⑥ 新亭：《大克鼎的"逸於上下"及其意義》，復旦大學出土文獻與古文字研究中心網站論文，2013年1月10日。張世超：《釋逸》，《中國文字研究》第6輯，南昌：廣西教育出版社，2005年。于省吾先生㽙字未釋，琟釋作頊，信也。陳夢家先生將琟釋作琟。張亞初先生釋作琟，未作解釋。見于省吾：《雙劍誃吉金文選》，北京：中華書局，1998年，第143頁。陳夢家：《西周銅器斷代》，北京：中華書局，2004年，第261頁。張亞初：《殷周金文集成引得》，北京：中華書局，2001年，第54頁。

透過克的追憶躍然紙上。

此種對先祖由內而外,從私人形象、服事公家至祖先神格的三層次遞進式描繪,爲同時期其他"器主曰"銘文所未見,僅見於此例。

而在具體以"聰勉厥心,寧靜于猷,淑愼厥德"描繪師華父德行所選用的詞語上,與上舉"克愼厥德"(梁其鐘)、"克明厥心"(癲鐘)、"克明厥心,愼厥德"(師望鼎)、"克愼厥德"(妾鐘)與"趩趩克明愼厥德"(逨盤)亦多有相似之處。

克距師華父已隔兩代,禹和皇祖穆公應隔兩代以上,逨更是向上追溯七代先祖,讚頌祖先事蹟,均應有所本,再據之改寫重組。典型的例子可見扶風莊白一號窖藏出土的史牆盤與癲鐘丙銘文,分別錄文於下:

> 曰:古文王,初龢訸于政,上帝降懿(懿)德大粤(甹),匍(敷)有 上下 ,迨(會)受萬邦。……雩武王既戈殷,散(微)史剌(烈)祖廼來見武王,武王劓(則)令周公舍(捨)圖(宇)于周,卑(俾)處甬(容)。(史牆盤,《銘圖》14541)

> "曰:古文王,初龢訸于政,上帝降懿(懿)德大粤(甹),匍(敷)有 四方 ,迨(會)受萬邦。雩武王既戈殷,散(微)史剌(烈)祖□來見武王,武王劓(則)令周公舍寓(宇) 㠯(以)五十頌處 。"(癲鐘丙,《銘圖》15597、15598)

史牆盤與癲鐘丙開篇省略器主名,僅採用"曰",且從上引銘文得知,癲鐘丙與史牆盤中對先祖事蹟的敘述大多一致,僅少數用詞如"上下"和"四方"、"于周"與"以五十頌處"略有差異。可知兩銘應參照了家族檔案,①再依據所鑄器物版面大小長短進行內容增減。

史牆盤與癲鐘丙銘對先祖描寫的同文現象,正符合了筆者認爲作器者是藉由"器主曰"口吻來追憶與彰顯家族某位先祖的輝煌歷史,"器

---

① Lothar von Falkenhausen, Ritual Music in Bronze Age China: An Archaeological Perspective, Harvard University, 1988, pp.978-983.

主"並不一定真的説過這些話,而是依據家傳的歷代先祖事蹟文本所編纂而成。

2."器主曰"銘文的後半段

"器主曰"的後半段,則爲點出今日器主獲得的成就肇始於先祖之積德庇蔭。如"梁其肈帥井(型)皇祖考,秉明德,虔夙夕,辟天子,天子肩(肩)事梁其身邦君大正,用天子寵,蔑梁其曆"。梁其首次任王官,繼承祖考官職,並任邦君大正,皆源於祖考之庇蔭。

又如大克鼎銘中"克曰"的後半段,銘文如下:

> 䢔(得)屯(純)亡敃(愍),易(錫)釐無疆,永念于厥孫辟天子。天子明悊,顯孝于申(神),㤃(經)念厥聖保祖師華父。勵(擢)克王服,出內(納)王令,多易(錫)寶休。丕顯天子,天子其萬年無疆,保辥周邦,眈尹四方。

在長篇鋪陳對師華父與天子的崇敬與祈願後,點出了"勵(擢)克王服,出內(納)王令,多易(錫)寶休"的緣由,即師華父使克能夠被拔擢成爲王官,①出納王令,受到王的恩寵。克最後獻上對王的嘏辭,"丕顯天子,天子其萬年無疆,保辥周邦,眈尹四方",即偉大的周王能長長久久保佑周邦,治理四方。

與"克曰"後半段相似的描寫尚見於逨盤,銘文如下:

> 逨肈𢀖(纘)朕皇祖考服,虔夙夕敬朕死事,肆(肆)天子多易(錫)逨休,天子其萬年無疆耆黃耇,保奠周邦,諫辥四方。

逨在歷數七代先祖之後,闡明首次繼承祖考的官職,並表示自己會日夜虔敬

---

① 勵釋作𢿞,爲拔之意。"勵克王服",即擢克於王官,擢又即𢿞之後起字。參見郭沫若:《周代金文圖錄及釋文(三)》,臺北:大通書局,1971年,第122頁。陳劍:《楚簡𢿞字試解》,芝加哥大學東亞語言與文明系《中國簡帛學國際論壇》,2008年,第22頁。

效忠任職,以便天子能多賜予恩惠。希冀天子能長壽,保固周邦,澤披四方。

已有學者指出"器主曰"銘文,為器主首次或再次接受周王授命世襲官職,祭告宗廟時的頌辭,此核心內容是鑄造此銅器的契機。稱頌先祖、"帥型祖考之德"、記述受命執事,再祈禱先祖降福的銘文寫作模式,自西周中晚期始現,發展至西周晚期時已高度格式化。範式的確立與仿效,最初可能會有各家公認的文本,再經多家修訂更改成為範本,遂成為此後各家共同仿效的定本。

㝬簋為周厲王所作,開首為王曰,亦即可視作"器主曰"。銘文記言部分自述己身為小子,日夜不敢安逸荒廢,擁戴先王德行,用配皇天,嘉美我心,施於四方,故今能以殷遺多士為基礎,遍祭先王宗室。銘文敘述格式打破西周早、中期因何事、為何人所作慣例,使用"器主曰"開首記言的文體。以下將㝬簋、瘋鐘甲、師望鼎、大克鼎、梁其鐘銘文"器主曰"部分對照製成下表。

表一 㝬簋、瘋鐘甲、師望鼎、大克鼎、梁其鐘銘文"器主曰"部分對照表

器物	㝬簋	瘋鐘甲	師望鼎	大克鼎	梁其鐘
器主	王曰	瘋曰	大師小子師望曰	克曰	梁其曰
彰揚追憶先祖		丕顯高祖、亞祖、文考,克明厥心,疌(胥)尹氽(典)厥威義(儀),用辟先王。	丕顯皇考宪公,穆穆克盟(明)厥心,恧(慎)厥德,用辟于先王,旱(得)屯(純)亡敃。	穆穆朕文祖師華父,悤(聰)壨毕心,宖(寧)靜于猷,盉(淑)恧(慎)厥德,緟(肆)克龏龏(恭)厥辟龏(共)王。諫辭王家,叀(惠)于萬民,顅(柔)遠能𤞷(邇),緟(肆)克🗌(獻)于皇天,琄(逸)于上下。旱(得)屯(純)亡敃(愍),易(錫)釐無疆。永念于厥孫辟天子,天子明憨,顅孝于申(神),巠(經)念厥聖保祖師華父。	丕顯皇祖考,穆穆異異(翼翼),克恧(慎)厥德,農臣先王,旱(得)屯(純)亡敃

續　表

器物	㝬簋	癲鐘甲	師望鼎	大克鼎	梁其鐘
遵循先祖敬事守德	有余隹（雖）小子，余亡康晝夜，至（經）㲌（擁）先王，用配皇天，簧黹（致）朕心，墜于四方。	癲不敢（敢）弗帥祖考，秉明德，闗（固）夙夕，佐尹氏。	望肇帥井（型）皇考，虔夙夜，		梁其肇帥井（型）皇祖考，秉明德，虔夙夕，辟天子。
現任職事	肆（肆）余曰（以）餕士獻民，禹盩先王宗室		出納王命，不敢不夲不妻	勯（擢）克王服，出内王令	天子肩（肩）事梁其身邦君大正，用天子寵，蔑梁其曆。

由上表可以看出，周厲王率先採用"器主曰"此種嶄新的文例，雖㝬簋中"器主曰"的記言部分尚未固定，但經由王室的推動，王官貴族彼此之間的效法應用後，已逐漸在宣王時期達臻成熟與固化。此種伐閱先祖、強調世系、繼承榮耀的風氣，是在周王主導提倡下廣爲流行於貴族之間的。透過每次任命的時機，器主藉由頌揚先祖豐功偉業的同時，向族人宣示自己在王朝與家族中的地位。

鑄銘於青銅祭器上的"器主曰頌禱體"，多位於鼎腹内、盤内、鐘鉦等處，舉行祭典時銘文難以清楚示人，更遑論照章唱頌，應是將鑄於青銅祭器上的文字内容，透過舉行祭儀的過程，使其具有通天的神力，而達到上告先祖的效果。

二、"王若曰"——轉録或節録的誥命體

大克鼎銘文第二段文風驟變，轉爲册命儀式的記述，銘文如下：

王才（在）宗周，旦，王各（格）穆廟，即立，䰙季右善夫克，入門，立中

廷,北卿(嚮),王乎(呼)尹氏册令善夫。

其敘述模式爲表達王在某地、格某廟,某人右器主,入門立中庭、北嚮,王呼某人册令器主。一連串動作結束,王朝大臣與器主各就各位後,呼令史官以簡册宣讀王命,即"王若曰"。王若曰的内容,即本小節討論的重點。

"王若曰"不僅見於青銅器銘文,在傳世文獻如《書·商書》與《書·周書》中亦常見。古今學者針對其義有諸多看法,馬融氏將"王若曰"解作"王順曰";①王先謙、陳夢家、于省吾先生作"王如此説";②董作賓先生作"王書曰";③王占奎先生等持"王以神的名義説";④楊筠如先生認爲"若爲發語詞,無義,即王曰";⑤張懷通先生同意"若作如此解",但王若曰領起内容是史官記録的王現場講話。⑥彭裕商先生認爲"王若曰指王命,語感強調莊嚴性,其後文字爲書於简册的王命或史官現場所録講話"。⑦

梳理各家學者對"王若曰"的觀點,筆者認爲將其視爲"王如此説"情理皆通,因册命銘文皆史官代王宣讀,自然要聲明是王所命。但對"王若曰"開首所述内容之性質,則尚有深入討論的空間。

以大克鼎銘爲例,銘文内容示下:

> 王若曰:"克,昔余既令女(汝)出内(納)朕令,今余隹(唯)䌝熹乃令,易(錫)女(汝)叔(素)市(韍)、參冋(絅)、苹心(恩),易(錫)女(汝)田于埜,易(錫)女(汝)田于渒,易(錫)女(汝)井寓(宇)䣝田于㕣,吕(以)氒臣妾,易(錫)女(汝)田于康,易(錫)女(汝)田于匽,易(錫)女(汝)田于陣原(原),易(錫)女(汝)田于寒山,易(錫)女(汝)史、小臣、

---

① 《史記·晉世家》"王若曰:父義和……",《集解》引馬融曰作"王順曰"。
② 王先謙:《尚書孔傳參正·盤庚上》,北京:中華書局,2011年,第432頁。陳夢家:《王若曰考》,《尚書通論》,北京:中華書局,1985年。于省吾:《"王若曰"釋義》,《中國語文》1966年第2期。
③ 董作賓:《王若曰古義》,《説文月刊》第4卷,1944年,第327—333頁。
④ 王占奎:《"王若曰"不當解作"王如此説"》,《周秦文化研究》,西安:陝西人民出版社,1998年,第359—377頁。辛怡華:《試釋金文中的"王若曰"》,《華夏文化》2002年第4期。葉修成:《論尚書誥體的生成機制及其文化意藴》,《海南大學學報(人文社會科學版)》,2009年第5期。
⑤ 楊筠如:《尚書覈詁》,西安:陝西人民出版社,1959年,第98頁。
⑥ 張懷通:《"王若曰"新釋》,《歷史研究》2008年第2期,第183—185頁。
⑦ 彭裕商:《"王若曰"新考》,《四川大學學報(哲學社會科學版)》2014年第6期。

霝(靈)龠(龢)鼓鐘,易(錫)女(汝)井遑(徵)𤔲人𢿜,易(錫)女(汝)井人奔于粱(量)。敬夙夜用事,勿灋(廢)朕令。"

內容為典型的册命賞賜,先命職事,再詳述賞賜命服、土田、附屬於田之臣妾以及史、小臣、樂官,依附丼之𤔲人與逃走至量的丼人等,最後告誡勉勵勤奮為政,不要背離王的命令。此次的任命非初次,首段"克曰"即提到"出納王令",且克鐘銘言及"十又六年……尃奠王令",表示此前克即已受命"出納王令"。①

"王若曰"內容敘述層層井然,嚴謹有序,未有口語常見的贅語或邏輯鬆散等特徵,尤其是最後的告誡之語,若是口語實錄,前應加汝,強調你要日夜遵守。此處順文意就前言之"汝",帶出"敬夙夜用事,勿廢朕令",為寫作文本簡練語言之表現。相似句型尚見於同人所作的師克盨銘"敬夙夕,勿廢朕令",是王在册命賞賜後告誡受賞者之習語。

"王若曰"後無論內容主體是册命、訓告、命事,皆是王命,但採用"王若曰"、"王曰"此種文句開首的的文體,則顯示以下內容是轉錄王的册命語,根據銘文篇幅長短,可全錄,可節錄,然強調廷禮册命時史官宣讀的臨場感。過去已有學者探討"王若曰"可以省作"王曰"或"曰",如張懷通先生發現師㝬簋器銘命辭領起寫作"王若曰",而蓋銘命辭領起省作"王曰",②兩者本質意義上雖無區別,但語感上卻有微妙差異。以大盂鼎為例,開篇以"王若曰"起頭,後面數段分別接了三個"王曰"。若如先前學者所持"王若曰"或"王曰"後內容為講話實錄或書於簡册之王命,則其後的"王曰",實為贅語,毫無意義。惟有節錄王命,恐前後文意不連貫時,才會需要再次重申"王曰",強調下文仍屬王命內容,與其類似之例尚見師克盨、毛公鼎。

師克盨銘以王若曰起首,命文內容如下:

王若曰:師克,丕顯文武,雁(膺)受大令,匍(敷)有四方。則(則)繇隹(唯)乃先祖考,又(有)爵(功)于周邦,干(捍)害(禦)王身,作叉

---

① 陳夢家:《西周銅器斷代》,北京:中華書局,2004 年,第 261 頁。
② 張懷通:《"王若曰"新釋》,《歷史研究》2008 年第 2 期。

(爪)牙。

王曰：克，余隹(唯)巠(經)乃先祖考，克黔(令)臣先王。昔余既令女(汝)，今余隹(唯)醽豪乃令，令女(汝)叀(賡)乃祖考𤔲(總)𤔲左右虎臣。

相近同的句式尚見於卌三年逨鼎與逨盤銘：

王若曰：逨，丕顯文武，雁(膺)受大令，匍(敷)有四方，剌(則)繇隹(唯)乃先聖祖考，夾𥃦(紹)先王，爵堇(勤)大令。今余隹(唯)巠(經)乃先聖祖考，醽豪乃令，令女(汝)疋(胥)燮兑，𤔲(總)𤔲四方虞𦳊，用宫御。

師克盨銘與逨盤銘在命文中不約而同地採用了完全相同的語句。但師克盨以"王若曰"起首後，又緊接著"王曰"，未若逨盤銘僅用"王若曰"帶出全部命文，這説明師克盨銘中的"王若曰"和"王曰"内容可能節録自同份命書檔案的不同段落。

而同一人、不同時間製作的銅器銘文，命文内容開首亦相同。

王若曰：逨，丕顯文武，雁(膺)受大令，匍(敷)有四方，剌(則)繇隹(唯)乃先聖祖考，夾𥃦(紹)先王，爵堇(勤)大令，奠周邦。余弗叚(遐)䛒(忘)聖人孫子，余隹(唯)閉乃先祖考，又(有)爵(功)于周邦。(卌二年逨鼎)

卌二年逨鼎銘即與上述卌三年逨鼎與逨盤銘有相同的部分，也與師克盨有相同的語句。這些同文現象表示，誥命内容有著制式化用語與固定的書體範式。銘文書寫基本録自册命文書檔案，只是有時有所省略。[①] 甚至可以説銘

① 周王册命臣屬，應由王朝史官依王命擬寫册命文書，一式兩份，一份存於朝廷成爲王室檔案，一份頒發受命者。Herrlee Glesner Creel, *Bronze Inscription of the Western Chou Dynasty as Historical Documents'*, Journal of the American Oriental Society, 56: 3, 1936, p342. 夏含夷：《中國的歷史與銘文》，《牛津歷史著作史——從開端到公元600年》，上海：上海三聯書店，2017年，第543頁。

文使用了當時王室宮廷流行的官方用語，如周厲王所作的㝬鐘銘：

  乃雁（膺）受大令，匍（敷）右（佑）四方，余小子肈嗣先王，配上下，乍（作）厥王大寶。

不同貴族之間册命銘文語言高度的一致性，説明其文本來源皆同，即王朝史官擬寫的册命文書。

  再以毛公鼎銘檢視上述觀點，其以"王若曰"開首，先稱名"父厝"，多加了尊稱"父"，知毛厝的年紀較長，相當於時王之父輩。後所接褒美之辭爲"丕顯文武，皇天引猒厥德，配我有周，膺受大命"，亦與同時期"王若曰"的句式大同小異。第一段王若曰後，以下四段命文皆以"王曰"起始，各有訴求重點。尤以第二段命文點出"今余唯肈經先王命，命女（汝）辥我邦、我家内外"；第四段命文爲"今余唯䌛先王命，命女（汝）亟（極）一方，䵼我邦、我家"，明顯表示兩段内容非王同一時間下達之令，爲兩次册命的檔案記錄，故"王曰"之命文應爲器主按所需節録重組。

  傳世文獻中的情況，可以《康誥》《酒誥》爲例。《康誥》撰寫的背景爲"成王既伐管叔、蔡叔，以殷餘民封康叔，作《康誥》"，敘述方式首先點明時間、地點、對象"惟三月哉生魄，周公初基，作新大邑于東國洛，四方民大和會。侯、甸、男、邦、采、衛、百工播民和，見士于周"。之後以"王若曰"領起訓誥内容，復以"王曰"表示其下仍爲王説話的内容。全篇以"王若曰"作爲誥命開頭與結尾，中間穿插十個"王曰"與二個"曰"。《酒誥》的文體結構與《康誥》類似，但前省略時間、地點、對象的背景描述，開篇即以"王若曰"領起，其後以四個"王曰"貫穿文中與結尾。

  從傳世文獻的體例來看，時、地、人的背景可以省略，但"王若曰"或"王曰"是通篇不能省略的部分，因其表示文章内容的發起者。而以"王若曰"開篇，後穿插"王曰"的敘述方式，表示此文本經過剪輯轉録，非從頭到尾爲王的講話實録或册命文書檔案的複製。

  由上知，無論是在青銅銘文還是傳世文獻中，採用"王若曰"或"王曰"文體，是爲強調當時實景再現臨場效果的文學手法，其内容基本源自册命文書檔案的轉錄。

三、小結

"器主曰"與"王若曰"開首的銘文，雖在西周早期即見，但在厲王時期以後流行，逐漸形成一種固定的書體以及制式化語句。此種書寫格式是由王朝史官建立，並經過周王的認可與肯定，後成爲王畿圈貴族效仿流行的册命銘文書寫時尚，在西周晚期發展定型，並成爲記言體的一種特殊類型。

"器主曰"銘文追憶先祖的内容與"王若曰"告誡册賞的話語，皆是轉載自家族檔案或王朝頒發的册命文書，透過"器主曰"與"王若曰"的自述手法、記言形式，形塑出了生動的實景臨場效果，增強了所述事件的真實性與説服力。

西周晚期"器主曰"銘文藉由歷數先祖德行、效勞周王的事蹟，加深家族羈絆，從而凝塑了光榮的家族記憶並產生認同感。"王若曰"銘文中周王册命前讚揚受命者祖考有功於周邦的定式，是從朝廷角度強化貴族世家歷代職事的繼承關係。西周晚期流行的兩種册命銘文文體，共同交織出世家貴族奉行"世官世禄"的集體記憶。

第二節　家族銘文書寫格式探究

關於西周貴族家族作器時銘文的書寫格式，目前學界關注尚少。近來石安瑞先生在其博士論文中對微氏、郭氏與晉侯家族銘文從內容選擇與編纂的參與程度進行過探討。① 筆者深受啟發，並認爲此類家族銘文尚有進一步深入研究的空間。

本節選擇任家村窖藏出土的克家族銘文以及董家村窖藏出土的裘衛家族銘文、莊白一號窖藏出土的微史家族銘文爲研究對象，打破一般銘文多以

---

① 石安瑞：《兩周金文非敘事性銘辭與社會觀念的演變》，北京大學歷史學系博士論文，2019年，第135—151頁。

單體獨例至多繫聯銘文中出現的人或事的研究模式，試圖以家族爲單元，歸納家族成員數代銘文之書寫格式，來探討西周貴族家族在編纂較長篇銘文時是否具有獨特文體偏好、特定語辭、語句的使用以及其他重要相關信息等。

克家族銅器主要以1884年（前）與1940年任家村窖藏、1972年北橋村窖藏三次出土爲主，另含括零星出土與部分傳世的青銅器。依本書所做研究，克家族世系可復原爲師華父—考伯—後仲—克（仲義父）—梁其（伯吉父）五代，時代跨度從共王至幽王。克任王朝師、善夫等官職；梁其襲承世官任善夫，並兼邦君大正。克家族世代供職於王朝，可謂周人高級貴族世家之典型。

裘衛家族銅器主要以1975年董家村窖藏與相關墓葬出土爲主。裘衛家族世系爲裘衛—公臣—旅伯辛父（此）—冉四代，①時代跨度從共、懿至幽王。裘衛爲掌管皮毛的商吏，公臣爲虢仲管理百工的家臣，此任王朝善夫、邑人，冉任烎氏有司職務。裘衛一支僅此任王官，餘多爲其他貴族的家臣，故裘衛一門應屬中等貴族。

微史家族銅器主要出土於1976年莊白一號窖藏，微史家族世系爲商—折—豐—牆—癲五代，時代跨度從康王至厲王。微史一支從銘末多署"木羊冊"與諡號使用日名來看，其族屬應爲殷遺民，又從牆盤銘知先祖微史於武王時投靠周人，推測此微史家族極有可能爲微子之後，一門皆任史官相關職務。

以下分別由文體的選擇、有無述明祭祀對象相關的銘文格式、銘文所載祭祀儀式與銘文中祝嘏辭之書寫方式或特殊語辭的使用四方面對家族銘文的書寫格式作探討。

一、文體的選擇

文體指獨立成篇的文本體裁，即文本構成的規格和模式。西周貴族家族所作器銘按照表現手法劃分，大致可分成記事體與記言體兩大類，記事體包括冊命、賞賜、記功、分封等；記言體包括"器主曰"、"王若曰"、對話形式的契

---

① 李學勤：《試論董家村青銅器群》，《新出青銅器研究》，北京：人民美術出版社，2016年，第83頁。

約與某令曰的册命賞賜等。

克與梁其父子兩代都鑄有"器主曰"開首的銘文,分別是大克鼎與梁其鐘。微史家族中瘋本人採用以"器主曰"起首的文體,分別見於瘋鐘甲與瘋簋,兩器皆載受王勉勵賜佩之事,在自述追憶部分,分別爲一繁一簡的敘述模式,即瘋簋的內容是瘋鐘甲的簡略版。另牆盤與瘋鐘丙採用省略器主,直接以"曰"開首的記言體,瘋鐘丙在追憶先祖部分,是牆盤銘內容的縮減。目前所見,西周中、晚期以"器主曰"開首的銘文共有 13 例,①克家族佔 2 例,微史家族佔 4 例,顯示出兩家族對此種文體的特殊偏好。

共懿時期的裘衛所作的目前所見的 4 件器物中,五祀衛鼎、三祀衛盉與九祀衛鼎銘採用對話式記言體,敘述土地交易的經過與結果;廿七年衛簋銘爲記事體,屬廷禮賞賜類。此(旅伯辛父)以"王呼史翏册令此曰"的記言體來表現册命賞賜,承繼裘衛喜用記言體的傳統。此的胞弟仲南父與禹僅見前無記事或記言的簡短型銘文。

三個家族在文體的選擇上,除了一般的廷禮册命與簡短型銘文外,餘多偏向記言體銘文。"器主曰"文體深受克家族與牆、瘋兩代青睞,這當與克家族歷任王官,微史家族世代任史職,家族檔案保存良好,後代具有可供追憶頌揚的素材有關。裘衛偏愛對話式記言體,應與這種文體能夠生動記述土田交易之特殊性有關;此(旅伯辛父)選用"王呼某令曰"的册命文體,可認爲是對家族傳統的襲用與致敬。

二、有無祭祀對象的兩種銘文格式

按祭祀對象的有無,可將銘文大致分類爲有祭祀對象與無祭祀對象兩種。以下將三家族成員所鑄寫的銘文,按上述邏輯分別討論之。

(一) 克家族

以下將克家族成員所作銘文,依祭祀對象的有無進行歸納,製成表一。

---

① 按時代排序分別爲西周中晚期牆盤;西周晚期瘋簋,瘋鐘甲、丙,師望鼎,大克鼎,虢叔旅鐘,丼人妾鐘,單伯昊生鐘,叔向父禹簋,逨鐘,曶鼎,梁其鐘。

表一　克家族銘文有無述明祭祀對象一覽表

器　名	有祭祀對象	器　名	無祭祀對象
克/仲義父			
伯克壺	用作朕穆考後仲障壺	師克盨	用作旅盨
克鎛/克鐘	用作朕皇祖考寶劃鐘	仲義父鼎	仲義父作障鼎
善夫克盨	用朝夕盲(享)于皇祖考	仲義父作新客鼎	仲義父作新欮寶鼎
小克鼎（善夫克）	作朕皇祖釐季寶宗彞	仲義父盨	仲義父作旅盨
大克鼎（善夫克）	用作朕文祖師華父寶齎彞	仲義父鑢	仲義父作旅鑢
梁其/吉父			
梁其鼎	用盲(享)孝于皇祖考	伯梁其盨	白(伯)梁其作旅盨
梁其壺	用盲(享)孝于皇祖考	善夫吉父鼎	善夫吉父作鼎
梁其鐘	用作朕皇祖考穌鐘	善夫吉父簠	善夫吉父作旅簠
善夫梁其簋	作朕皇考惠中、皇母惠妣障毀	善夫吉父鑢	善夫吉父作旅鑢
		善夫吉父盂	善夫吉父作盂
		吉父鼎	吉父作旅鼎

註：師、善夫表職官，伯、仲表家族排行，伯或表宗族長

1. 有祭祀對象的銘文格式

由表一可看出，有祭祀對象的銘文，前文多以記時、記事或記言的格式爲主，文中器主多使用官職+私名的稱呼，如大克鼎、小克鼎、善夫克盨，此類銘文不僅強調器主在家族外的社會地位，[①]尚藉由述明祭祀對象彰顯個人在家

---

① 石安瑞先生從銘文編纂角度認爲未說明職位、無非敘事性銘辭，尤其無頌揚性銘辭、無年份（轉下頁）

族的位置,同時兼具家族性與社會化的内外功能。

另見一些未冠官職、直接以私名自稱者,如克鎛、克鐘、梁其鼎、梁其壺與梁其鐘。克鎛、克鐘同銘,記年爲十六年九月,僅次於伯克壺所記同年七月。伯克壺載家族内伯大師賞賜伯克之事。同年,克鎛載王召見克,令克巡察涇東至京師。因克初出茅廬,尚未擔任任何官職,因此直接以私名稱署。梁其鼎、壺爲同時所作之組器,壺銘爲鼎銘的略縮。從僅自稱私名判斷,應是梁其未任官職前所作,可説是梁其較早的鑄器。梁其鐘銘記梁其首次任邦君大正,此前尚未正式步入政壇,故文中未冠官職。

而在述明祭祀對象的銘文中,有一類較特别的形式,即前無記事或記言,以某人作某器開篇,至多前加記月干支,後接祭祀對象與祈匄語,最後綴連祝嘏辭的形式,見於梁其鼎、梁其壺、善夫梁其簋。銘文引用於下:

　　隹五月初吉壬申,梁其乍䵼鼎,用𩊚(享)考(孝)于皇祖考,用𧶠多福,眉壽無疆,畯臣天[子],其百子千孫,其萬年無疆,其子子孫孫永寶用。(梁其鼎)

　　隹五月初吉壬申,梁其乍䵼壺,用𩊚(享)考(孝)于皇祖考,用𧶠多福、眉壽、永令無疆,其百子千孫,其萬年無疆,其子子孫孫永寶用。(梁其壺)

　　善夫梁其乍朕皇考惠中、皇母惠妣䵼殷,用追𩊚(享)孝,用匄眉壽,眉壽無疆,百字(子)千孫,子子孫永寶用𩊚(享)。(善夫梁其簋)

註:文字下加虚綫表祭祀對象部分,下加波折號表禱辭部分。

此種書寫形式目前不見於克所作器物銘文中,且有違述明祭祀對象前多有記言或記事之格式,是梁其個人青睞的寫作風格。略去了記事與記言部分,等於消除此類銘文藴含的對外社會化意義,轉而强調重視家族内地位的轉變。

(接上頁)記載者,此類銘文具有私人色彩;反之,則顯現官方正式的情調。石安瑞:《兩周金文非叙事性銘辭與社會觀念的演變》,北京大學歷史學系博士論文,2019年,第136頁。

2. 無祭祀對象的銘文格式

這類銘文器主多以排行/宗族長+字號、官職+字號或單以字號自稱，前文無記事或記言內容。此種銘文從自稱來看較具私密性，即以字號行者，應多屬家內使用。

此中另有一種極少數前加記事（言），且以"官職+私名"自稱的銘文，格式作"記事或記言+作旅器+祝嘏辭"，如：

王若曰+册命+用作旅盨，克其邁年子子孫孫永寶用。（師克盨）

前半採用王朝檔案的轉錄，自稱亦擇選公開正式的稱呼"師克"，然後半卻呈現個人較私密的使用用途。前後文不相匹配，打破了上述幾種既定的銘文書寫習慣，目前此種格式未見於梁其器中。推測師克作"旅盨"，是攜帶外出所用，在外屬半公開場合，既有族人亦有外人，故克擇用了特殊的"半公半私"之書寫模式，來應對外出時可能遭遇的各種情況。

克與梁其兩代在銘文書寫格式的改變顯現出從重視對外社交、確立在王朝政壇地位朝向家族內部、穩固繁榮世家體制的意識轉變。

（二）裘衛家族

將裘衛家族成員鑄寫銘文，依祭祀對象有無進行歸納排比，製成以下表二。

表二　裘衛家族有無述明祭祀對象一覽表

器　名	有祭祀對象	器　名	無祭祀對象
衛			
五祀裘衛鼎	用作朕文考寶鼎		
廿七年裘衛簋	用作朕文祖考寶殷		
三祀裘衛盉	用作朕文考惠孟寶盤		
九祀裘衛鼎	用作朕文考寶鼎		

續　表

器　名	有祭祀對象	器　名	無祭祀對象
公臣			
		公臣簋	用作障毁
此/旅伯辛父			
此鼎	用作朕皇考癸公障鼎	善夫伯辛父鼎	善夫伯辛父作障鼎
此簋	用作朕皇考癸公障毁	善夫旅伯鼎	善夫旅伯作毛仲姬障鼎
旅仲南父			
		旅仲簋	旅仲作𣪘寶毁
		仲南父壺	仲南父作障壺
冄			
		燮有嗣冄鼎①	燮有嗣冄作齋鼎
		燮有嗣冄鬲	燮有嗣冄作齋鬲

註：裘、善夫、有嗣表職官，伯、仲表家族排行，伯或表宗族長

1. 有祭祀對象的銘文格式

由表二歸納得知，有祭祀對象的銘文，前文爲記言或記事的格式，器主多使用官職+私名，其現象與克家族相同。裘衛所作銘文皆屬此類，尤其在祭器上記述獲得土田與廷禮賞賜内容，這顯示了其個人認爲擴張家族領地、增加財富勢力，不僅光宗耀祖，而且進一步對提升家族地位做出了貢獻。此鼎、此簋僅使用私名，應是初受官職之故，升任王朝善夫，製作祭器是藉以上告皇考，並宣布在家族中之地位。

---

① 陝西省博物館、陝西省文物管理委員會：《陝西岐山賀家村西周墓葬》，《考古》1976年第1期，第32—33頁。

2. 無祭祀對象的銘文格式

無祭祀對象的銘文,大多屬簡短型銘文格式,即前無記言或記事。因非祭器,故多適用於個人或夫人器、陪媵器等。然在表二中可見一種"册命賞賜+作障簋+祝嘏辭"的特殊格式,如公臣簋銘:

> 虢仲令公臣:"嗣朕百工,易(錫)女(汝)馬乘、鐘五、金,用事。"公臣拜頴首。敢揚天尹丕顯休,用作障設。公臣其萬年永寶茲休。(《銘圖》5183)

公臣擔任虢仲家臣、司百工,後半卻未述明祭祀對象,應是擔任職務不高,社交作用不強,因此弱化成家內場合使用。

裘衛家族除裘衛一代有祭器的製作外,其他三代家族成員非祭器的鑄造比例較高。或許與家族成員多擔任其他貴族家臣,較少受到先祖更多庇蔭之由,故多以實際需求鑄器。

(三) 微史家族

微史家族成員所作銘文亦可按是否述明祭祀對象,進行歸納比較,製成表三如下。

表三 微史家族銘文有無述明祭祀對象一覽表

器 名	有祭祀對象	器 名	無祭祀對象
商			
商尊/商卣	商用作文辟日丁寶障彝		
折			
作册折尊/觥/方彝	用作父乙障		
折罍	折作父乙寶障彝		

續　表

器　名	有祭祀對象	器　名	無祭祀對象
豐			
豐尊/豐卣	用作父辛寶尊彝		
豐爵	豐作父辛寶		
牆			
牆爵	牆作父乙寶尊彝		
史牆盤	剌祖、文考弋寰		
痶/微伯			
痶盨	用作文考寶毁	痶鐘丙	肇作龢鑾鐘
痶鐘乙	追孝于高祖辛公、文祖乙公、皇考丁公龢鑾鐘	痶鐘丁	痶作協鐘
痶鐘甲	敢作文人大寶協龢鑾鐘	微伯痶鋪	微伯痶作鋪
痶簋	作祖考毁,其享祀大神	微痶盆	微痶作寶
痶鼎	用作皇祖、文考盂鼎	十三年痶壺	痶其萬年永寶
三年痶壺	用作皇祖、文考尊壺		

註：作册、史表職官,伯表家族排行或宗族長

1. 有祭祀對象的銘文格式

目前所見前四代(商至牆),無論是前爲册命賞賜形式,還是前無記事或記言的簡短型銘文,皆述明了祭祀對象。

其中較爲特别的是史牆盤的銘文格式,乍看似無祭祀對象,仔細分析"作寶尊彝,剌祖、文考,弋寰授牆爾黼福"此句,其實已述明祖考爲祭祀對象。李學勤先生將此句斷爲"剌祖文考,弋寰授牆爾黼福",認爲"弋"本象戈

柲形,讀作"必";寠即貯,讀作予。① 裘錫圭先生未斷句,"弋"作虛詞"式",應當之意;寠用法與宝同,義與"休""賜"相類,②筆者認爲裘先生説法甚是,可從。

2. 無祭祀對象的銘文格式

癲與父、祖們不同,所作銘文開始出現未述明祭祀對象的銘文。其形式分成兩種,一種是記年月日+册命賞賜+祝嘏辭,如十三年癲壺;一種是(記言)+器主作器+祝嘏辭,如癲鐘丙、丁,微伯癲鋪與微癲盆。

對微史家族的銘文作歷時觀察,發現絶大多數銘文都載明祭祀對象,而在此類銘文中僅折與牆使用了官職+私名的自稱。在未載祭祀對象的銘文中,無一例外地使用私名或宗族長+私名的稱呼。此種現象顯示微史家族在銘文書寫上十分嚴謹,恪守分寸,且非常重視家族傳承,這或與微史家族世代擔任作册或史官之職有關,對於書寫格式、檔案管理自有過人之處,又因其出身爲殷遺貴族,在文風與祭祀傳統上仍保留較多殷商舊習。由此,似亦可反推無祭祀對象銘文,應爲周人所創,屬周人系統。

三、銘文所載祭祀儀式

古人鑄造祭祀禮器之目的,當是爲了藉由祭祀祖先,獲得祖先降佑,以達宗族綿長、福禄永存的願望。銘文中提及祭祀先祖與分享族人的方式,可給予我們對一個家族祭祀宴饗活動的觀察與記録。以下,便通過對以上三個家族銘文對所記祭祀儀式的歸納來討論其内涵。

(一) 克家族

克家族所作銘文中提及對先祖祭祀的方式與對僚友、婚媾等生人宴饗的儀式整理如表四。

---

① 李學勤:《論史牆盤及其意義》,《新出青銅器研究》,北京:人民美術出版社,2016年,第69頁。
② 裘錫圭:《史牆盤銘解釋》,《文物》1978年第3期,第30頁。

表四　克家族銘文對祖先與生人擇用儀式一覽表

器名 \ 儀式對象	祭享對象		宴饗對象	
	人物	擇用儀式	人物	擇用儀式
善夫克盨	皇祖考	亯(享)	師尹、朋友、婚媾	獻
小克鼎	皇祖釐季	齍		
梁其鼎/壺	皇祖考	亯(享)孝		
伯梁其盨	無	用亯(享)用孝		
善夫梁其簋	皇考惠仲 皇母惠妣	亯(享)孝		
梁其鐘	皇祖考	邵格		

從此表可知，克家族銘文中最常見到對祖先採取的祭祀方式是亯(享)祭與孝祭，《說文》"亯(享)，獻也"；"孝，善事父母者"，可知孝祭是對祖先的善事活動，而用"享"則範圍較大，對亡者或生人皆可。孝祭與享祭可以單獨舉行，也可以搭配一起舉行。"享孝"亦作"孝享"，除見於出土金文如秦公鎛銘(《銘圖》15827)"㠯邵格孝亯(享)"的用法外，亦見於傳世文獻如《詩·小雅·天保》："吉蠲爲饎，是用孝享。"且"享"可與其他活動搭配舉行，如"享樂""齍享""享邵"等。伯梁其盨記載了"用享用孝"，卻未述明對象，或許是未針對特定祖先或族人，通用於舉行"享祭"或"孝祭"的場合。

梁其鐘銘中出現了新的祭儀，即"用邵格、喜侃前文人"。"邵格"一詞尚見於癲鐘乙銘"用邵格、喜侃樂前文人"、𫘦鐘銘"用邵格丕顯祖考先王"、晉侯穌鐘銘"用邵格前文人"等，皆屬厲王時期。目前此種用法未見早於厲王者，應是厲王時期興起的一種新型祭典。裘錫圭先生指出"邵格即《詩經》中屢見的"昭假"，格是來到的意思，"昭假"指鬼神顯靈並來到人世"。① 筆者認爲"邵格"是"邵"與"格"兩種祭儀接連舉行，即先舉行使鬼神顯靈力的儀

---

① 裘錫圭：《戎生編鐘銘文考釋》，《保利藏金》，廣州：嶺南美術出版社，1999年，第372—373頁。

式,之後再展開讓祖先降陟人間的儀式。從禹簋銘"其用夙夜盲(享)卲文神"的文例來看,"卲祭"除了可與"格祭"合用外,亦可與"享祭"連用。

另梁其鐘銘"鎗鎗鏓鏓、銑銑雍雍,用卲格喜侃前文人"以擬聲疊詞的方式,暗喻了與"卲格"共同進行的祭典。"鎗鎗鏓鏓、銑銑雍雍"爲形容鐘聲的狀聲詞,《説文》"鎗,鐘聲也";李學勤先生曰:"鎗鎗即《詩·烝民》的鏘鏘。……鎗鎗鏞鏞實即鎗鎗鏓鏓。"①"銑銑"②"雍雍"形容鐘聲的和諧美妙,故梁其在此運用文學筆法,不同於癲鐘甲直接寫明"卲格樂大神",而是用堆垛擬聲辭藻喻示樂祭的施行。與梁其鐘銘此處相似的描寫手法,尚見於默鐘銘"倉倉悤悤,肅肅雍雍,用卲格丕顯祖考、先王"。

從克家族鑄寫青銅禮器銘文的用途來看,克家族在祭祀先祖時舉行的儀式以享祭與孝祭使用頻次最高。另克喜用"禜祭";而梁其勇於嘗試,追隨時尚趨勢,選用西周晚期新興祭儀"卲格"。

(二)裘衛家族

裘衛家族對祖先的祭祀未載明使用形式。僅此鼎、此簋描述了"用盲(享)孝于文神",前已述"享"祭可用於亡者或生人,"孝"祭通常針對與自己有血緣關係的祖先。此鼎、此簋鑄造用途是爲祭祀父考癸公所作,然其後所接的"文神"所指爲何,似需討論。

金文中所見不止"文神",尚有"百神""大神""皇神""先神"與"多神"等。爲方便討論,示如下列:

其日朝夕用雝(敦)祀于厥百神(獄鼎《銘圖》2329)

---

① 李學勤:《戎生編鐘論釋》,《保利藏金》,廣州:嶺南美術出版社,1999 年,第 376 頁。
② "銑銑"諸家有不同的隸定,張亞初先生釋"鎗鎗";饒宗頤先生釋"鈇鈇";馬承源先生釋"徵徵";陳漢平、陳美琪兩先生釋成"銑銑";鄭剛先生釋成"鉥鉥"。筆者從陳漢平與陳美蘭先生觀點。參見張亞初:《殷周金文集成引得》,北京:中華書局,2001 年,第 13 頁。饒宗頤:《隨縣曾侯乙墓鐘磬銘辭研究》,《楚地出土文獻三種研究》,北京:中華書局,1993 年,第 15—16 頁。馬承源:《商周青銅器銘文選(三)》,北京:文物出版社,1986 年,第 274 頁。陳漢平:《金文編訂補》,北京:中國社會科學出版社,1993 年,第 197—199 頁。鄭剛:《古文字資料所見疊詞研究》,《中山大學學報》1996 年第 3 期,第 113 頁。陳美琪:《兩周金文重疊構詞彙釋》,《屏東教育大學學報(人文社會類)》第 27 期,2007 年 6 月,第 118—119 頁。

其日夙夕用厥馨香𩰶(敦)祀于厥百神(㺇簋《銘圖》2329)

用作大䉼于厥祖妣、父母、多神(作册嗌卣《銘圖》13340)

用禋祀于兹宗室,用追福禄于兹先神、皇祖、亯叔(輗史㠱壺《銘圖》12433)

其喜(享)祀大神(瘋簋《銘圖》5189)

其用喜(享)孝于皇神、祖考,于好朋友(杜伯盨《銘圖》5642)

宜文神無疆覭(顯)福(瘋鐘乙《銘圖》15592)

趞伯作禹宗彝,其用夙夜喜(享)卲文神(禹簋《銘圖》5213)

"文""皇""大"皆是美稱,其作用與謚號"皇祖""文考"前之"皇""文"相同。甲骨、金文的日名與謚號中的"文"和"大"相通,①又《説文》"皇,大也",故"文""皇""大"義爲偉大。《廣韻》:"神,靈也。"裘錫圭先生討論㺇簋銘"厥百神"一辭時,認爲是指器主一族的衆多先人。②輗史㠱壺銘所述在宗室對先神、祖父、亯叔使用禋祀(煙祭),用來追求福禄,此處的"先神"所指應是祖先神。趞伯簋銘表示趞伯作宗廟祭器,日夜用來享卲文神,吳振武先生認爲:"'文神'即有文德之神,指已故的先人。"③其言甚是,既然是作宗廟之器,祭祀的對象應是祖先,故"文神"的內涵即是祖先神。又作册嗌卣銘中祖妣、父母與多神並稱,"多神"應爲衆多祖先的代稱。杜伯盨銘載用享孝于皇神,前已述孝祭僅對具血緣關係的對象舉行,皇神與祖考並列,顯示皇神代表祖先神。由上諸例可知,金文中的"某神",皆指祖先神之意。

裘衛家族在鑄寫青銅銘文時,極少提及祭祀先祖的方式,是其家族銘文的特色之一。

(三) 微史家族

微史家族器中僅瘋記述了祭祀祖先採用的儀式,示如下列:

---

① 劉源:《從文邑到文神——甲骨、金文中"文"字內涵再探》,《甲骨文與殷商史》新6輯,上海:上海古籍出版社,2016年。
② 裘錫圭:《㺇簋銘文補釋》,《裘錫圭學術文集》第3卷,上海:復旦大學出版社,2012年,第182頁。
③ 吳振武:《新見西周禹簋銘文釋讀》,《史學集刊》2006年第2期。

作祖考殷,其劃(享)祀大神(癲簋)

敢作文人大寶協龢鐘,用追孝劃(享)祀邵格樂大神(癲鐘甲)

追孝于高祖辛公、文祖乙公、皇考丁公龢鑑鐘,用邵格喜侃樂前文人(癲鐘乙)

所見有"追孝"的孝祭、"享祀"的享祭以及"邵格"與"樂"祭,此處以直白的方式表現邵格祭典中加入了音樂的使用,來取悅先祖,[①]多見於鐘銘當中。

四、祝嘏辭的書寫方式或特殊語辭使用

家族銘文中,若發現某種特殊語句或語辭的使用頻次較高,且不同的世代皆有使用,即可以視作一個家族在銘文書寫上的特點。而此種特殊偏好,則映射了各世家貴族蘊含之複雜深層之文化意識。以下藉由分析上舉三個家族銘文中顯現的特殊語句、語辭申論之。

(一)克家族

廷禮冊命類銘文包括冊封、賞賜等,接近文末通常會有說明作器緣由的"對揚"句出現。[②]《詩·大雅·桑柔》"聽言則對";《廣韻》"對,答也"。對除了有"答"意,尚有"揚"意,如《詩·大雅·皇矣》"以對于天下";《書·說命》"敢對揚天子之休命"。"揚",《說文》"飛舉也"。虞萬里先生曾對對揚句格式做過分期與形式分析,殷代即見用"揚",如"揚君賞"(小子省壺);西周早期多單用"揚"或"對",格式為"揚王/侯/伯休""對王/公/大保休";西周早期雖亦見使用"對揚",但頻率少於單用"揚"或"對"之例。西周中期後漸多,西周晚期幾成定式,[③]即"對揚+王/天子/伯+(魯)休"。

然克與梁其所作廷禮冊命類銘文中,有特殊的"對揚"句不符合上舉格

---

① 孫思雅:《青銅樂器銘文所見"樂"字套語》,《青銅器與金文》第3輯,上海:上海古籍出版社,2019年。
② 林澐、張亞初:《〈對揚補釋〉質疑》,《考古》1964年第5期。朱鳳瀚:《也論西周金文中的"拜手稽首"》,《青銅器與金文》第3輯,上海:上海古籍出版社,2019年,第13—15頁。
③ 虞萬里:《金文"對揚"歷史觀》,《語言研究》1992年第1期,第86—88頁。

式,①其句式作"敢對天子丕顯魯休揚"(善夫克盨)、"梁其敢對天子丕顯休揚"(梁其鐘)。其他相同句式,尚見於追簋、閉簋、虢叔旅鐘、鼄仲默簋、卌二年逨鼎、卌三年逨鼎與逨盤,內容表列如下:

  追 敢對天子 覲 揚(追簋)
  閉 敢對天子 覲 揚(閉簋)
  旅 對天子 魯休揚(虢叔旅鐘)
  默 敢對天子丕顯魯休揚(鼄仲默簋)
  逨 敢對天子丕顯魯休揚(卌二年逨鼎、卌三年逨鼎、逨盤)
    敢對天子丕顯魯休揚(善夫克盨)
 梁其敢對天子丕顯 休揚(梁其鐘)

由上舉諸器得知此種特殊"對揚"句式,僅見於西周晚期的新式廷禮册命類銘文。在僅見的 9 例中,克家族即佔 2 例,顯見克與梁其這對父子對西周晚期銘文書寫的新潮流亦步亦趨。

  克家族銘文在祈句語中出現"畯臣天子"之成語,見於善夫克盨、梁其鼎與伯梁其盨。"畯臣天子"一詞流行於西周晚期,在此之前類似的用法僅見西周中期的榮簋銘"朕臣天子"與厲王時期的師俞簋蓋銘"臣天子"。

  "▢""▢""▢"從字形來看,爲"田"加"允",隸定成"畯"。徐中舒先生釋"畯"爲"畯",其義作"永""長","畯臣天子"即長臣於天子。② 李學勤先生釋"畯民"爲傳世文獻中的"俊民",即賢人,則"畯臣"大抵作"賢臣"解。③ 陳致先生認爲"畯"作"允",謂"信"也,"畯臣天子"爲"王之信臣與天子"。④

  "畯臣天子"一詞迄今見於 13 件西周晚期器,此語於銘文中所見位置,示

---

① 虞萬里:《金文"對揚"歷史觀》,《語言研究》1992 年第 1 期,第 89 頁。韓巍:《單逨諸器銘文習語的時代特點和斷代意義》,《南開學報(哲學社會科學版)》2008 年第 6 期,第 29 頁。
② 徐中舒:《金文嘏辭釋例》,《中央研究院歷史語言研究所集刊》第 6 本 1 分,中央研究院歷史語言研究所,1936 年,第 35—36 頁。
③ 李學勤:《論史牆盤及其意義》,《新出青銅器研究》,北京:人民美術出版社,2016 年,第 65 頁。劉懷君、辛怡華、劉棟:《四十二年、四十三年逨鼎銘文試釋》,《文物》2003 年第 6 期,第 87 頁。
④ 陳致:《"允""畯""駿"試釋》,《饒宗頤國學院院刊》創刊號,2014 年 4 月,第 142—143 頁。

如表五。

表五 "眔臣天子"在銘文中出現的位置

器 名	祈 匄 語	祝 嘏 辭
追簋	用言(享)孝于前文人,用䖒(祈)匄眉壽永令,眔臣天子,霝冬(終)。	追其萬年子子孫孫永寶用。
閉簋	用言(享)孝于前文人,用䖒(祈)匄眉壽永令,眔臣天子,霝冬(終)。	閉其萬年子子孫孫永寶用。
頌鼎/頌簋/頌壺	用追孝,祈匄康𤖼、純佑、通祿、永令。	頌其萬年眉壽,眔臣天子,霝冬(終),子子孫孫寶用。
頌盤	用追孝,祈匄康𤖼、純祐、通祿、永令。	頌其萬年眉壽無疆,眔臣天子,霝冬(終),子子孫孫永寶用。
此鼎/此簋	用言(享)孝于文神,用匄眉壽。	此其萬年無疆,眔臣天子,霝冬(終),子子孫孫永寶用。
逑盤	用追言(享)孝于前文人,前文人嚴在上,廙(翼)在下,數數亹亹,降逑魯多福,眉壽綽綰,受余康慶,純祐通祿,永令霝冬(終)。	逑眔臣天子,子孫孫永寶用言(享)。
逑鐘	用追孝卲格、喜侃前文人,前文人嚴在上,數數亹亹,降余多福,康𤖼、純祐、永令。	逑其萬年眉壽,眔臣天子,子子孫孫永寶。
善夫克盨	克其用朝夕言(享)于皇祖考,皇祖考其數數亹亹,降克多福、眉壽永令,眔臣天子。	克其日錫無疆,克其萬年子子孫孫永寶用。
梁其鼎	用言(享)孝于皇祖考,用祈多福,眉壽無疆,眔臣天[子]。	其百子千孫,其萬年無疆,其子子孫孫永寶用。
伯梁其盨	用言(享)用孝,用匄眉壽、多福,眔臣天子,萬年唯極。	子子孫孫永寶用。

註:追簋、閉簋屬厲王時期;頌鼎銘記年合宣王三年(前825年)五月戊申朔廿七日甲戌曆;此鼎銘記年合宣王十七年(前811年)十二月癸丑朔三日乙卯曆;①逑盤約屬宣王。② 善夫克盨屬宣王;梁其鼎屬幽王。

---

① 夏商周斷代工程專家組:《夏商周斷代工程1996—2000年階段成果報告(簡本)》,北京:世界圖書出版公司,2000年,第34頁。
② 李學勤:《眉縣楊家村新出青銅器研究》,《文物》2003年第6期,第71—72頁。

從表五歸納得知"畍臣天子"在銘文中的位置,是位於祈匃語或祝嘏辭內。且似乎呈現西周晚期早段"畍臣天子"位於祈匃語,西周晚期晚段移至祝嘏辭的趨勢。而克與同時代的此、頌相比使用了較早的格式寫法。梁其則遵循了父輩習慣,延用克堅持的寫作格式,於微小處顯現出克家族銘文書寫的傳統與風格。

綜上,克家族銘文無論是在句式的選擇還是語辭的使用,皆充分體現西周晚期的時代風格,雖在細節之處展現家族的堅持,但大體仍受時代背景的影響趨勢爲主。

(二) 裘衛家族

銘文中的祝嘏辭雖大同小異,但可以從一個家族的歷時性方面觀察其是否受到家族習慣影響。以下即從祝嘏辭的角度切入,考察裘衛一族四代銘文書寫時祝嘏辭的使用變化與特徵。①

表六　裘衛家族鑄寫銘文中祝嘏辭一覽表

器名＼祝嘏辭	祝　嘏　辭	
	個　人	後代子孫
裘衛		
五祀衛鼎	衛其萬年永寶用	
廿七年衛簋		衛其子子孫孫永寶用
三祀衛盉	衛其萬年永寶用	
九祀衛盉	其萬年永寶用	
公臣		
公臣簋	公臣其萬年永寶茲休	

---

① 第四代禹目前僅見所做媵器,銘文中未見祝嘏辭。

續　表

器名＼祝嘏辭	祝　嘏　辭	
	個　人	後代子孫
此/旅伯辛父		
此鼎/此簋	此其萬年無疆,畍臣天子霝終	子子孫孫永寶用
善夫伯辛父鼎		其萬年子子孫孫永寶用
善夫旅伯鼎		其萬年子子孫孫永寶用亯
旅仲南父		
旅仲簋		其萬年子子孫孫永寶用亯孝
仲南父壺		其萬年子子孫孫永寶用

　　從表六歸納得知,裘衛與公臣在祝嘏辭的書寫上,較重視個人利益,希冀自己萬年寶用,對後代子孫的祈福觀念淡薄。而此習慣從旅伯辛父開始有了轉變,除了祈求自身的長生福祿之外,亦冀望子孫後代的福壽綿長。

　　總的來說,裘衛家族在銘文書寫的語辭使用上,未見特殊句式或用語。惟在歷時地觀察銘文格式後,能發現祝嘏辭蘊含的變化與含義。前兩代功利主義明顯應與裘衛家族以商賈起家的性格有關;其後家族逐漸成爲中高等貴族,擔任王官,故產生世官世祿的觀念,開始祈求家族子孫的昌盛繁衍。

（三）微史家族

　　癲鐘乙、丙在祝嘏辭的使用上,非常具有家族特色,錄文如下:

　　　　癲其萬年,㡀角鬩(熾)光,義(宜)文神無疆覭福,用🈳光癲身,永余寶。(癲鐘乙)
　　　　癲其萬年,羊角,義(宜)文神無疆覭福,用🈳光癲身,永余寶。(癲鐘丙)

經由比對，癲鐘乙、丙的祝嘏辭幾乎相同，惟丙鐘銘省略了熾光。檢視微史家族以外的所有銘文，皆無"檠角熾光"一詞，應源自史牆盤銘"檠角龏（熾）光，義（宜）其禋祀"的用法。學界對"檠角熾光"意義仍無定論，不論是莊嚴恭敬光明之意，① 還是作爲特牲之意，② 都是微氏家族獨有的特殊用語，鑒於上古時期史與巫通，筆者認爲"檠角熾光"應不單純只是一種褒義之詞，而是指一種特殊的祭祀活動。③

"用[字]光癲身"的用法，亦見於梁其鐘銘"用[字]光梁其身"、通彔鐘銘"用[字]光我家"（《銘圖》15199）。"[字]""[字]""[字]"分析其字形主要爲"宀"與"甲""生"，有些增加"玉"旁，舊多認爲從禹或禺，禺從由、禹的寫法作"[字]"上半部不類，皆不可信。陳英杰先生提出其義近"寵光"，整句的意思即"恩寵光耀"。④ 此爲一種説法，暫從之，但此字不宜隸定爲"寵"。此銘文用法較爲艱澀，故同時代銘文中亦不多見。

癲鐘乙、丙銘"受余爾鰥（黸）福"與史牆盤"受（授）牆爾鰥（黸）福"之辭，"爾"作華盛貌，《詩·小雅·采薇》"彼爾維何，維常之華"，毛傳云"爾，華盛貌"；"黸"古通楚，"黸福"即大福之意，整句爲授予我（牆）盛大的福氣。⑤ 此亦是微史家族獨有的祝嘏辭用法，目前未見於其他銘文。

微史家族歷任史官，出身又爲殷遺民中的高等貴族，家族成員不僅熟稔地掌握著檔案書寫的技能，且較多地保留了獨特的家族傳統，因此在銘文撰寫上使用古奥語辭並有祭祀先祖的特殊儀式。

---

① 裘錫圭：《史牆盤銘解釋》，《文物》1978 年第 3 期。李學勤：《論史牆盤及其意義》，《新出青銅器研究》，北京：人民美術出版社，2016 年，第 68 頁。陳英杰：《西周金文作器用途銘辭研究》，北京：綫裝書局，2008 年，第 487 頁。
② 李零：《重讀史牆盤》，《吉金鑄國史——周原出土西周青銅器精粹》，北京：文物出版社，2002 年。連劭名：《史牆盤銘文研究》，《古文字研究》第 8 輯，北京：中華書局，1983 年。
③ 石安瑞先生認爲"檠角熾光"與下句"宜其禋祀"結合，可以確定與祭祀有關，筆者認同此觀點。石安瑞：《兩周金文非叙事性銘辭與社會觀念的演變》，北京大學歷史學系博士論文，2019 年，第 145 頁。
④ 陳英杰：《西周金文作器用途銘辭研究》，北京：綫裝書局，2008 年，第 488—489 頁。石安瑞：《兩周金文非叙事性銘辭與社會觀念的演變》，北京大學歷史學系博士論文，2019 年，第 145 頁。周忠兵：《説金文中的"寵光"》，《文史》2011 年第 4 期。
⑤ 裘錫圭先生此句解釋爲希望祖考把你們的好福氣傳授給牆。參見裘錫圭：《史牆盤銘解釋》，《文物》1978 年第 3 期，第 30 頁。李學勤先生的斷句爲"弋（必）竉授牆爾黸"，意爲必授予牆蔭福。參見李學勤：《論史牆盤及其意義》，《新出青銅器研究》，北京：人民美術出版社，2016 年，第 69 頁。

五、小結

通過比較克家族、裘衛家族與微史家族銘文書寫習慣，可以發現銘文最終呈現的樣貌主要取決於社會環境與家族傳統雙向作用的結果。當家族作用力小時，銘文時代共性特徵顯著；當家族作用力大時，銘文雖具時代共性特徵，但家族特有元素會摻雜其中，顯得不同一般。

從文體選擇方面來看，克家族與微史家族都對"器主曰"文體情有獨鍾。"器主曰"的文體格式多爲器主頌揚先祖事跡+册命賞賜+祈匄語+祝嘏辭，其中最主要的構成部分便是器主追憶先祖豐功偉業的段落。這應與家族檔案保存管理良好，先祖多擔任王朝要臣或史官，後代子孫有足以炫耀頌讚的資本與家底有關。相對而言，裘衛家族以裘皮商人發家，逐步晉升成爲可直接受王封賞的貴族，其後代子孫分別擔任虢仲、榮氏家臣，而此（旅伯父辛）雖任王官，但整個家族似乎未有特別光彩之歷史，故銘文文體偏愛記言的表述手法，內容卻是以敘述土地交易始末與廷禮賞賜來呈現。雖説裘衛時三次的土地收益，是奠定家族地位上升的關鍵，但由訴訟糾紛與買賣交換爭取而來的名聲與地位，雖對家族有實質利益，卻難登大雅之堂。

從銘文中有無述明祭祀對象，不僅可以歸納出器主鑄造此件青銅器的用途，是強調個人於社會交際的地位還是偏重家内私人性使用，更能進一步觀察整個家族歷時性的發展變化。克與梁其在有無述明祭祀對象上，兩者比例相差不大，屬内外兼顧。裘衛家族第一代裘衛鑄器全都述明祭祀對象，第二代公臣、第四代恆全都未述明祭祀對象，而第三代此兩者兼具。此兩相極端的現象似顯示裘衛因急於躋身王官貴族之列，故特別重視社會化功能；公臣和恆僅擔任家臣，故偏向低調於家内使用；此位列王官，因此公私功能兩具。微史家族五代偏重於銘文中述明祭祀對象，且在何種場合使用哪種自稱的把握上十分嚴謹，顯示了殷遺重祀與世代任史的傳統。另外，在癲時出現了未述明祭祀對象的銘文，説明周人社會環境的影響力不容小覷。

各家族祭祀祖先的方式，多半會在銘文中顯露一二。克家族與微史家族對先祖最常使用的是享祭與孝祭。厲王時期癲率先使用了"卲格"的新式祭典，在克家族中僅見於梁其使用，這顯示癲因職務之便、梁其因任王官，能首先接觸王畿圈風尚，故先後嘗試採用興起於西周晚期的"卲格"祭儀。裘衛家族在銘文中極少提及祭祀先祖的方式，或許與出身較低，未能掌握貴族上流階層祀禮，故不載明祭祀方法。

細緻歸納銘文中特殊語辭、語句的使用，發現各家族銘文皆有屬於自己的一套書寫習慣，各家側重點不盡相同。克家族銘文寫作風格雖中規中矩，實則展現西周晚期王畿圈新風潮，如新式祭儀的記述、新式對揚句的使用、"器主曰"文體的偏愛等，呈現出周人高等世家貴族的典型。裘衛家族爲新興中等貴族，因此在銘文寫作上較無家族歷史包袱，佈局編排符合時代特徵，以記言手法紀實，敘述直白，目的性明確，較強調個人的榮休福祿。微史家族寫作風格文雅古奧，用詞遣句極具家族特色，充分展現世代任史官之職業傳習與文化涵養。

第三節　同銘器銘文書寫研究

同銘成組器物可以視作同一器主同時鑄造。相同的文本，經作銘者的構思，書寫銘文者的抄錄轉寫，製成銘文範，最後與器物合鑄爲一體。換言之，目前所見青銅器銘文大致要經歷此三階段，才能呈現最終樣貌。由於青銅器文字範一器僅能使用一次的特殊性，我們選擇同銘的成組器類通過比較、觀察同銘器的銘文是否皆由同人書寫？是否只有一種書風？書銘者與鑄造工坊的關係爲何？以下，將利用克與梁其同銘器，分成單體（即無蓋器）與有蓋器兩類討論上述問題。

一、單體器——鼎案例分析

單體器，銘文僅有一幀，以下選擇小克鼎與梁其鼎作爲研究對象，對書體、行款變化、異文等特徵進行分析。

（一）字形比較

字形指字的形體寫法。同一組青銅器銘文，一般來說字形的差異不大，但同一個字由於書寫者不同,亦會產生個人差異,亦即產生書寫形態的區別。

1. 小克鼎

登錄在冊的小克鼎有八件,形制、紋飾、銘文內容相同、大小尺寸相次,其中一件目前僅見全形拓與銘文拓片。這些應是克於相同時間所作一組八件列鼎。既然是同時所作器,八件鼎的銘文是否爲同人所書寫?現藉由各鼎銘文某些字的書寫形態之比較,製成表一,以討論其書寫者的異同。

表一　小克鼎銘文書寫形態比較表

字形＼藏所	上博鼎	黑川鼎	天博鼎	故宮鼎	有鄰鼎	端方鼎	書道鼎	南大鼎
隹								
又								
年								
月								

續　表

字形＼藏所	上博鼎	黑川鼎	天博鼎	故宮鼎	有鄰鼎	端方鼎	書道鼎	南大鼎
遹								
宗								
彝								
疆								

註：上博鼎（上海博物館藏小克鼎）；黑川鼎（黑川文化研究所藏小克鼎）；天博鼎（天津博物院藏小克鼎）；故宮鼎（故宮博物院藏小克鼎）；有鄰鼎（有鄰館藏小克鼎）；端方鼎（原物藏所不明，僅見於端方藏全形拓卷軸）；書道鼎（書道博物館藏小克鼎）；南大鼎（南京大學博物館藏小克鼎）

書道鼎和南大鼎"隹"的反 S 形末筆成爲最後橫筆，且豎綫後的橫綫未一一對應豎綫前的橫綫。上博鼎、黑川鼎、天博鼎、故宮鼎、有鄰鼎與端方鼎"隹"的反 S 形末筆未成爲最後橫筆。

"又"的寫法，以豎筆的直曲程度，可概分成天博鼎、書道鼎、南大鼎和上博鼎、黑川鼎、故宮鼎、有鄰鼎、端方鼎兩種。其中故宮鼎的" ⌒ "開口往上揚,寫法較特別。

上博鼎、黑川鼎、書道鼎和南大鼎"年"上半部"禾"的寫法,呈 X 形,作"⿻"。天博鼎、故宮鼎、有鄰鼎與端方鼎寫作"⿻","∨"和"∧"分離。又故宮鼎和端方鼎下半部"人"的寫法,轉折方硬呈直角,與其他諸鼎轉折圓滑有異。

依"月"的寫法可分成兩種:(1)弧綫起首下折,呈"⿻"形,上博鼎、黑川鼎、天博鼎、有鄰鼎與端方鼎屬之。(2)弧綫起首與豎筆交接出頭,呈"⿻"形:故宮鼎、書道鼎、南大鼎屬之。其中書道鼎、南大鼎向右倒斜,與故宮鼎略有差異。

"遹"字依上半部寫法,可概分成兩種:(1)上半部呈封口,作"⿻",下半部"⿻"肩部圓滑,以黑川鼎和故宮鼎屬之。但其下口部的寫法,兩鼎差距甚遠。(2)上半部不封口,作"⿻",下半部"⿻"肩部方折,以上博鼎、天博鼎、有鄰鼎、書道鼎與南大鼎屬之。端方鼎此字殘泐,難以判別。

"宗"依據宀部的寫法,可分成兩種:(1)平肩方折,上博鼎、黑川鼎、天博鼎、書道鼎和南大鼎屬之。(2)斜肩下折,故宮鼎、有鄰鼎與端方鼎屬之。

"彝"依據鳥首的書寫形態分成兩類:(1)鳥首以畫圈般一筆畫完成,呈"⿻"或"⿻"形,以上博鼎、黑川鼎、天博鼎、書道鼎與南大鼎屬之,其中書道鼎與南大鼎束縛的繩索在前,另天博鼎無鳥嘴,是八鼎中之唯一。(2)鳥首以兩筆畫完成,呈"⿻"或"⿻"形,以故宮鼎、有鄰鼎屬之。端方鼎此字不清,難以判別。

"彊"依據弓部的寫法,可分成三種形態:(1)黑川鼎、天博鼎、故宮鼎、有鄰鼎與端方鼎作"⿻";(2)書道鼎與南大鼎作"⿻";(3)上博鼎作"⿻"。

分析上述抽選的八個字例可知,書道鼎與南大鼎八字形態皆雷同,應確爲同人所書。又故宮鼎和端方鼎在能辨識出的六字中有五字相近,相似度高達百分之九十,亦可能爲同人書寫。上博鼎、黑川鼎、天博鼎三鼎中,上博鼎和黑川鼎八字中有六字相近,天博鼎和上博鼎八字中有五字近似,天博鼎和黑川鼎八字中亦有五字相近,顯示三鼎的書寫者可能爲同師門;[①]有鄰鼎與

---

① 天博鼎的"隹"字寫法極具個人風格,"彝"的寫法也獨出一幟,鳥首未封口且無鳥嘴,但筆意與上博鼎、黑川鼎的鳥首寫法類似,只是上端没封閉,究其筆意是接近的。"彊"的弓部寫法亦與黑川鼎類似,總之可以看出天博鼎銘之書者與上博鼎、黑川鼎非同人,但有相近的書風。

其他鼎的書寫形態差異較多。

八件小克鼎分由六人完成書銘工作,[①]故即使銘文相同,仔細辨之,仍有所區別。

2. 梁其鼎

目前可見存世的梁其鼎有 3 件,2 件現藏於陝西歷史博物館,形制、紋飾、銘文相同,尺寸大小相次。另 1 件下落不明,未見器影,僅見銘文拓片,尺寸大小不詳。依據上述邏輯,從各鼎銘文中抽取代表字形,製成表二。

表二 梁其鼎銘文書寫形態比較表

藏所\字形	梁其鼎 A(高 44 cm)	梁其鼎 B(高 31 cm)	梁其鼎 C(藏所不明)
隹			
月			
申			
障			
祖			
𤲅(祈)			

[①] 李峰先生認爲七件小克鼎銘文字體相同,顯然出自一人之手。請參閱李峰:《青銅器和金文書體研究》,上海:上海古籍出版社,2018 年,第 25 頁。

續 表

字形＼藏所	梁其鼎 A(高 44 cm)	梁其鼎 B(高 31 cm)	梁其鼎 C(藏所不明)
彊			
天			
年			
寶			

"隹"的寫法,無論是反 S 的曲率,還是四横筆與豎筆交匯的寫法,三鼎如出一轍。

"月"的寫法,B 鼎雖呈"𐊇",出頭明顯,與 A、C 二鼎不同,但整體筆意形態都很近似。

"申"似"Z"形的筆畫,三鼎皆相似。而上下對稱捲曲内鈎的筆畫,B 鼎折角方硬、A、C 鼎折角圓滑。

"隣"的寫法,無論是阜部的表現,還是右半"尊"的形態,三鼎雷同。

"祖"的寫法,三鼎相近。

"庸"的寫法,三鼎類同。

"彊"的弓部寫法似人形,呈"𑣠",特別凸起的部分甚至佔用到畺的中部,使得兩短横偏向左側,三鼎寫法皆同。

"天"字中大的寫法,三鼎近似。

"年"無論是上半部禾字的 X 交叉部位呈圓形交匯,還是下半部人的寫法,三鼎皆很接近。

"寶"的寫法,三鼎相似度極高。

梁其鼎銘共計46字（未計重文2），由上抽選10字分析比較，可以發現三鼎字體彼此之間只有極小的變化，大多數的筆畫形態皆十分相近，顯示三鼎應爲同一人所書。

（二）行款變化

青銅器銘文製作囿於器型與面積，成套器物最大件與最小件可供鑄寫銘文的空間不同，行列排序可能有所變化。以下即對小克鼎與梁其鼎各器的行款進行比較分析。

1. 小克鼎

小克鼎銘共72字（重文2），依鼎高順序分析銘文行款變化，製成表三如下。

表三　小克鼎銘文行款比較表

藏所 字數 行數	上博鼎 56.5 cm		黑川鼎 51.5 cm		故宮鼎 35.4 cm		有鄰館 35.2 cm		天津鼎 35.1 cm		書道鼎 29.5 cm		南大鼎 28.5 cm		端方鼎 不詳	
	字數	首字	字數	首字	字數	首字	字數	首字	字數	首字	字數	首字	字數	首字	字數	首字
第一行	9	隹	9	隹	9	隹	9	隹	9	隹	8	隹	8	隹	9	隹
第二行	9	在	9	在	9	在	9	在	9	在	8	王	8	王	9	在
第三行	9	令	8	于	9	令	9	令	10	令	8	克	8	克	9	令
第四行	9	年	9	年	8	年	9	年	9	克	8	八	8	八	9	年
第五行	10	宗	9	宗	9	寶	9	宗	9	彝	9	祖	7	祖	9	宗
第六行	8	休	8	魯	9	辟	8	魯	9	休	8	用	8	其	9	魯
第七行	7	壽	7	眉	8	眉	7	眉	8	永	7	庚	8	用	7	壽
第八行	9	無	10	年	9	無	10	年	7	克	8	令	8	永	9	無
第九行											6	其	7	克		

由表三得知，八件鼎中有六鼎銘文分成 8 行，二件鼎爲 9 行。這樣的安排，應該是囿於器物的高度，因此增加橫向面積，以容納相同銘文字數。然前五鼎的高度跨距達到 21.4 釐米，行數始終維持一致，直至高度差距達 27 釐米以上，增加了一行。筆者曾親自目驗首鼎銘文佈局，每行末字已在腹部圓曲内收之處，離足部中空位置已十分接近，而銘文所在腹壁的橫向空間其實相當闊綽。然書銘者選擇直長方形銘文範的安排，①應與直式書寫習慣傳統有關。反觀現存最早的文字書寫形式，甲骨上的卜辭段落亦多呈長條形或長矩形。

八件小克鼎，每行字數組合無一相同，若結合前所述分別由六人書銘，則知即使是同一人所書，行款也不會相同。

2. 梁其鼎

梁其鼎銘共 48 字（重文 2），製銘者採用六行分文。依鼎高順序分析銘文行款變化，製成表四如下。

表四　梁其鼎銘文行款比較表

器物 字數 行數	梁其鼎 A 44 cm		梁其鼎 B 31 cm		梁其鼎 C 不詳	
	字數	首字	字數	首字	字數	首字
第一行	9	隹	8	隹	8	隹
第二行	7	作	7	其	7	其
第三行	8	皇	7	于	8	于
第四行	8	壽	6	福	7	眉
第五行	7	子	10	臣	9	其
第六行	7	彊	8	無	7	彊

---

① 石安瑞先生認爲少於 100 字的銘文，銘文垂直高度大於水平長度，這種鑄銘習慣亦見於短小的銘文（常少於 10 字），可能反映了當時書於易腐媒介上的常見文本佈局。石安瑞：《鑄銘之前的書寫：論西周青銅器銘文製作使用的寫本》，《出土文獻》2021 年第 3 期，第 127—128 頁。

梁其鼎前二鼎高度差距 13 釐米，C 鼎已佚失，高度不詳。結合前文字形分析，三鼎銘雖爲同一人所書，但每行字數亦不相同。

（三）異文

此處同銘器的定義爲同人同時所作銘文内容記述同事之組器。異文包括字句差異、脱漏或增衍字詞等。以下仍以小克鼎與梁其鼎爲例，探討銘文基本相同而有個别異文的現象。

小克鼎的異文現象爲黑川鼎第二、三行"舍 [令] 于成周"少了"令"字。第七行"永 [令] 霝終"也脱漏"令"字，可見黑川鼎的書銘者較爲粗心大意，連續兩處失誤都未能及時發現補救。

三件梁其鼎銘基本上無異文現象，惟 B 鼎原漏寫萬年無疆的"年"，發現後因留白空位不夠，遂補寫於側。另"瓱臣天"一詞未見於其他銘文中，一般作"瓱臣天子"或"臣天子"，三器此處應脱漏"子"字。同一個書銘者，皆錯忘同樣地方，令人不解。筆者推測應是委託方撰銘時便脱寫"子"，才會造成不同的書銘者都在相同之處犯錯。由此可進一步推測，書銘者似乎僅具基本識字能力，而無撰文水平，換言之，當時對書銘者或僅要求書寫的技藝超然純熟，並不要求其對字詞文意的把握與認識，因此才會產生書銘者未發現原文脱字的情況。

二、有蓋器——盨、簋案例分析

同時期蓋、器同銘者，是否由同人書寫，還是書者不一，其實際情況爲何？以下選擇師克盨與梁其簋從字形比較、行款變化、異文三方面進行分析。

（一）字形比較

1. 師克盨

現存世所見師克盨有器 2 件、蓋 3 件，以下分别以藏所稱之。藉由各器、蓋銘抽選較清晰的字形，製成表五，以檢測是否爲同人所書。

第五章　克器群銘文格式及相關問題研究·335·

表五　師克盨銘文書寫形態一覽表

字形＼藏所	聖路易市私人藏師克盨蓋	聖路易市私人藏師克盨器	故宮博物院藏師克盨蓋	故宮博物院藏師克盨器	中國國家博物館藏師克盨蓋
若					
文					
膺					
王					
祖					
考					
更					
邕					

綜上表觀之，"若"字的寫法，聖路易市私人藏師克盨蓋、器與故宮博物院藏師克盨器相似，故宮博物院藏師克盨蓋與國博藏師克盨蓋與其他皆異。

"文"的寫法，上半部爲"∧"者是聖路易市私人藏師克盨蓋、器；爲

"▲"者是故宫藏師克盨蓋、器與國博藏師克盨蓋。

"脣"之"隹"部三蓋二器的寫法皆不類,尤其是國博藏師克盨蓋的筆畫折曲非常剛硬,極具特色。

"王"的寫法,聖路易市私人藏師克盨器、故宫博物院藏師克盨器與國博藏師克盨蓋三者近似。聖路易市私人藏師克盨蓋、故宫博物院藏師克盨蓋各異。

"且(祖)"的寫法,二豎筆由上往下微微斜開,整體寬胖,聖路易市私人藏師克盨蓋與故宫藏師克盨蓋屬之。二豎筆由上往下微斜内收,聖路易市私人藏師克盨器與故宫博物院藏師克盨器屬之。國博藏師克盨蓋與其他皆異。

"考"的寫法,聖路易市私人藏師克盨蓋、器與故宫博物院藏師克盨器三者相近。故宫藏師克盨蓋、國博藏師克盨蓋皆與他器不類。

"更"的上半部"▨"皆作轉角圓滑,下半部爲"又",聖路易市私人藏師克盨蓋與故宫藏師克盨蓋屬之。上半部"▨"轉角方折,下半部爲"攴",聖路易市私人藏師克盨器與故宫博物院藏師克盨器屬之。國博藏師克盨蓋與其他皆異。

"㡭"的下半部"▨"作平底,聖路易市私人藏師克盨蓋與故宫藏師克盨蓋屬之。聖路易市私人藏師克盨器、故宫博物院藏師克盨器與國博藏師克盨蓋下半部雖作尖底,但三者寫法並不相同。

總的來說,師克盨二器三蓋由不同人所書,其中二蓋寫法較爲接近以及聖路易市私人藏師克盨器、故宫藏師克盨器在某些字的書寫形態上相近。國博藏師克盨蓋與其他諸器、蓋寫法相距較遠。①

2. 梁其簋

1940 年任家村窖藏出土梁其簋 5 件,目前分藏四處。爲方便分析比較,以下依據藏所簡稱,如上海博物館藏梁其簋因有兩件,故稱作上博甲簋、上博乙簋;中國國家博物館藏梁其簋,簡稱國博簋;弗里爾美術館藏梁其簋簡稱弗里爾簋;觀寶氏藏梁其簋簡稱觀寶簋。

---

① 石安瑞先生認爲聖路易市私人藏師克盨蓋、故宫博物院藏師克盨蓋爲乙製作,聖路易市私人藏師克盨器、故宫博物院藏師克盨器由甲製作,中國國家博物館藏師克盨蓋由丙製作。請參閲石安瑞:《鑄銘之前的書寫:論西周青銅器銘文製作使用的寫本》,《出土文獻》2021 年第 3 期,第 139 頁。

梁其簠銘 41 字（重文 5），因國博簠器銘文殘泐嚴重，僅能挑選較清楚的字進行比較，故可供對照樣本較少，以下據各簠器、蓋銘文製成表六。

表六　梁其簠銘文書寫形態一覽表

字形＼藏所	國博簠器	國博簠蓋	上博甲簠器	上博甲簠蓋	弗里爾簠器	弗里爾簠蓋	觀寶簠器	觀寶簠蓋	上博乙簠器
隣									
字									
彊									
用									
享									

從上表可知，上博甲簠蓋與觀寶簠蓋，還有弗里爾簠器和觀寶簠器各字寫法皆極其相似，另上博甲簠器與國博簠器僅"彊"的寫法有些微差異，但在可容忍誤差範圍內，故此三組分別爲同人所書。

國博簠蓋、弗里爾簠蓋與上博乙簠器分別與其他寫法差異較大，應均爲不同人所書。換言之，目前存世的 5 器 4 蓋分別由 6 人所書。

（二）行款變化

蓋器同銘器物，因蓋與器造型、面積不同，會在行款佈局上產生變化。以下將師克盨與梁其簠同組器物之蓋、器分別比較其行款字數。

1. 師克盨

師克盨銘 147 字（含重文 3），蓋、器銘文佈局分別登錄製成表七如下。

聖路易市私人藏師克盨器、故宮博物院藏師克盨器雖然部分行的字數不同，但若以前後各七行的對稱形式來看，兩器均保持前七行銘文字數比後七行多 2 字，整體佈白均衡疏朗。

表七　師克盨蓋、器銘文信息登記表

器物 行字序	聖路易市私人藏師克盨蓋		聖路易市私人藏師克盨器		故宮博物院藏師克盨蓋		故宮博物院藏師克盨器		中國國家博物館藏師克盨蓋	
	字數	首字	字數	首字	字數	首字	字數	首字	字數	首字
第一行	9	王	11	王	10	王	10	王	10	王
第二行	10	膺	10	大	10	受	10	受	11	受
第三行	9	乃	10	先	10	乃	10	乃	11	且
第四行	11	干	11	王	10	害	11	害	12	乍
第五行	10	隹	10	乃	10	隹	10	巠	12	考
第六行	10	王	11	余	10	王	11	昔	11	余
第七行	10	虡	10	女	10	虡	11	令	12	鼓
第八行	11	左	12	臣	11	左	11	臣	11	赤
第九行	10	市	10	舄	10	市	10	赤	10	較
第十行	10	較	9	斷	10	較	10	圅	10	轉
十一行	11	畫	10	甬	11	畫	10	甬	11	攸
十二行	11	索	10	敬	12	索	10	敬	12	克
十三行	12	對	10	揚	11	揚	10	揚	11	旅
十四行	13	克	10	盨	9	克	10	盨		

故宫博物院藏師克盨蓋後七行銘文字數比前七行多 4 字,且"四匹"與"夕勿"彼此寫得十分接近,宛若一字的表現,又第十三行"天子"的"子"寫得較小偏於右側,這些都是爲了增排原有字數,而使得後半銘文佈局顯得侷促擁擠。

聖路易市私人藏師克盨蓋在第八行"𠭯一卣"的"𠭯"與"一"靠得很近,宛若一字。末行"永寶用"的"用"縮小偏左側,並在末尾增加"寶盤寶用"4 字。後半若不計新加入的"寶盤寶用"4 字,亦比前七行多了 5 字,是前後差異最多的一件。

中國國家博物館藏師克盨蓋銘文爲 13 行排列,與其他 4 件銘文的行數有異。若以第七行爲中軸(此行不計),則前六行字數比後六行多 2 字,整體錯落有致,佈白得宜。

2. 梁其簋

梁其簋蓋器同銘,共 41 字(重文 5)。以下分別記錄蓋銘與器銘行數、每行字數與每行首字變化製成表八。

表八 梁其簋器、蓋銘文行數暨相關信息一覽表

藏所\字\行序	國博簋器		國博簋蓋		上博甲簋器		上博甲簋蓋		弗里爾簋器		弗里爾簋蓋		觀寶簋器		觀寶簋蓋		上博乙簋器	
	行數	首字	行數	首字	行數	首字	行數	首字	行數	首字	行數	首字	行數	首字	行數	首字	行數	首字
第一行	8	善	7	善	8	善	8	善	7	善	7	善	7	善	8	善	7	善
第二行	7	惠	8	考	7	惠	7	惠	7	考	7	考	7	考	7	惠	7	考
第三行	7	簋	7	簋	7	簋	7	簋	7	障	6	障	7	障	7	簋	7	障
第四行	7	眉	7	眉	7	眉	7	眉	7	匃	7	用	7	匃	7	眉	7	匃
第五行	7	孫	7	孫	7	孫	7	孫	8	千	9	字	8	千	7	孫	8	千

前在字形比較時已述上博甲簋蓋與觀寶簋蓋、弗里爾簋器與觀寶簋器、國

博簋器與上博甲簋器銘文應爲同人所書，檢視表八每行字數相同、首字亦同。尤其是"眉壽"兩字空間佔據三字符的表現形態如出一轍（圖一）。而非同人所書的國博簋蓋與弗里爾簋蓋每行銘文數的排序，與其他各器、蓋皆異，且"眉壽"兩字僅佔二個字符的位置。

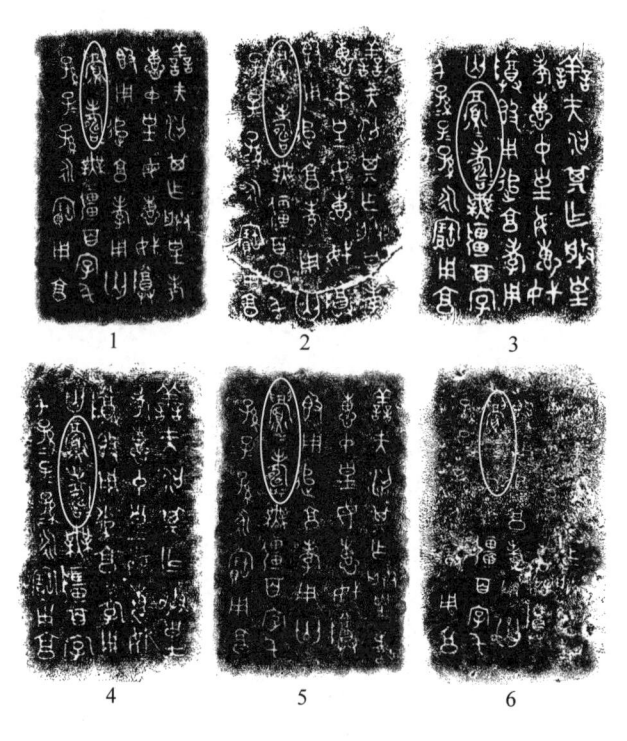

圖一　三組同人所書梁其簋銘

1. 上博甲簋蓋銘　2. 觀寶簋蓋　3. 弗里爾簋器銘　4. 觀寶簋器銘
5. 上博甲簋器銘　6. 國博簋器

（三）異文

異文包括字句差異、脱漏字詞與增衍字句等。

聖路易市私人藏師克盨器、故宫博物院藏師克盨器與故宫博物院藏師克盨蓋均在第十行漏寫"宦"。國博藏師克盨蓋在第二行缺寫"鯀"。聖路易市私人藏師克盨蓋在第二行漏寫"鯀"、在第十行缺寫"宦"，並在末尾增加"寶盤寶用"4字。

按照上述各器缺失"叀"、"繇"以及"叀、繇"的情況,聖路易市私人藏師克盨器、故宮博物院藏師克盨器、蓋書手皆參考同一個銘文範本,因此同樣僅漏寫"叀"。國博藏師克盨蓋書手參看的銘文範本不同,故未缺"叀",而是漏寫"繇"。聖路易市私人藏師克盨蓋書手參考了兩師克盨器與國博藏師克盨蓋的銘文範本,造成了"叀、繇"雙缺,並將不該寫進的"寶盤寶用"錄入,①推測聖路易市私人藏師克盨蓋書手或許知識水平較低。

筆者認爲聖路易市私人藏師克盨器、故宮博物院藏師克盨器、蓋持有一份委託者銘文稿本;國博藏師克盨蓋書手同時持有另一份委託者銘文稿本。故兩器組不僅省略字不同,且行數亦有14行與13行的差異。

梁其簠無異文現象。

三、小結

以上通過分析小克鼎、師克盨、梁其鼎與梁其簠二人定製的四組器物得知:

1. 單體器通常由一個書手書寫,但同組件數較多的情況下,則會分由數位書手完成銘文書寫工作。

2. 有蓋成組器因件數較多,多分由數人書寫。通常負責器銘者皆書器銘,蓋銘者皆書蓋銘。

銘文每行字數雖不能作爲判斷是否爲同人書寫的依據,但銘文整體佈局、行氣疏朗均衡程度,脫字錯漏等瑕疵,不僅可以作爲判斷之輔助因素,且能幫助我們瞭解銘文寫製的過程。數位書手,有些是彼此同時分頭工作,各自參考銘文原稿進行書寫;有些是和其他書手共用同份原稿。同銘同組器物,應委託由單一鑄銅工坊完成,這些書手,應從屬於鑄銅工坊或與其爲合作關係。鑄銅工坊將文字範的底胚整治完成,交給書手,書手確認書寫面積大小、安排行數,容納相對應的銘文。

---

① 石安瑞先生認爲師克盨銘文經歷了一個連續謄寫模式,即同一個寫本被用作謄寫多篇銘文的模本。請參閱石安瑞:《鑄銘之前的書寫:論西周青銅器銘文製作使用的寫本》,《出土文獻》2021年第3期,第140頁。

同人書銘亦會出現不同器每行字數不一的現象,爲何書手刻寫同銘時不採用相同格式,而要費神安排每件不同的文字佈局。筆者認爲或與當時強調每一件器物都是獨一無二的手工製品有關,故即使是同銘同組器物,銘文佈局也不盡相同。

第四節　銘文帶界格現象研究

克器中大克鼎與小克鼎銘文皆帶有方格,在許多同時代的器物銘文上,也同樣發現了具有陽綫方格、銘文作陰文的現象。銘文帶界格始於何時？又有何意義？以下即對銘文帶界格現象進行縱向歷時梳理,歸納銘文帶界格形態後,再針對成熟期之帶格銘文進行橫向同期的案例分析比較,最後探討較爲合理的帶格銘文鑄造工藝。

一、銘文帶界格的時代分佈

目前帶格銘文多見於西周晚期,其次爲西周中期,但也散見於商晚期、西周早期與春秋戰國時期。

商晚期至西周早期銘文界格形式爲區分行數的豎陽綫界欄,如商晚期的𧊒父乙爻角(《銘圖》8757,圖一·1)、西周早期的雛士卿尊(《銘圖》11779,圖

圖一　商晚期至西周早期豎綫界格銘文

1. 𧊒父乙爻角　2. 雛士卿尊　3. 應公卣　4. 京師畯尊

第五章　克器群銘文格式及相關問題研究·343·

一·2)、應公卣(《銘圖》12171,圖一·3)與昭王時期的京師畯尊(《銘圖》11784,圖一·4)。

另昭王時期的折觥(《銘圖》13665,圖二·1),在器銘的上半部明顯留有界格痕跡,蓋銘(圖二·2)與折斝器銘(《銘圖》11062,圖二·3)、折方彝蓋銘(《銘圖》13542,圖二·4)若仔細觀察仍能隱約看出方格殘痕。

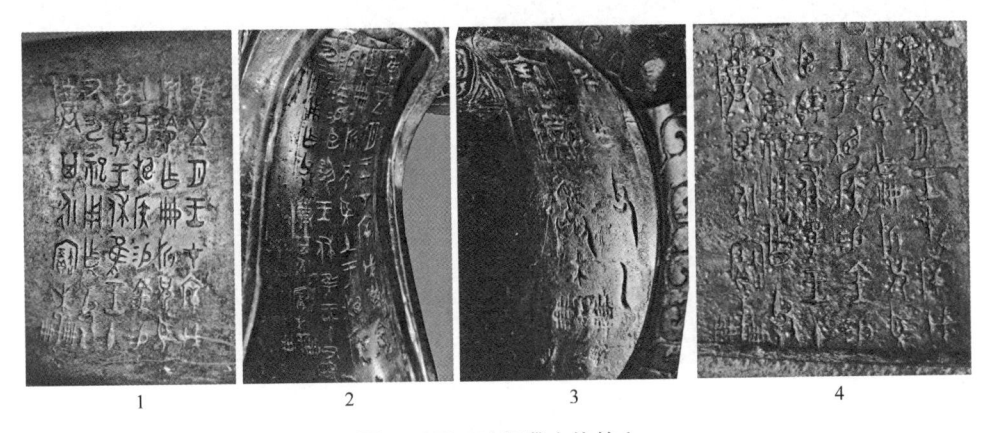

圖二　昭王時期帶方格銘文

1. 折觥器　2. 折觥蓋　3. 折斝器　4. 折方彝蓋

西周中期開始散見一些帶方格的銘文,如西周中期早段井鼎(《銘圖》2328,圖三·1)、共王時期的齊生魯方彝蓋(《銘圖》13543,圖三·2)、①孝王時期的散車父壺(《銘圖》12404,圖三·3)等。

西周晚期出現大量帶格銘文,如夷厲時期的周夆壺(《銘圖》12393,圖四·1)、癲鐘乙(《銘圖》15592,圖四·2)、幾父壺(《銘圖》12439,圖四·3)、師望壺以及厲王時期的䣄攸從鼎,厲宣時期的柞伯鼎,②宣王時期的仲南父壺(《銘圖》12329,圖四·4—5)、頌壺、單五父方壺、卌二年逨鼎、卌三年逨鼎、小克鼎、大克鼎等。③

----

① 朱鳳瀚:《關於西周金文曆日的新資料》,《故宮博物院刊》2014年第6期,第24頁。
② 朱鳳瀚:《柞伯鼎與周公南征》,《文物》2006年第5期,第67頁。
③ 西周晚期帶格銘文尚有伯庶父壺、中伯方壺、臣車父壺甲器。

图三　西周中期带格铭文

1. 井鼎　2. 齐生鲁方彝盖　3. 散车父壶盖

春战时期亦可见带格铭文青铜器,但数量锐减,如春秋早期䣄婴鼎(《铭图》2281,图五·1)、春秋晚期曾都尹定簠(《铭图》5783,图五·2—3)、战国早期曾侯乙豆(《铭图》6127,图五·4)等。䣄婴鼎有七件,虽只有三件铭文能清楚看见界格,其他四件无,但从曾都尹定簠盖器同铭,盖铭有明显界格,但器铭阙如,只是有十分明显的摩擦痕,知原本应亦有界格,经后期打磨抹消所致。① 且此阶段似乎有种复古的趋势,又回归成最初简单的竖直界线,如虢季簠(《铭图》4468,图五·5)。

由上述可知,最早在铭文上出现界格的形式是采用竖直界线来保持竖直行距的平衡,故商晚期至西周早期的铭文特点是竖成行,横不成列。至西周早期晚段昭王时期可见对位于器物曲面较大处的铭文,开始采用界格来规整通篇铭文的行列布局。西周中期时,在曲度大的器物内壁上之长篇

---

① 详细情况请参阅张昌平:《商周青铜器铭文的若干制作方式》,《文物》2010 年第 8 期,第 66—68 页。

第五章 克器群銘文格式及相關問題研究 · 345 ·

圖四　西周晚期帶格銘文

1. 周𢼊壺器　2. 癲鐘乙　3. 幾父壺器　4. 仲南父壺器　5. 仲南父壺蓋

圖五　春戰時期帶方格與界綫銘文

1. 䣝嬰鼎　2. 曾都尹定簠蓋　3. 曾都尹定簠器　4. 曾侯乙豆　5. 虢季簠器

銘文已常見到界格的使用，這應是銘文字數增多後，爲求在弧度曲面上保有銘文排列的美觀所作的技術性變化，卻也間接束縛了西周早期渾厚恣放的書體樣貌，而轉換成細秀拘謹的新風格。西周晚期使用界格的銘文案例驟增，每個字限縮在方格内，大小均等，造就了豎成行、橫成列之工整規範的效果。春戰時期，銘文中使用界格的例子銳減，且有回歸原初僅以豎綫區隔的趨勢。此或與春戰列國在青銅器鑄寫内容與形態上已產生明顯變化有關，從内容上來看從伐閱述祖轉向頌揚己身，形態上從位於器物内部的近觀閱讀轉變成外部可供遠觀裝飾。但位於關中地區或與周王室親近的諸侯列國，仍在不同程度上保留西周晚期金文鑄寫的部分特徵,故偶有使用界格的銘文案例出現。

換句話說,最初界格銘文應是解決在曲面較大或不同平面的器物上,保持銘文字數佈局的美觀性而採用的一種工藝手段。但隨著技術運用的成熟,以及長篇銘文的增多,使用界格能更好地安排數百字於有限面積中,其附帶創造出工整對稱的佈局與嚴謹溫雅的書體新風格,[①]漸漸成為王畿地區王官貴族流行追求的書寫方式,並於西周晚期達致鼎盛。春秋以降,隨著王權的衰落,銘文內容的轉變,鏨刻技術的流行,此種鑄造銘文的方式逐漸消頹。

二、銘文帶格的特殊形態——大克鼎、小克鼎案例研究

銘文帶界格的理想狀態是每格一字,整齊劃一,但根據現有銘文反映出的實際狀況,常常並非如此,也會有些特例。大克鼎銘一半帶格、一半未帶格與頻繁出現陰陽字、缺筆畫、字下壓疊其他文字等奇特現象,為帶界格銘文中一個典型的特例。下面以同人所作的大克鼎與小克鼎為例,並繫聯其他相關器物,探討歸納帶界格銘文的形態特徵。

(一)字體突破界格

在界格銘文中,每字雖按照方格書寫,但有些字會稍微突破界格,此種情況每件器物多有所見,故下文對此種情況不論,而是針對刻意衝破界格的書寫形態進行討論。

1. 字數少於格數

大克鼎有一半的銘文帶界格,帶界格的半邊行款字數安排經過縝密的計算與控制,未見突破界格書寫的例子。但八件小克鼎銘字體突破界格的情況頻見(圖六),現將整理結果製成表一·1。

---

① 筆者認為隨著界格的普遍使用,行間字距被方格所框限,連帶著結字勻停也隨之端正和雅,宛若後世的館閣體般。

・348・敬宗合族：克器群綜合研究

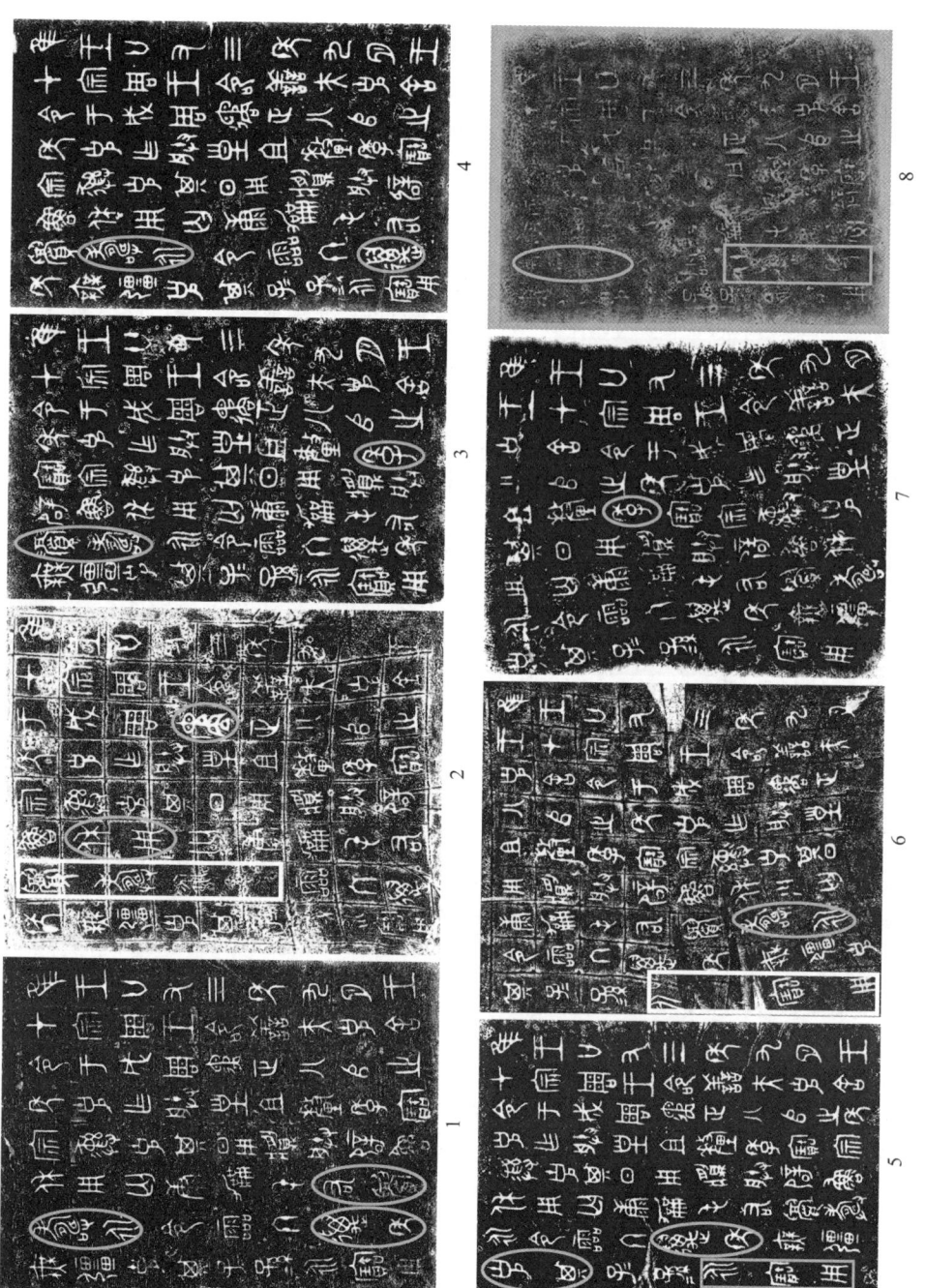

圖六 小克鼎銘突破界格（字數少於格數）形態圖

1. 上海博物館藏小克鼎銘 2. 黑川文化研究所藏小克鼎銘 3. 故宮博物院藏小克鼎銘 4. 有鄰館藏小克鼎銘
5. 天津博物館藏小克鼎銘 6. 書道博物館藏小克鼎銘 7. 南京大學博物館藏小克鼎銘 8. 端方藏小克鼎銘

表一·1　小克鼎銘突破界格形態（字數少於格數）一覽表

小克鼎 形態	上海博物館	黑川文研所	故宮博物院	有鄰館	天津博物院	書道博物館	南大博物館	端方
一字佔兩格		通	季	萬			季	
二字佔三格	右眉/壽永/萬年	休用	眉壽	壽永	萬年/克其	壽永		壽永
三字佔四格					永寶用			終萬年
三字佔五格						永寶用		
四字佔六格		眉壽永［令］						

2. 字數多於格數

大克鼎通篇規整，僅有一處二字佔據一格，即"小臣"（圖七），七處重文不計。小克鼎的縮限字符情況，可見表一·2。

表一·2　小克鼎銘突破界格形態（字數多於格數）一覽表

小克鼎 形態	上海博物館	黑川文研所	有鄰館	天津博物院	書道博物館
二字限一格	×	×	寶用	×	其日
三字限二格	日用𤔲	永寶用	×	自之年	×

　　從表一來看，每件小克鼎無論是字數多於或少於格數的位置都不相同。又小克鼎銘 72 字（含重文 2），八件鼎的銘文行數爲八行與九行，剛好盡除無餘數，顯示界格的畫製是依據銘文字數計算分配完成的。理想狀態應是八行者每行書滿九字，九行者書滿八字，但現存小克鼎無一件按此安排表現，顯示繪格者與書銘者應非同人，格綫是爲保證銘文基本位置格局，能安排進所有文字的方式，對書手而言僅具參考作用，如何佈局行款由書手自定發揮。

圖七　大克鼎銘中二字限縮於一格內

圖八　小克鼎銘限縮突破界格（字數多於格數）形態圖

1. 上海博物館藏小克鼎銘　2. 黑川文化研究所藏小克鼎銘　3. 有鄰館藏小克鼎銘
4. 天津博物院藏小克鼎銘　5. 書道博物館藏小克鼎銘

（二）陰陽字現象

帶界格銘文一般方格作陽綫，銘文作陰文，但在大克鼎銘中，有些字體呈現半陰半陽的狀態。周亞先生曾提及"如祖字，其上面陽綫筆畫存在，但不知爲什麼没有被刻出來，又如共王的虞字、民字，下面部分刻出來，上面没有刻，保留了陽文的字體"。① 石安瑞先生更進一步補充"大克鼎的右半部分十分普遍，基本上每一行都有這種半陰半陽的文字出現，如第一行曰字、第三行辟字、第四行柔字、第五行于字、第六行永字、第七行憖字、第八行乐字等"。②

仔細觀察銘文，會發現左邊其實也有陰陽共存的現象，如第三行的"易"、第五行的"于"、第七行的"原"與第九行的"鐘"等。

表二 大克鼎銘中的陰陽字現象舉隅

大克鼎銘	指出學者	陰 陽 字			
有格半邊銘文	周亞	（祖）	（虞）	（民）	
	石安瑞	（曰）	（辟）	（柔）	（于）
		（永）	（憖）	（乐）	
無格半邊銘文	筆者	（錫）	（于）	（原）	（鐘）

小克鼎銘中也屢見陰陽字，如上博藏小克鼎銘第二行"命"、第六行"康"；故宫博物院藏小克鼎銘第八行"克"；南京大學博物館藏小克鼎銘第五行"克"、第六行"辟"等。

---

① 周亞：《關於大克鼎的幾個問題》，《青銅器與金文》第 1 輯，上海：上海古籍出版社，2017 年，第 318 頁。
② 石安瑞：《也論大克鼎銘文的製作方法——兼論西周中晚期泥條法的普遍性》，《青銅器與金文》第 4 輯，上海：上海古籍出版社，2020 年，第 154 頁。

表三　小克鼎銘陰陽字現象舉隅

小　克　鼎	陰　陽　字	
上博藏小克鼎	（命）	（康）
故宮博物院藏小克鼎	（克）	
南京大學博物館藏小克鼎	（克）	（辟）

（三）字下疊壓他字

巴納先生在 20 世紀 90 年代首先提出大克鼎中有某些字周圍有陽文筆畫，看起來像是壓在陰文字體的下方，①這種類型的字李峰先生稱作"骷髏文字"。② 李峰、周亞與石安瑞諸位先生對隱藏在正文下的骷髏文字進行了釋讀，並認爲其爲原來的刻寫或是誤抄文字，書手在最後製銘文範時未修理乾淨造成。③

（四）缺筆畫現象

銘文中還出現非鏽蝕、刻意刮除，某些文字的組成構件缺失的現象。如大克鼎銘可見右半部第十二行"穆"、第十三行"克"；卅二年遹鼎（《銘圖》2502）第二行"各"寫作"　"，缺口。卅三年遹鼎（《銘圖》2505）第

---

① Noel Barnard, *The Shan-Fu Liang Ch´i Kuei and Associated Inscribed Vessels*, Taipei: SMC Publishing Inc. 1996, pp.261 – 267.
② 李峰:《西周青銅器銘文製作釋疑》，《考古》2015 年第 9 期，第 89 頁。
③ 李峰:《西周青銅器銘文製作釋疑》，《考古》2015 年第 9 期，第 89 頁。周亞:《關於大克鼎的幾個問題》，《青銅器與金文》第 1 輯，上海：上海古籍出版社，2017 年，第 320—321 頁。石安瑞:《也論大克鼎銘文的製作方法——兼論西周中晚期泥條法的普遍性》，《青銅器與金文》第 4 輯，上海：上海古籍出版社，2020 年，第 149—153 頁。

二行"旦"寫作"▢"（其他各鼎寫作"▢"）；頌壺（《銘圖》12452）蓋銘第十一行"虢"作"▢"（器銘作"▢"）。

（五）筆畫交界處呈團狀

大克鼎銘中文字常見筆畫相交處有重疊呈團的痕跡，遊國慶先生稱作"積泥漲闊增厚痕"、管樹强先生稱作"團點"。① 如銘文右半部第 12 行"周""各"，第 14 行"尹"，左半部第一行"曰"，第四行"田""于"，第十二行"子""用""乍"等不勝枚舉。

小克鼎銘亦見同樣的現象，如上海博物館藏小克鼎第三行"成"、第四行"皇"、第六行"休""用"；故宫博物院藏小克鼎第二行"命"、第五行"彝""其"、第六行"魯"等；天津博物院藏小克鼎第一行"隹""年"，第三行"成"、第八行的"其"等；書道博物館藏小克鼎第二行"周"、第三行"舍"、第六行"用"、第八行"無"等幾乎每字都能發現。②

表四　大克鼎與小克鼎銘筆畫交界呈團狀現象舉隅

大　克　鼎		上海博物館藏小克鼎	故宫博物院藏小克鼎	天津博物院藏小克鼎	書道博物館藏小克鼎
（周）	（各）	（成）	（命）	（隹）	（周）
（尹）	（曰）	（皇）	（彝）	（年）	（舍）
（田）	（于）	（休）	（其）	（成）	（用）

---

① 遊國慶：《泥條製銘與西周金文書風》，《赫赫宗周——西周文化特展圖録》，臺北：故宫博物院，2012年，第 349 頁。管樹强：《由青銅器銘文鑄造方法談古文字釋讀的幾個問題》，《中國文字學報》第 8 輯，第 72 頁。
② 八件小克鼎銘中皆存在筆畫交接處呈團狀的現象，爲避免過於繁瑣，此處僅列舉其中四個。

续 表

大　克　鼎	上海博物館 藏小克鼎	故宮博物院 藏小克鼎	天津博物院 藏小克鼎	書道博物館 藏小克鼎
（子）（用） （作）	（用）	（魯）	（其）	（無）

三、界格與帶界格銘文鑄造方法辨析

青銅器銘文鑄造已有諸多學者嘔心瀝血進行過深入研究，由於工藝較爲複雜，長期以來一直是青銅器研究的難點之一，帶界格銘文的鑄造方法亦是其中專題之一。承前所述，帶界格銘文所具備的各種特殊形態，正是檢測帶界格銘文鑄造方法的試劑。在正常合理的鑄造過程中，符合界格與帶界格銘文特徵要件愈多的，即最有可能是帶界格銘文鑄造法。

（一）嵌範法

嵌範法製銘的過程是先在一塊泥板上刻寫陰綫格與陰文正書，之後翻模成爲陽綫格與陽文反書的銘文範，再將此銘文範嵌入器物內範事先挖空的相應凹槽內，澆鑄後便得到陰綫格陰銘，而非現在習見的陽綫格陰銘的現狀。當然亦有學者提出在刻字之前先在一塊泥板上起草陰綫方格，翻製成陽綫方格泥板，再在其上刻寫陰綫正書。①

林巳奈夫先生提出在半球體上刻畫陰綫方格，翻模得陽綫方格即"銘文用母型"，在其上先用筆書銘文，再陰刻，其上敷泥燒製後可得陰格陽銘之"鑄造用芯"，再與器物合範澆鑄完成。②

---

① Noel Barnard and Wan Chia-pao, *The Casting of Inscriptions in Chinese Bronzes — with Particular Reference to those with Rilievo Guide-lines*,《東吳大學中國藝術史集刊》第六卷，第 64—73 頁。
② 林巳奈夫：《殷周青銅器銘文鑄造法に関する若干の問題》,《東方學報》第 51 期，1979 年 3 月，第 19 頁。

李峰先生對界格銘文提出自己的想法，首先做小於成品壁厚的半球體假內範，在假內範上畫陰綫方格，翻模製成假外範有陽綫方格並刻陰綫銘文，將之翻製到銘文芯成爲陰格陽文，最後嵌到內範澆鑄成陽格陰文器物。①

周亞先生則提出簡化方案，泥片上刻畫陰綫方格與單綫銘文樣稿，做成銘文範後翻製成陽綫方格與銘文樣稿，其上將陽文刻成陰文後，翻製成陽文陰格的銘文芯，嵌入內範澆鑄得陽格陰文成品。②

（二）皮模法

此法爲松丸道雄先生提出，製作過程爲先用筆書寫於皮革之上，然後將字刻成陰文，再用此皮革拍印在未乾的內範上，即得陽文內範。至於陽文格綫是在內範上畫出綫條，再以刀刻畫出陰格，再以濕軟的皮革包覆內範拍打，皮革表面就會形成清楚的陽綫方格。③

這樣製作帶格銘文的步驟費時繁瑣，且皮革上的格綫效果是否真能清楚地保留並最終製作出來？

（三）泥條法

陳初生先生提出在內範上刻畫陰綫方格，在格內用泥條將銘文貼成反書，鑄成後便得陽格陰文。④ 董亞巍先生認爲先書銘於範上，再依墨書綫條粗細貼附泥條，若鑄銘爲陽，則書範反之。⑤

張昌平先生根據曾侯乙折盤豆的銘文末尾有一帶方格倒置的"曾"字，格與字皆爲陽文，與其前正常的銘文作陰文不同，且銘文區域打磨痕跡明顯。其特殊現象，假想復原其製作過程：（1）在範上畫壓綫格，製作陰文綫格與銘文底稿；（2）沿凹入的底稿用泥條塑出凸起的文字，修整陽文；（3）澆鑄得

---

① 李峰：《西周青銅器銘文製作方法釋疑》，《考古》2015 年第 9 期，第 85—87 頁。
② 周亞：《關於大克鼎的幾個問題》，《青銅器與金文》第 1 輯，上海：上海古籍出版社，2017 年，第 322 頁。
③ 松丸道雄：《試說殷周金文的製造方法》，《故宮文物月刊》1991 年第 5 期，第 110—119 頁。
④ 陳初生：《殷周青銅器銘文製作方法評議》，《暨南學報》第 20 卷第 1 期，1998 年 1 月，第 120 頁。
⑤ 董亞巍：《範鑄青銅》，北京：北京藝術與科學電子出版社，2006 年，第 110 頁。

陽文綫格、陰綫銘文;(4) 打磨銘文區域。①

張煜珧、張天恩兩先生根據石鼓山出土的青銅器銘文,分析了貼塑泥條製銘的方法,並稱之爲"芯塑工藝"。其步驟爲(1) 製作器模時同時製作銘文泥模塊,書手以硬質工具刻畫出文字底稿;(2) 翻製後得陽綫文字稿;(3) 進一步對字稿加塑泥條,最後合範、芯澆鑄同時完成器物與銘文。② 另在石鼓山出土屬於泥條法製銘的亞羌罍銘文上出現了與大克鼎類似效果的"骷髏文字",即"父乙"的"乙"字上方似有"辛"字上半部的筆畫(圖九)。

圖九　亞羌罍銘文上的骷髏文字

根據上述歸納的三種帶格銘文鑄造方法,第二種皮模法,已被學界認爲實際操作困難,且皮革上的格綫效果是否能如實複製,尚待考證。第一種嵌模法若是無格綫銘文製作,當爲首選製銘的主要方法。但加上了格綫,各家提出的方法都顯得繁瑣,尤其是爲了刻畫出格綫,反倒增加了製作工序與時間。第三種泥條法,可見張煜珧、張天恩與張昌平兩種觀點。張煜珧、張天恩兩先生只談到銘文使用貼塑泥條的方法,而未提及綫格的問題,筆者認爲若以其方法要在成品出現陽格陰銘的話,必需在第一步驟以泥條貼出突起格綫,第二步驟翻製後才能得陰格陽銘,最後合範澆鑄遂得陽格陰銘的成品。而張昌平先生的看法是直接在内範上畫陰格、起草銘文稿,再於其上貼泥條塑形,便可與器物同時澆鑄完成,快捷省工。惟銘文稿必須爲反書,成品才能是習見的陽格陰銘。長篇銘文的反書,過去認爲對工匠而言是極大的挑戰,爲支持此説的最大弱點。

然近來在孔頭溝遺址出土經過澆鑄的銘文芯範,上有陽文反書,並有陰格,根據文範殘留數字推斷其内容應是西周晚期的册命銘文。其製作方法爲芯料半乾時,在其上刻畫格綫,確定文字位置,然後在格内刻畫陰文製成底稿,進而在底稿上堆塑泥條,形成陽文(圖十·1)。③ 雖現場未發現泥條的存

---

① 張昌平:《商周青銅器銘文的若干製作方式——以曾國青銅器材料爲基礎》,《文物》2010 年第 8 期,第 67 頁。
② 張煜珧、張天恩:《石鼓山青銅器銘文鑄作工藝初識》,《考古與文物》2018 年第 6 期,第 65—67 頁。
③ 郭士嘉、種建榮、雷興山:《孔頭溝遺址銘文芯與西周銘文製作方法》,《江漢考古》2020 年第 3 期。

在,但在洛陽北窰西周鑄銅遺址也發現兩塊陰刻格綫、陽刻反文的銘文芯,①顯示此種製銘技術在西周時期確實存在使用(圖十·2—3)。另周原遺址李家鑄銅作坊發現貼塑泥條製作陶範紋飾,②更爲泥條法工藝廣泛地運用在銘文與紋飾製作當中提供了堅實的證據。

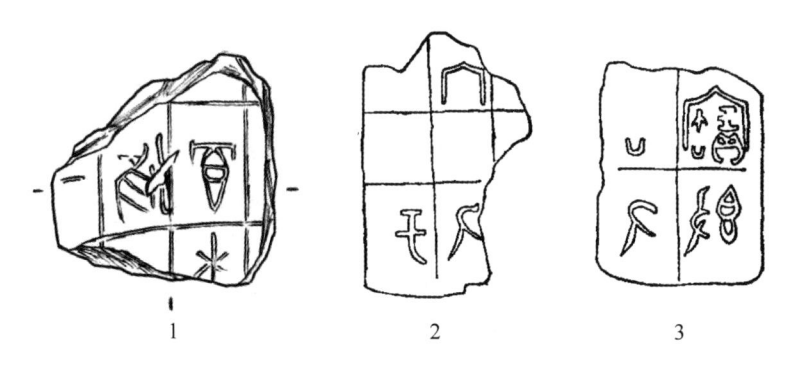

圖十　西周鑄銅遺址出土銘文陶範

1. 孔頭溝遺址出土陶範(2006QHH48∶6)　2. 洛陽北窰鑄銅遺址出土陶範(H156∶1)
3. 洛陽北窰鑄銅遺址出土陶範(T16④∶4)

　　綜上可知,銘文鑄造並非僅有單一方法,工匠應是根據銘文長短、器型變化選擇最適製作技術。帶界格銘文獨有的形態,採用泥條法製作,大多皆能符合其特徵,且工序不覺得迂曲費勁。目前各家復原的泥條法方案雖不盡相同,諸多細節尚待更多鑄銅遺址出土相關新材料的發現解決。但泥條法爲銘文鑄造工藝技術之一,並於西周晚期普遍應用在帶界格銘文的鑄作過程中,已得到出土銘文範的證實。

---

① 洛陽市文物工作隊:《1975—1979 年洛陽北窰西周鑄銅遺址的發掘》,《考古》1983 年第 5 期,第 439 頁。
② 周原考古隊:《2003 年秋周原遺址(IVB2 區與 IVB3 區)的發掘》,《古代文明》第 3 卷,北京:文物出版社,2004 年,第 488 頁。

第六章 結　語

　　本書依據有關克家族青銅器群窖藏的文獻記載、該群青銅器及銘文的著錄資料（包括拓本、照片、題跋印記）等，盡可能全面而細緻地對克器群窖藏出土器物的内涵做了多角度的研究。鑒於克器群諸器形制、銘文格式與内涵、窖藏狀況等在西周晚期具有重要的代表性，故在採用由考古器型學、古文字學與歷史學等多學科交叉研究方法，對克器群中器物形制、銘文内涵進行深入探討之同時，進一步以克器群爲基礎，繫聯西周晚期與克器群同時代之青銅器（群），對西周晚期常見青銅器的形制與紋飾特徵、銘文字體佈局、鑄造工藝等青銅器研究中的重要問題進行綜合研究，並對西周晚期器銘所涉及的貴族家族形態、土地制度、命服制度的變化，以及西周晚期窖藏青銅器反映的器用制度等進行了較深入的探討，希望能對西周青銅器、金文以及西周史研究有所裨益。

　　以下，將本書探討之重要問題、提出之看法與新的認識做一概括，以爲結語。

　　一、對缺乏科學考古發掘的青銅器而言，早期流傳的器型與銘文拓本、題跋、藏家鈐印等，蘊含有器物出土時間、地點、流轉收藏情況等重要信息。本書查找到陳介祺舊藏大克鼎銘文未剔本拓片卷軸，從其鈐印追索到大克鼎出土時間應提早至1884年以前。而在整理舊拓的過程中，發現克簋的全形拓器影，過去未注意或誤認爲盨（民國以前簋、盨常混爲一談）。從此拓本可知，克簋與克盨紋飾實不相同，任家村窖藏中確應有克簋的存在，這也是一直以來研究者未曾關注之點。

　　二、本書依器型學方法將三處窖藏出土之克器群，繫聯同時代器物做了型式分類，歸爲若干器組，並分析了各器組所屬時代。單從形制、紋飾組合來看,同型的鼎、簋、盨等器物在西周晚期細緻的時段區分,需要參考銘文等相關材料。但罍因變化週期短,可由肩部形制的變化,分辨其時代屬於西周晚期早段還是晚段。克鼎的器型可代表西周晚期流行的鼎型。本書綜合克器群中的鼎與西周晚期同型鼎之資料,一是"克鼎形垂腹鼎",一是"半球形腹鼎",探討了這兩種鼎型的淵源與其在西周晚期至春秋時期的形制變化情況。

三、克器群銅器使用的主紋飾有竊曲紋、波帶紋、重環紋、卷唇龍紋與瓦紋等,可謂西周晚期的經典紋樣。本書分析上述五種紋飾的來源、開始使用時間與紋樣通常分佈於銅器的位置,得出除了瓦紋非源自動物紋以外,其他四種皆爲動物紋的簡化與變形。此五種紋飾歷經西周中期的沉潛與蟄伏,逐步凝縮蛻變成具省簡風格的幾何形,成爲各類銅器的主、輔紋飾,創造出以周人審美觀形塑而成的全新青銅藝術風貌。

四、由對克器群窖藏與其他西周晚期銅器窖藏內涵的分析,可知往窖藏中埋入之器類與數量,不僅取決於器主的身份、等級,也包括該家族使用青銅禮器的習慣。經由歸納克器群與同時期銅器窖藏器物組合的規律,得到以下認識:

1. 西周中期晚段鼎、簋相配組合的趨勢增強。成套的形式可分爲以下三類:(1) 器物形制、紋飾相同,銘文相異;(2) 器物形制、銘文相同,紋飾不同;(3) 器物形制、紋飾相同,部分器物有銘、部分器物無銘。上述各種用鼎、用簋組合,顯現出貴族生前使用成套鼎、簋的靈活性,並透露出可能有的在儀式典禮中使用青銅禮器對傳統陳列方式進行了革新與改變。

2. 西周晚期銅器窖藏中屢見高件數的鼎或簋,其數量已超越傳世文獻記載卿大夫的用鼎規格。又克器群中發現同器主有兩組形制紋飾相同、銘文相異的鼎,可以依照高度尺寸次序重新排列成一組更高件數列鼎的特殊現象,此種情況亦見於楊家村窖藏卅二年逨鼎與卅三年逨鼎的組合中。上述鼎制未見於隨葬禮制所用鼎中,可知隨葬禮器數量的嚴格規定是爲了吻合與彰顯墓主身份等級,而生前使用銅禮器則可能會依場合隆重與否靈活運用,未必嚴格地受用鼎數量限制。

3. 克器群與同時期銅器窖藏中常見女子自作或爲家族女性所作高件數之鬲,且皆爲窖藏出土銅器中時代最晚者,此現象說明了鬲爲生活實用器,或作爲女子專屬身份等級的象徵。

　　4. 分析克器群與窖藏出土青銅器銘辭所顯示的用途得知，同銘成組鼎不一定搭配有同銘成組的簋，同銘成組簋也不一定搭配有同銘成組的鼎。與此相聯繫，即提出一個問題，依禮制按一定數量關係相配之鼎簋，是否必同銘？本書認爲生前鼎簋組合的理想狀態是使用同銘成套，但可能也有銘文不同、銘辭用途近似的鼎簋組合。

　　五、西周晚期畿内貴族多有窆藏青銅器的習慣，本書對克器群與周原、豐鎬兩地區銅器窖藏設置情況分析得知，埋入窖藏銅器時間集中在厲、宣、幽三王世，又有些窖穴整備井然、銅器擺放規整，埋入數量較大，與匆忙埋入之窖藏明顯有別。這些跡象顯示西周晚期畿内情勢詭譎，各世家貴族希望能世代保存記述家族歷史與列祖列宗事蹟的禮器，或有朝一日還能返回家鄉使用供奉。

　　六、以往對大、小克鼎研究者衆，但通過"克"器群對克所屬家族世系進行完整研究，尚有諸多未深入之處。本書梳理了"克器組""仲義父器組""梁其器組"與"吉父器組"諸器，利用四要素俱全之銘文，根據金文曆法並結合器型紋飾，判斷出克直系五代所屬王世，並論及克所屬華氏其他成員之親屬關係，是目前對克家族世系所作較爲系統的探討。本書並藉由克家族個案研究，揭示了西周晚期世官制度鬆動，宗族本位意識增強，造成大宗、小宗彼此靠攏的情勢。克器群中銘末標識族氏"華"的器物，應是強調家族出身氛圍下的產物。

　　七、本書以大克鼎銘中所見丼氏土田、人民、臣妾被重新分配給克的情況，與其他銘文記載擔任王朝右者、身居要職之丼氏印象悖離爲由，從考察畿内貴族居址與經濟用地分佈情形以及梳理分析西周賞賜土田銘文兩方面，探討造成此種土田實際所有權轉移、流民奔逃的社會經濟亂象根源，認爲實源於畿内貴族居址與經濟用地分散、周王轉賜他人田地、貴族之間頻繁土地轉移等因素，使得原本以血緣爲紐帶建立之田—邑—人緊密關係被割裂打破，並埋下西周晚期社會動盪的變因。

　　八、師克盨與大克鼎銘中可見周王授職與賞賜命服，本書透過探討克兩次命官授職與賜服的關係，繫聯西周時期冊命銘文中所見同一人授職情況下，命數與命服組合變化之材料，進行歷時性歸納分析，並進一步將命服組合與官職對應，得出以下認識：

1. 西周早期即見賞賜命服門、衣、市、舄，但未詳述顏色、材質等要素，且門、衣、市、舄在當時亦見非王者（如侯、宗婦）賜下屬，可知西周早期命服制度尚處於萌芽時期，雖已有以服飾表位階的意識產生，但尚未明確。西周中期開始命服制度逐漸發展成熟，形成"衣"與"市黃、赤舄"搭配組合構成細緻的職階劃分。西周晚期命服制度更臻成熟，並在原有基礎上進行改革，廢除了"玄衣黹屯"與"截衣"，另增加"裘"、"芾心"、"牙僰"等品類加入命服的組合。

2. 命服中"衣"、"市"可單獨賞賜，顯示賜"衣"通常代表著官職的改變，新賜"市、黃"象徵著品位的提升（官職未必改變）。品位提升到一定等級之後，即賞賜"裘、芾心、牙僰"之屬，以顯示殊榮的身份地位。

3. 一種命服，一人終生只會賞賜一次，不會重覆賜予相同的命服。

4. 初命、再命、三命中皆可見賞賜"赤舄"，顯示"赤舄"作為命服的一種，為中、高等級以上貴族或資深高級官吏適用。

九、西周晚期青銅器冊命銘文常見兩種特殊的文體：一是"器主曰"，二是"王若曰"，在大克鼎銘與梁其鐘銘中可見。本書通過分析大克鼎與梁其鐘使用的文體與文辭格式，結合其他"器主曰""王若曰"銘文，得出"器主曰"銘文前半部份藉由歷數先祖德行、效勞周王的事蹟，加深家族羈絆，從而凝塑了光榮的家族記憶並產生認同感，是屬於傳頌家族記憶與負載個人期望的頌禱體；"王若曰"銘文中開頭皆有周王冊命前讚揚受命者祖考有功於周邦的定式，是從朝廷角度由記述貴族世家歷代供職於王朝的功績，強調貴族家族效勞王室的牢固君臣關係，以告誡與鼓勵其後人，其文體屬於轉錄或節錄朝廷檔案的誥命體。此兩種文體共同交織出西周晚期世家貴族一致奉行的"世官世祿"信條及與王朝共存共榮之集體記憶。

十、對家族銘文特徵的研究，目前所見尚少，是可深入發掘的研究方向。本書以克家族世代銅器銘文為主要研究對象，兼及裘衛與微史兩家族所作銘文，對銘文書寫格式、文體偏好、特定語辭、語句的使用等方面進行了歸納分析，發現各家族銘文皆有屬於自己的一套書寫習慣。銘文最終呈現的樣貌，主要取決於家族傳統、出身與社會環境雙向作用的結果，這是一個非常有趣且特別的現象。本書此次僅選擇了代表周人高等貴族、新興中等貴族與殷遺民高等貴族三種典型作爲研究樣本，希望以後能再對其他類型的世家貴族進行家族銘文研究，盼能得出更細緻而深刻的成果。

十一、目前對於鑄造前在文字範上書銘的相關探討尚少，書手是如何完成銘文書寫工作，同銘成組青銅器銘文是由一人獨力完成還是委由多人分工等問題並不甚清楚。本書以克器群同銘成組器爲研究對象，挑選單體器（如鼎）與有蓋器（如簋、盨）兩類，即一物有單幀銘文與雙幅銘文的區別，對書體、行款變化、異文等特徵進行歸納比較，得出如下認識：同銘成組單件器如鼎、鬲，件數較少時可能由一位書手完成，件數多時通常由數位書手寫成；有蓋器如簋、盨等，蓋、器分別由不同人書銘，通常兩蓋或兩器交由一人書寫。書體與異文比較爲判別是否同人所書之要素，而行款字數則非，因同人所書也可能不同。

十二、大克鼎、小克鼎與同時代其他器物銘文上屢見帶有陽綫方格、陰文文字的現象，本書對銘文界格出現的時代、形態以及帶格銘文鑄造工藝進行了梳理與探討，得知商晚期即已出現銘文界格，商晚期至西周早期的界格形態爲豎直界綫，西周早、中期之際變化成方格，至西周晚期蔚爲流行，並延續至春秋戰國時期。方格的使用，使得商晚至西周早期豎成列、橫不成行的書寫習慣改變，逐漸發展成西周中、晚期對稱工整的文字佈局。銘文帶格最初只是爲了在有限的弧面空間內，合理安排長篇銘文所使用的手段，書手受限於規範的方格內書寫，卻附帶創造出了對稱而工整、嚴謹而溫雅的書風。本書並藉由分析界格銘文獨有的形態特徵，如陰陽字、字下疊壓他字、筆畫交界處成團等現象得知，以泥條製銘工藝應是最能符合鑄銘技術上的要求，且又有鑄銅遺址出土銘文陶範例子的支持，故本書認定其爲西周晚期界格銘文的主要鑄造方法。

以上所述僅概括本書主要的研究成果，囿於學識，書中訛誤與疏漏之處，懇請同行專家與讀者指正。

後　　記

　　這本小書的緣起是我從北京故宮博物院轉到上海博物館工作，來到新環境新單位，能夠近距離地接觸摩挲所學所想的青銅器，滿腔熱情澎湃，遂興起對館藏青銅器進行深入研究的想法。此念一興，坐而言不如起而行，便以鎮館之寶——大克鼎爲研究主軸，繫聯克器群等器物對相關西周史問題展開全面綜合性的研究。頭兩年受館內課題項目的支持，所得研究成果爲本書內容最早的基礎雛形。

　　館內課題結項後，因博物館工作繁忙，家庭瑣事紛擾，個人精力有限，克器群深入研究的宏圖就此擱淺。一放又是兩年過去，期間又申請了國家社科基金個人項目以及承擔館內學術性展覽策劃工作，還有各式各樣例行公事，本以爲初心終究湮没於日常，没想到突如其來的 Covid－19 疫情，竟意外成就了我塵封的研究夢想。

　　三年疫情，每次來往兩岸隔離時間可以月計，再加上時不時的封控居家，這些被迫孤獨的時光，皆成爲我潛心研究、振筆疾書的良辰美日。就這樣在每一次的隔離、在工作的空檔、在居家的焦慮中聚沙成塔地寫就了今日所見仍舊不成熟的書稿。

　　克器群牽涉器物衆多，分散在各公私博物館收藏，舊有著録多有信息不完整之處，感謝故宮博物院徐婉玲女史、陳鵬宇先生，湖南博物院吴小燕女史不吝協助。感謝周亞、馬今洪兩先生對我的提攜厚愛，給予良好的研究氛圍與環境。感謝當我三不五時想要查看文物，頻繁叨擾的庫房工作人員崔佳、陳中喜兩人的大力配合。尤其感謝我的導師朱鳳瀚先生，每當我腸思枯竭、靈感困頓、踟躕不前時，他的隻字片語總像海上燈塔般讓我倍感光明、信心大增。感謝本書責任編輯毛承慈女史細心謹慎，對本書的編排盡心盡力，校對糾正行文中的疏誤漏缺。感謝古文字工程提供研究平臺、資助出版。最後感謝陪伴我的家人,放縱我的任性。正是因爲您們的支持,才有今日這本小書的付梓!